北京文化发展研究基地

京华撷英

典籍中的北京

程光泉　常书红 编

首都师范大学出版社

CAPITAL NORMAL UNIVERSITY PRESS

图书在版编目(CIP)数据

京华撷英：典籍中的北京 / 程光泉，常书红编. —北京：
首都师范大学出版社，2024.5（2025.3重印）

ISBN 978-7-5656-7917-9

Ⅰ. ①京… Ⅱ. ①程… ②常… Ⅲ. ①文化史－北京
Ⅳ. ①K291

中国国家版本馆 CIP 数据核字（2024）第 098196 号

JINGHUA XIEYING

京华撷英
　　——典籍中的北京

程光泉　常书红　编

责任编辑　钱　浩
首都师范大学出版社出版发行
地　　址　北京西三环北路 105 号
邮　　编　100048
电　　话　68418523（总编室）　68982468（发行部）
网　　址　http：//cnupn. cnu. edu. cn
印　　刷　北京印刷集团有限责任公司
经　　销　全国新华书店
版　　次　2024 年 5 月第 1 版
印　　次　2025 年 3 月第 2 次印刷
开　　本　880mm×1230mm　1/32
印　　张　15.375
字　　数　333 千
定　　价　58.00 元

前　言

一

　　生活在北京，时刻能感受到这座城市的文化冲击力。著名历史地理学家侯仁之先生讲到自己初到北京时的感受："手触目视无不渲染鲜明的浓厚的历史色彩，一呼一吸都感觉到这古城文化空气的蕴藉的醇郁。瞻仰宫阙庙坛的庄严壮丽，周览城关市街的规制恢宏，悄然如汉唐盛时的长安又重见于今日。"①至于在此生活过一段时间的人们而言，则常怀有苦恋北京的乡愁。郁达夫说，居住在北京的人，一旦离开，"谁也会得重想起北京，再希望回去，隐隐地对北京害起强烈的怀乡病来。"②算来我在北京生活了二十多年了，对这座城市既熟悉又陌生。熟悉的是这座城市节节升腾的城市气息，而对这座城市的历史文化却常常感觉到陌生。在这座城市生活愈久，就愈有深入了解它的欲望。要建立对一座城市的情感认同，应该深入其历史文化的内部去触摸它、感受它。这是我们决定编一本北京文化读本的初心所在。

---

①　侯仁之：《北京历史地理》，外语教学与研究出版社 2013 年版，第 ii 页。
②　郁达夫：《北平四季》，载 1936 年《宇宙风》第 20 期。

二

文化是一个国家、一个民族的灵魂，也是一个城市的标志。伟大的城市，一定也是伟大的文化存在。

北京虎踞龙盘，形势雄伟。"左环沧海，右拥太行，北枕居庸，南襟河济，形胜甲于天下，诚天府之国也。""究其沿革，唐虞则为幽都，夏殷皆入于冀地，周封尧后于蓟，封召公于燕，正此地也。厥后汉曰广阳，晋曰范阳，宋曰燕山，元曰大兴，明初谓之北平，而为燕府龙潜之地，寻建为北京，而谓之顺天焉。"（《宸垣识略》卷一）北京西部为西山属太行山脉，北部和东北部为军都山属燕山山脉，太行山与燕山在昌平南口附近的关沟交会，三面山脉围合成一个弧形大山湾。北京正处于这个被后世称为"北京湾"的山湾之中。

传说中的北京建城史，甚至可追溯到公元前23世纪末，据说当时舜帝曾将触犯他的四位犯过之臣流放至幽州。而从现存的文献来看，北京建城的历史，最早可追溯至商代。《礼记·乐记》载："武王克殷反商，未及下车而封黄帝之后于蓟（今广安门一带）。"同时还封了另一个诸侯国"燕"（今房山琉璃河一带），《史记·燕召公世家》载："周武王之灭纣，封召公于北燕。"北京建城后，在很长时间内都是北方的军事重镇。916年，辽代建南京，又称燕京，成为陪都。北京的建都史若从此算起，迄今已有一千多年。后金朝继起，于贞元元年即1153年迁都燕京，改名中都，其城址之中心，在今西城区广安门南。北京建都史若从这一年算起，也有八百多年。此后，元、明、清皆在此建都。1949年，这里成为中华人民共和国的首都。三千年的建城史、一千多年的建都史，北京文化在不断地积淀、淬炼、壮大、升华，从边缘到中心，从支流到主流，最终成为中华文化的集大成者。如今，北京作为国家首都、历史文化名城和世界文脉标志，凝聚融汇、传承积淀的文化宝藏，是中华文明源远流长的伟大见证。北京作为一种文化存在，宏富精深，需要对其历史文化进行挖掘继承与活化利用。

近年来，北京确立了"四个中心"的战略定位。作为全国文化中心，北京以建设"一核一城三带两区"为总体框架，大力传承发展源远流长的古都文化、丰富厚重的红色文化、特色鲜明的京味文化、蓬勃兴起的创新文化，着力做好首都文化这篇大文章，发挥首都全国文化中心示范作用，为建设社会主义文化强国做出了应有贡献。建设全国文化中心，需要采取切实措施，擦亮首都文化这张金名片。

为了唤起北京人浓重的乡愁，也为国人提供了解首都北京的经典读本，向世界展示北京文化的代表性成果，有必要编写一本北京文化读本。

三

"选学"是一门大学问。中国历史上有许多重要的文化选本，如《文选》《古文辞类纂》《古文观止》等。由于中国历史文献极为宏富，一般读者难以窥其万一，文献的精选便成为必然。在长期的历史发展过程中已经形成了比较成熟的"选学"，这为我们确立选本原则与体例提供了重要依据。

近三十年来，与北京文化相关的读本已经出版多种。姜德明编《北京乎》、邹仲之编《抚摸北京》、陈平原编《北京读本》等影响较大，为我们的编选工作提供了诸多借鉴。这些选本所选内容多是现当代作家笔下的北京，属于文学选本。要全面了解北京，需要放宽视野，一览这座城市历史文化的整体风貌。

本书以今天北京的空间地域为大致范围，举凡书写山川地貌、历史渊源、风土人情、文化流变的文字，都在选文之列。我们按照"首都文化"四个方面的基本构架，对历代北京文献进行分梳，选出有代表性的篇目，以期基本反映北京的历史脉络和文化肌理。

本书的选文为非虚构性作品。以北京为书写对象的史书、方志、笔记、散文、游记和其他历史文献都在选文范围之内。受制于篇幅，诗歌、小说、神话、戏剧等文体原则不选。

本书作者不受地域限制，但更为关注北京本土作家的作品。

本书选文重视可读性。对于同类题材，更重文学性，追求意境深邃、文字优美。选文篇幅不做硬性规定，宜长则长，宜短则短。长篇著述中的析出文献则力求简洁。

本书设有都城沿革、山川形胜、坛庙市肆、岁时风俗、鼎革时变、都门人物、燕都纪游、北平情思等栏目，以容纳主题大致相近的内容，栏目不具有严格的分类意义。

本书的对象设定为具有大学本科及以上学历的读者。每篇选文只作题记，对作者生平、籍贯、与北京的关系、选文的版本出处等做简要交代。

古文中的异体字、旧体字，一般都改为通用规范汉字，如"由"古文中作"繇"，便改为"由"；"柈"改为"盘"。如古文中有字缺损，便用"□"字符号代替。民国时期的语言文字带有文言向白话过渡的特征，如"你的"写作"你底"，"合适"写作"合式"等，以及旧译名，均不改。

本书的选文以 1949 年为下限，这主要是出于版权的考虑，也期待将来能补进新中国成立后的作品。

本书的编写得到了阎崇年、李建平、欧阳哲生、郗志群、王培华等先生的大力支持，他们从选题到内容都给予了具体细致的指导，在此表示衷心的感谢。

本书作为北京师范大学北京文化发展研究院的集体成果，得到了全院同事的鼎力支持。北京文化发展研究院一直致力于首都文化的研究与传播，院长沈湘平教授对本书的编写给予了高度重视和坚定支持，没有他的督促，这个选本的问世可能遥遥无期。

本书由程光泉提出最初的选目，常书红对选目进行补充与调整，并组织张洋云、陈博洋、程文灿、张若楠、刘晴、刘潇等研究生参与了选文题记的编写。最后，由程光泉、常书红统稿。有关北京历史文化的文献卷帙浩繁，决定了这一选题的难度，加上我们视野有限，学力不逮，本书一定有许多疏漏与错讹。我们期待方家与读者的批评指正，以待将来修订时加以完善。

程光泉
2021 年 8 月于北京

目　录

都城沿革篇

山川形胜篇

坛庙市肆篇

岁时风俗篇

鼎革时变篇

都门人物篇

燕都纪游篇

北平情思篇

都城沿革篇

史记·燕召公世家（节选）

[汉]司马迁

周武王灭商后，封宗室召公奭于燕（今北京及河北中、北部）。召公因此被称为燕国始祖。《史记·燕召公世家》即记载了召公所受封的燕国从西周到春秋战国时期享国八百余年的历史。但召公本人并未到燕赴任，而是派长子姬克管理燕国，自己仍留在镐京（今陕西西安）辅佐周王。后燕吞并邻国蓟，建都于蓟城（今北京广安门一带）。《诗经》中的《甘棠》篇即为时人咏诵召伯勤政爱民的名篇，成语"甘棠遗爱"亦源于此。太史公司马迁也认为燕国之所以享国甚久，召公功莫大焉："召公奭可谓仁矣！甘棠且思之，况其人乎？燕北迫蛮貉，内措齐晋，崎岖强国之间，最为弱小，几灭者数矣。然社稷血食者八九百岁，于姬姓独后亡，岂非召公之烈邪！"此处节选召公封燕、燕昭王筑黄金台招贤纳士、荆轲刺秦及燕被秦灭诸事，以呈现这一时期北京地区的历史风貌。

本文节选自司马迁撰、顾颉刚等点校、中华书局1959年版《史记》卷三十四。

召公奭与周同姓，姓姬氏。周武王之灭纣，封召公于北燕。

其在成王时，召公为三公：自陕以西，召公主之；自陕以

3

东，周公主之。成王既幼，周公摄政，当国践祚，召公疑之，作《君奭》。《君奭》不说周公。周公乃称"汤时有伊尹，假于皇天；在太戊时，则有若伊陟、臣扈，假于上帝，巫咸治王家；在祖乙时，则有若巫贤；在武丁时，则有若甘般：卒维兹有陈，保乂有殷"。于是召公乃说。

召公之治西方，甚得兆民和。召公巡行乡邑，有棠树，决狱政事其下，自侯伯至庶人各得其所，无失职者。召公卒，而民人思召公之政，怀棠树不敢伐，哥咏之，作甘棠之诗。

············

燕昭王于破燕之后即位，卑身厚币以招贤者。谓郭隗曰："齐因孤之国乱而袭破燕，孤极知燕少力少，不足以报。然诚得贤士以共国，以雪先王之耻，孤之愿也。先生视可者，得身事之。"郭隗曰："王必欲致士，先从隗始。况贤于隗者，岂远千里哉！"于是昭王为隗改筑宫而师事之。乐毅自魏往，邹衍自齐往，剧辛自赵往，士争趋燕。燕王吊死问孤，与百姓同甘苦。

二十八年，燕国殷富，士卒乐轶轻战，于是遂以乐毅为上将军，与秦、楚、三晋合谋以伐齐。齐兵败，湣王出亡于外。燕兵独追北，入至临淄，尽取齐宝，烧其宫室宗庙。齐城之不下者，独唯聊、莒、即墨，其余皆属燕。

············

燕见秦且灭六国，秦兵临易水，祸且至燕。太子丹阴养壮士二十人，使荆轲献督亢地图于秦，因袭刺秦王。秦王觉，杀轲，使将军王翦击燕。二十九年，秦攻拔我蓟，燕王亡，徙居辽东，斩丹以献秦。三十年，秦灭魏。三十三年，秦拔辽东，虏燕王喜，卒灭燕。是岁，秦将王贲亦虏代王嘉。

汉书·地理志·幽州(节选)

[汉]班　固

东汉班固撰《汉书·地理志》是《汉书》十志之一，专门论列疆域、山川、郡县、户口等，作者根据汉平帝元始二年（公元2年）的建制，以疆域政区为纲，依次叙述了103个郡国及所辖的1587个县、道、邑、侯国的建置沿革。选文节取自班固撰、颜师古注，民国十九年（1930）商务印书馆影印百衲本《汉书》卷二十八，介绍了燕地天文、地理、民风等方面的概况。另据汪远孙撰《〈汉书·地理志〉校本》卷下："案《禹贡》冀州之域，舜置十二牧，则其一也。《周礼》'东北曰幽州。'《春秋元命包》云：'箕星散为幽州，分为燕国。'言北方太阴，故以幽冥为号。"

燕地，尾、箕分野也。武王定殷，封召公于燕，其后三十六世与六国俱称王。东有渔阳、右北平、辽西、辽东，西有上谷、代郡、雁门，南得涿郡之易、容城、范阳、北新城、故安、涿县、良乡、新昌，及勃海之安次，皆燕分也。乐浪、玄菟，亦宜属焉。

燕称王十世，秦欲灭六国，燕王太子丹遣勇士荆轲西刺秦王，不成而诛，秦遂举兵灭燕。

蓟，南通齐、赵，勃、碣之间一都会也。初，太子丹宾养勇士，不爱后宫美女，民化以为俗，至今犹然。宾客相过，以妇侍宿，嫁取之夕，男女无别，反以为荣。后稍颇止，然终未改。其俗愚悍少虑，轻薄无威，亦有所长，敢于急人，燕丹遗风也。

上谷至辽东，地广民希，数被胡寇，俗与赵、代相类，有渔盐枣栗之饶。北隙乌丸、夫馀，东贾真番之利。

玄菟、乐浪，武帝时置，皆朝鲜、濊貉、句骊蛮夷。殷道衰，箕子去之朝鲜，教其民以礼义，田蚕织作。乐浪朝鲜民犯禁八条：相杀以当时偿杀；相伤以谷偿；相盗者男没入为其家奴，女子为婢，欲自赎者，人五十万。虽免为民，欲犹羞之，嫁取无所仇，是以其民终不相盗，无门户之闭，妇人贞信不淫辟。其田民饮食以笾豆，都邑颇放效吏及内郡贾人，往往以杯器食。郡初取吏于辽东，吏见民无闭臧，及贾人往者，夜则为盗，俗稍益薄。今于犯禁浸多，至六十余条。可贵哉，仁贤之化也！然东夷天性柔顺，异于三方之外，故孔子悼道不行，设浮于海，欲居九夷，有以也夫！乐浪海中有倭人，分为百余国，以岁时来献见云。

自危四度至斗六度，谓之析木之次，燕之分也。

大金国志·燕京制度(节选)

[宋]宇文懋昭

《大金国志》题为宇文懋昭著,但该书作者是否为宇文懋昭以及其人是否存在,学界尚有争议。有学者认为宇文懋昭撰写了其中一部分,后人有所增补。也有人认为《大金国志》本身就是一部伪书。但作为《金史》以外唯一一部详细记载金朝历史的断代史著作,其价值还是不容忽视的。该书论及金中都的内容较多,其中关于"燕京制度"记载甚详,关于金中都"四城十二门"与《金史》所载十三门的说法有异,一般认为《金史·地理志》的记载更为准确。本文节选自清卢文弨手钞本。

国初无城郭,星散而居,呼曰皇帝寨、国相寨、太子庄,后升皇帝寨曰会宁府,建为上京,其辽之上京改作北京。城邑宫室无异于中原。州县廨宇,制度极草创。车马杂沓,自前朝门直抵后朝门,尽为往来出入之路,略无禁制。每孟春击土牛,父老士庶无长幼,皆聚观于殿侧。民有讼未决者,多邀驾以诉,至熙宗始有内庭之禁。

炀王弑熙宗,筑宫室于燕,逮三年而有成。城之四围凡九里三十步,自天津桥之北曰宣阳门,中门绘龙,两偏绘凤,用金钉钉之。中门惟车驾出入乃开,两偏分双单日开一门。过门有两楼,曰文曰武。文之转东曰来宁馆,武之转西曰会同馆。正北曰千步廊,东西对焉。廊之半各有偏门,向东曰太庙,向西曰尚书省。至通天门，后改名应天楼，高八尺，朱门五，饰以金钉。东西相去一里余，又各设一门，左曰左掖，右曰右掖。

内城之正东曰宣华，正西曰玉华，北曰拱辰。及（内）殿凡九重，殿凡三十有六，楼阁倍之。正中位曰皇帝正位，后曰皇后正位。位之东曰内省，西曰十六位，乃妃嫔居之。西出玉华门曰同乐园，若瑶池、蓬瀛、柳庄、杏村尽在于是。

都城四围凡七十五里，城门十二，每一面分三门，其正门四傍又设两门：正东曰宣曜、阳春、施仁，正西曰灏华、丽泽、彰义，正南曰丰宜、景风、端礼，正北曰通元（玄）、会城、崇智。此四城十二门也。此外有宣阳门，即内城之南门也。上有重楼，制度宏大，三门并立，中门常不开，惟车驾出入。通天门即内城之正南门也，四角皆垛楼，瓦皆琉璃，金钉朱户，五门列焉。门常扃，惟大礼祫享则由之。宣华乃内城之正东门，玉华正西门也。左掖东偏门、右掖西偏门。各有武夫守卫，士夫过者不敢瞬目。拱辰即内城正北门也，又曰后朝门。制度守卫，一与玉华、宣华等。金碧翚飞，规模宏丽矣。

北辕录（节选）

[宋]周　辉

　　《北辕录》是南宋周辉撰写的地理笔记，记载了淳熙四年（1177）待制敷文阁张子正、右监门卫大将军赵士褒等奉诏率团从临安（今浙江杭州）出发，一路北上至中都大兴府（今北京）参加金国皇帝生辰祝贺仪式活动往返96天的旅途见闻。书中对途经金国各地的风土人情、名胜古迹、当地迎送情况等做了较为详细的记载。节选部分记载的是淳熙五年（1178）二月二十七日至三月十日在中都境内见闻及入宫贺寿的情况。其中对卢沟河、大兴府的名称由来有所介绍，对中都宫殿陈设及宫廷礼仪等进行了详细的描述。本文节选自明嘉靖二十三年（1544）云间陆氏俨山书院刻《古今说海》本。

　　二十七日，过卢沟河，即卢龙也。燕人呼水为"龙"，呼黑为"卢"，亦谓"黑水河"。色黑而浊，其急如箭。至燕山府外燕宾馆，赴班荆宴。少定，传衔馆伴使：昭武大将军、太子少詹事蒲察明，少中大夫、侍御史邓俨为之副。南使与之互展起居状，继与接伴互展辞状。天使敬昊赐宴，单仲赐酒果。酒九行，礼毕，趋入城。初入端礼门，次入南门，次入丰宜门，次过龙津楼。楼亦分三道，通用夺玉石扶栏，上琢为婴儿状，极工巧。次入宣阳门，由驰道西南入会同馆。甫就次，有天使完颜汴传宣抚问。

二十八日，忠勇校尉刘彦忠、忠翊校尉何彦来交礼物，天使乌古论赐酒果，宣威将军、充东上阁门副使郭喜说朝见仪。

二十九日辨色，副使率三节入见行司，捧国书于马上前行。初出馆，横过驰道行，而御廊东西曲尺各二百五十间。至掖门下马。自专德门，由会通、承明二门入左嘉会门，趋而南，至幕次。少项鸣钟，钟罢，卫士山呼，百官里见，时方辰正。斯须，于幕间见曳玉带者五人先出，后知为东宫亲王平章令公也。继独引副使捧国书。顷之，阁门绿衣吏来，引都辖以下（都辖，三节之长）先入宣明门，次行政门，于隔门上面北序立。门之里，即殿庭隙门。见副使舞蹈之节，俟礼物过，副使由右出，三节自东入，拜于大毡上。上有一品至七品黑漆黄字牌子，盖其朝署也。一毡可容数百人，遍地制成鸾凤。殿九楹，前设露台，柱衣文绣。两廊各三十间，中有钟鼓楼两，外垂金漆帘，额饰以绣。廊之西，马有被红绣鞍者数匹，乃高丽所进。殿门外卫士二三百人，分两傍立，尽戴金花帽锦袍。宣明门外直至外廊，皆甲士，青绦甲居左，旗执黄龙，红绦甲居右，旗执红龙。外廊皆银枪，左掖门入皆金枪，人依一柱以立焉。仁政门左门用甲士，讫见无一人跛倚者。凡门屋下皆青队，执弓矢，人数各有差。若乃经从之处，宫殿门名，兹不具载。北宫营缮之制，初虽取则东都，而竭民膏血，终殚土木之费。瓦悉覆以琉璃，日色晖映，楼观翚飞，图画莫克摹写。佐佑之初，役民兵一百二十万，数年方就，死者不计其数。三节既出，副使疾作，依柱以立，扶策至幕次。未毕馀礼，小底入报（小底二百人）。传旨免礼数。至于殿门外受衣带，三节继之。是日，丽夏使人同见。少留，俟其礼竟，阁门来引，复旧路出。至嘉会门，驻立久之，以丽人在门外受赐未毕也。归馆久之，宣威将军、客省使兼东上阁门卢玑到馆押伴，置酒殿上。近例，止就赐副使免坐。第拜表谢，三节各受衣带五事，尚书公独以病辞。馆伴所服，以礼例应给，使副衣带各七事，有靴而无笏。虏无象简，所用皆木劈也。

三十日，就馆宴，天使李显全赐宴并酒果。燕山酒固佳，是日所饷，极为醇厚，名"金澜"，盖用金澜水以酿之也。

三月一日，雨，免入贺，不尔，必致沾服失容。有习来此者言，虽雨，立移时，不恤也。

二日，天使完颜奕赐"分食"者，分御膳以赐之也。

九日，入辞，使副受书而归。

十日，离馆。

燕，古冀州地，武王封尧后于蓟，即蓟县也。隋立涿郡，唐为幽州，天宝间曰范阳郡，升为卢龙军。辽曰燕京，名析津府，皇朝改曰燕山府，虏曰大兴府。

建炎以来朝野杂记（节选）

[宋]李心传

　　李心传（1166—1243），字微之，又字伯微，号秀岩，四川井研人，南宋大臣、史学家，早年科举失利，绝意仕途，闭门著书，晚年受宋理宗起用为史馆校勘，专修《中兴四朝帝纪》，后官至工部侍郎，因言去职。有著作《建炎以来系年要录》，该书为一部记述高宗赵构时期史事的编年史书，共二百卷。作者广泛阅读了玉碟保存的各类官修史籍和档案的副本，并接触了部分官员、学者，专心搜集资料而完成，在体例上继承了《通鉴》和《长编》的传统。选文节取自清乾隆武英殿木活字印武英殿聚珍版乙集卷十九。节选部分记载了金自完颜昊（旻）建号称帝至徙都燕京改称中都的史迹。

　　金国自完颜昊始建号称帝，至今王珣，凡五世八君，其传国九十有八年而始衰。其地在契丹之东北境，盖古所称肃慎氏之地也。在汉代称挹娄，南北之间称勿吉，隋唐时称靺鞨，至五代始称女真。祖宗时，尝通问。后臣属于辽，完颜之始祖哲伯者，新罗人，自新罗奔女真，女真诸部推为首领。七传至昊而始大，所谓阿固达也。

　　建中靖国元年，辽主天祚立，淫虐不道，阿固达叛之（政和四年八月）。用兵连年，夺辽地大半。重和元年八月，阿固达始称帝，以其水生金，故号大金，改元天辅（次岁戊戌）。蔡京童贯闻之，募人泛海往使，约夹攻辽人，以燕地归我。宣和四年冬，童贯伐燕，为辽人所败。其十二月，阿固达入燕。五年春，王黼与金人约，岁赂金帛五十万匹两，货一百万缗，而请燕蓟六州之地，阿固达许之。其五月乙丑，阿固达卒，年五十六（在位六年），谥曰武元皇帝，庙号太祖。

阿固达有八子不立，立其弟晟，所谓武奇迈也。晟立，改元天会（元年癸卯）。七年春，辽天祚为金人所执。其冬十二月，遂寇京师。靖康元年春，朝廷割河东北三镇地，与之盟而归。其冬，再入，京师陷。绍兴四年冬，晟卒，年六十一（在位十二年），谥曰文烈皇帝，庙号太宗。有子八人不立，而立阿固达之孙亶。

盖阿固达诸子之可见者。其长曰梁宋国王宗秀（小名固砬，亶之世领三省事）。次曰景王宗杰，即引兵陷京师者，干哩雅布也（晟之世为右副元帅，所谓二太子）。次曰宋王宗干（亮之父也，后追号曰德宗）。次曰宗俊（阿固达嫡子，不及封，后其子亶立，追号景宣皇帝）。次曰晋王宗辅（小名鄂尔坤，亶之世为右副元帅，后其子衮立，改其名为宗尧，号曰懿宗）。次曰梁国王宗弼，即引兵渡江陷二浙者，所谓乌珠也（亶之世为中书左丞相兼侍中、都元帅，所谓四太子）。次曰曹国王宗敏（亶之世为都元帅，亮篡立，杀之）。武奇迈之长子曰宋国王宗磐（亶之世领三省事，为所杀）。次曰兖国王宗隽（小名富勒乎）。次曰虞王宗英、滕王宗伟。以上三人，亦为亶所杀。次曰沂王宗贤（亶时为右丞相）。次曰卫王宗义（亮时判大宗正事）。次曰代王宗懿（亮时为东京留守）。次曰晋国王宗本（亮时为太傅领三省事。以上四人，并为所杀）。

13

阿固达初起兵，皆以宗族近亲为将相。其主兵者，曰晋国王宗维，盖阿固达从兄之子（其祖曰劾阌，乃阿固达伯父），所谓国相尼雅满也（晟之世为左副元帅，亶之世领三省事）。其主谋者，曰陈王希尹，亦阿固达之疏族，于属为子，所谓兀室也（亶之世为丞相，诛死）。又其次曰鲁国王昌，乃阿固达之从弟，所谓达兰也（亶之世为左副元帅，诛死）。又其次曰罗索（晟之世为陕西诸路选锋都统），曰萨里罕（亶之世为左副元帅，诛死），皆女真人不知其属族之远近。

自亶之立，尼雅满首罢兵柄，愤悒而亡。兀室、达兰、萨里罕以次受诛。而昊晟子孙，剿戮殆尽。亶初立，犹用天会之号，至戊午，始改天眷，辛酉，改皇统，尽九年而为其从弟左丞相岐王亮所弑，绍兴十九年十二月丁巳也。年三十一（在位十五年），追废为东昏王。亮死，乃谥曰武灵皇帝，庙号闵宗，久之又改谥孝成皇帝，庙曰熙宗。

亮亦昊之孙，而宋王宗干之子也。初年，改天德（元年乙巳）。癸酉，改真元，其春，徙居燕京，号曰中都。

辽史·地理志·南京道

[元]脱　脱

脱脱(1314—1355)，蒙古蔑里乞部人，元朝末年政治家、军事家，主持修撰《辽史》《金史》《元史》。其中，《辽史》是现存唯一一部体系较完整的辽史著作。《辽史·地理志》对作为辽五京之一的南京道的建置沿革、州领县数、县有户数、京州城池建筑、名山大川、古迹形胜等做了较为详尽的叙述。

本文节选自中华书局 1975 年版《辽史》卷四十、地理志四，简要介绍了析津府在辽之前的行政沿革状况。

南京析津府，本古冀州之地。高阳氏谓之幽陵，陶唐曰幽都，有虞析为幽州。商并幽于冀，周分并为幽。《职方》：东北幽州，山镇医巫闾，泽薮貕养，川河、泲，浸菑、时。其利鱼、盐，其畜马、牛、豕，其谷黍、稷、稻。武王封太保奭于燕。秦以其地为渔阳、上谷、右北平、辽西、辽东五郡。汉为燕国，历封臧荼、卢绾、刘建、刘泽、刘旦，尝置涿郡广阳国。后汉为广平国广阳郡；或合于上谷，复置幽州。后周置燕及范阳郡，隋为幽州总管。唐置大都督府，改范阳节度使。安禄山、史思明、李怀仙、朱滔、刘怦、刘济相继割据，刘总归唐。至张仲武、张允仲，以正得民。刘仁恭父子僭争，遂入五代。自唐而晋，高祖以辽有援立之劳，割幽州等十六州以献。太宗升为南京，又曰燕京。

金史·地理志·中都路(节选)

[元]脱 脱

　　《金史》共一百三十五卷,《地理志》为其中三卷,着重叙述建置沿革、领县数、府州所属户数等。金人自完颜阿骨打称帝,建国号金,袭辽制,仍建五京,因置五路,外置十四路,合为十九路。北京地区作为金朝的中都路,志书中叙述详尽。

　　本文主要介绍中都路及首府大兴府在金代的行政建置。节选自中华书局1975年出版《金史》校点本。

　　中都路,辽会同元年为南京,开泰元年号燕京。海陵贞元元年定都,以燕乃列国之名,不当为京师号,遂改为中都。府一,领节镇三,刺史郡九,县四十九。

　　大兴府,上。晋幽州,辽会同元年升为南京,府曰幽都,仍号卢龙军,开泰元年更为永安析津府。天会七年析河北为东、西路时属河北东路,贞元元年更今名。户二十二万五千五百九十二。大定四年十月,命都门外夹道重行植柳各百里。产金银铜铁。药产滑石、半夏、苍术、代赭石、白龙骨、薄荷、五味子、白牵牛。

析津志·城池街市(节选)

[元]熊梦祥

熊梦祥,字自得,号松云居士,今属江西人,至正元年(1341)以茂才异等荐为白鹿洞书院山长,继授大都路(治今北京市)儒学提举,崇文监丞。与玉山主人顾瑛为忘年交,顾瑛评其"博读群书,旁通音律,能作数体书,乘兴写山水尤清古,无庸工俗状"。其著作《析津志》是最早记述北京及北京地区的地方志。析津为辽代对北京地区的称呼。辽会同元年(938),辽太宗置幽都府作为辽国的陪都,号"南京",又称"燕京";至开泰元年(1012),以"燕分野旅寅为析木之津",改名为燕京析津府。

本文节选自北京图书馆善本组辑、北京古籍出版社1983年版《析津志辑佚》卷一,介绍了北京城的修建历史和城中的城门、街、坊布局。

辽开泰元年,始号为燕京。海陵贞元元年定都,号为中都。天德三年,始图上燕城宫阙制度。三月,命张浩等增广燕城。城之门制十有二:东曰施仁、宣曜、阳春;南曰景风、丰宜、端礼;西曰丽泽、灏华、彰义;北曰会城、通元、崇智。改门曰清怡,曰光泰。浩等取真定府潭园材木,营造宫室及凉位十六。(《日下旧闻考》卷三十七"京城总纪"引《析津志》)

金朝筑燕城,用涿州土。人置一筐,左右手排立定,自涿

至燕传递。空筐出，实筐入，人止土一畚，不日成之。(《日下旧闻考》卷三十七"京城总纪"引《析津志》)

世祖筑城已周，乃于文明门外向东五里，立苇场，收苇以襄城。每岁收百万，以苇排编，自下砌上，恐致摧塌，累朝因之。至文宗，有警，用谏者言，因废。此苇止供内厨之需。每岁役市民修补。至元间，朱、张进言：自备己资，以砖石包裹内外城墙。因时宰言，乃废。至今西城角上亦略用砖而已。至元十八年，奉旨挑掘城濠，添包城门一重。(《日下旧闻考》卷三十八"京城总纪"引《析津志》)

庆寿寺西，有云团师与可庵大师二塔，正当筑城要冲，时相奏世祖。有旨，命圈裹入城内，于以见圣德涵融者如是。(《日下旧闻考》卷四十三"城市"引《析津志》)

西华门　在延春阁西，萧墙外即门也。门内有内府诸库、鹿苑、天闲。(《日下旧闻考》卷三十"宫室"引《析津志》)

厚载门　乃禁中之苑囿也。内有水碾，引水自玄武池，灌溉种花木。自有熟地八顷，内有小殿五所。上曾执末耜以耕，拟于耤田也。(《日下旧闻考》卷三十"宫室"引《析津志》)

崇天门　正南出周桥。灵星三门外分三道，中千步廊街，出丽正门，门有三。正中惟车驾行幸郊坛则开。西一门，亦不开。止东一门，以通车马往来。(《日下旧闻考》卷三十八"京城总纪"引《析津志》)

文明门　即哈达门。哈达大王府在门内，因名之。(《日下旧闻考》卷四十五"城市"引《析津志》)

光熙门　与漕坝相接。当运漕岁储之时，其人夫纲运者，入粮于坝内，龙王堂前唱筹。(《日下旧闻考》卷八十八"郊坰"

引《析津志》）

坊名　元五十，以大衍之数成之，名皆切近。乃翰林院侍书学士虞集伯生所立。外有数坊，为大都路教授时所立。（《日下旧闻考》卷三十八"京城总纪"引《析津志》）

福田坊　在西白塔寺。

阜财坊　在顺承门内金玉局巷口。

金城坊　在平则门内。

玉铉坊　在中书省前相近。

保大坊　在枢府北。

灵椿坊　在都府北。

丹桂坊　在灵椿北。

明时坊　在太史院东。

凤池坊　在斜街北。

安富坊　在顺承门羊角市。

怀远坊　地在西北隅。

太平坊

大同坊

里仁坊　在钟楼西北。

发祥坊　在永锡坊西。

发祥坊　西北大街，砖斗拱、扁溥光，最为年远。

三相公寺前：善利坊、乐道坊、好德坊。

招贤坊　在翰林院西北。

善俗坊　在健德门。

昭回坊　□都府南。

居贤坊　国学东，监官多居之。

鸣玉坊　在羊市之北。

展亲坊、惠文坊　草市桥西。

请茶坊　海子桥北。

训礼坊、咸宜坊　顺承门里倒钞库北。思诚坊、东皇华坊、明照坊与上相对。

蓬莱坊　天师宫前。

南薰坊　光禄寺东。

甘棠坊、迁善坊、可封坊　在健德门。

丰储坊　在西仓西。(《日下旧闻考》卷三十八"京城总纪"引《析津志》)

有东甘泉坊，西甘泉坊。(《日下旧闻考》卷一五六"存疑"引《析津志》)

街制　自南以至于北，谓之经；自东至西，谓之纬。大街二十四步阔，小街十二步阔。三百八十四火巷，二十九衖通。衖通二字本方言。(《日下旧闻考》卷三十八"京城总纪"引《析津志》)

长街　千步廊街、丁字街、十字街、钟楼街、半边街、棋盘街。五门街、三叉街，此二街在南城。(《日下旧闻考》卷三十八"京城总纪"引《析津志》)

大都赋并序

[元]李洧孙

李洧孙，字山甫，姓李氏，台之宁海人。癸酉擢甲戌进士，曾任杭州路儒学教授、江浙同考试官、临江路儒学教授、江西同考试官等，大德二年（1298）撰《大都赋》。此文气势磅礴，文辞华丽，浓墨重彩地描绘了元大都物阜民丰的繁荣景象。本文选自清于敏中修、窦光鼐纂《日下旧闻考》卷六《形胜》，清乾隆五十三年（1788）刻本。

昔颂商者，其诗曰："商邑翼翼，四方之极。"歌周者曰："宅是镐京，维龟正之。"盖当国家盛时，区宇博大，洪威远畅，湛恩旁洽，斯人归之如众星之拱北极，如百川之朝东海。故于其作都之地，歆艳而咏歌之。赋者，古诗之流也。至班固始赋西都，而张衡、左思之赋继作。自尔循涂蹈辙，层见叠出，然其词章气象，大抵与王治相为高下。钦惟国朝体元继天，奄有六合，凡上仁所未化，懋德所未绥者，莫不归极献状于《王会图》。上考元象，下据都会，度其鲜原，燕土维宅，其规模宏远，凛凛乎商周、二汉之上。夫有盛德大业者，必有巨笔鸿文，铺张扬厉，高映千古，以昭无穷。然四海泳仁涵和三十载，未有仿佛商周之歌、二汉之赋者，亦一时遗典也。臣远方书生，猥以词章为业，际遇昌辰，不能默默，辄撰成《大都赋》一篇。窃谓词直致则难尽，义互发而后明。因笔墨成文，托之元光子、中书生敷畅其意。狂斐僭逾，罪当万坐。或蒙朝廷第从臣之颂，采游童之谣，附之下方，亦昭代美事云尔。其赋曰：

有元光子与中书生相遇于鸿蒙之野，而谈上天下地往古来今之事。沿九头，循蚩蝉，通疏仡，以至于近代；环泰远、邻国、濮铅、祝栗，以至于神州。叹光霁之时常少，而晦暝之时常多；分裂之世每数，而混一之世每疏。中书生沂然抵掌曰："幸哉，我生之逢吉丁辰也！十纪以来，是不一姓，惟今皇元为最盛；四极之内，是不一都，惟今大都为独隆。金匮石室之藏，弗可尚已，盖闻天无私而裴忧，帝有赫而求定。嘉忠厚之世积，肇朔土而启圣。逮乎中统，丕受新命。治道清静，同符乎轩辕；好生洽民，合揆乎重华。豁达大度，遹骏乎卯金；武功文德，允恭乎贞观。建国既絜大乎纯乾，纪元又侔至乎重坤。故能握符图而统元，一九域而同文。物罔暗而不耀，化靡邃而弗臻。乃度析木之陬区，总八方而为本根。语其疆场之广，则商周所未睹，汉唐所未闻；称其都邑之壮，则崤函不为雄，京雒不为尊也。"

元光子悠然深思曰："生言诚善，然能举其纲而未能悉其目，请更留仆，一二其详。昔周髀之言，天如盖倚而笠欹，帝车运乎中央。北辰居而不移，临制四方。下直幽都，仰观天文，则北乃天之中也。维昆仑之结根，并河流而东驰。历上谷而龙蟠，向离明而正基。厥土既重，厥水惟甘。俯察地理，则燕乃地之胜也。顾瞻乾维，则崇冈飞舞，岙岑芊郁。近挤军都，远摽恒岳。表以仰峰莲顶之奇，擢以玉泉三洞之秀。周视巽隅，则川隰洄沑，案衍澶漫，带绕潞沽，股浸渤海，抱以涞、涿、滹沱之流，潴以雍奴、漷阴之浸。浮游近郊，则膴原爽垲，坰野敞博，绳直准平，宜植宜牧。延芳下马，淀泊参错，三种之蕃，既庭且硕，四扰之富，瘼蠹不疾。咨询故俗，则风尚朴茂，人诧材力。范公赋其礼义而声明，苏子称其劲勇而沉静。伟若巨卿，郁若子翼，矫若卢元，耿若祖逊。或市骏以托意，或赋鹪而自适，或钟音之宏吐，或桂枝之茂植，想风流之犹存，尚馀响之未息。辨方物，则宝坻波素，宛平洞煤，银铁磁硝琉璃之珍，鹑鹜枣栗瓜茨之美，梨夸香水，桃擅冈子，皆川陆之嘉产焉。访遗迹，则金台之旧址，石鼓之断籀，东掖之铜马，间城之石兽，经山之镌刻，卢沟之结构，指故城而吊英杰于既往，谒古刹而念忠义之不朽，皆邦域之胜览焉。

"闰位紫色，靡称兹土。彼召祀绵于九百，亦祇号于侯国。维金都称于长乐，又未一于区宇。盖天运之熙明有时，而地宝之呈露有待。是以皇元之宅是都也，睿哲元览，吁谟辰告。狭旧制之陋侧，相新基而改造。面平原之莽苍，背群山之缭绕。据龙首，定龟兆。度经纬，植臬表。诏山虞使抡材，命司徒往掌要。戒陶人播其埴，程匠师致其巧。筑崇墉之万雉，若缭山之长云。浚三五之折沟，建十一之通门。齐埤堄于翠微，倚丽谯于苍旻。豁崇期之坦路，浮广漠之祥氛。车方轨而并进，骑衡列而齐奔。辔连翩以飙驰，轴鞠磕而雷震。爰取法于大壮，盖重威于帝京。揭五云于春路，呀万宝于秋方。上法微垣，屹峙禁城。竦五门之高阙，拔埃堨而上征。掇斗杓之嶵嵘，对鹑火之炜煌。苍龙夭矫以奋角，丹凤葳蕤以扬翎。象黄道以启途，仿紫极而建庭。橑题炳乎列宿，栋桴凌乎太清。抗寥阳而设玉陛，轶倒景而居瑱楹。扬翠气之郁葱，流红采之晶荧。道高梁而北汇，堰金水而南萦。俨银汉之昭回，抵阁道而经大陵。山万岁之嶙峋，冠广寒之峥嵘。池太液之浩荡，泛龙舟之敖翔。酌文质而适宜，审丰约而中程。左则太庙之崇，规遂重屋，制堂室之几筵，班祖宗之昭穆。右则慈闱之尊，功侔娲石，歌肃雍之章四，颂怡愉之载亿。既辨方而正位，亦列署而建官。都省应乎上台，枢府协乎魁躔。霜台媲乎执法，农司符乎天田。詹事、宣政、卫尉之院，错峙而鼎列；宣徽、泉府、将作之署，棋布而珠连。玉堂则两制擅美，丹屏则六尚总权。艺苑则秘府史局，俊林则昭文集贤。武备军需，兵戎之管；奉常曹闱，礼乐之原。大府都水之分其任，章佩利用之布其员。医院以精方剂，清台以察玑璇。拱卫侍卫以严周庐，群牧尚牧以阜天闲。仓庾积畜之重，库藏出纳之烦，职崇卑而并举，才细大而不捐。

"至于国有脉络，邮传是寄，为之比赋役之数。道路通达，关梁修治，水无胶舟，陆无蹶骑，方咫之纸，一介之使，长驾远抚，呼吸如意。民有系命，馈饷是倚，则有畿漕振其纪。转粟南州，扬帆北海，远达朝鲜，旁溯辽水。阳侯效顺，风伯作使，灌输天囷，蹻足可俟，京师亿万，鼓腹舍哺。凿会通之河，而川陕豪商、吴楚大贾，飞帆一苇，径抵辇下。置屯田之卒，而野蓁旷土，民弗加赋，岁数十万，具于畿内。往适其市，则征宽于关，旅悦于途。灵钟叩而蒲牢吼，操鼓动而元鼍呼。榑桑腾景，皋门启枢，百廛悬旌，万货别区，匪但迩至，亦自远输。氍毹貂豹之温，珠琲香犀之奇，锦纨罗䌥之美，椒桂砂茮之储。瑰绣耀于优坊，金璧饬于酒垆，伎效犁轩之术，工集般输之徒。烟尘垄而四合，岁月暇而多娱。若乃九服修职，五等协恭。陛陈璧马，庭列圭币。或以象寄通诚，或以鞮译达志。

东隅浮巨海而贡筐，西旅越葱岭而献贽。南陬逾炎荒而奉珍，朔部历沙漠而勤事。孝武不能致之名琛大贝，登于内府；伯益不能纪之奇禽异兽，食于外籞。尔乃辟云龙之庭，设牲牢之具。陈肆夏之享，昭湛露之赐。肉如坻而俾饱，酒如渑而既醉。奏韶武及英茎，杂兜离与僸佅。怀方治其馆舍，司仪致其飧积。分宝玉而笃九族之亲，释椋组而崇三恪之位。仁慈合乎太上，忠厚越乎前代，故得万国之欢心，而格二仪之和气。

“于是圣皇睹威德之既畅，伟功绩之告成。櫜弓戢戈，议狱缓刑。宽徭减租，旌孝恤惸。兴崇儒教，敦厉农耕。迓盈成之福禄，基万世之隆平。若乃动大驾，遵康庄。望舒陪夫左驭，屏翳导夫前行。校尉迅其奔趋，虎贲纷其腾骧。弭角觿之威弧，佩干将之铦铓。锤金吾而朱柲，箭楛石而元棚。树华旗之婀娜，修竿梢乎欃枪。綷云盖之淋漓，流光闪乎朝阳。驾雕轸以金较，骖镂锡而玉瓖。橐驼礧硊而峰兀，驯象徙倚而丘行。金石轰地而交作，幄帟垂天而高张。卉树方茂，星言北骛。稼穑既登，乃眷南顾。顺二分而转旋，度诸侯而游豫。所以百姓见羽旄而欢忻，万方沐膏泽而疏附。于是纵悬蹄，扬劲翮。海青决云而直上，掣驾鹅而献捷；韩卢腾山而疾驰，捩狡兔而奏获。至若简师徒，较围猎。轹荒徼，蹂大漠。拔灌栵，蹴榛棘。周阜麓以为宬，弥薮泽以为络。驖驷绵野，金甲耀日。林栖之群，穴处之族。儦儦俟俟，纷纷莫莫。御弓先张，票禽随蹶。然后佽飞奋勇，田开逞桀，长铤电抣，飞镞雹落。曾不一瞬，已十殚其七八。风生原谷，尘涨林薄。致禽馌兽，赐胙命爵。盖以昭武节而作偷隋，匪曰纵心志而骋般乐。猗欤天朝，茂矣盛矣！盖予尝徘徊乎蓟门之墟，泮奂乎瀚海之涘，故能涉猎其事。若夫国家经制之远，宫室规模之密，山川风气之悉，民俗物产之备，诚未能发越其声华，铺陈其宏伟，审核其根实，摹写其情形也。”

中书生蹴然而起，谓元光子曰：“子之言诚博，而又未知大都之所以为大也。夫圣人以中国为一人，则由亲及疏，犹腹心之于手足。以天下为一家，则自迩至远，犹堂室之于蕃垣，岂千里之畿，数仞之城，曾是以为大乎？予今观国光，睹时制，其城郭不为践华统万之险，而众心成城，形势坚于金石。其宫室不为建章昭阳之侈，而四门明达，我闼广于八荒。遐陬僻壤，人熙春台，与都城之士女同一娱乐。农桑万里，犬不夜吠，与京畿之风俗同一清肃。起视广轮，则坳堂杯水，九泽渺矣。游鳞洋洋，我灵沼矣。有石卷然，列岱嵩矣。烟翠倚空，我台崇矣。丰草绵绵，亘荒碛矣。乌菟雉兔，我囿博矣。七陌九阡，达蛮蔡矣。梯山栈谷，行道兑矣。彼限玉关而界铜柱，嘻其隘矣。子徒知易涿长波之滉漾其前，居庸叠翠之嵯峨其后，界河潮汐之喷薄其左，西山晴雪之映带其右，以为都之观止是矣，而不知朱垠乌浒，孰非丽正之所包罗？旸谷东鳀，孰非崇仁之所联络？月窟雪山，孰非和义之所纲维？烛龙冰天，孰非安贞健德之所囊括也？”

言既毕，元光子如醉而醒，如聩而聪，如醯鸡之发蒙，如河伯之出于渚涯、循海而东。喜而歌曰：“於赫圣皇，幅员既长。跨禹敷土，越周职方。作京维新，万民所望。如辐聚毂，如桷会桼。其土芒芒，其山苍苍。来格来享，予不知其疆。”中书生倚而和之曰：“维乾统天，维地势坤，维皇元广宇，维至道尊。受有以谦，尚朴斯淳。有礼伊维，有义伊藩。三辰焞焞，百川沄沄。其混合四大，永以固存。”

南村辍耕录·宫阙制度

[元]陶宗仪

陶宗仪，字九成，号南村，黄岩（今属浙江）人。元末举进士不第，后为避兵乱率家隐居松江，以授徒为业，明洪武中有司再三邀聘为教官，勉强赴任，不久仍回松江，授徒自给。隐居松江时，致力田间耕作，辍耕之暇，将见闻所得记录下来，后整理成书 30 卷，名《南村辍耕录》，杂记元代政事、典章制度和北京当时的文物建筑，旁及史地考证和文学艺术。

本文选自上海古籍出版社 2012 年版《南村辍耕录》卷二十一。节选部分对元代的宫阙制度及各类建筑之位置、名称、室内陈设等进行了详细介绍。

至元四年正月，城京师，以为天下本。右拥太行，左注沧海，抚中原，正南面，枕居庸，奠朔方，峙万岁山。浚太液池，派玉泉，通金水，紫籍带甸，负山引河，壮哉帝居，择此天府。城方六十里，里二百四十步，分十一门。正南曰丽正，南之右曰顺承，南之左曰文明，北之东曰安贞，北之西曰健德，正东曰崇仁，东之右曰齐化，东之左曰光熙，正西曰和美，西之右曰肃清，西之左曰平则，大内南临丽正门，正衙曰大明殿，曰延春阁。宫城周回九里三十步，东西四百八十步，南北六百十五步，高三十五尺，砖甃。至元八年八月十七日申时动土，明年三月十五日即工。分六门。正南曰崇天，十二

间，五门。东西一百八十七尺，深五十五尺，高八十五尺。左
右垛楼二，垛楼登门两斜庑，十门。阙上两观皆三垛楼，连垛
楼东西庑各五间。西垛楼之西、有涂金铜幡竿。附宫城南面，
有宿卫直庐。凡诸宫门，皆金铺、朱户、丹楹、藻绘、彤壁、
琉璃瓦饰檐脊。崇天之左曰星拱，三间，一门。东西五十五
尺，深四十五尺，高五十尺。崇天之右曰云从，制度如星拱。
东曰东华，七间，三门。东西一百十尺，深四十五尺，高八十
尺。西曰西华，制度如东华。北曰厚载，五间，一门。东西八
十七尺，深高如西华。角楼四，据宫城之西隅，皆三垛楼，琉
璃瓦饰檐脊。直崇天门，有白玉石桥三虹，上分三道，中为御
道，镌百花蟠龙。星拱南有御膳亭，亭东有拱辰堂，盖百官会
集之所。东南角楼东差北，有生料库，库东为柴场。夹垣东北
隅有羊圈。西南角楼南红门外，留守司在焉。西华南有仪鸾
局，西有鹰房。厚载北为御苑。外周垣红门十有五，内苑红门
五，御苑红门四。此两垣之内也。大明门在崇天门内，大明殿
之正门也，七间，三门。东西一百二十尺，深四十四尺，重
檐。日精门在大明门左，月华门在大明门右，皆三间，一门。
大明殿，乃登极正旦寿节会朝之正衙也，十一间，东西二百
尺，深一百二十尺，高九十尺。柱廊七间，深二百四十尺，广
四十四尺，高五十尺。寝室五间，东西夹六间，后连香阁三
间，东西一百四十尺，深五十尺，高七十尺。青石花础，白玉
石圆磶、文石甃地，上藉重裀，丹楹金饰，龙绕其上，四面朱
琐窗，藻井间金绘，饰燕石，重陛朱阑，涂金铜飞雕冒。中设
七宝云龙御榻，白盖金缕褥，并设后位，诸王百寮怯薛官侍宴
坐庄，重列左右。前置灯漏，贮水运机，小偶人当时刻捧牌而

出。木质银裹漆瓮一，金云龙蜿绕之，高一丈七尺，贮酒可五十余石。雕象酒卓一，长八尺，阔七尺二寸。玉瓮一，玉编磬一，巨笙一。玉笙、玉箜篌，咸备于前。前悬绣缘朱帘，至冬月，大殿则黄鼬皮壁幛，黑貂褥，香阁则银鼠皮壁幛，黑貂暖帐。凡诸宫殿乘舆所临御者，皆丹楹、朱琐窗，间金藻绘，设御榻，裀褥咸备。屋之檐脊皆饰琉璃瓦。文思殿在大明寝殿东，三间，前后轩，东西三十五尺，深七十二尺。紫檀殿在大明寝殿西，制度如文思。皆以紫檀香木为之缕花，龙涎香间白玉饰壁，草色髹绿其皮为地衣。宝云殿在寝殿后，五间，东西五十六尺，深六十三尺，高三十尺。凤仪门在东庑中，三间，一门，东西一百尺，深六十尺，高如其深门。门之外有庖人之室，稍南有酒人之室。麟瑞门在西庑中，制度如凤仪。门之外有内藏库二十所，所为七间。钟楼，又名文楼，在凤仪南。鼓楼，又名武楼，在麟瑞南。皆五间，高七十五尺。嘉庆门在后庑宝云殿东，景福门在后庑宝云殿西，皆三间，一门，周庑一百二十间，高三十五尺。四隅角楼四间，重檐。凡诸宫周庑，并用丹楹、彤壁、藻绘、琉璃瓦饰檐脊。延春门在宝云殿后，延春阁之正门也，五间，三门，东西七十七尺，重檐。懿范门在延春左，嘉则门在延春右，皆三间，一门。延春阁九间，东西一百五十尺，深九十尺，高一百尺，三檐重屋。柱廊七间，广四十五尺，深一百四十尺，高五十尺。寝殿七间，东西夹四间，后香阁一间，东西一百四十尺，深七十五尺，高如其深。重檐，文石甃地，藉花氍毹，檐帷咸备。白玉石重陛，朱阑，铜冒，楯涂金雕翔其上。阁上御榻二，柱廊中设小山屏床，皆楠木为之，而饰以金。寝殿楠木御榻，东夹紫檀御榻。壁皆张素画，飞龙舞凤。西夹事佛像。香阁楠木寝床，金缕褥，黑貂壁幛。慈福殿又曰东暖殿，在寝殿东，三间，前后轩，东西三十五尺，深七十二尺。明仁殿又曰西暖殿，在寝殿西，制度如慈福。景耀门在左庑中，三间，一门，高三十尺。清灏门在右庑中，制度如景耀。钟楼在景耀南，鼓楼在清灏南，各高七十五尺，周庑一百七十二间，四隅角楼四间。玉德殿在清灏外，七间，东西一百尺，深四十九尺，高四十尺。饰以白玉，甃以文石，中设佛像。东香殿在玉德殿东，西香殿在玉德殿西，宸庆殿在玉德殿后，九间，东西一百三十尺，深四十尺，高如其深。中设御榻，帷帷裀褥咸备。前列朱阑，左右辟二红门，后山字门三间。东更衣殿在宸庆殿东，五间，高三十尺。西更衣殿在宸庆殿西，制度如东殿。隆福殿在大内之西，兴圣宫之前。南红门三，东西红门各一，缭以砖垣。南红门一，东红门一，后红门一。光天门，光天殿正门也，五间，三门，高三十二尺，重檐。崇华门在光天门左，膺福门在光天门右，各三间，一门。光天殿七间，东西九十八尺，深五十五尺，高七十尺。柱廊七间，深九十八尺，高五十尺。寝殿五间，两夹四间，东西一百三十尺，高五十八尺五寸，重檐，藻井，琐窗，文石甃地，藉花毳裀，悬朱帘，重陛，朱阑，涂金雕冒楯。正殿缕金云龙樟木御榻。从臣坐床重列前两旁。寝殿亦设御榻，裀褥咸备。青阳门在左庑中，明晖门在右庑中，各三间，一门。翥凤楼在青阳南，三间，高四十五尺。骖龙楼在明晖南，制度如翥凤，后有牧人宿卫之室。寿昌殿，又曰东暖殿，在寝殿东，三间，前后轩，重檐。嘉禧殿，又曰西暖殿，在寝殿西，制度如寿昌，中位佛像，傍设御榻。针线殿在寝殿后，周庑一百七十二间，四隅角楼四间。侍女直庐五所，在针线殿后。又有侍女室七十二间，在直庐后，及左右浴室一区，在宫垣东北隅。文德殿在明晖外，又曰楠木殿，皆楠木为之，三间，前后轩一间。盝顶殿五间，在光天殿西北角楼西，后有盝顶小殿。香殿在宫垣西北隅，三间，前轩一间，前寝殿三间，柱廊三间，后寝殿三间，东西夹各二间。文宸库在宫垣西南隅，酒房在宫垣东南隅，内庖在酒房之北。兴圣宫在大内之西北，万寿山之正西，周以砖垣，南辟红门三，东西红门各一，北红门一。南红门外，两傍附垣有宿卫直庐，凡四十间。东西门外各三间，南门前夹垣内，有省院台百司官侍直板屋。北门外，有窨花室五间。东夹垣外，有宦人之室十七间，凌室六间，酒房六间。南北西门外，棋置卫士直宿之舍二十所，所为一间。外夹垣东红门三，直仪天殿吊桥，西红门一，达徽政院。门内差北，有盝顶房二，各三间。又北，有屋二所，各三间。差南，有库一所，及屋三间。北红门外，有临街门一所，三间，此夹垣之北门也。兴圣门，兴圣殿之北门也，五间，三门，重檐，东西七十四尺。明华门在兴圣门左，肃章门在兴圣门右，各三间，一门。兴圣殿七间，东西一百尺，深九十七尺。柱廊六间，深九十四尺。寝殿五间，两夹各三间，后香阁三间，深七十七尺。正殿四面，朱悬琐窗，文石甃地，藉以毳裀，中设宸屏榻，张白盖帘帷，皆锦绣为之。诸王百寮宿卫官侍宴坐床，重列左右。其柱廊寝殿，亦各设御榻，裀褥咸备，白玉石重陛，朱阑，涂金冒楯，覆以白磁瓦，碧琉璃饰其檐脊。弘庆门在东庑中，宣则门在西庑中，各三间，一门。凝晖楼在弘庆南，五间，东西六十七尺。延颢楼在宣则南，制度如凝晖。嘉德殿在寝殿东，三间，前后轩各三间，重檐。宝慈殿在寝殿西，制度同嘉德。山字门在兴圣宫后，延华阁之正门也，正一间，两夹各一间，重檐，一门，脊置金宝瓶。又独脚门二，周阁以红版垣。延华阁五间，方七十九尺二寸，重阿，十字脊，白琉璃瓦覆，青琉璃瓦饰其檐，脊立金宝瓶，单陛，御榻从臣坐床咸具。东西殿在延华阁西，左右各五间，前轩一间。园亭在延华阁后。芳碧亭在延华阁后圆亭东，三间，重檐，十字脊，覆以青琉璃瓦，饰以绿琉璃瓦，脊置金宝瓶。徽青亭在圆亭西，制度同芳碧亭。浴室在延华阁东南隅东殿后，傍有盝顶井亭二间，又有盝顶房三间。畏吾儿殿在延华阁右，六间，傍有窨花半屋八间。木香亭在畏吾儿殿后。东盝顶殿在延华阁东版垣外，正殿五间，前轩三间，东西六十五尺，深三十九尺。柱廊二间，深二十六尺。寝殿三间，东西四十八尺。前宛转置花朱阑八十五扇。殿之傍有盝顶房三间，庖室二间，面阳盝顶房三间，妃嫔库房一间，缝纫女库房三间，红门一。盝顶之制，三椽，其顶若笥之平，故名。西盝顶殿在延华阁西版垣之外，制度同东殿。东殿之傍，有庖室三间，好事房二，各三间，独脚门二，红门一，妃嫔院四，二在东盝顶殿后，二在西盝顶殿后，各正室三间，东西夹四间，前轩三间，后有三椽半屋二间。侍女室八十三间，半在东妃嫔院左，西向，半在西妃嫔院右，东向。室后各有三椽半屋二十五间。东盝顶殿红门外，有屋三间，盝顶轩一间，后有盝顶房一间。庖室一区，在凝晖楼后，正屋五间，前轩一间，后披屋三间，又有盝顶房一间，盝顶井亭一间，周以土垣，前辟红门。酒房在宫垣东南隅庖室南，正屋五间，前盝顶轩三间，南北房各三间。西北隅盝顶房三间，红门一，土垣四周之。学士院在阁后四盝顶殿门外之西偏，三间。生料库在学士院南。又南，为鞍辔库。又南，为军器库。又南，为庖人牧人宿卫之室。藏珠库在宫垣西南隅，制度并如酒室，惟多盝顶半屋三间，庖室三间。万寿山在大内西北太液池之阳，金人名琼花岛，中统三年修缮之，至元八年赐今名。其山皆叠玲珑石为之，峰峦隐映，松桧隆郁，秀若天成。引金水河至其后，转机运斡，汲水至山顶，出石龙口，注方池，伏流至仁智殿后，有石刻蟠龙，昂首喷水仰出，然后由东西流入于太液池。山前有白玉石桥，长二百余尺，直仪天殿后。桥之北有玲珑石，拥木门五，门皆为石色。内有隙地，对立日月石。西有石棋枰，又有石坐床，左右皆有登山之径，萦纡万石中，洞府出入，宛转相迷，至一殿一亭，各擅一景之妙。山之东有石桥，长七十六尺，阔四十一尺半，为石渠以载金水，而流于山后以汲于山顶也。又东，为灵圃，奇兽珍禽在焉。广寒殿在山顶，七间，东西一百二十尺，深六十二尺，高五十尺。重阿藻井，文石甃地，四面琐窗，板密其里，遍缀金红云，而蟠龙矫蹇于丹楹之上。中有小玉殿，内设金嵌玉龙御榻，左右列从臣坐床。前架黑玉酒瓮一，玉有白章，随其形刻为鱼兽出没于波涛之状，其大可贮酒三十余石。又有玉假山一峰，玉响铁一悬。殿之后有小石笋二，内出石龙首，以喷所引金水。西北有厕堂一间。仁智殿在山之半，三间，高三十尺。金露亭在广寒殿东，其制圆，九柱，高二十四尺，尖顶上置琉璃珠。亭后有铜幡竿。玉虹亭在广寒殿西，制度同金露。方亭在荷叶殿后，高三十尺，重屋八面，重屋无梯，自金露亭前复道登焉，又曰线珠亭。瀛洲亭在温石浴室后，制度同方壶。玉虹亭前仍有登重屋复道，亦曰线珠亭。荷叶殿在方壶前，仁智西北，三间，高三十尺，方顶，中置琉璃珠。温石浴室在瀛洲前，仁智西北，三间，高二十三尺，方顶，中置涂金宝瓶。圌亭，又曰胭粉亭，在荷叶稍西，盖后妃添妆之所也，八面。介福殿在仁智东差北，三间，东西四十一尺，高二十五尺。延和殿在仁智西北，制度如介福。马湩室在介福前，三间。牧人之室在延和前，三间。庖室在马湩前。东浴室更衣殿在山东平地，三间，两夹。太液池在大内西，周回若干里，植芙蓉。仪天殿在池中圆坻上，当万寿山，十一楹，高三十五尺，围七十尺，重檐，圆盖顶，圆台址，甃以文石，藉以花裀，中设御榻，周辟琐窗，东西门各一间，西北厕堂一间，台西向，列甃砖龛，以居宿卫之士。东为木桥，长一百廿尺，阔廿二尺通大内之夹垣。西为木吊桥，长四百七十尺，阔如东桥，中阙之，立柱，架梁于二舟，以当其空，至车驾行幸上都，留守官则移舟断桥，以禁往来。是桥通兴圣宫前之夹垣。后有白玉石桥，乃万寿山之道也。犀山台在仪天殿前水中，上植木芍药。隆福宫西御苑在隆福宫西，先后妃多居焉。香殿在石假山上，三间，两夹二间，柱廊三间，龟头屋三间，丹楹，琐窗，间金藻绘，玉石础，琉璃瓦。殿后有石台，山后辟红门，门外有侍女之室二所，皆南向并列。又后直红门，并立红门三。三门之外，有太子斡耳朵荷叶殿二，在香殿左右，各三间。圆殿在山前，圆顶上置涂金宝珠，重檐。后有流杯池，池东西流水，圆亭二，圆殿有庑以连之。歇山殿在圆殿前，五间，柱廊二，各三间。东西亭二，在歇山后左右，十字脊。东西水心亭在歇山殿池中，直东西亭之南，九柱，重檐。亭之后各有侍女房三所，所为三间，东房西向，西房东向。前辟红门三，门内立石以屏内外，外筑四垣以周之。池引金水注焉。棕毛殿在假山东偏，三间，后盝顶殿三间。前启红门，立垣以区分之。仪鸾局在三红门外西南隅，正屋三间，东西屋三间，前开一门。史官虞集曰：尝观纪藉所载，秦汉隋唐之宫阙，其宏丽可怖也，高者七八十丈，广者二三十里，而离宫别馆，绵延联络，弥山跨谷，多或至数百所。嘻，真木妖哉！由余有言，使鬼为之，则劳神矣；使人为之，则苦人矣。由余当秦穆公之时为是，俾见后世之侈何如也。虽然，紫宫著乎玄象，得无栋宇有等差之辨，而茅茨之简，又乌足以重威于四海乎？集佐修经世大典，将作所疏宫阙制度为详，于是知大有径庭于古也。方今幅员之广，户口之夥，贡税之富，当倍秦汉而参隋唐也，顾力有可为而莫为，则其所乐不在于斯也。孔子曰："禹，吾无间然矣，卑宫室而尽力乎沟洫。"重于此则轻于彼，理固然矣。

故宫遗录·序

　　萧洵，明庐陵（今江西吉安）人，生卒年不详，洪武时任工部郎中，后被贬为浙江长兴县令。任工部郎中时，奉命至北平毁元故宫，因而可将元宫室的面貌记录下来，写就《故宫遗录》。《故宫遗录》记载了元故宫的建筑布局、楼台装饰、后宫禁院等情况，文字详尽，内容丰富，对研究元故宫布局有一定参考价值。本文选自明萧洵撰《故宫遗录》，清乾隆道光间长塘鲍氏刻知不足斋丛书本。

故宫遗录序

　　《故宫遗录》者，庐陵萧洵之所撰也。革命之初，任工部郎中，奉命随大臣至北平毁元旧都，因得遍阅经历，凡门阙楼台殿宇之美丽深邃，阑槛琐窗屏障金碧之流辉，园苑奇花异卉峰石之罗列，高下曲折，以至广寒秘密之所，莫不详具该载，一何盛哉！自近古以来未之有也。观此编者，如身入千门万户，犹登金马，历玉阶，高明华丽，虽天上之清都，海上之蓬瀛，尤不足以喻其境也。洵因宰湖之长兴，将镂诸梓而不果，遂传于是邦。余因馆于吕山，友人高叔祯氏出以示余，因假而录之，以遗好奇之士云。时洪武丙子花朝日松陵生吴节伯度序。

故宫遗录序二

　　《故宫遗录》者，录元之故宫也。洪武元年灭元，命大臣毁元氏宫殿。庐陵工部郎萧洵实从事焉，因而纪录成帙。有松陵吴节为之序。予于万历三十六年间得于吴门书摊上，字画故暗不可句，因为校录一过。三十八年庚戌，于金陵得张浙门墨本，为校正数十字，置之箧中。四十四年丙辰十一月于金台与刘元岳纵言，至于燕京往迹，一无可稽，闻有元耶律楚材燕山志，及国初北平志，但耳其名，未目其文也。忽然忆有此书，因检之奚囊，幸以自随。两人相与击节。金台芜灭，基构不存，耶律、完颜二氏经营，亦落荒草。铁木真氏幸有兹编，稍不堕地，然庚申荒迷亡国，迹之令人悲怅。清写一帙，以备修史采录云。时万历四十四年仲冬廿二日呵冻书。是日大风，二十日四鼓，大内又火延禧殿，并记。清常道人赵琦美。

南丽正门内曰千步廊，可七百步，建灵星门。门建萧墙，周回可二十里，俗呼红门阑马墙。门内数（一作"二"）十步许有河，河上建白石桥三座，名周桥，皆琢龙凤祥云，明莹如玉。桥下有四白石龙，擎戴水中，甚壮。绕桥尽高柳，郁郁万株，远与内城西宫海子相望。度桥可二百步为崇天门。门分为五，总建阙楼其上，翼为回廊，低连两观。观（一无"观"字）旁出为十字角楼，高下三级。两旁各去午门百余步，有掖门，皆崇高阁。内城广可六七里，方布四隅，隅上皆建十字角楼。其左有门为东华，右为西华。由午门内可数十步为大明门，仍旁建掖门，绕为长庑，中抱丹墀之半。左右有（一作"为"）文武楼，楼与庑相连。中为大明殿，殿基高可十（一作"五"）尺，前为殿陛，纳为三级，绕置龙凤白石阑。阑下（一作"外"）每楣（一作"柱"）压以鳌头，虚出阑外，四绕于殿。殿楹四向皆方柱，大可五六尺，饰以起花金龙云。楹下皆白石龙云花顶，高可四（一作"三"）尺，楹上分间仰为鹿顶斗栱，攒顶中盘黄金双龙。四面皆缘金红琐窗，间贴金铺，中设山字（一作"字"）玲珑金红屏台，台上置金龙床，两旁有二毛皮伏虎，机动如生（一无上十二字）。殿右连为主廊十二楹，四周金红琐窗，连建后宫，广可三十步，深入半之，不显（一作"列"）楹架，四壁立，至为高旷，通用绢素冒之，画以龙凤。中设金屏障。障后即寝宫，深止十尺，俗呼为弩头殿。龙床品列为三，亦颇浑朴。殿前宫东西仍相向为寝宫，中仍金红小平床，上仰皆为实研龙骨方槅，缀以彩云金龙凤，通壁皆冒绢素，画以金碧山水。壁间每有小双扉，内贮袭衣，前皆金红推窗，间贴金花，夹以（一作"中实"）玉版明花油纸，外笼黄油绢幕，至冬则代以油皮。内寝屏障，重覆帷幄，而裹以银鼠，席地皆编细簟，上加红黄厚毡，重覆茸单。至寝处床座，每用裀褥，必重数叠，然后上盖纳失失，再加金花，贴薰异香，始邀临幸。宫后连抱长庑，以通前门，前绕金红阑槛，画列花卉，以处妃嫔。而每院间必建三，东西向为床（一作"绣榻"），壁间亦用绢素冒之，画以丹青。庑后横亘长道，中为（一作"以入"）延春堂，丹墀皆植青松，即万年枝也。门庑殿制，大略如前。甃地皆用浚州花版石甃之，磨以核桃，光彩若镜。中置玉台床（一有"两旁有毛皮伏虎，机发如生"句）。前设金酒海，四列金红小连（一作"连床"），其上为延春阁。梯级由东隅而升，长短凡三折而后登，虽至幽暗，阑楯皆涂黄金龙云，冒以丹青绢素，上仰亦皆拱内攒（一作"鹿"）顶，中盘金龙。四周皆绕金珠琐窗，窗外绕护金红阑干，凭望至为雄杰。宫后仍为主廊。后宫寝宫，大略如前。廊东有文思小殿，西有紫檀小殿，后东有玉德殿，殿楹栱皆贴白玉龙云花片，中设白玉金花山字屏台，上置玉床。又东为宣文殿，旁有秘密堂。西有鹿顶小殿，前后散为便门，高下分引而入，彩阑翠阁，间植花卉松桧，与别殿飞甍凡数座。又后为清宁宫，宫制大略亦如前。宫后引抱长庑，远连延春宫，其中皆以处嬖幸也。外护金红阑槛，各植花卉异石。又后重绕长庑，前（一作"别"）虚御道，再护雕阑，又以处嫔嫱也。又后为厚载门，上建高阁，环以飞桥，舞台于前，回阑引翼。每幸阁上，天魔歌舞于台，繁吹导之，自飞桥而升，市人闻之，如在霄汉。台东百步有观星台。台旁有雪柳万株，甚雅。台西为内浴室，有小殿在前。由浴室西（一作"而"）出内城，临海子。海广可五六里，驾飞桥于海中，西渡半起瀛洲圆殿，绕为石城圈门，散作洲岛拱门，以便龙舟往来。由瀛洲殿后北引长桥，上万岁山，高可数十丈，皆崇奇石，因形势为岩岳。前拱石门三座，面直瀛洲，东临太液池，西北皆俯瞰海子。由三门分道东西而升，下有故殿基，金主围棋石台盘。山半有方壶殿，四通，左右之路，幽芳翠草纷纷，与松桧茂树荫映上下，隐然仙岛。少西为吕公洞，尤为幽邃。洞上数十步为金露殿。由东而上，为玉虹殿。殿前有石岩石屋，每设宴，必温酒其中更衣。玉虹金露，交驰而绕层阑，登广寒殿。殿皆线金朱琐窗，缀以金铺，内外有一十二楹，皆绕刻龙云，涂以黄金，左右后三面则用香木凿金为祥云数千万片，拥结于顶，仍盘金龙。殿有间玉金花玲珑屏台床四，列金红连椅，前置螺钿酒卓，高架金酒海。窗外出为露台，绕以白石花阑。旁有铁竿数丈，上置金葫芦三，引铁练以系之，乃金章宗所立，以镇其下龙潭。凭阑四望空阔，前瞻瀛洲仙桥，与三宫台殿（一作"楼观"），金碧流晖；后顾西山云气，与城阙翠华高下（一作"缥缈献翠"）。而海波迤回（一作"尘回"），天宇低沉，欲不谓之清虚之府不可也。山左数十步，万柳中有浴室，前有小殿。由殿后左右而入，为室凡九，皆极明透，交为窟穴，至迷所出路。中穴有盘龙，左底仰首而吐吞一丸于上，注以温泉，九室交涌，香雾从龙口中出，奇巧莫辨。自瀛洲西度飞桥上回阑，巡红墙而西，则为明仁宫（一作"殿"），沿海子导金水河步邃河南行为西前苑。苑前有新殿，半临邃河。河流引自瀛洲西邃地，而绕延华阁，阁后达于兴圣宫，复邃地西折和嘶（一作"禾厮"，一作"乐厮"），后老宫而出，抱前苑，复东下于海，约远三四里。龙舟大者，长可十丈，绕设红彩阑，前起龙头，机发五窍皆通。余船三五，亦自奇巧。引挽游幸，或隐或出，已觉忘身，况论其他哉！新殿后有水晶二圆殿，起于水中，通用玻璃饰，日光回彩，宛若水宫。中建长桥，远引修衢而入嘉禧殿。桥旁对立二石，高可二丈，阔止尺余，金彩光芒，利锋如断。度桥步万花入懿德殿，主廊寝宫，亦如前制，乃建都之初基也。由殿后出披门，皆丛林，中起小山，高五十丈，分东西延缘而升，皆崇怪石，间植异木，杂以幽芳，自顶绕注飞泉，岩下穴为深洞，有飞龙喷雨其中。前有盘龙，相向举首而吐流泉，泉声夹道交走，泠然清爽，又一幽回，仿佛仙岛。山上复为层台，回阑邃阁，高出空中，隐隐遥接广寒殿。山后仍为寝宫，连长庑。庑后两绕邃河，东流金水，亘长街，走东北，又绕红墙，可二十步许，为光天门，仍辟左右披门，而绕长庑。中为光天殿。殿后主廊如前，但廊后高起为隆福宫，四壁冒以绢素，上下画飞龙舞凤，极为明旷。左右后三向，皆为寝宫，大略亦如前制。宫东有沉香殿，西有宝殿，长庑四抱，与别殿重阑曲折掩映，尚多莫名。又后为兴圣宫，丹墀皆万年枝，殿制比大明差小。殿东西分(一作"殿后外")道为阁门，出绕白石龙凤阑楯，阑楯上每柱皆饰翡翠，而置黄金鹏鸟狮座中，建小直殿，引金水绕其下，甃以白石。东西翼为仙桥，四起雕窗，中抱彩楼，皆为凤翅飞檐，鹿顶层出，极尽巧奇。楼下东西起日月宫，金碧点缀，欲像扶桑沧海之势。壁间来往多便门出入，有莫能穷。楼后有礼天台，高跨宫上，碧瓦飞甍，皆非常制，盼望上下，无不流辉，不觉夺目，亦不知蓬瀛仙岛又果何似也。又少东，有流杯亭，中有白石床如玉，临流小座，散列数多。刻石为水兽，潜跃其旁，涂以黄金。又皆亲制水鸟浮杯，机动流转而行，劝罚必尽欢洽，宛然尚在目中。绕河沿流，金门翠屏，回阑小阁，多为鹿顶，凤翅重檐，往往于此临幸，又不能悉数而穷其名。总引长庑以绕之。又少东，出便门，步隧河上，入明仁殿，主廊后宫，亦如前制。宫后为延华阁，规制高爽，与延春阁相望，四向皆临花苑。苑东为端本堂，上通冒青纻丝。又东，有棕毛殿，皆用棕毛以代陶瓦。少西，出掖门为慈仁殿。又后苑中有金殿，殿楹窗扉皆裹以黄金，四外尽植牡丹，百余本高可五尺。又西有翠殿，又有花亭毡(一作"毯")阁，环以绿墙兽闼，绿障鱿窗，左右分布，异卉幽芳，参差映带。而玉床宝座，时时如浥流香，如见扇影，如闻歌声出外户而若度云宵，又何异人间天上也！金殿前有野果名姑娘，外垂绛囊，中空有桃，子如丹珠，味甜酸可食，盈盈绕砌，与翠草同芳，亦自可爱。苑后重绕长庑，庑后出内墙，东连海子，以接厚载

41

门。绕长庑中皆宫娥所处之室。后宫约千余人，掌以阉寺，给以日饭，又何盛也！庚申以荒淫久废朝政。洪武元年为诸将叛背，捐弃宗庙社稷而逃走依西北，盖立彼蒙古之国，逾年不为所容，思庇翁吉剌氏鲁王所封之国以求生，即应昌府也。府有西江焉。庚申心知不可为已，因泣数行下，未几，以痢疾崩。子爱猷识理达腊立五日，我师奄至。爱猷识理达腊仅以身免。二后、爱猷识理达腊妻子及三宫妃嫔、扈卫诸军将帅、从官悉俘以还，元氏遂灭。至是始验指望兑生涯，死在西江月下云。

营建北京疏

[明]杨士奇等

　　杨士奇，明前期名臣，曾官至礼部侍郎兼华盖殿大学士，又兼兵部尚书，历经五朝，在内阁为辅臣长达 40 余年，做首辅 20 余年，与杨荣、杨溥并称三杨。明北京城营建始于 1406 年，历经 15 年，迄 1421 年完成。在仿照南京皇宫营建北京宫殿过程中，由于工程浩繁，所用民力物力巨大，加之官吏驱迫剥削，民怨载道。故此，永乐十四年(1416)，朱棣复诏令群臣议营建北京事，此乃当时杨士奇等群臣的上疏内容。

　　本文节选自中华书局 2016 年版《明实录·太宗孝文皇帝实录》卷七十四。

　　永乐十四年，复诏群臣议营建北京。先是车驾至北京，工部奏请择日兴工。上以营建事重，恐民力不堪，乃命文武群臣复议之。于是公、侯、伯、五军都督及在京都指挥等官上疏曰：臣等切惟北京河山巩固、水甘土厚、民俗淳朴、物产丰富，诚天府之国、帝王之都也。

　　六部都察院、大理寺、通政司、太常寺等衙门尚书、都御史等官复上疏曰：伏惟北京，圣上龙兴之地，北枕居庸，西峙太行，东连山海，南俯中原，沃壤千里，山川形胜，足以控四夷、制天下，诚帝王万世之都也。况今漕运已通，储蓄充溢，材用具备，军民一心，营建之辰，天实启之，伏乞早赐圣断，敕所司择日兴工，以成国家悠久之计，以副臣民之望。上从之。

43

长安客话·皇都杂记(节选)

[明]蒋一葵

蒋一葵，字仲舒，号石原，明武进(今属江苏常州)人。曾任京师西城指挥使，在京期间走荒台断碑，访问古迹，参证文献，写成《长安客话》一书。书共8卷，分为皇都杂记、郊坰杂记、畿辅杂记和关镇杂记四大类，是明人专记北京地方的重要文献之一，也是研究北京明代地方历史和地理的重要参考资料。

本文节选自北京古籍出版社1982年版《长安客话》卷一《皇都杂记》，记述了明京师的建设布局，并对古幽陵、古蓟门和古燕京三地进行了考据。

大　明

元末方国珍啸乱浙东，时刘护军基弃官家居括婺间，豪杰数十人咸聚焉。及觇国珍非成事者，数十人皆投陈友谅去。独护军过淮，见皇祖奉小明王(韩林儿)治兵，乃进说曰："如此复有项羽义帝之衅矣。大丈夫当自立成事。"皇祖因自立为吴王。问护军："应便除之乎?"护军曰："此不足虑，彼爝火旋熄耳。请建号大明以胜之。"未几，小明王殂，皇祖遂定国号曰大明。

先是元帝召以术士问以国事，对曰："国家千秋万岁，垂祚无疆，除是日月并行，数始尽耳。"比我明兵至而元亡，盖日月并行乃明字隐语也。

北　平

京师故元大都，辽金并尝都此。先是元世祖欲定都，问刘太保秉忠："上都(古开平宣府北)大都两处何为最佳？"秉忠曰："上都国祚短，民风淳，大都国祚长，民风淫。"遂定都燕之计。我皇祖既克元都，置北平布政司，亲策问廷臣："北平建都可以控制胡虏，比南京何如？"翰林修撰鲍频谓："胡主起自沙漠，立国在燕，及是百年，地气已尽。南京兴王之地，不必改图。"遂都南京。成祖初龙潜于此，比靖难，乃建为北京，卒徙都焉。夫自石晋以后，此地为胡虏窃据，殆数百年，曷足当王气占形胜？至是泛扫腥膻，奠安神鼎，始称万世鸿基矣。溧人岳文肃公正有都城郊望诗："神鼎当年定蓟门，舆图遍览此方尊。天文析木三河近，王气全燕万古存。水绕郊畿襟带合，山环宫阙虎龙蹲。何须百二夸周汉，一统今归圣子孙。"又济南李攀龙有帝京篇："燕京豪侠地，杯酒为君陈。双阙西山下，诸陵北海滨。蓟门行雨雪，黍谷变阳春。驲衍初临碣，荆轲故入秦。黄金来骏马，白璧售佳人。定鼎还先帝，千年正紫宸。"

都城周回四十里，并元旧基。世祖问刘秉忠："自古无不败之家，不亡之国，朕之天下当谁得之？"秉忠对曰："西方之人得之。"后命刘筑京城，掘基得一巨穴，有红头虫数万。世祖问此何祥，秉忠曰："异日亡天下者乃此物也。"及元为我明所灭，刘言悉验。

都城九门，正南曰正阳，南之左曰崇文，右曰宣武，北之东曰安定，西曰德胜，东之北曰东直，南曰朝阳，西之北曰西直，南曰阜城。今京师人呼崇文门曰海岱，宣武门曰顺承，朝阳门曰齐化，阜城门曰平则，皆元之旧名，相沿数百年，竟不能改。

泰山、渤海俱都城东尽境，元时以海岱名门取此。武林卓明卿登崇文楼诗："城头初夜净氛埃，海岱分明望眼开，紫气半空时入座，秋声万里此登台。雁书欲寄关河杳，烽火惊传边塞来，廊庙只今勤远略，销兵全仗上公才。"此诗用海岱字极有据。今人错书哈大，失其据矣。

古幽陵

京师在九州为冀（帝喾肇建九州，冀其一），十二州为幽。（舜分冀为十二州，幽其一。）幽为北方阴幽之象。上古时曰幽陵，尧命和叔宅朔方幽都，则幽之名从来远矣。夏商省幽入冀，至周复置幽州。

古蓟门

京师古蓟地，以蓟草多得名。武王封尧后于蓟，至秦汉置蓟县，后魏于蓟立燕郡，并此地。今人金以蓟州为蓟，不知唐始置今蓟州，而唐以前则渔阳郡也。今都城德胜门外有土城关，相传是古蓟门遗址，亦曰蓟邱。（《一统志》：在旧燕城西北隅。）

蓟丘旧有楼馆并废，但门存二土阜，旁多林木，翁郁苍翠。京师八景有"蓟门烟树"即此。本朝金幼孜诗："野色苍苍撞蓟门，淡烟疏树碧氤氲。过桥酒漫依稀见，附郭人家远近分。翠雨落花随处有，绿阴啼鸟坐来闻。玉京近日多佳气，缥缈还看映五云。"

古燕京

燕以燕山得名。武王克商，封召公奭于北燕。司马贞谓北燕城在蓟县。或谓武王以蓟封黄帝后，召公不应复封蓟，北燕城非初封故城也。夫志幽境者争假重燕。若燕山，若蓟门，若易水，无不称周始封，总之燕山近是。按周庄王二年，燕桓侯徙都易。今易城南有一城，轮廓六十里，其中尚列万家，土人呼为古燕城，此或桓侯所徙者耳。今京师至后魏始置燕郡。石晋割赂契丹，改曰燕京。宋宣和中改名燕山府，寻复入金，以燕列国之名，不当为京师号，改大兴。元初为燕京路，寻改大都。岳文肃公燕台怀古诗："督亢陂荒蔓草生，广阳宫废故城平。秋风易水人何在，午夜卢沟月自明。召伯封疆经几换，荆卿事业尚虚名。黄金不置高台上，似怪年来士价轻。"

光绪顺天府志·城池(节选)

[清]缪荃孙

《光绪顺天府志》号称"北京地方志书中集大成之作",可谓规模最大、对后世影响也最大的一部方志。它由直隶总督李鸿章兼修、吏部尚书监管顺天府尹万青藜、顺天府尹周家楣为总裁,翰林院编修缪荃孙任总纂,从光绪五年(1879)至光绪十二年(1886)历时八年完成,分列京师志、地理志、河渠志、食货志、经政志、故事志、官师志、人物志、艺文志、金石志等十志,在吸收前代相关记载内容的基础上,对北京地区的地理特征、行政沿革、政治、经济、社会、文化、军事、风俗等各方面的情况进行了全面记述。

本文节选自北京古籍出版社 1987 年版《光绪顺天府志》卷一《京师志一》"城池",主要记载了清代及前代辽、金、元、明时期北京都城基本格局和建设情况。

京师古冀州地,左负辽海,右引太行,喜峰、居庸,拥后翼卫,居高驭重,临视乎六合。天启圣清,膺图建鼎,此维与宅,制沿明旧,邦命维新,翼翼巍巍,亿万年金汤之图矣。溯辽、金肇都,犹沿唐藩镇旧城,元、明以降,规体增廓,今虽府治,实为帝都。爰述建缮所由,缀于简端,辽、金、元、明亦附考焉。志城池。

京城周四十里,为门九:南为正阳门,南之东为崇文门,南之西为宣武门，东之南为朝阳门，东之北为东直门，西之南为阜成门，西之北为西直门，北之东为安定门，北之西为德胜门。自元至元四年，于中都之东北建城，方六十里，分十一门：正南为丽正门，南之东为文明门，南之西为顺承门，正东为崇仁门，东之南为齐化门，东之北为光熙门，正西为和义门，西之南为平则门，西之北为肃清门，北之东为安贞门，北之西为健德门。明洪武元年，徐达经理元都，缩其城之五里，北废光熙、肃清二门，其九门，寻改崇仁曰东直，和义曰西直，安贞曰安定，健德曰德胜。永乐十五年，营建北京宫殿，十五年拓其城之南面、共周围四十里。正统四年，改丽正曰正阳，文明曰崇文，顺承曰宣武，齐化曰朝阳，平则曰阜成。

本朝鼎建，修整壮丽。其九门之名，则仍其旧。分别满洲、蒙古、汉军八旗方位：镶黄旗居安定门内，正黄旗居德胜门内，正白旗居东直门内，镶白旗居朝阳门内，正红旗居西直门内，镶红旗居阜成门内，正蓝旗居崇文门内，镶蓝旗居宣武门内。城垣：南面广二千二百九十五丈九尺三寸，北二千二百三十二丈四尺五寸，东长一千七百八十六丈九尺三寸，西一千五百六十四丈五尺二寸，下石上砖，共高三丈五尺五寸，堞高五尺八寸，址厚六丈二尺，顶阔五丈；设门九，门楼如之：角楼四，城垛一百七十二，旗炮房九所，堆拨房一百三十五所，储火药房九十六所，雉堞一万一千三十八，炮窗二千一百有八。凡门楼均朱楹丹壁，檐三层，封檐列脊，均绿琉璃。城闉九，惟正阳门城闉辟三门，谯楼一，栈楼三；余八门城闉各一门，谯楼、栈楼各一。凡谯楼、栈楼，均四面砖垣，设炮窗，雉堞均留枪窦。正阳门东西，崇文门东，宣武门西，朝阳门南，东直门南，德胜门西，各设水关一，均内外三层，每皆护以铁栅。外城环京城南面，转抱东西角楼，长二十八里，为门七：南为永定门，左为左安门，右为右安门，东为广渠门，西为广宁门，在东西隅而北向者，东为东便门，西为西便门，明嘉靖三十二年建，四十三年成。本朝重加修整。外城南面二千四百五十四丈四尺七寸，东长一千八百五丈一尺，西一千九十三丈二尺，下石上砖，共高二丈，堞高四尺，址厚二丈，顶阔一丈四尺，设七门，门各有楼。城闉七，角楼六，城垛六十三，堆拨房四十三所，雉堞九千四百八十七，炮窗八十八；东、西便门楼及角楼，制如内城谯楼，设炮窗雉堞，均留枪窦；东便门东，西便门东，水关各一，皆三洞，每洞内外均有铁栅；东便门西水关一，内外二层，铁栅如之。

鼓楼在皇城地安门外，址高一丈二尺，广十六丈七尺有奇，纵减三之一，四面有阶，上建楼五间，重檐，前后券门六，左右券门二，蹬道门一，绕以围廊，周建砖垣，钟楼在鼓楼北，制相埒。明永乐十八年建，后毁于火。国朝乾隆十二年重建，楼三间，柱棁榱题，悉制以石。城有濠，皆玉泉水也。内城之水，发源玉泉山，经高梁桥至城西北，分二支，一循城北转东折而南，一循城西转南折而东。环绕九门，经九闸，汇流至大通桥而东，随地形高下，潆洄贯注，若玉虹然。正阳门外跨石梁三，余八门各一。外城濠水，亦自玉泉分流，至四角楼绕城南流，折而东，至东角楼，环绕七门，东达运河，城门外各跨石梁一。

辽故城考

辽太宗会同元年，升幽州为南京，又曰燕京。圣宗开泰元年，改幽州府为析津府，地方三十六里，① 崇三丈，广一丈五尺，敌楼战橹具。八门：东曰安东、迎春，南曰开阳、丹凤，西曰显西、北曰通天、拱辰。

金故城考

金太祖天会三年，宗望取燕山府，因辽人宫阙，于内外城筑四城，每城各三里，前后各一门，楼橹堳堄，悉如边城。每城之内立仓廒甲仗库，各穿复道，与内城通。时陈王兀室及韩常笑其过计，忠献王曰："百年间当以吾言为信。"及海陵立，有志都燕，而一时上书者争言燕京形胜，梁汉臣曰："燕京自古霸国，虎视中原，为万世基。"何卜年曰："燕京地广土坚，人物蕃息，乃礼义之所。"天德三年，始图上燕城宫室制度。三月，命张养浩等增广燕城。城门十三：东曰施仁，曰宣曜，曰阳春；南曰景风，曰丰宜，曰端礼；西曰丽泽，曰灏华，曰彰义；北曰会城，曰通元，曰崇智，曰光泰。遂以燕为中都，府曰大兴，定京邑焉。都城之门，每一面分三门，一正两偏，其正门旁又皆设两门，正门常不开，惟车驾出入，余悉由旁两门焉。周围二十七里，楼壁高四十尺，楼计九百一十座，地堑三重。筑城用涿州土，人置一筐，左右手排立定，自涿至燕传递，空筐出，实筐入，人止土一畚，不日成之。正隆四年二月丁未修。至卫绍王时，蒙古军至，乃命京城富室迁入东子城，百官

---

① 据宋路振撰《乘轺录》记载："幽州城周二十五里，东南曰水窗门，南曰开阳门，西曰清音门，北曰北安门。内城幅员五里，东曰宣和门，南曰丹凤门，西曰显西门，北曰衙北门。内城三门不开，止从宣和门出入。"许亢宗《宣和乙巳奉使金国行程录》则载辽亡之初，燕京"城周围二十七里，楼壁共四十丈，楼计九百一十座，地堑三重，城开八门"。有学者据此认为《辽史·地理志》和（光绪）《顺天府志》所记辽燕京城方三十六里可能是以辽里计，或数字有误。

入南子城，宗室保西城，戚里保北城，各分守兵二万。大兴尹乌陵用章命京畿诸将，毁各桥梁，瓦石悉运入四城，往来以舟渡运，不及者投之于水。拆近城民屋为薪，纳之城中。蒙古兵攻城，四城兵皆迭自城上击之，蒙古兵凡比岁再攻，不能克。

元故城考

元太祖十年，克燕，初为燕京路总管大兴府。世祖中统二年，修燕京旧城。至元元年，都中都。四年，始于中都之北建今城而迁都。九年，改大都。

城方六十里二百四十步，分十一门：正南曰丽正，南之右曰顺承，南之左曰文明，北之东曰安贞，北之西曰健德，正东曰崇仁，东之右曰齐化，东之左曰光熙，正西曰和义，西之右曰肃清，西之左曰平则。时诏旧城居民之迁京城者，以赀高及有官者为先，仍定制以八亩为一分，其或地过八亩，及力不能筑室者，皆不得冒据，听他人营业。筑城已周，乃于文明门外向东五里立苇场，收苇以蓑城，每岁收百万，以苇排编，自下砌上，恐致摧塌。二十年，修大都城。二十一年五月丙午，以侍卫亲军万人修大都城。二十九年七月癸亥，完大都城。至治二年十一月，以洪泽、芍陂屯田军万人修大都城。至治二年七月，修大都城。至正十九年冬十月庚申朔，诏京师十一门皆筑瓮城，造吊桥。

明故城考

洪武初，改大都路属北平府，缩其城之北五里，废东西之北光熙、肃清二门，其九门俱仍旧。大将军徐达命指挥华云龙经理故元都，新筑城垣，南北取径直，东西长一千八百九十丈。又令指挥张焕计度故元皇城，周围一千二百六丈。又令指挥叶国珍计度南城，周围凡五千三百二十八丈。南城故金时旧基也。改元都安贞门为安定门，健德门为德胜门。旧土城周围六十里，克复后，以城围太广，乃减其东西迤北之半，创包砖甓，周围四十里。其东、南、西三面各高三丈有余，上阔二丈；北面高四丈有奇，阔五丈；濠池各深阔不等，深至一丈有奇，阔至十八丈有奇。城为门九，南三门：正南曰丽正，左曰文明，右曰顺承；北二门：左曰安定，右曰德胜；东二门：东南曰齐化，东北曰崇仁；西二门：西南曰平则，西北曰和义；各门仍建月城外门十座。

永乐元年正月，礼部尚书李至刚等言："自昔帝王，或起布衣，平定天下，或由外藩入承大统，其于肇迹之地，皆有升崇。窃见北平布政司，实皇上承运兴王之地，宜遵太祖高皇中都之制，立为京都。"制曰："可，其以北平为北京，府为顺天府。"四年闰七月，建北京宫殿，修城垣。十七年十一月，拓北京南城，计二千七百余丈。正统元年十月，命太监阮安、都督同知沈青、少保工部尚书吴中，率军夫数万人，修建京师九门城楼。四年四月，修造京师门楼、城壕、桥闸完。正阳门正楼一，月城中左右楼各一；崇文、宣武、朝阳、阜成、东直、西直、安定、德胜八门，各正楼一，月城楼一；各门外立碑楼，城四隅立角楼，又深其濠，两涯悉甃以砖石；九门旧有木桥，今悉撤之，易以石，两桥之间各有水闸，濠水自城西北隅环城而东，历九桥、九闸，从城东南隅流出大通桥而去。自正统二年正月兴工，至是始毕。更名丽正为正阳，文明为崇文，顺承为宣武，齐化为朝阳，平则为阜成，余四门仍旧。城南一面，长二千二百九十五丈九尺三寸，北二千二百三十二丈四尺五寸，东一千七百八十六丈九尺三寸，西一千五百六十四丈五尺二寸，高三丈五尺五寸，垛口五尺八寸，基厚六丈二尺，顶收五丈。嘉靖二十一年，掌都察院毛伯温等言："宜筑外城"。二十九年，命筑正阳、崇文、宣武三关厢外城，既而停止。三十二年，给事中朱伯辰言："城外居民繁多，不宜无以围之。臣尝履行四郊，咸有土城故址，环绕如规，周可百二十余里。若仍其旧贯，增卑补薄，培缺续断，可事半而功倍。"乃命相度兴工。

闰月丙辰，兵部尚书聂豹等上言："臣等于本月六日，会同掌锦衣卫都督陆炳、总督京营戎政平江伯陈圭、协理戎政侍郎许论，督同钦天监监正杨纬等，相度京城外四面，宜筑外城，约七十余里。自正阳门外东马道口起，经天坛南墙外，及李兴、王金箔等园地，至荫水庵墙东止，约计九里；转北，经神木厂、獐鹿房、小窑口等处，斜接土城旧广喜门基止，约计一十八里；自广喜门起，转北而西至土城小西门旧基，约计一十九里；自小西门起，经三虎桥村东、马家庙等处，接土城旧基，包过彰仪门，至西南，直对新堡北墙止，约计一十五里；自西南旧土城转东，由新堡及黑窑厂，经神祇坛南墙外，至正阳门外西马道口止，约计九里。大约南一面计一十八里，东一面计一十七里，北一面势如椅屏，计一十八里，西一面计一十七里，周围共计七十余里，内有旧址堪因者约二十二里，无旧址应新筑者约四十八里。其规制，臣等议得外城墙基，应厚二丈，收顶一丈二尺，高一丈八尺，上用瓦为腰，墙基应垛口五尺，共高二丈三尺，城外取土筑城，因以为濠。正阳等九门之外如旧。彰仪门、大通桥各开门一座，共门十一座。每门各设门楼，五门，四角设角楼四座。其通惠河两岸，各量留便门，不设门楼。城外每面应筑敌台四十四座，每座长二丈五尺，广二丈，收顶一丈二尺，每台上盖铺房一间，以便官军栖止，四面共计敌台一百七十六座，铺一百七十六所。城内每面，应筑上城马道五路，四面共马道二十路。西直门外及通惠河二处，系西湖、玉河水出入之处，应设大水关二座；八里河、黑窑厂等处，地势低洼，潦水流聚，应设小水关六座。城门内两旁工完之日，拟各盖造门房二所，共二十二所，以便守门人员居处。"疏入，得旨，允行。

乙丑，建京师外城兴工，遣成国公朱希忠告太庙，敕谕陈圭、陆炳、许论及工部左侍郎陶尚德、内官监右少监郭辉提督工程，锦衣卫都指挥使朱希孝、指挥佥事刘鲸监督工程，又命史科左给事中秦梁、浙江道御史董威巡视工程。四月，上又虑工费重大，成功不易，以问严嵩等。嵩等乃自诣工所视之，还言：宜先筑南面，候财力裕时，再因地计度以成四面之制，所以南面横阔。于是嵩会圭等议复："前此度地画图原为四周之制，所以南面横阔凡二十里，今既止筑一面，第用十二三里便当收结，庶不虚费财力。令拟将见筑正南一面城基，东折转北，接城东南角，西折转北，接城西南角，并力坚筑，可以刻期完报；其东、西、北三面，候再计度，以闻。"报允。重城包京城南一面，转抱东西角楼止，长二十八里，为七门：南曰永定、左安、右安，东曰广渠、东便，西曰广宁、西便。城南一面，长二千四百五十四丈四尺七寸，东一千八十五丈一尺，西一千九十三丈二尺，各高二丈，垛口四尺，基厚二丈，顶收一丈四尺。四十二年，增修各门瓮城。四十三年六月丁酉，京师重城成。内外两城，计垛口二万零七百七十二垛，下炮眼共一万二千六百有二。

天启元年十月，给事中魏大中报京城浚濠工竣。东便门迤北，员外郎何玉成监浚一百四十丈，张时俊监浚一百五十三丈，主事刘鳞长监浚一百六十一丈，主事张杰监浚一百五十五丈，主事张泰阶监浚一百四十五丈，朝阳门迤北，主事吴时亮监浚五百九十四丈；东直门迤北转西，主事陆之祺监浚五百九十六丈；安定门，主事曾樱监浚门东四百三十丈，门西一百六十丈；安定门迤西，主事刘鳞长监浚二百六十丈，主事韦国贤监浚一百七十丈，员外郎陆化熙监浚二百三十九丈，德胜门迤西，主事刘存慧监浚六百十九丈；西北角楼迤南，员外郎赵赞化监浚一百七十七丈；西直门迤南，主事张时俊监浚一百九十三丈，主事杨师孔监浚四百六丈八尺；阜成门迤南，主事张杰监浚三百丈，主事张泰阶监浚二百八十丈，员外郎赵赞化监浚二百五十三丈；西便门至正阳门，主事李养德监浚一千一百二十丈八尺一寸；正阳门至崇文门，郎中吴叔度监浚四百九十五丈；崇文门至东便门，郎中吴叔度监浚四百九十二丈，重城，员外郎林采监浚五千一百五十丈。崇祯己卯二月，内监曹化淳议京城外开河以通漕粮。自是年三月十九日起，至辛巳六月，所开河，自土城广渠门起，至大通桥运粮河北岸，挑河长三千八百六十二丈，又东直门外关帝庙挑月河长二百七十丈，斩虎营至关帝庙大石桥，挑河长三千一百五十一丈。命内监于跃为河工总理，而以兵部司官轮督班军，共用班军二十三万二千余名，五城、两县募夫二万九百余名。兵部侍郎吴甡视工，以为劳费无益，且伤地脉，抗疏止之。

燕都丛考·沿革(节选)

[清]陈宗蕃

　　陈宗蕃，字莼衷，号淑园，福建闽侯人。光绪三十年中进士，官费留学日本，在东京帝国大学学习法政、经济。1910年毕业回国后，曾在邮传部任职。之后，在银行做过公会秘书、卫生局科长、北平市参议员等。自1927年至1935年陈宗蕃住在米粮库胡同潜心撰写《燕都丛考》，历时八年之久。全书资料广泛翔实，仅引用的书目就达205部之多。《燕都丛考》是迄今为止记述民国时期北京内外城历史、街巷胡同变迁非常有分量的书。

　　本文节选自北京古籍出版社1991年版《燕都丛考》第一章《城池》。节选部分记述了北京地区自先秦至民国期间的大致沿革状况，尤其详细记载了清京师至民国北平各坊和区的范围。

　　北平为《禹贡》冀州之域，在颛顼时曰幽陵，尧时曰幽都，舜时分冀为幽州，夏、商时皆为冀州地，殷复曰幽州，周因之。武王封黄帝之后于蓟，封召公于北燕，燕盛并蓟，遂迁焉。后与六国俱称王。秦灭燕，以燕之西陲为上谷郡。楚汉之际为燕国，后属汉，仍为燕国。武帝时改为郡，元狩六年更为国，又改为幽州。元凤元年，该燕国为广阳郡，宣帝时又改为国。莽曰广有。光武时为广阳国，其后省入上谷郡。和帝永元八年复置广阳郡，建安十八年改属冀州，又复立幽州。魏黄初中，改广阳为燕郡，太和六年改为国。晋幽州初治涿，后治燕国之蓟。晋永嘉后陷于石勒，于蓟置幽州。后慕容儁建都于此，苻坚、慕容垂代有其地。后魏道武破慕容宝，于蓟立燕郡。北齐置东北道行台，后周置总管府。隋炀帝时废总管，唐初复为幽州，仍置总管府，其后改曰大都督府。天宝元年改为范阳郡，乾元元年复改郡曰幽州。安禄山僭号，以范阳为大都，史思明改范阳为燕京，其后仍为幽州。晋天福中，割入于辽。太宗会同元年改为南京，以幽都府置南京道，开泰元年改燕京，曰析津府。宋宣和四年地入于金，五年归宋，改为燕山府。七年，复入于金，仍名曰燕京。贞元元年改燕京为圣都，寻改中都，自会宁迁都于此。元太祖十年为燕京路，至元元年改建中都，四年徙都之。九年，改曰大都。明洪武元年改为北平府，隶山东行中书省。二年，置北平行省，以北平府隶焉。九年，为北平承宣布政使司治。永乐元年升为北京，改府为顺天府，称为"行在"，罢北平布政使司治。十九年，改北京为京师。仁宗洪熙元年，仍称"行在"。英宗正统六年，定名京师。清顺治元年，建都京师，仍称顺天府。民国元年，定都北京，顺天府改称京兆。十七年，首都南迁，改称北平。

前清时，京师内外城分为十坊：一曰中西坊，隶中城。凡皇城自地安门以东；内城自东长安街以北，王府街以西，兵马司胡同地安桥以南；外城自正阳门大街西至西河沿、关帝庙、煤市街、观音寺、前石头胡同，南至西珠市口大街，又南至永定门西，皆属焉。二曰中东坊，隶中城。凡皇城自地安门以西；内城自西长安街以北，西大市街以东，护国寺街地安桥以南；外城自正阳门大街东至打磨厂、萧公堂、草厂二条胡同、芦草园，南至三里河大街，皆属焉。三曰朝阳坊，隶东城。凡内城自东大市街以东，东直门街以南，皆属焉。外厢则东便门、朝阳门、东直门外，其分地也。四曰崇南坊，隶东城。凡内城自崇文门街、王府街以东；交道口、北新桥以南；外城自崇文门外三转桥以东，左安门以北，皆属焉。五曰东南坊，隶南城。所属皆外厢，南则永定门、左安门、右安门门外，东则广渠门外，西则广宁门外其分地也。六曰正东坊，隶南城。凡南城自东崇文门街，西至太平湖城根，北至长安街；外城自崇文门外大街，西至打磨厂、萧公堂，北至三里河大街，西南至永定门东，左安门西，皆属焉。七曰关外坊，隶西城。凡内城自西大市街以西，阜成门街、护国寺街以北，德胜门街以西，皆属焉。外厢则阜成门、西直门、西便门外，其分地也。八曰宣南坊，隶西城。凡内城自瞻云坊大街以西（即西单牌楼，今已拆卸），报子街以北，阜成门以南；外城自宣武门外大街以南，至半截胡同以西，皆属焉。九曰灵中坊，隶北城。凡内城自德胜门街以东，地安桥、兵马司胡同、交道口、东直门街以北，皆属焉。外厢则安定门外，德胜门外，其分地也。十曰日南坊，隶北城。所属皆外城。自煤市桥、观音寺、前石头胡同、板章胡同以西，宣武门大街、半截胡同以东，皆属焉。前清光绪之末，京师设民政部，并于内外城各设巡警总厅，于是始画内外城为二十区，皇城内二区亦在其中。民国成立，改设一总厅，以一事权，是为京师警察厅，在前门户部街。十七年改为公安局，隶属于北平特别市政府。二十区之分辖如左：

一曰中一区，北由北箭亭顺皇城至西压桥，西至三海东墙，东至皇城外南北河沿，南至天安门。

二曰中二区，北由地安门西压桥迤西，西至皇城根，东至三海东墙，南沿皇城，至新华门。

三曰内左一区，北自东安门外大街，经金鱼胡同、东西石槽雅宝胡同，西顺东安门外皇城根至御河桥，折而西，至东长安街，折而南，至户部街，东至城根，南至崇文门东西城根。

四曰内左二区，北由北箭亭至铁狮子胡同，折而南至东四牌楼，转东至朝阳门大街，西至皇城外南北河沿，东至朝阳门迤南城根，南至金鱼胡同、干面胡同、禄米仓大街。

五曰内左三区，北至安定门城墙，西至旧鼓楼大街、鼓楼大街、地安门外大街，东至北新桥，南至皇城北墙。

六曰内左四区，北至安定门东西城墙根，西至北新桥、东四牌楼，东至东直门城墙，南至朝阳门大街。

七曰内右一区，北至太平桥，西由丁字街（即西四牌楼）至西单牌楼，东由西安门城根迤南顺皇城根折而东，至府右街，南至西长安街。

八曰内右二区，北至阜成门大街，西至阜成门迤南城根，东至丁字街、甘石桥、西单牌楼、宣武门，南至宣武门迤西城根。

九曰内右三区，北至德胜门东西城根，西至新街口南北大街；东至旧鼓楼大街、鼓楼大街、地安门外大街，南至地安门外迤西城根。

十曰内右四区，北至城根，西至西直门城根，东由新街口南北大街，折而东，经庄王府北墙外，至西皇城根，南至阜成门大街。

十一曰外左一区，北至正阳门迤东城根，西至正阳门大街，东至打磨厂中间新开路、草厂上下九条、西八角胡同，南至东珠市口、东柳树井、三里河。

十二曰外左二区，北至崇文门迤西城根，西至打磨厂中间新开路，草厂上十条、东八角胡同，东至崇文门外大街，南至三里河。

十三曰外左三区，北至崇文门迤东城根，西至南北羊市口、北河槽，东至广渠门迤北城根，南至大石桥、广渠门大街。

十四曰外左四区，北至大石桥、广渠门大街，西至标杆胡同、三转桥，折而西，顺东西唐洗泊街，折而南，至磁器口大街，经红桥至天坛东墙外，东至广渠门迤南城根，南至左安门迤西城根。

十五曰外左五区，北至东珠市口、东柳树井、三里河，西至天桥，东至标杆胡同、三转桥，折而西，经东西唐洗泊街，折而南，至磁器口大街，南至天坛北墙外。

十六曰外右一区，北至正阳门迤西城根，西至宣武门大街，东至正阳门大街，南自西珠市口，至煤市街，折而北，至杨梅竹斜街，折而西，经琉璃厂至椿树胡同，折而南，经椿树头条又折而北，经永光寺西街至枣林街。

十七曰外右二区，北自枣林街折而南，经永光寺西街折而东，经椿树头条折而南，经椿树胡同、琉璃厂、杨梅竹斜街，西至宣武门外大街，东至煤市街，南至西柳树井、虎坊桥、骡马市大街。

十八曰外右三区，北至宣武门迤西城根，西至广安门迤北城根，东至宣武门大街，南至广安门大街。

十九曰外右四区，北至广安门大街、骡马市大街，西至广安门迤南城根，东至果子巷、贾家胡同，至南横街折而西，经南堂子胡同、财神庙，龙泉寺西，南至右安门东西城根。

二十曰外右五区，北至骡马市大街、虎坊桥、西柳树井，西珠市口，折而南，经正阳门大街，至天桥折而东，至天坛北墙，西至果子巷、贾家胡同、南堂子胡同、财神庙、龙泉寺，东至天坛东墙，南至永定门东西墙根。

十八年，公安局裁节经费，将内外城二十区，合并为十一区。内城六区，外城五区。自中华门以东，顺皇城外至翠花胡同、马市大街、东四牌楼朝阳门大街以南，为内一区；中华门以西，顺皇城而北，至大酱坊胡同折而西，丰盛胡同、武定侯胡同以南，为内二区；安定门大街以东，马市大街、东四牌楼、朝阳门大街以北，为内三区；大酱坊胡同、丰盛胡同、武定侯胡同以北，西安门皇城以北，经棉花胡同、罗儿胡同达于积水潭以西，为内四区；安定门大街以西，积水潭以东，地安门皇墙以北，为内五区；皇城以内为内六区。前门大街以东，东珠市口以北，崇文门大街以西，为外一区；前门大街以西，西珠市口以北，宣武门大街以东，为外二区；崇文门大街以东，外城墙垣以北，为外三区；宣武门大街以西，贾家胡同以南，至外城墙垣以北，为外四区；东西珠市口以南，东至天坛东外墙，西至黑窑厂、陶然亭，为外五区。

光宣小记（节选）

[清]金　梁

金梁(1878—1962)，号息侯，晚号瓜圃老人，满洲正白旗人，系出瓜尔佳氏，其先人自清初即奉调驻防杭州。他自幼受到良好教育，光绪二十七年(1901)中举人，光绪三十年(1904)考中进士。历任京师大学堂提调、内城警厅知事、民政部参议、奉天旗务处总办、奉天新民府知府、奉天政务厅厅长、蒙古副都统等。民国成立后，任清史馆校对。新中国成立后迁居北京，在国家文物部门任顾问等职，1962年在北京逝世。一生著述甚丰。

《光宣小记》乃金梁辑录过往日记而成，记载光绪、宣统年间其在京、奉两地任职时的所见所闻，范围涉猎甚广。选文节取自上海书店出版社1998年出版"民国史料笔记丛刊"之金梁著《光宣小记》。本书所选北京城、皇宫、正阳门、禁城、前门大街、琉璃厂等篇虽然篇幅不长，但对于研究晚清京城社会具有重要的参考意义。

北京城

光绪甲辰，余应试赴北京。北京建都实始于辽，曰燕京，而金拓大之，皆在今城西南。元移东北，建大都，又在今城稍北。至明初，改大都为北平。永乐定都，始名北京，修城垣、建宫殿，为今内城；嘉靖年筑外城，为今南城，是为今京城之

63

始。清承明旧，内分八旗、外分五城，后设巡警，分五厅二十区，而九门提督、五城御史兼辖如故。时已行新政，东城一带正仿使馆界修马路，而西城仍土道高甬、尘土飞扬。一城相隔，恍同异域。余偶登前门，东望东交民巷，如入欧美新邦；西望西交民巷，如见元明旧制，诚首都之奇观也。

皇　宫

皇宫亦承明旧，惟易宫殿题名。相传元初有洪武殿，而明太祖纪年曰洪武，明初有奉天殿及奉天门，而清起于奉天，与崇文、宣武并成谶语，亦异闻也。又传大清门额即用大明门旧石反刻，故有"大明翻身"之谣。自大清门历三大殿而乾清宫至神武门皆旧制，无改作，东西各宫殿偶有增饰，亦仍故观，盖宫廷以节俭示天下，历朝相戒，毋得大兴土木也。

正阳门

正阳门即前门，庚子被焚，重修方竣工。倚城旧有荷包巷，市廛林立，遗迹无存，而东西二车站方新成立。前门洞辟四门，南常闭，专备车驾，惟北及东、西任出入。石路崎岖，舆马辐辏，常有翻车、插车之苦。余后管工巡，修平道路，始定东出西入之规，众皆便之。

禁　城

禁城称紫禁城，南自大清门，北至神武门，东自东华门，西至西华门，凡车马闲人皆禁阻不得行。余偶谒二客，一东居南池子、一西居南长街，相距咫尺，必绕道始达。余初至京，不知也。晨起，乘车入宣武门，长驱抵西安门，沿城北走，过后门，折而南，依景山西，始经北长街而至南长街，已逾午矣。倦思少憩，叩客门，阍者辞以"进里面"，"进里面"者，谓已入内廷当差也。遂复驱车，仍北绕景山而东，再越后门，经北池子而至南池子，客又上衙门矣。"上衙门"者，谓入署治事也。乃强起，北过东安门，经东长安街，南出前门而归旅馆，已近晡时矣。终日绕行数十里，不得食息，实不胜其劳。尤可笑者，过长街时，忽有众阉追车指詈，必迫御者下谢然后止。问之，则此地为阉寺杂居，言语习俗故多禁忌，御者偶不慎，触彼怒，遂群起与之为难也。

前门大街

前门大街为京市最繁盛处，铺面装饰金碧交辉，顾客购物，问答迎送，和颜悦色，务使来者满意，其礼貌为外省所无。街西为大栅栏，道路甚窄，尤称热闹。大观楼、宾宴楼兼售烟茶，以新式自鸣，为回商穆子光创设。穆热心公益事，常在茶座讲演，为京中有演说之始。时洋车已通行，马车仅使馆有数辆，众仍用骡车。惟孙文正公（家鼐）自制一车，左右辟门，可跨入垂足端坐。徐皆自前入箱，须盘膝也。人皆垂辫，偶有剪发者，众多目笑存之。京中旧商重信义，不争近利。皮局掌柜于子亨与余交最久，或值窘乏，于辄自假银以周急。偶托以事，视人如己，必尽其心力。今去世已久矣。

琉璃厂

琉璃厂为都城文物所聚，余下车即往游。各商店方备考具，笔则贺莲青，墨则一得阁，而纸必懿文斋。以试卷向由松竹斋承办，已改归懿文也。书籍则"二文"，曰文友、文德；字画则"二古"，曰茹古、悦古。余见《陶渊明集》，汲古阁复宋本；《杜工部集》，宋刻残本，各以十金得之。又购汤贞愍、戴文节山水扇面，仅各二金。又见吴渔山、王石谷山水中堂，问其值，皆索百金。惟御笔独昂，康、乾小条，各须五十金，尚非精品也。尤难得者，傅青主父子批校《汉书》，青主朱笔行草，其子眉则恭楷细注，凡志、传皆遍，乃至诸表，亦一字无遗，足见古人读书之勤。余倾囊购之，众皆笑为书痴也。书铺大者实多在隆福寺街，有文奎、带经二堂，为王氏兄弟分设。文奎之王以信义为人重，人称"老王"，士大夫多与往还，阛阓中之君子也。

北京——都市计划中的无比杰作

梁思成

梁思成（1901—1971），广东新会人，梁启超之长子。早年就学于清华学堂和美国宾夕法尼亚大学、哈佛大学研究院，获硕士学位。1928 年回国，先后任东北大学、清华大学教授、建筑系主任，"中国营造学社"法式部主任，从事中国古建筑调查研究工作，测绘过许多具有重要历史价值的古建筑，并从事建筑古籍的整理。1946 年任北京清华大学建筑系主任、教授，联合国大厦设计委员会成员。1949 年以后，任清华大学建筑系主任、中国科学院技术科学部委员、建筑科学院建筑历史理论研究室主任。主要著作有《清式营造则例》《中国建筑史》《宋〈营造法式〉注释》等，其古建筑调查报告及论文汇编为《梁思成文集》。

本文原载于《新观察》1951 年第 2 卷，第 7—8 期，梁先生在"跋"中注称："本文虽是作者答应担任下来的任务，但在实际写作进行中，却是同林徽因分工合作，有若干部分还偏劳了她，这是作者应该对读者声明的。"

人民中国的首都北京，是一个极年老的旧城，却又是一个极年轻的新城。北京曾经是封建帝王威风的中心、军阀和反动势力的堡垒，今天它却是初落成的，照耀全世界的民主灯塔。它曾经是没落到只能引起无限"思古幽情"的旧京，也曾经是忍

受侵略者铁蹄践踏的沦陷城，现在它却是生气蓬勃地在迎接社
会主义曙光中的新首都。它有丰富的政治历史意义，更要发展
无限文化上的光辉。

构成整个北京的表面现象的是它的许多不同的建筑物，那
显著而美丽的历史文物，艺术的表现：如北京雄劲的周围城
墙，城门上嶙峋高大的城楼，围绕紫禁城的黄瓦红墙，御河的
栏杆石桥，宫城上窈窕的角楼，宫廷内宏丽的宫殿，或是园苑
中妖媚的廊庑亭榭，热闹的市心里牌楼店面，和那许多坛、
庙、塔寺、第宅、民居。

它们是个别的建筑类型，也是个别的艺术杰作。每一类、
每一座，都是过去劳动人民血汗创造的优美果实，给人以深刻
的印象；今天这些都回到人民自己手里，我们对它们宝贵万分
是理之当然。但是，最重要的还是这各种类型、各个或各组的
建筑物的全部配合：它们与北京的全盘计划整个布局的关系；
它们的位置和街道系统如何相辅相成；如何集中与分布；引直
与对称；前后左右，高下起落，所组织起来的北京的全部部署
的庄严秩序，怎样成为宏壮而又美丽的环境。

北京是在全盘的处理上才完整地表现出伟大的中华民族建
筑的传统手法和在都市计划方面的智慧与气魄。这整个的体形
环境增强了我们对于伟大的祖先的景仰，对于中华民族文化的
骄傲，对于祖国的热爱。北京对我们证明了我们的民族在适应
自然、控制自然、改变自然的实践中有着多么光辉的成就。这
样一个城市是一个举世无匹的杰作。

我们承继了这份宝贵的遗产，的确要仔细地了解它——它
的发展的历史，过去的任务，同今天的价值。不但对于北京个

别的文物，我们要加深认识，且要对这个部署的体系提高理解，在将来的建设发展中，我们才能保护固有的精华，才不至于使北京受到不可补偿的损失。并且也只有深入的认识和热爱北京独立的和谐的整体格调，才能掌握它原有的精神来作更辉煌的发展，为今天和明天服务。北京城的特点是热爱北京的人们都大略知道的。我们就接着这些特点分述如下。

我们的祖先选择了这个地址

北京在位置上是一个杰出的选择。它在华北平原的最北头；处于两条约略平行的河流的中间，它的西面和北面是一弧线的山脉围抱着，东面南面则展开向着大平原。它为什么坐落在这个地点是有充足的地理条件的。选择这地址的本身就是我们祖先同自然斗争的生活所得到的智慧。

北京的高度约为海拔 50 米，地学家所研究的资料告诉我们，在它的东南面比它低下的地区，四五千年前还都是低洼的湖沼地带。所以历史家可以推测，由中国古代的文化中心的"中原"向北发展，势必沿着太行山麓这条 50 米等高线的地带走。因为这一条路要跨渡许多河流，每次便必须在每条河流的适当的渡口上来往。当我们的祖先到达永定河的右岸时，经验使他们找到那一带最好的渡口。这地点正是我们现在的卢沟桥所在。

渡过了这个渡口之后，正北有一支西山山脉向东伸出，挡住去路，往东走了十余公里这支山脉才消失到一片平原里，所以就在这里，西倚山麓，东向平原，一个农业的民族建立了一个最有利于发展的聚落，当然是适当而合理的。北京的位置就这样地产生了。并且也就在这里，他们有了更重要的发展。

同北面的游牧民族开始接触，是可以由这北京的位置开始，分三条主要道路逼到北面的山岳高原和东北面的辽东平原的。那三个口子就是南口、古北口和山海关。北京可以说是向着这三条路出发的分岔点，这也成了今天北京城主要构成原因之一。北京是河北平原旱路北行的终点，又是通向"塞外"高原的起点。我们的祖先选择了这地方，不但建立一个聚落，并又发展成中国古代边区的重点，完全是适应地理条件的活动。

这地方经过世代的发展，在周朝为燕国的都邑，称作蓟；到了唐是幽州城，节度使的府衙所在。在五代和北宋是辽的南京，亦称作燕京；在南宋是金的中部。到了元朝，城的位置东移，建设一新，成为全国政治的中心，就成了今天北京的基础。最难得的是明清两代易朝换代的时候都未经太大的破坏就又在旧基础上修建展拓，随着条件发展。到了今天，城中每段街、每一个区域都有着丰富的历史和劳动人民血汗的成绩。有纪念价值的文物实在是太多了。

北京城近千年来的四次改建

一个城是不断地随着政治经济的变动而发展着改变着的，北京当然也非例外。但是在过去一千年中间，北京曾经有过四次大规模的发展，不单是动了土木工程，并且是移动了地址的大修建。对这些变动有个简单认识，对于北京城的布局形势便更觉得亲切。

现在北京最早的基础是唐朝的幽州城，它的中心在现在广安门外迤南一带。本为范阳节度使的驻地，安禄山和史思明向唐代政权进攻曾由此发动，所以当时是军事上重要的边城。后来刘仁恭父子割据称帝，把城中的"子城"改建成宫城的规模，有了宫殿。937年，北方民族的辽势力渐大，五代的石晋割了燕云等十六州给辽，辽人并不曾改动唐的幽州城，只加以修整，将它升为"南京"。这时的北京开始成为边疆上一个相当区域的政治中心了。

到了更北方的民族金人的侵入时，先灭辽，又攻败北宋，将宋的势力压缩到江南地区，自己便承袭辽的"南京"，以它为首都。起初金也没有改建旧城，1151年才大规模地将辽城扩大，增建宫殿，意识地模仿北宋汴梁的形制，按图兴修。他把宋东京汴梁（开封）的宫殿苑囿和真定（正定）的谭园木料拆卸北运，在此大大建设起来，称它作中部，这时的北京便成了半个中国的中心。

当然，许多辉煌的建筑仍然是中都的劳动人民和技术匠人，承继着北宋工艺的宝贵传统，又创造出来的。在金人达攻掳夺"中原"的时候，"匠户"也是他们掳劫的对象，所以汴梁的许多匠人曾被迫随着金军到了北京，为金的统治阶级服务。

金朝在北京曾不断地营建，规模宏大，最重要的还有当时的离宫，今天的中海北海。辽以后，金在旧城基础上扩充建设，便是北京第一次的大改建，但它的东面城墙还在现在的琉璃厂以西。

1215年元人破中都，中都的宫城同宋的东京一样遭到剧烈破坏，只有郊外的离宫大略完好。1260年以后，元世祖忽必烈数次到金故中都，都没有进城而驻驿在离宫琼华岛上的宫殿里。这地方便成了今天北京的胚胎，因为到了1267年元代开始建城的时候，就以这离宫为核心建造了新首都。元大都的皇宫是围绕北海和中海而布置的，元代的北京城便围绕着这皇宫成一正方形。

这样，北京的位置由原来的地址向东北迁移了很多。这新城的西南角同旧城的东北角差不多接壤，这就是今天的宣武门迤西一带。虽然金城的北面在现在的宣武门内，当时元的新城最南一面却只到现在的东西长安街一线上，所以两城还隔着一个小距离。主要原因是当元建新城时，金的城墙还没有拆掉之故。

元代这次新建设是非同小可的，城的全部是一个完整的布局。在制度上有许多仍是承袭中部的传统，只是规模更大了。如宫门楼观、宫墙角楼、护城河、御路、石桥、千步廊的制度，不但保留中都所有，且超过汴梁的规模。还有故意恢复一些古制的，如"左祖右社"的格式，以配合"前朝后市"的形势。

这一次新址发展的主要存在基础不仅是有天然湖沼的离宫和它优良的水源，还有极好的粮运的水道。什刹海曾是航运的终点，成了重要的市中心。当时的城是近乎正方形的，北面在今日北城墙外约二公里，当时的鼓楼便位置在全城的中心点上，在今什刹海北岸。因为船只可以在这一带停泊，钟鼓楼自然是那时热闹的商市中心。这虽是地理条件所形成，但一向许多人说到元代北京形制，总以这"前朝后市"为严格遵循古制的证据。

元时建的尚是土城，没有砖面，东、西、南，每面三门；唯有北面只有两门，街道引直，部署井然。当时分全市为五十坊，鼓励官吏人民从旧城迁来。这便是辽以后北京第二次的大改建。它的中心宫城基本上就是今天北京的故宫与北海中海。

1368 年明太祖朱元璋灭了元朝，次年就"缩城北五里"，筑了今天所见的北面城墙。原因显然是本来人口就稀疏的北城地区，到了这时，因航运滞塞，不能达到什刹海，因而更萧条不堪，而商业则因金的旧城东壁原有的基础渐在元城的南面郊外繁荣起来。元的北城内地址自多旷废无用，所以索性缩短五里了。

明成祖朱棣迁都北京后，因衙署不足，又没有地址兴修，1419年便将南面城墙向南展拓，由长安街线上移到现在的位置。南北两墙改建的工程使整个北京城约略向南移动四分之一，这完全是经济和政治的直接影响。且为了元的故宫已故意被破坏过，重建时就又做了若干修改。最重要的是因不满城中南北中轴线为什刹海所切断，将宫城中线向东移了约150公尺，正阳门、钟鼓楼也随着东移，以取得由正阳门到鼓楼钟楼中轴线的贯通，同时又以景山横亘在皇宫北面如一道屏风。这个变动使景山中峰上的亭子成了全城南北的中心，替代了元朝的鼓楼的地位。这五十年间陆续完成的三次大工程便是北京在辽以后的第三次改建。这时的北京城就是今天北京的内城了。

在明中叶以后，东北的军事威胁逐渐强大，所以要在城的四面再筑一圈外城。原拟在北面利用元旧城，所以就决定内外城的距离照着原来北面所缩的五里。这时正阳门外已非常繁荣，西边宣武门外是金中都东门内外的热闹区域，东边崇文门外这时受航运终点的影响，工商业也发展起来。所以工程由南面开始，先筑南城。开工之后，发现费用太大，尤其是城墙由明代起始改用砖，较过去土培所费更大，所以就改变计划，仅筑南城一面了。

外城东西仅比内城宽出六七百米，便折而向北，止于内城西南东南两角上，即今西便门、东便门之处。这是在唐幽州基础上辽以后北京第四次的大改建。北京今天的凸字形状的城墙就这样在 1553 年完成的。假使这外城按原计划完成，则东面城墙将在二闸，西面差不多到了公主坟，现在的东岳庙、大钟寺、五塔寺、西郊公园、天宁寺、白云观便都要在外城之内了。

清朝承继了明朝的北京，虽然个别的建筑单位许多经过了重建，对整个布局体系则未改动，一直到了今天。民国以后，北京市内虽然有不少的局部改建，尤其是道路系统，为适合近代使用，有了很多变更，但对于北京的全部规模则尚保存原来秩序，没有大的损害。

由那四次的大改建，我们认识到一个事实，就是城墙的存在也并不能阻碍城区某部分一定的发展，也不能防止某部分的衰落。全城各部分是随着政治、军事、经济的需要而有所兴废。北京过去在体形的发展上，没有被它的城墙限制过它必要的展拓和所展拓的方向，就是一个明证。

北京的水源——全城的生命线

从元建大都以来，北京城就有了一个问题，不断的需要完满解决，到了今天同样问题也仍然存在。那就是北京城的水源问题。这问题的解决与否在有铁路和自来水以前的时代里更严重地影响着北京的经济和全市居民的健康。

在有铁路以前，北京与南方的粮运完全靠运河。由北京到通州之间的通惠河一段，顺着西高东低的地势，须靠由西北来的水源。这水源还须供给什刹海、三海和护城河，否则它们立即枯竭，反成孕育病疫的水洼。水源可以说是北京的生命线。

北京近郊的玉泉山的泉源虽然是"天下第一"，但水量到底有限；供给池沼和饮料虽足够，但供给航运则不足了。辽金时代航运水道曾利用高粱河水，元初则大规模的重新计划。起初曾经引永定河水东行，但因夏季山洪暴发，控制困难，不久即放弃。当时的河渠故道在现在西郊新区之北，至今仍可辨认。废弃这条水道之后的计划是另找泉源。于是便由昌平县神山泉引水南下，建造了一条石渠，将水引到瓮山泊（昆明湖），再由一道石渠东引入城，先到什刹海，再流到通惠河。这两条石渠在西北部都有残迹，城中由什刹海到二闸的南北河道就是现在南北河沿和御河桥一带。

元时所引玉泉山的水是与由昌平宿下经同昆明湖入城的水分流的。这条水名金水河，沿途严禁老百姓使用，专引入宫苑地沼，主要供皇室的饮水和栽花养鱼之用。金水河由宫中流到护城河，然后同昆明湖什刹海那一股水汇流入通惠河。元朝对水源计划之苦心，水道建设规模之大，后代都不能及。城内地下暗沟也是那时留下绝好的基础，经明增设，到现在还是最可贵的下水道系统。

明朝先都南京，昌平水渠破坏失修，竟然废掉不用。由昆明湖出来的水与由玉泉山出来的水也不两河分流，事实上水源完全靠玉泉山的水。因此水量顿减，航运当然不能入城。

到了清初建设时，曾作补救计划，将西山碧云寺、卧佛寺香山的泉水都加入利用，引到昆明湖。这段水渠又破坏失修后，北京水量一直感到干涩不足。解放之前若干年中，三海和护城河淤塞情形是愈来愈严重，人民健康曾大受影响。龙须沟的情况就是典型的例子。

1950 年，北京市人民政府大力疏浚北京河道，包括三海和什刹海，同时疏通各种沟渠，并在西直门外增凿深井，增加水源。这样大大地改善了北京的环境卫生，是北京水源史中又一次新的纪录。现在我们还可以企待永定河上游水利工程，眼看着将来再努力沟通京津水道航运的事业。过去伟大的通惠运河仍可再用，是我们有利的发展基础。

北京的城市格式——中轴线的特征

如上文所曾讲到，北京城的凸字形平面是逐步发展而来。它在 16 世纪中叶完成了现在的特殊形状。城内的全部布局则是由中国历代都市的传统制度，通过特殊的地理条件，和元明清三代政治经济实际情况而发展的具体形式。这个格式的形成，一方面是遵循或承袭过去的一般的制度，另一方面又由于所荐崇的制度同自己的特殊条件相结合所产生出来的变化运用。

北京的体形大部是由于实际用途而来，又曾经过艺术的处理而达到高度成功的。所以北京的总平面是经得起分析的。过去虽然曾很好地为封建时代服务，今天它仍然能很好地为新民主主义时代的生活服务，并还可以再做社会主义时代的都城，毫不阻碍一切有利的发展。它的累积的创造成绩是永远可以使我们骄傲的。

大略地说，凸字形的北京，北半是内城，南半是外城，故宫为内城核心，也是全城的布局重心。全城就是围绕这中心而部署的。但贯通这全部部署的是一根直线。一根长达八公里，全世界最长，也最伟大的南北中轴线穿过了全城。北京独有的壮美秩序就由这条中轴的建立而产生。前后起伏左右对称的体形或空间的分配都是以这中轴为依据的。气魄之雄伟就在这个南北引伸、一贯到底的规模。

我们可以从外城最南的永定门说起，从这南端正门北行，在中轴线左右是天坛和先农坛两个约略对称的建筑群；经过长长一条市楼对列的大街，到达珠市口的十字街。之后，才面向着内城第一个重点——雄伟的正阳门楼。

在门前百余米的地方，拦路一座大牌楼，一座大石桥，为这第一个重点做了前卫。但这还只是一个序幕。过了此点，从正阳门楼到中华门，由中华门到天安门，一起一伏、一伏而又起，这中间千步廊（民国初年已拆除）御路的长度，和天安门面前的宽度，是最大胆的空间的处理，衬托着建筑重点的安排。这个当时曾经为封建帝王据为己有的禁地，今天是多么恰当的回到人民手里，成为人民自己的广场！

由天安门起，是一系列轻重不一的宫门和广庭，金色照耀的琉璃瓦顶，一层又一层的起伏峋峙，一直引导到太和殿顶，便到达中线前半的极点，然后向北，重点逐渐退削，以神武门为尾声。再往北，又"奇峰突起"的立着景山做了宫城背后的衬托。景山中峰上的亭子正在南北的中心点上。由此向北是一波又一波的远距离重点的呼应。

由地安门，到鼓楼、钟楼，高大的建筑物都继续在中轴线上。但到了钟楼，中轴线便有计划地，也恰到好处地结束了。中线不再向北到达墙根，而将重点平稳地分配给左右分立的两个北面城楼——安定门和德胜门。有这样气魄的建筑总布局，以这样规模来处理空间，世界上就没有第二个！

在中线的东西两侧为北京主要街道的骨干；东西单牌楼和

东西四牌楼是四个热闹商市的中心。在城的四周，在宫城的四角上，在内外城的四角和各城门上，立着十几个环卫的突出点：这些城门上的门楼、箭楼及角楼又增强了全城三度空间的抑扬顿挫和起伏高下。因北海和中海、什刹海的湖沼岛屿所产生的不规则布局，和因琼华岛塔和妙应寺白塔所产生的突出点，以及许多坛庙园林的错落，也都增强了规则的布局和不规则的变化的对比。在有了飞机的时代，由空中俯瞰，或仅由各个城楼上或景山顶上遥望，都可以看到北京杰出成就的优异。这是一份伟大的遗产，它是我们人民最宝贵的财产，还有人不感到吗？

北京的交通系统及街道系统

北京是华北平原到蒙古高原、热河山地和东北的几条大路的分岔点，所以在历史上它一向是一个政治、军事重镇。北京在元朝成为大都以后，因为运河的开凿，以取得东南的粮食，才增加了另一条东面的南北交通线。一直到今天，北京与南方联系的两条主要铁路干线都沿着这两条历史的旧路修筑；而京包、京热两线也正筑在我们祖先的足迹上。这是地理条件所决定。因此，北京便很自然地成了华北北部最重要的铁路衔接站。

自从汽车运输发达以来，北京也成了一个公路网的中心。西苑南苑两个飞机场已使北京对外的空运有了站驿。这许多市外的交通网同市区的街道是息息相关互相衔接的，所以北京城是会每日增加它的现代效果和价值的。今天所存在的城内的街道系统，用现代都市计划的原则来分析，是一个极其合理、完全适合现代化使用的系统。这是一个令人惊讶的事实，是任何一个中世纪城市所没有的。我们不得不又一次敬佩我们祖先伟大的智慧。

这个系统的主要特征在大街与小巷，无论在位置上或大小上，都有明确的分别；大街大致分布成几层合乎现代所采用的"环道"；由"环道"明确的有四向伸出的"辐道"。结果主要的车辆自然会汇集在大街上流通，不致无故地去窜小胡同，胡同里的住宅得到了宁静，就是为此。

所谓几层的环道，最内环是紧绕宫城的东西长安街、南北池子、南北长街、景山前大街。第二环是王府井、府右街，南北两面仍是长安街和景山前大街。第三环以东西交民巷，东单东四，经过铁狮子胡同、后门、北海后门、太平仓、西四、西单而完成。这样还可更向南延长，经宣武门、菜市口、珠市口、磁器口而入崇文门。

近年来又逐步地开辟一个第四环，就是东城的南北小街、西城的南北沟沿、北面的北新桥大街，鼓楼东大街，以达新街口。但鼓楼与新街口之间固有什刹海的梗阻，要多少费点事。南面则尚未成环（也许可与东交民巷衔接）。

这几环中，虽然有多少尚待展宽或未完全打通的段落，但极易完成。这是现代都市计划学家近年来才发现的新原则。

欧美许多城市都在它们的弯曲杂乱或呆板单调的街道中努力计划开辟成环道，以适应控制大量汽车流通的迫切需要。我们的北京却可应用六百年前建立的规模，只须稍加展宽整理，便可成为最理想的街道系统。这的确是伟大的祖先留给我们的"余荫"。

有许多人不满北京的胡同，其实胡同的缺点不在其小，而在其泥泞和缺乏小型空场与树木。但它们都是安静的住宅区，有它的一定优良作用。在道路系统的分配上也是一种很优良的秩序。这些便是以后我们发展的良好基础，可以予以改进和提高的。

北京城的土地使用——分区

我们不敢说我们的祖先计划北京城的时候，曾经计划到它的土地使用或分区。但我们若加以分析，就可看出它大体上是分了区的，而且在位置上大致都适应当时生活的要求和社会条件。

内城除紫禁城为皇宫外，皇城之内的地区是内府官员的住宅区。皇城以外，东西交民巷一带是各衙署所在的行政区（其中东交民巷在《辛丑条约》之后被划为使馆区）。而这些住宅的住户，有很多就是各衙署的官员。北城是贵族区，和供应他们的商店区，这区内王府特别多。东西四牌楼是东西城的两个主要市场，由它们附近街巷名称就可看出。如东四牌楼附近是猪市大街、小羊市、驴市（今改"礼士"）胡同等；西四牌楼则有马市大街、芋市大街、羊肉胡同、缸瓦市等。

至于外城，大体的说，正阳门大街以东是工业区和比较简陋的商业区，以西是最繁华的商业区。前门以东以商业命名的街道有鲜鱼、瓜子店、果子市等；工业的则有打磨厂、梯子胡同等等。以西主要的是珠宝市、钱市胡同、大栅栏等，是主要商店所聚集；但也有粮食店、煤市街。崇文门外则有巾帽胡同、木厂胡同、花市、草市、磁器口等等，都表示着这一带的土地使用性质。

宣武门外是京官住宅和各省府州县会馆区，会馆是各省入京应试的举人们的招待所，因此知识分子大量集中在这一带。应景而生的是他们的"文化街"，即供应读书人的琉璃厂的书铺集团，形成了一个"公共图书馆"；其中掺杂着许多古玩铺，又正是供给知识分子观摩的"公共文物馆"。其次要提到的就是文娱区；大多数的戏院都散布在前门外东西两侧的商业区中间。大众化的杂耍场集中在天桥。至于骚人雅士们则常到先农坛迤西洼地中的陶然亭吟风咏月，饮酒赋诗。

由上面的分析，我们可以看出，以往北京的土地使用，的确有分区的现象。但是除皇城及它以南的行政区是多少有计划的之外，其他各区都是在发展中自然集中而划分的。这种分区情形，到民国初年还存在。

到现在，除去北城的贵族已不贵了，东交民巷又由使馆区收复为行政区而仍然兼是一个有许多已建立邦交的使馆或尚未建立邦交的使馆所在区，和西交民巷成了银行集中的商务区而外，大致没有大改变。近二三十年来的改变，则在外城建立了几处工厂。

王府井大街因为东安市场之开辟，再加上供应东交民巷帝国主义外交官僚的消费，变成了繁盛的零售商店街，部分夺取了民国初年军阀时代前门外的繁荣。东西单牌楼之间则因长安街三座门之打通而繁荣起来，产生了沿街"洋式"店楼型制。全城的土地使用，比清末民初时期显然增加了杂乱错综的现象。幸而因为北京以往并不是一个工商业中心，体形环境方面尚未受到不可挽回的损害。

北京城是一个具有计划性的整体

北京是中国（可能是全世界）文物建筑最多的城。元、明、清历代的宫苑、坛庙、塔寺分布在全城，各有它的历史艺术意义，是不用说的。

要再指出的是：因为北京是一个先有计划然后建造的城（当然，计划所实现的都曾经因各时代的需要屡次修正，而不断地发展的）。它所特具的优点主要就在它那具有计划性的城市的整体。那宏伟而庄严的布局，在处理空间和分配重点上创造出卓越的风格，同时也安排了合理而有秩序的街道系统，而不仅在它内部许多个别建筑物的丰富的历史意义与艺术的表现。所以我们首先必须认识到北京城部署骨干的卓越，北京建筑的整个体系是全世界保存得最完好，而且继续有传统的活力的、最特殊、最珍贵的艺术杰作。这是我们对北京城不可忽略的起码认识。

就大多数的文物建筑而论，也都不仅是单座的建筑物，而往往是若干座合组而成的整体，为极可宝贵的艺术创造，故宫就是最显著的一个例子。其他如坛庙、园苑、府第，无一不是整组的文物建筑，有它全体上的价值。

我们爱护文物建筑，不仅应该爱护个别的一殿，一堂，一楼，一塔，而且必须爱护它的周围整体和邻近的环境。我们不能坐视，也不能忍受一座或一组壮丽的建筑物遭受到各种各式直接或间接的破坏，使它们委曲在不调和的周围里，受到不应有的宰割。

过去因为帝国主义的侵略，和我们不同体系、不同格调的各型各式的所谓洋式楼房，所谓摩天高楼，摹仿到家或不到家的欧美系统的建筑物，庞杂凌乱的大量渗到我们的许多城市中来，长久地劈头拦腰破坏了我们的建筑情调，渐渐地麻痹了我

们对于环境的敏感，使我们习惯于不调和的体形或习惯于看着
自己优美的建筑物被摒斥到委曲求全的夹缝中，而感到无可
奈何。

我们今后在建设中，这种错误是应该予以纠正了。代替这
种蔓延野生的恶劣建筑，必须是有计划有重点的发展，比如明
年(指 1952 年，编者注)，在天安门的前面，广场的中央，将
要出现一座庄严伟大的人民英雄纪念碑。几年以后，广场的外
围将要建起整齐壮丽的建筑，将广场衬托起来。长安门(三座
门)外将是绿荫平阔的林甫大道，一直通出城墙，使北京向东
西城郊发展。那时的天安门广场将要更显得雄伟美丽了。

总之，今后我们的建设，必须强调同环境配合，发展新的
来保护旧的，这样才能保存优良伟大的基础，使北京城永远保
持着美丽、健康和年轻。

北京城内城外无数的文物建筑，尤其是故宫、太庙(现在
的劳动人民文化宫)、社稷坛(中山公园)、天坛、先农坛、孔
庙、国子监、颐和园等等，都普遍地受到人们的赞美。但是一
件极重要而珍贵的文物，竟然没有得到应有的注意，乃至被人
忽视，那就是伟大的北京城墙。它的产生，它的变动，它的平
面形成凸字形的沿革，充满了历史意义，是一个历史现象辩证
的发展的卓越标本，已经在上文叙述过了。至于它的朴实雄厚
的壁垒，宏丽嶙峋的城门楼、箭楼、角楼，也正是北京体形环
境中不可分离的艺术构成部分，我们还需要首先特别提到。苏
联人民称斯摩林斯克的城墙为苏联的颈链，我们北京的城墙，
加上那些美丽的城楼，更应称为一串光彩耀目的中华人民的璎
珞了。

古史上有许多著名的台——古代封建主的某些殿宇是筑在高台上的，台和城墙有时不分——后来发展成为唐宋的阁与楼时，则是在城墙上含有纪念性的建筑物，大半可供人民登临。前者如春秋战国燕和赵的丛台，西汉的未央宫，汉末曹操和东晋石赵在邺城的先后两个铜雀台，后者如唐宋以来由文字流传后世的滕王阁、黄鹤楼、岳阳楼等。宋代的宫前门楼宣德楼的作用也还略像一个特殊的前殿，不只是一个仅具形式的城楼。

北京嶙峙着许多壮观的城楼角楼，站在上面俯瞰城郊，远览风景，可以使人娱心悦目，舒畅胸襟。但在过去封建时代里，因人民不得登临，事实上是等于放弃了它的一个可贵的作用。今后我们必须好好利用它为广大人民服务。现在前门箭楼早已恰当地作为文娱之用。

在北京市各界人民代表会议中，又有人建议用崇文门、宣武门两个城楼做陈列馆，以后不但各城楼都可以同样的利用，并且我们应该把城墙上面的全部面积整理出来，尽量使它发挥它所具有的特长。城墙上面面积宽敞，可以布置花池，栽种花草，安设公园椅，每隔若干距离的敌台上可建凉亭，供人游息。由城墙或城楼上俯视护城河，与郊外平原，远望西山远景或禁城宫殿，它将是世界上最特殊公园之一——一个全长达39.75公里的立体环城公园！

我们应该怎样保护这庞大的伟大的杰作？

人民中国的首都正在面临着经济建设、文化建设——市政建设高潮的前夕。解放两年以来，北京已在以递加的速率改变，以适合不断发展的需要。今后一二十年之内，无数的新建筑将要接踵的兴建起来，街道系统将加以改善，千百条的大街小巷将要改观，各种不同性质的区域将要划分出来。

北京城是必须现代化的；同时北京城原有的整体文物性特征和多数个别的文物建筑又是必须保存的。我们必须"古今兼顾，新旧两利"。我们对这许多错综复杂问题应如何处理是每一个热爱中国人民首都的人所关切的问题。

如同在许多其他的建设工作中一样，先进的苏联已为我们解答了这问题，立下了良好的榜样。在《苏联陷区解放后之重建》一书中，苏联的建筑史家 N·沃罗宁教授说：

"计划一个城市的建筑师必须顾到他所计划的地区生活的历史传统和建筑的传统。在他的设计中，必须保留合理的、有历史价值的一切和在房屋类型和都市计划中，过去的经验所形成的特征的一切；同时这城市或村庄必须成为自然环境中的一部分。……新计划的城市的建筑样式必须避免呆板硬性的规格化，因为它将掠夺了城市的个性；他必须采用当地居民所珍贵的一切。

"人民在便利、经济和美感方面的需要，他们在习俗与文化方面的需要，是重建计划中所必须遵守的第一条规则。"

沃罗宁教授在他的书中举辨了许多实例。其中一个被称为"俄罗斯的博物院"的诺夫哥罗德城，这个城的"历史性文物建筑比任何一个城都多"。

"它的重建是建筑院院士舒舍夫负责的。他的计划做了依照古代都市计划制度重建的准备——当然加上现代化的改善。……在最卓越的历史文物建筑周围的空地将布置成为花园，以便取得文物建筑的观景。若干组的文物建筑群将被保留为国宝。

"……关于这城……的新建筑样式。建筑师们很正确地拒绝了庸俗的'市侩式'建筑，而采取了被称为'地方性的拿破仑时代式'建筑，因为它是该城原有建筑中最典型的样式。

"……建筑学者们指出：在计划重建新的诺夫哥罗德的设计中，要给予历史性文物建筑以有利的位置，使得在远处近处都可以看见它们的原则的正确性。

"对于许多类似诺夫哥罗德的古俄罗斯城市之重建的这种研讨将要引导使问题得到最合理的解决，因为每一个意见都是对于以往的俄罗斯文物的热爱的表现。"

怎样建设"中国的博物院"的北京城，上面引录的原则是正确的。让我们向诺夫哥罗德看齐，向舒舍夫学习。

山川形胜篇

京师五城坊巷胡同集·京师八景

[明]张　爵

张爵(1485—1566)，字天锡，号省庵，生于北京。其所著《京师五城坊巷胡同集》是一部关于明代京城坊巷的志书，全书"分置五城，排列坊巷，又为总图于首。"其中不仅记述了明代北京中城、东城、西城、南城、北城五城的范围及其城门、坊巷名称，其所载京师五城总图乃是现存最早的关于北京的坊巷图。另外，本书"附载京师八景、古迹、山川、公署、学校、苑囿、仓场、寺观、祠庙、坛墓、关梁，皆以次具载于集"。选文即来自散见于书中对京师八景的记载。节选自北京古籍出版社1982年版，明张爵著、清朱一新编《京师五城坊巷胡同集　京师坊巷志稿》。

　　西苑内有太液池、琼花岛，波光澄澈，烟云缭绕，上有广寒殿，隐然仙府，为京师八景之二：一曰太液晴波，一曰琼岛春云。

　　黄金台，台在府东南十六里，昔燕昭王于易水筑黄金台，后人慕其好贤，筑台于此，为京师八景之一，曰金台夕照。

　　西山，府西三十里太行山首，每大雪初霁，积素若画，为京师八景之一，曰西山霁雪。

　　玉泉山，府西二十里，凿石为螭头，泉从口出，色若素练，为京师八景之一，曰玉泉垂虹。

89

卢沟河在府西十五里，一名浑河，其源出山西，由太行山入宛平境。其桥金建，本朝正统年重修，长二百余步。石栏刻狮形，每早波光映月，为京师八景之一，曰卢沟晓月。

土城，燕城古蓟门，今止存二土阜，林木苍翠，为京师八景之一，曰蓟门烟树。

居庸关，在府北一百二十里，关之南，重峦叠嶂，苍翠可爱，为京师八景之一，曰居庸叠翠。

长安客话·桑干河(节选)

[明]蒋一葵

本文节选自北京古籍出版社 1982 年版《长安客话》卷七，主要记述桑干河及其支流的情况。文中所提保安州，为明清时州县名，治所在今河北省涿鹿县。

河因桑干山名，一名漯水。相传黄河伏流。自山西马邑县金龙池发源，流至保安旧城，燕尾河与洋河诸水合。唐贾岛诗："无端又渡桑干水，欲望并州是故乡。"即此。

洋河自境外入洗马林，南历西阳河、柴沟堡、万全左卫而东，历宣府东南至保安州，绕鸡鸣山西麓而南，合于桑干。妫川自隆庆州之大海沱山发源，而西南至怀来西南，合于桑干。大抵桑干为巨，洋合于怀来而鸡鸣俯之，妫亦合于怀来，视鸡鸣而近。洋河自北而南以界之，妫川自东而西以会之。此黄帝涿鹿之所鬷都也。

洋河既合桑干，其流甚浊，俗因别称浑河，即宛平县卢沟河是也。山阴徐渭过洋河诗："昨向居庸剑戟过，今朝流水是洋河。无数黄旗呵过客，有时青草站鸣驼。"又："塞外河流入塞驰，一般曲曲作山溪。不知何事无龟鳖，一石惟容五斗泥。"

妫川水极清，俗名清水河。元陈孚诗："榆林青茫茫，塞云三十里。忽闻鸡犬声，见此十家市。石桥百尺横，其下涝为水。人言古妫水，残城无乃是。民家坐土床，嬉笑围老稚。籸饭侑山芘，劝客颜有喜。足迹半天下，爱此俗淳美。醉就软莎眠，梦游葛天氏。"

　　桑干河渡处在保安州旧城，北海冯宗伯琦有夜渡诗："迢递关山路，桑干控上游。涛从云外落，月向浪中浮。夜火人争渡，天风水自流。归期知不远，只是忆并州。"又赋有桑干歌："桑干之水何漫漫，天风五月波涛寒。惊流撼地地欲动，蛟螭不敢凌飞湍。远望只疑银河悬，虹蜺倒挂下饮泉。近看更似苍龙蟠，玉麟金甲相飞翻。北空沙漠东入关，千山不得障回澜。百折不辞到海难。我来欲渡桑干水，朝浪并州暮千里。区区泾渭何足比？烈士壮心亦如此。投君兵甲为君洗，流尽六合无泥滓。一望烽烟常不起，谁挽此河报天子？"

西关志（节选）

[明]王士翘

　　王士翘，字民瞻，江西安福人，明嘉靖十七年（1538）进士，曾任直隶监察御史、右副都御史、太仆大理少卿、总理河道右佥都御史、总督南京粮储等职。嘉靖二十六年（1547）王士翘任巡按西关御史，在一年任期中广泛搜集资料，后完成《西关志》一书。该书是记述长城重要关塞的方志书，详细记述了各关的沿革、疆域、形胜、星野、山川、关隘及城地等。

　　本文节选自北京古籍出版社 1990 年版《西关志》卷一。文中所指西关，指京师迤西而南，包括居庸关、紫荆关、倒马关和故关。

居庸图论

　　居庸两山壁立，岩险闻于古今，盖指关而言。愚窃谓居庸之险不在关城，而在八达岭。是岭，关山最高者。凭高以拒下，其险在我，失此不能守，是无关矣。逾岭数百步即岔道堡，实关北藩篱，守岔道所以守八达岭，守八达岭所以守关也。由八达岭南下关城真所谓降若趋井者。关北门外即阅武场，登场而望，举城中无遁物，虚实易觇，况往来通衢，道路日辟，虽并车可驰，故曰：险不在关城也。关东灰岭诸隘，外接黄花镇，内环陵寝，更为重地，经画犹或未详。关西白羊口，号称要害。城西门外去山不十丈，而山高于城数倍，冈坡平漫，可容万骑，虏若据山，则我师不敢登城，拓城以跨山，今之急务也。长峪、横岭近通怀来，均之可虑，而横岭尤孤悬外界，山高泉涸，军士苦之。镇边城虽云腹里，亦喉舌地。川原平旷，无险阻之固，雨霪溪涨、淹没频仍，越此而南即长驱莫遏矣。是故镇边之当守，其形难察也，此固一关险夷，然去京师咸仅百余里耳，门户之险甚于潼、剑，设大将，屯重兵，未雨彻桑之谋，其可一日不讲哉。嘉靖丁未季春朔旦王士翘谨识。

沿　革

居庸关，古禹贡冀州之域。陶唐属幽都，有虞属幽州。夏商省幽入冀。周职方仍属幽州。春秋、战国俱属燕。秦属上谷云中郡。汉初属燕国，后改属幽州。晋属范阳国。隋属涿郡，唐属幽州总管府。后唐清泰三年，石晋割幽蓟十六州以赂辽，居庸在内。辽属幽都府。宋属燕山府。金属燕京。元初属燕京，后改属大都路。国朝洪武元年既定燕京，遂城居庸关，五年设守御千户所。三十二年所废，改设隆庆卫指挥使司。永乐元年，添设隆庆左右卫，凡三卫，俱直隶京师。宣德四年，尚书赵羾建议调左卫于永宁，右卫于怀来。今止隆庆一卫，领五千户所及镇边所。按居庸关名称自秦始，秦以上不可考。汉仍名居庸，亦名军都关者。关东南二十里有高山。汉初山下设军都县以屯兵，即今昌平旧城。因以军都名山，亦以名关。山前后即古幽、易、妫、檀等地。西连太行，东亘辽海，狼居胥山为襟带。关南至北，路绕两崖，艰折万状。故《淮南子》曰："天下有九塞，居庸其一焉。"关东二百里有古北口即古虎北口，本契丹之所，今朵颜三卫地也。西北三百里外，有开平兴和城，即元之上都。国初万全路，今元裔小王子部落佳牧地也。其地三代时为獯鬻，为猃狁。秦汉后为匈奴，为乌桓，为鲜卑，后魏北齐时为柔然，为蠕蠕。隋唐时为突厥。五代及宋时为契丹，后又为蒙古，既而兼并诸部入主中国，为元。世居上谷、云中塞外，与居庸相表里，故罗璧《识遗》曰："燕北百里外有居庸关，关东名虎北口即古上谷郡。"汉地志曰："云中郡有居庸。"岳武穆曰："燕、蓟有居庸。"括地志曰："居庸在幽州昌平县西北四十里。"契丹国志曰："自幽州西北入居庸关，明日，西北入石门关，又三日至可汗州。"自神农化至幽都，黄帝造涿鹿，披山通道破蚩尤，逐獯鬻，而此关已属中国。周武王封帝尧之后于蓟，封召公奭于燕，世邻胡狄。至战国时，破胡却地筑长城，自造阳至襄平，置上谷、渔阳等郡以备之，而关遂固。自后匈奴日强，渐为边患。秦始皇二十五年，灭燕国，巡北边，遣将军蒙恬斥逐之。

筑长城，制险塞，起临洮至辽东。汉时，寇上谷，武帝命将军卫青击走之，修故塞，筑城障。至东汉，乌桓尤为陆梁，边陲一空，光武遣马援分筑堡塞，招还人民。后魏又发幽冀人筑畿上塞围，起上谷至河南。北齐筑长城，自幽州至恒州，而此关益为中国重矣。东晋以后沦于北朝几三百年。宋元嘉二十九年，文帝欲谋北伐，青州刺史刘兴祖谓：宜长驱中山，据其关要，西拒太行，北塞军都，即其处也。隋唐以后，突厥为患，太宗贞观四年，降颉利，分置种落，东自幽州。中宗嗣圣间，武氏称制，仍寇妫、檀。玄宗开元二年，诏置幽州节度经略幽、易、妫、檀等州，卒任蕃夷为制将，竟失河北。而此关非唐有矣。安史之后，卢龙岁乱，但曰存抚，使捍北狄，于是雄武军使张仲武遣吏表请曰：幽州粮皆在妫州，据居庸关，绝其粮道，幽州自困。此武宗会昌元年也。又五年，五台僧亡奔幽州，仲武乃封二刀于居庸关曰：游僧入境则斩之。自后沙陀朱氏治兵相攻，而契丹亦岁寇。昭宗乾宁元年，晋王克用欲取幽州，李匡筹发兵居庸，晋王使精骑攻克，于是卢龙所属皆入于晋。后石敬瑭叛唐求援，割幽、易、妫、檀等州以赂契丹，而自立为帝。此关遂入夷狄而为辽有。历汉、周暨宋，竟不能复。故曰：河北以居庸为要关，李焘亦以幽蓟不复，则中国之险移于夷狄。河北不固，河南不得高枕而卧，此万世不易之论也。徽宗宣和四年，童贯伐燕，不克，乃约女直攻辽，辽以劲兵守居庸，金兵至关，崖石崩，压戍卒，辽兵不战而溃，遂定燕京。于是金人议归燕、檀、涿、易等州，宋以郭药师同知燕山府事。未几，药师叛降金。金主大营宫室，迁都之，改燕京为中都大兴府，而此关为金有矣，金贞元元年，宋高宗绍兴二十三年也。宁宗嘉定四年，金西北昌平、怀来诸州皆降蒙古，金兵御之，败绩。蒙古遂入居庸，大掠而去。六年，兵至怀来，金元帅右监军水虎高琪拒之，又败。蒙古主乘胜至古北口，金兵保居庸，不能入，遂趋紫荆关，败金兵于五回岭，拔涿、易，命遮别将兵反自南攻居庸，又破之。七年三月，金主求和，蒙古主引归，出居庸。五月，金主徙汴。秋七月，复围燕。八年金兵救之不利，夏五月，蒙古破燕京。理宗景定五年，入都之，改中都为大都路，而此关为元有，世祖至元元年也。故曰：劲卒捣居庸关，北扼其背，大军出紫荆口，南扼其吭。李璮谋叛，姚枢亦曰：濒海捣燕，闭关居庸是为上策，而险在胜国亦知为要。自后，泰定陨没，燕帖木儿谋迎怀王，是为文宗。王禅兵袭破居庸，燕帖木儿与战，连败之。后脱脱木儿与辽军战蓟州，又调河南蒙古军五万守京师，而居庸叠石以为固。顺帝至正二十四年，勃罗帖木儿举兵犯阙，入居庸，扩廓帖木儿讨之，勃罗帖木儿复犯阙，入居庸，太子亲御于清河。二十七年丁未冬十月，我太祖高皇帝命大将军徐达、副将军常遇春北定之。明年戊申，克燕京，元主开健德门北遁，出居庸，遂改大都为北平府，而此关复还中国，为我大明洪武元年云。

疆　域

居庸关，东至西水峪口黄花镇界九十里；西至坚子峪口紫荆关界一百二十里；南至榆河驿宛平县界六十里；北至土木驿保安界一百二十里；南至京师一百二十里。

形　胜

南环凤阙，北枕龙沙，东连军都之雄，西界桑干之浚。其隘如线，其侧如倾，升若扪参，降若趋井。翠屏吐秀，金柜吞奇，跨四十里之横岗，据八达岭之要害。诚天造地设之险，内夏外夷之防云。

宛署杂记(节选)

[明]沈　榜

沈榜，字子登，岳州临湘(今湖南临湘)人。曾任顺天府宛平县知县。在宛平县令任上，他为解决"县故无志，而掌故案牍，又茫然无可备咨询"的问题而撰写此书。《宛署杂记》于明万历二十一年(1593)刻本出版后广为流传，其中内容先后被谭希思、张元芳编纂的《顺天府志》及《帝京景物略》《春明梦余录》《日下旧闻》等书抄录。该书史料翔实，"或得之残篇断简，或受之疏牍公移，或访之公卿大夫，或采之编氓故老，或即所兴废举坠，捄弊补偏，导利除害，发奸剔垢，其于国家之宪令，非不犁然具备也，而予始求之则无征，自予行之乃始有据"，系统记述了宛平县的建置、典章、赋税、政务、史事、古迹、风俗、遗文等，对其历史沿革、山川地理、社会经济、风俗掌故、方言土物、人物遗文等载录甚丰。全书共二十卷，各卷分别以"日月光天德，山河壮帝居，太平无以报，愿上万言书"编号。本文节选自北京古籍出版社1980年版《宛署杂记》卷四。

夫太行自天之西柱奔腾以北，云从星拥，几千万派，而至宛平三岔口，析而为二，此堪舆家所谓大聚讲也。一自口东翔，为香山，结局平原，一望数百里，奠我皇都。一自口北走，百折而东，逆势南面，去作皇陵，而浑河、玉泉等水纵横其间，为之界分而夹送之，令岳渎诸山川，得拱揖襟带，比之共辰。相传冀州风水极佳，宛平盖独收其胜矣。方今谈宛胜者，谁不曰西山、西湖？此盖以玉泉、香山布之湖上，卓锡、丹泉吐之山坳，山之中有水，水之上有山，古迹可求，近在几席。彼骚人游子，或艳羡而欣赏之，然风景之丽云耳。而识者且鉴之桂子荷花，斤斤焉唯妆点流连之惧，宛抑恶用有无？惟是皇都、皇陵，联于一脉，视彼负夏苍梧、岐周毕郢分为两地者，实超轶万万。榜尝从上元登鸡鸣，冯虚仰瞻钟山，王气蔚蔚葱葱，交加禁宫飨殿之上，拟之宛平山川，乃屈二指。赤县帝宅，亿万年基业，猗与盛哉！顾宛民则有不必是者。浑河本发源桑干，会合数千里之水而入宛平，流二十余里至青白，与小浑河会，又二百余里至芦沟桥，又一百四十里至胡林，入固安界，计所经宛地约四百余里。每年夏秋，水生两岸，田庐鱼鳖，动数十里，而西山一带形势稍胜者，非赐墓、敕寺，则赐第、赐地。环城百里之间，王侯、妃主、勋戚、中贵护坟香火等地，尺寸殆尽。即榜来宛数年，再值水灾，沿河几无民矣，而竟以阖县计分之例，不获成灾，少沾蠲赈，乃免地则时奉旨，有所脱籍，而更以其免去地差重之见在丁地，溯自国初，其敝可知。由兹以谭，宛果何贵乎山川耶！嗟嗟！宛幸有山川之重，而顾不得因山川以重宛，岂谓重宛不足以重山川哉！

帝京景物略(节选)

[明]刘　侗

刘侗(约 1593—约 1636)，字同人，号格庵，湖广麻城人。曾因文章出奇被人奏参，受到降等处分而出名。崇祯七年进士，升任吴县知县，履职途中逝于扬州。代表作为《帝京景物略》，该书主要记述北京地区的山川园林、庵庙寺观、桥台泉潭、岁时风俗。作者写作极其认真，"景一未详，裹粮宿春；事一未详，发箧细括"，故记述的北京风物资料价值较高。该书也有较高的艺术特色，为使表现对象更具鲜明性和准确性，在描写的次序、详略、位置上颇费斟酌。本文节选自北京古籍出版社 1980 年版《帝京景物略》卷二、卷六、卷八。节选部分主要是关于通惠河、香山寺、燃灯佛塔的记述。

泡子河(元代通惠河在城外的一段故道)

京城贵水泉而尊称之，里也，海之矣；顷也，湖之矣；亩也，河之矣。崇文门东城角，洼然一水，泡子河也。积潦耳，盖不可河而河名。东西亦堤岸，岸亦园亭，堤亦林木，水亦盖获。芦获下上亦鱼鸟。南之岸，方家园，张家园，房家园。以房园最，园水多也。北之岸，张家园，傅家东西园。以东园最，园水多，园月多也。路回而石桥，横乎桥而北面焉。中吕公堂，西杨氏泌园，东玉皇阁。水曲通，林交加，夏秋之际，尘亦罕至。岁中元鬼节，放灯亦如水关。北去贡院里许，春秋试者士，祷于吕公，公告以梦，梦隐显不一，而委细毕应。祠后有物，白气竟丈，夜游水面，人或见之，则倒入水，作鼓桨声，或曰水挂也。

三忠祠

出崇文门三里，曰大通桥。运河数千里，闸七十二，抵桥下闸，不复通矣。大通云者，著有成也。水从昌平白浮村之神山泉，过双塔榆河，会一亩、玉泉诸水，入城，汇积水潭，由玉河中出。桥下闸而滩之，淘淘沌沌，撄怒则鸣。过滩贸然，汛汛活活，水乃疾行。疾者去之，缓以洄者取之，吱吱轧轧，林间之桔槔也。倚高城，临运河，一二园亭而东之。三忠祠祀三忠：汉武侯、宋鄂王、信国也。祠后濯缨亭，亭即河之岸，拨船千艘，亭槛艘樯，日与摩拂。河故元通惠河，都水监郭守敬浚者，即金辽故河也。我成化正德中再疏之，再未就。嘉靖丁亥，御史吴仲请修，修三月告成功，上舟观之，廛居夹岸二十里，柳垂垂蘸河，漕舟上下达。大学士张璁等联句以闻，上喜，给光禄馔，又分御膳赐焉。万历中岁运，二月徂五月，冻粮至，去年粮也；夏徂秋，逮乎冬而至，本年分粮也。十年来，饷用急，漕政渐修，闸河一线，无守冻船。每花信麦秋时，亭阴闲闲，岸草静好。出都门，半取水道，送行人，闲者别张家湾，忙者置酒此祠亭，去住各荒率，亭所阅，少闲人。对岸鹿园，金章宗故园也，今曰蓝靛厂。下流十里小圣窝，龙湫也。崇祯壬申四月二十一日，大通桥下有声如雷，有白物如犬，拥波而驰，至小圣窝而伏。

香山寺

京师天下之观，香山寺，当其首游也。一日作者心，当二百年游人目，为难耳。丽不欲若第宅，纤不欲若园亭，僻不欲若庵隐，香山寺正得广博敦穆。岗岭三周，丛木万屯，经涂九轨，观阁五云，游人望而趋趋，有丹青开于空际，钟磬飞而远闻也。入寺门，廓廓落落然，风树从容，泉流有云。寺旧名甘露，以泉名也。泉上石桥，桥下方池，朱鱼千头，投饵是肥，头头迎客，履音以期。级石上殿，殿五重，崇广略等，而高下致殊，山高下也。斜廊平檐，两两翼垂，左之而阁而轩。至乎轩，山意尽收，如臂右舒，曲抱过左。轩又尽望：望林抟抟，望塔芊芊，望刹脊脊。青望麦朝，黄望稻晚，晶望潦夏，绿望柳春。望九门双阙，如日月晕，如日月光。世宗幸寺，曰：西山一带，香山独有翠色。神宗题轩曰来青。来青轩而右上，转而北者，无量殿，其石径廉以阂，其木松。转而右西者，流憩亭，其石径渐渐，其木也，不可名种。山多迹，葛稚川井也，曰丹井。金章宗之台、之松、之泉也，曰祭星台，曰护驾松，曰梦感泉。仙所奕也，曰棋盘石。石所形也，曰蟾蜍石。山所名也，曰香鑪石。或曰：香山，杏花香，香山也。香山士女，时节群游，而杏花天，十里一红白，游人鼻无他馥，经蕊红飞白之旬。寺始金大定，我明正统中，太监范弘拓之，费巨七十余万。今寺有弘墓，墓中衣冠尔，盖弘从幸土木，未归矣。

燃灯佛塔

古有曰佑圣教寺者，今通州学宫也。宫墙外片地，故塔存焉。塔级十三，高二百八十尺，围百四尺，中空，供燃灯古佛。塔今剥尽，所存肤寸，则金碧琉璃也。今人自谓曰文巧已，然此古塔，工花纹，妍色泽，后世实莫及。佛，石佛也，石面亦剥尽，复存其坏未装时。塔有碣，楷书，续续字间存，周某号几年，矜古者相哗淆曰：成周也！佛法入中国，先汉明帝时，殆三四百年，不知此北朝后周宇文氏也。成周纪年无建号，亦无今楷书。塔别存石一方，唐贞观某年，尉迟敬德修。又一方，元大德某年，笃烈图述再修。塔顶一铁箭贯之，传为金将杨彦升射者。天气清霁，塔影飞五里外，现白河水面，蠕蠕摇摇然。而旁近河，乃无影。

昌平山水记（节选）

[明]顾炎武

顾炎武（1613—1682），江苏昆山人，本名绛，乳名藩汉，别名继坤、圭年，字忠清、宁人，亦自署蒋山佣；清兵陷南京后，因为仰慕文天祥学生王炎午的为人，改名炎武。因故居旁有亭林湖，学者尊为亭林先生。明末清初杰出的思想家、经学家、史地学家和音韵学家，与黄宗羲、王夫之并称为明末清初"三大儒"。顾炎武一生辗转，行万里路，读万卷书，《昌平山水记》一书主要记述了顾炎武1659年由山东来北京六谒明陵，遍访京东，细心考察当地的历史地理、民俗风情的情况。该书内容丰富，考证详明，条理清晰。王宏《山史》称其"巨细咸存，尺寸不爽，凡亲对证，三易其稿"。本文节选自北京古籍出版社1980年版《昌平山水记 京东考古录》，选文主要记述明十二陵的情况。

长陵在天寿山中峰之下，门三道，东西两角门，门内东神厨五间，西神库五间，厨前有碑亭一座，南向，内有碑，龙头龟趺，无字。重门三道，榜曰"祾恩门"。东西二小角门，门内有神帛炉东西各一。其上为享殿，榜曰祾恩殿，九间重檐，中四柱饰以金莲，余皆髹漆。阶三道，中一道为神路，中平外墄，其平刻为龙形，东西二道皆墄。有白石栏三层，东西皆有级，执事所上也。两庑各十五间，殿后为门三道。又进为白石坊一座，又进为石台，其上炉一，花瓶、烛台各二，皆白石。又前为宝城，城下有甬道，内为黄琉璃屏一座，旁有级分东西上，折而南，是为明楼，重檐四出陛，前俯享殿，后接宝城，上有榜曰"长陵"。中有大碑一，上书曰"大明"，用篆；下书曰"成祖文皇帝之陵"，用隶。字大径尺，以金填之。碑用朱漆栏画云气，碑头交龙方趺。宝城周围二里。城之内下有水沟，自殿门左右缭以周垣，属之宝城，旧有树，今亡。

　　献陵在天寿山西峰之下，距长陵西少北一里。自北五空桥北三十余步，分西为献陵神路，至殿门可二里。有碑亭一座，重檐四出陛，内有碑，龙头龟趺，无字。亭南有小桥，门三道，榜曰"祾恩门"。无角门，殿五间，单檐，柱皆朱漆，直椽，阶三道，其平刻为云花，石栏一层，东西有级，两庑各五间，余如长陵。殿有后门，为短檐，属之垣，垣有门。垣后有土山，曰玉案山，故辟神路于殿西。玉案山之右，有小桥，前数步又一小桥，跨沟水，沟水自陵东来过桥下，会于北五空桥。山后桥三道，皆一空。又进为门三道，并如长陵，而高广杀之。甬道平宝城，小冢半填，榜曰"献陵"，碑曰"大明仁宗昭皇帝之陵"。余并如长陵。山之前门及殿，山之后门及宝城各为一周垣，旧有树，今亡。十二陵制，献陵最朴，景陵次之。洪熙元年五月辛巳，上疾大渐，遗诏有曰："朕临御日浅，恩泽未浃于民，不忍重劳，山陵制度务从俭约。"是日上崩，皇太子即皇帝位。及营仁宗皇帝山陵，上谕尚书蹇义、夏原吉等曰："国家以四海之富，葬其亲，岂惜劳费？然古之帝王皆从俭制，孝子思保其亲之体魄于久远者，亦不欲厚葬。秦汉之事足为明鉴。况皇考遗诏，天下所共知。今建山陵，予以为宜遵先志。卿等之意如何?"义等对曰:"圣见高远,发于孝思,诚万世之利。"于是命成山侯王通、工部尚书黄福总其事,其制度皆上所规画也。

景陵在天寿山东峰之下,距长陵东少北一里半。自北五空桥南数步,分东为景陵神路,至殿门三里。碑亭门庑如献陵,殿五间,重檐。阶三道,其平刻为龙形,殿有后门,不属垣,殿后门三道,并如献陵。甬道平宝城,长而狭,榜曰"景陵",碑曰"大明宣宗章皇帝之陵"。周垣如长陵,宝城前有树十五株,冢上一株。

裕陵在石门山,距献陵西三里。自献陵碑亭前分西为裕陵神路。路有小石桥,碑亭北有桥三道,皆一空,平刻云花,殿无后门。榜曰"裕陵",碑曰"大明英宗睿皇帝之陵"。余并如景陵。宝城如献陵,垣内及冢上树一百六七十株。

茂陵在聚宝山,距裕陵西一里。自裕陵碑亭前分西为茂陵神路。路有石桥一空,制如裕陵。榜曰"茂陵",碑曰"大明宪宗纯皇帝之陵"。垣内外及冢上树千余株。十二陵惟茂陵独完,他陵或仅存御榻,茂陵则簋虞之属,犹有存者。

泰陵在史家山,距茂陵西少北二里。自茂陵碑亭前分西为泰陵神路。路有石桥五空,贤庄、灰岭二水径焉。碑亭北有桥三道,皆一空,制如茂陵。榜曰"泰陵",碑曰"大明孝宗敬皇帝之陵"。垣内及冢上树百余株。殿上存御座、御案、御榻各一,承尘皆五色花板,多残缺,而茂陵、泰陵完焉。

康陵在金岭山,距泰陵西南二里。自泰陵桥下分西南为康陵神路。山势至此折而南,故康陵东向,路有石桥五空,锥石口水径焉,今圮。又前有石桥三空,制如泰陵。榜曰"康陵",

碑曰"大明武宗毅皇帝之陵"。明楼为贼所焚，垣内外树二三百株。

永陵在十八道岭，嘉靖十五年改名为阳翠岭，距长陵东南三里。自七空桥北百余步分东为永陵神路。长三里，有石桥一空，有碑亭一座如献陵，而崇巨过之。碑亭南有石桥三道，皆一空，门三道，门内东神厨五间，西神库五间，重门三道，东西二小角门，又进复有重门三道，饰以石栏，累级而上，方至中墀。殿七间，两庑各九间，其平刻左龙右凤，石栏二层，余悉如长陵。殿后有门，两旁有垣，垣各有门，明楼无甬道，东西为白石门，曲折而上，楼之三面皆为城堞。榜曰"永陵"，碑曰"大明世宗肃皇帝之陵"。享殿、明楼皆以文石为砌，壮丽精致，孝、长二陵不及也。宝城前东西垣各为一门，门外为东西长街，而设重垣于外。垣凡三周，皆属之宝城，其规制特大云。旧有树今亡。

昭陵在文峪山，距长陵西南四里。自七空桥北二百许步分西为昭陵神路，长四里。路有石桥五空，德胜口水径焉。又西有石桥一空，今圮。陵东向，碑亭西有桥三道，皆一空，余如康陵。榜曰"昭陵"，碑曰"大明穆宗庄皇帝之陵"。明楼为贼所焚，树亡。

定陵在大峪山，距昭陵北一里。自昭陵五空桥东二百步分北为定陵神路，长三里。路有石桥三空。陵东向，碑亭东有桥三道，皆一空，制如永陵。其不同者门内神厨库各三间，两庑各七间，三重门旁各有墙，墙有门，不升降中门之级，殿后有石栏一层，而宝城从左右上。榜曰"定陵"，碑曰"大明神宗显皇帝之陵"。殿庑门为贼所焚，树亡。

庆陵在天寿山西峰之右，距献陵西少北一里。自裕陵神路小石桥下分东北为庆陵神路，长二十余步。有桥一道，一空，制如献陵。平刻龙凤，殿柱饰以金莲，殿无后门。殿后缭以垣门一道，门北有桥三道，皆一空，其水自殿西下，殿门西又有一小桥，为行者所由。殿北过桥，有土冈，自东而来，至神路而止，冈后周垣门三道，如献陵。宝城东西直上，至中复为甬道而入。榜曰"庆陵"，碑曰"大明光宗贞皇帝之陵"。殿门前及垣内树四五百株。

德陵在檀子峪，距永陵东北一里。自永陵碑亭前分北为德陵神路。陵西南向，碑亭前有桥三道，皆一空，制如景陵。平刻龙凤，殿柱饰以金莲，殿无后门。榜曰"德陵"，碑曰"大明熹宗悊皇帝之陵"。树亡，凡殿楼门亭俱黄瓦。

十一陵皆一帝一后合葬，有继立为后而祔葬者，有追尊所生为后而祔葬者。仁孝文皇后徐氏葬长陵，诚孝昭皇后张氏葬献陵，孝恭章皇后孙氏葬景陵，孝庄睿皇后钱氏葬裕陵，孝贞纯皇后王氏葬茂陵，孝康敬皇后张氏葬泰陵，孝静毅皇后夏氏葬康陵，孝洁肃皇后陈氏葬永陵，孝懿庄皇后李氏葬昭陵，孝端显皇后王氏葬定陵，孝元贞皇后郭氏葬庆陵。孝烈皇后方氏祔葬永陵，孝安皇后陈氏祔葬昭陵，继后也。孝肃皇后周氏祔葬裕陵，宪宗母也；孝穆皇后纪氏、孝惠皇后邵氏祔葬茂陵，孝宗母、睿宗母也；孝恪皇后杜氏祔葬永陵，穆宗母也；孝定皇后李氏祔葬昭陵，神宗母也；孝靖皇后王氏祔葬定陵，光宗母也；孝和皇后王氏、孝纯皇后刘氏祔葬庆陵，熹宗母、大行皇帝母也。而熹庙懿安皇后张氏不知所终，事莫得而详焉。

宫人从葬之令，至英宗始除。故长陵有东西二井，东井在德陵东南馒头山之南，西向，西井在定陵西北，东向。并重门，门三道，殿三间，两庑各三间，绿瓦周垣。《会典》言长陵十六妃从葬，位号不具。其曰井者，盖不隧道而直下，故谓之井尔。或言《越绝书》有禹井，井者法也，禹葬以法度，不烦人众，当日命名之意，岂有取于此与！自英宗既止宫人从葬，于是妃墓始名，或在陵山之内，或在他山。其在陵山内者，则自昭陵之左，九龙池上南行二里许为苏山，有万贵妃之墓，宪宗妃也，制如二井，东向。又南为银钱山，有郑贵妃暨二李、刘、周四妃之墓，神宗妃也，制如二井，南向，今毁。又南为袄儿峪，有四妃、二太子墓，中阎妃、王妃，左马妃，次左冲哀太子，右杨妃，次右庄敬太子，世宗妃太子也。又南为悼陵，制如二井，东南向，孝洁皇后陈氏，初谥"悼灵"，葬此。世宗崩，迁永陵，而其封兆尚存，旁有沈、文、卢三妃之葬，至今犹曰悼陵云。有神宫监。

悼陵之东为鹿马山，有田贵妃之墓，大行皇帝妃也。大行皇帝御宇之日，未卜山陵，田妃薨，葬此，在悼陵之下，南距西山口一里余。遣工部左侍郎陈必谦等营建，未毕而都城失守。贼以大行皇帝、大行皇后周氏梓宫至昌平，州之士民率钱募夫葬之田妃墓内，移田妃于右，帝居中，后居左，以田妃之椁为帝椁，斩蓬蒿而封之。后乃建碑亭，前后各一座，门三道，殿三间，无陛，两庑各三间，有周垣，而规制狭小，曾不及东西井之闳深。昔宋之南渡，会稽诸陵皆曰攒宫，实陵而名不以陵。春秋之法，君弑贼不讨不书葬，实葬而名未葬。今之言陵者名也，未葬者实也，实未葬而名葬，臣子之义所不敢出也。故从其实而书之也。门外右为司礼监太监王承恩墓，以从死衬焉。

…………

十二陵各有宰牲亭，在祾恩门之左，西向，厅五间，厢各三间，亭一座，有血池，外有周垣黄瓦。惟长陵止一亭，无厅厢，而长陵门右别有具服殿五间，东向，有周垣，垣南有白石槽五，方而长，名曰雀池，贮水以饮雀。

十二陵各有祠祭署，在宰牲亭左，各有朝房，在陵下或左或右。

十二陵各有神宫监，在陵下，或左或右，有重门厅室，内臣居之。永、昭、定、庆四陵多至三百余间，设内守备太监一人，神宫监掌印太监十二人。

十二陵各有神马房，各有果园，其十二榛厂则分置在他县。

十二陵各有卫；卫各领左右中前后五千户所，主率领军士防护陵寝。其公署皆在州城中。嘉靖二十九年，以四千人立永安营，三千人立巩华营，无事在州教场操演，有警赴各隘口把截。

凡祭，清明、中元、冬至以太牢，国初遣太子、亲王，其后遣大臣行礼，文武衙门堂上官各一人，属官各一人，分诣陪祭。忌辰及圣节、正旦、孟冬亦遣官行礼，止用香烛酒果，无帛，不陪祭。嘉靖十五年，改命春以清明，秋以霜降，遣官行礼，各陪祭。中元、冬至遣官行礼，不陪祭。岁凡四大祭、三小祭云。仁、宣、英、武、世、穆、神七宗之朝，车驾亲谒山陵，勋戚、文武大臣、百司扈从。

天府广记·形胜(节选)

［明］孙承泽

孙承泽(1592—1676)，字耳北，一作耳伯，号北海，又号退谷，山东益都(今山东寿光)人，明末清初官吏、收藏家。明崇祯四年进士，官至刑科给事中。李自成克北京，任四川防御使。入清，官至吏部左侍郎。其先后撰《春明梦余录》和《天府广记》两部具有地方志性质的史籍，二书均辑录了大量明代北京相关文献资料，内容多有重合，详略互有出入。关于孙承泽之所以在《春明梦余录》之后又于晚年撰《天府广记》一书的缘由，1983年出版的《天府广记》作如下说明："《天府广记》将崇祯朝的事迹、奏疏和比较碍眼的文字都删去了。"书名将"春明"改换为"天府"，亦出于政治上的避讳。两部著述是记述明代北京城市历史及政府机构的重要都邑志，对于研究北京城市历史、地理沿革、掌故和明朝中央政府各官署的职掌制度有重要意义。

本文节选自北京古籍出版社1984年版《天府广记》卷一《形胜》，极言北京之天时地利人和："自古建都之地，上得天时，下得地势，中得人心，未有过此者也。"

幽燕自昔称雄。左环沧海，右拥太行，南襟河济，北枕居庸。苏秦所谓天府百二之国，杜牧所谓王不得不可为王之地。杨文敏谓西接太行，东临碣石，钜野亘其南，居庸控其北，势

111

拔地以峥嵘，气摩空而嵬屴。又云：燕蓟内跨中原，外控朔漠，真天下都会。桂文襄云：形胜甲天下，宸山带海，有金汤之固。盖真定以北至于永平，关口不下百十，而居庸、紫荆、山海、喜峰、古北、黄花镇险阨尤著。会通漕运便利，天津又通海运，诚万古帝王之都。

　　太行自西来，演迤而北，绵亘魏、晋、燕、赵之境，东而极于医无闾。重冈叠阜，鸾凤峙而蛟龙走，所以拥护而围绕之者，不知其几千万里也。形势全，风气密，堪舆家所谓藏风聚气者，兹地实有之。其东一带则汪洋大海，稍北乃古碣石，稍南则九河既道所归宿之地，浴日月而浸乾坤，所以界之者又如此其直截而广大也。况居直北之地，上应天垣之紫微。其对面之案，以地势度之，则泰岱万山之宗当其前也。夫天之象以北为极，则地之势亦当以北为极。《易》曰：艮者东北之卦也，万物之所成终而成始也。艮为山，水为地之津液，而委于海。天下万山皆成于北，天下万水皆宗于东。于此乎建都，是为万物所以成终成始之地，自古所未有也。前乎元而为宋，宋都于汴。前乎宋而为唐，唐都于秦。在唐之前则两汉也，前都秦而后雒，然皆非冀州境也。虽曰宅中图治，道里适均，而天下郡国乃皆背之而不面焉者。孔子曰：为政以德，譬如北辰，居其所而众星共之。《易》曰：离，万物皆相见，南方之卦也。圣人南面而听天下，向明而治。夫以北辰为天之枢，居微垣之中，而受众星之所向，则在乎南焉。今日京师居乎艮位，成始成终之地。介乎震坎之间，出乎震而劳乎坎，以受万物之所归。体乎北极之尊，向乎离明之光，使夫万方之广，亿兆之多，莫不面焉以相见。则凡舟车所至，人力所通者，无不在于照临之中。自古建都之地，上得天时，下得地势，中得人心，未有过此者也。朱文公熹曰：冀都天地间好个大风水。山脉从云中发来，前面黄河环绕。泰山耸左为龙，华山耸右为虎。嵩山为前案，淮南诸山为第二重案，江南五岭诸山为三重案。故古今建都之地皆莫过于冀都。盖指今之京师地也。

刘伯温基曰：元氏入主中夏，佐以姚、刘、许、耶律诸君子，虽因其迩于阴山以定都，而地形之强，实甲天下。抚据全盛，几将百年。一时文章，亦颇有奇气，未必非山川形胜风气之观感或有以助之也。至于元季，四方鼎沸，而国都固犹晏然自若也。盖其东连沧海，西接晋冀，前者弥潴大陆之利，北有重关天险之固。若非天命所归，其主自逊于荒，而以势利相持，虽引百万之兵顿之坚城之下，岁月之间，成败利钝，未知其势孰为得失也。

日下旧闻考·国朝园囿(节选)

[清]于敏中等

朱彝尊(1629—1709)，字锡鬯，号竹垞，浙江秀水(今嘉兴)人。康熙十八年举科博学鸿词，以布衣授翰林院检讨，入直南书房，曾参加修纂《明史》。朱彝尊为明了北京历代变迁史迹，广泛抄录有关典籍，并进行实地考察，写成《日下旧闻》，记载北京掌故史迹，上自远古，下至明末，是研究北京历史、地理、经济、文化、城市建筑等学科的重要文献。后乾隆帝派窦光鼐、朱筠等根据《日下旧闻》加以增补、考证，于敏中、英廉任总裁，修成《日下旧闻考》。

本文节选自北京古籍出版社 1983 年版《日下旧闻考》卷七十六，除记录畅春园位置、面积、由来外，还收录康熙御制《畅春园记》一篇。

畅春园在南海淀大河庄之北，缭垣一千六十丈有奇。(畅春园册)

(臣等谨按)畅春园本前明戚畹武清侯李伟别墅，圣祖仁皇帝因故址改建，爰锡嘉名。皇上祇奉慈宁，问安承豫，每于此停憩。因在圆明园之南，亦名前园云。

圣祖仁皇帝御制畅春园记

都城西直门外十二里曰海淀，淀有南有北。自万泉庄平地涌泉，奔流瀄瀄，汇于丹棱沜。沜之大，以百顷，沃野平畴，澄波远岫，绮合绣错，盖神皋之胜区也。朕临御以来，日夕万几，罔自暇逸，久积辛劬，渐以滋疾。偶缘暇时，于兹游憩，酌泉水而甘，顾而赏焉。清风徐引，烦疴乍除，爰稽前朝戚畹武清侯李伟因兹形胜，构为别墅。当时韦曲之壮丽，历历可考，圯废之余，遗址周环十里。虽岁远零落，故迹堪寻。瞰飞楼之郁律，循水槛之逶迤。古树苍藤，往往而在。爰诏内司，少加规度，依高为阜，即卑成池。相体势之自然，取石甃夫固有。计庸界值，不役一夫。宫馆苑籞，足为宁神怡性之所。永惟俭德，捐泰去雕。视昔亭台丘壑林木泉石之胜，絜其广袤，十仅存夫六七。惟弥望涟漪，水势加胜耳。当夫重峦极浦，朝烟夕霏，芳蓴发于四序，珍禽喧于百族。禾稼丰稔，满野铺芬。寓景无方，会心斯远。其或稊稌未实，旸雨非时。临陌以悯胼胝，开轩而察沟浍。占离毕则殷然望，咏云汉则悄然忧。宛若禹甸周原，在我户牖也。每以春秋佳日，天宇澄鲜之时，或盛夏郁蒸，炎景铄金之候，几务少暇，则祗奉颐养，游息于兹。足以迓清和而涤烦暑，寄远瞩而康慈颜。扶舆后先，承欢爰日，有天伦之乐焉。其轩墀爽垲以听政事，曲房邃宇以贮简编，茅屋涂茨，略无藻饰。于焉架以桥梁，济以舟楫，间以篱落，周以缭垣，如是焉而已矣。既成而以畅春为名，非必其特宜于春日也。夫三统之迭建，以子为天之春，丑为地之春，寅为人之春，而易文言称乾元统天，则四德皆元四时皆春也。先王体之以对时育物。使圆顶方趾之众各得其所，跂行喙息之属咸若其生。光天之下，熙熙焉，皞皞焉，八风罔或弗宣，六气罔或弗达，此其所以为畅春者也。若乃秦有阿房，汉有上林，唐有绣岭，宋有艮岳，金钉碧带之饰，包山跨谷之广，朕固不能为，亦意所弗取。朕匪敢希踪古人，媲美曩轨，安土阶之陋，惜露台之费，亦惟是顺时宣滞，承颜致养，期万类之义和，思大化之周浃。一民一物，念兹在兹，朕之心岂有已哉？于是为之记而系以诗。诗曰：

昔在夏姒，克俭卑宫。亦越姬文，勿亟庶攻。若稽古训，是钦是崇。箴铭户牖，夙夜朕躬。栋宇之兴，因基前代。岩宿丹霞，檐栖翠霭。营之度之，以治芜废。有沸泉源，汪濊斯在。驾言西郊，聊驻彩斿。甘彼挹酌，工筑斯谋。莹澈明镜，萦带芳流。川上徘徊，以泳以游。因山成峻，就谷斯卑。咨彼将作，毋曰改为。松轩茅殿，实惟予宜。亦有朴斫，予尚念兹。撰辰经始，不日落成。岂曰游豫，燕喜是营。展事慈闱，那居高明？遐瞩俯瞰，聊用娱情。粤有图史，藏之延阁。惟此大庖，会彼朱襮。郁郁沟塍，依然耕凿。无假人工，渺弥云壑。有鹢其舟，有虹其梁。可帆可涉，于焉徜徉。文武之道，一弛一张。退省庶政，其罔弗臧。尝闻君德，莫大于仁。体元出治，于时为春。愿言物阜，还使俗醇。畅春之义，以告臣邻。

帝陵图说·长陵

　　梁份(1641—1729)，字质人，江西南丰人。少时从彭士望、魏禧讲求经世之学，工古文辞。较早致力于探讨西北地理，曾亲历边陲考察，通过实地考察核证文献，撰写《怀葛堂文集》和《西陲今略》等。康熙四十二年，梁份徒步往谒昌平明陵，对其进行了五天的详细考察，并绘制了陵区图，撰《帝陵图说》。

　　本文节选自清抄本《帝陵图说》卷二，是关于长陵的介绍。

　　长陵在黄土山，一名康家庄楼子营，大明成祖文皇帝陵也。地脉接居庸而拔起，三峰中峰正干，蜿蜒奇秀而广厚尊严。土山带石入脉之势，如骏马驰阪，如游龙翔空，方东倏西，矫腾中下而趋入于寿宫，其正大端庄，居然垂裳以临万国，北之主山环列为障，如御屏，如玉宸，左右翼之，龙砂重叠，盘绕回抱，内明堂之广大，案之玉几，水之朝宗，无一非献灵效顺，无一非三百年之发祥流庆也。

　　永乐二十二年七月十八日，帝崩于榆木川，寿六十有五，十一月庚申葬长陵，上尊谥曰体天弘道高明广运圣武神功纯仁至孝文皇帝，庙号太宗。至世宗嘉靖十七年，加谥曰启天弘道高明肇运圣武神功纯仁至孝文皇帝，庙号成祖。仁孝徐皇后永乐五年七月先崩于留都，十一年迎葬长陵，追谥曰仁孝慈懿诚明庄献配天齐圣文皇后。十六妃殉详东西二井中。

帝欲卜地北平，以相茔域者廖均卿择地，得之昌平州北黄土山，帝即日亲临视，遂封山为天寿，环长堑，凡起冢建寺于中者，悉迁之。七年始营陵，十一年告成，名曰长陵。

宣德间，宣宗谒陵，谕近臣曰："皇祖常言，古帝王陵寝有崇奢丽及藏宝玉者，皆无远虑，吾子孙宜戒之，不可蹈也。"今所建陵寝，皆皇祖当时规制也。

《礼》曰：国君即位为椑，存不忘亡也。汉文帝始作寿陵，嗣是初即位者多营陵，速者数年，缓则毕世。今长陵规制，壮大闳深，坚固完好，无雕镂侈靡费，尽美尽善。天寿诸陵过不及者多矣，而营构仅以三载，不损日，不费工，过于神汉也远矣。成祖之建制作法于俭，可谓远览独虑无穷之计矣。

黄土山亦名康家庄，土人康老元时所葬地也，永乐七年封山发诸墓，以次及康老，帝曰：安死者，人之同情也，其勿迁。且岁赐祭于是，春秋祀以少牢。昔樗里子葬渭南章台东，百年后，汉之长乐未央夹其墓，而武库直其前。夫以天子之尊，不迁庶民逼近之冢，于汉有比德矣，不唯不迁，且予之祭，其仁爱及乎冢中之髑髅也，此其为成祖也。

初，长陵碑仁宗所建，按谥法题曰太宗文皇帝。天下称太宗者，历仁宣英宁孝武六世百年矣。嘉靖十四年，夏言请定庙额，谓皇上复古庙制，太宗功德隆赫，特建百世不迁之庙，宜曰文祖，世室在三昭上。十七年，诏曰：国家之兴，始于太祖，而中定艰难，则我太宗，宜同称祖号。严嵩议曰：古礼，宗无定数，祖非有功德者不得称。汉称祖者，二高祖世祖也，光武再造汉室，故无二祖之嫌。我文皇帝定鼎持危，再造鸿业，功莫大焉，概以宗称，于义未尽，尊称为祖，圣见允宜。世宗善之。于是夏言拟烈祖孝皇帝以请，竟不从，自定仍旧为文皇帝，庙号成祖。天下后世始从而成祖之矣，而长陵碑未改也。是年世宗朝长陵，阅明楼碑，欲改称成祖，郭勋请尽砻旧字更书之，世宗曰：朕不忍琢伤旧号也。下群臣议。请遵上谕，不磨旧碑，但锓木著其上，题曰成祖文皇帝，表木而中石也。韦玄成曰：周之所以七庙者，以后稷始封，文王武王受命而王，是以三庙不毁，与亲庙四而七，非有后稷始封文武受命之功者，皆当亲尽而毁。成王成二圣之业，制礼作乐，功德茂盛，庙犹不世以行，为谥而已。今成祖俨然世庙矣。嘉靖二十年四月，宗庙灾，成祖主毁，万历三十二年，雷震，长陵碑木石一无存者。大学士沈一贯疏：世宗欲改刻成祖陵碑而未遑，今雷神奋威，乃天意示更新之象，欲皇上缵承祖德，乘此更立新碑也。上可其奏，命重建。乃琢石为之，即今碑也。

昌平州在京城德胜门北六十二里，景泰元年所筑永安城，以驻长献景三卫陵军者也。三年徙西八里之昌平县治于城，正德八年县始升为州矣。州在天寿山南，自州往天寿，或出东门经松园入东山口，便道取疾非正途也。凡有事山陵，由州西门西北一十七里一百二十五跬长陵门。

白石坊在昌平州西四里一百八十跬，石白于玉，五架六柱，有额无字，南面向丁，嘉靖十九年所建者。天寿山势层叠环抱，其第一重东西龙砂欲连未连，建坊其中，以联络之。从青乌家言，非直壮观美也。北一十二里六百六十五跬长陵门。

大红门在昌平州西北六里四百三十跬，黄屋重檐，朱扉门三道，东西两掖门。永乐间于天寿封山，设险塞出入路其北，

119

东西既因山砌城矣。南面地平，乃垒土石为城，周回环缭，联属不绝。建大小红门以通出入，而大红门为朝祭所经由，若囊之口，腹之喉吭也。门之外，左右溯石各一，为下马牌，王侯将相当年至此，率徒步入门。以内皆松柏，阴森不见天日，二百余年所培植者。今入门而诸陵之黄甓彤垣皆望中矣。门北一十里四百一十五跬长陵门。

长陵碑亭在白石坊北三里三百三十跬，石柱交龙，黄瓦兽吻，重檐四出，门四辟周，栏槛刻石，花卉禽虫，缺其南，通出入。中树穹碑一，龙首龟趺，南面向午，大书九字曰：大明长陵神功圣德碑。碑阴文，仁宗御制者，宣德九年始建立。天寿十二陵，唯长陵碑亭有文字，诸陵则无之。亭外白玉石柱四，雕龙环绕，竿头石狮内北向，门外南向，同朝制也。亭北华表二，白石，兽二十四，鹿狮驼麟象马各四，翁仲十二，武臣文臣勋臣各四，皆夹神道左右分列，相距各六十跬，亦宣德十年所建置也。诸陵则无，盖统于长陵也，亭北九陵，三百三十跬长陵门。

龙凤门一名楞星门，在白石坊北五里一百一十跬，门三道，黄绿琉璃甓甃如屏也。形家言天寿山龙砂，此其第三重，为门于中以络绎，如门之楗钥也。东西望之信然，今圮过半。北七里五百五十五跬长陵门。

芦殿坡在白石坊北六里六百八十跬，坡坡而已，昔年有事，园陵以纬苇为席幄，谓之曰殿，嗣天子所倚庐也。或群工百执事借以栖息，事已撤之。自昌平以来，地平于掌，此独名坡者，从北洼下地而称也。长陵南门亦有坡，谓之北坡，高与此埒，盖芦殿坡南隆北洼，北坡则南洼北隆，中间地势低至四五仞，南北相距四里四百四十五跬，天寿泉水所汇流而为川，自西徂东，宜乎南北皆坡，往来升降也。北五里七百五跬长陵门。

七空桥在白石坊北十里六百三十五跬，甃石为梁，空其中以通水，环砌如洞，门中空，凡七溪独广也。诸陵神道于焉分合。嘉靖十九年，神道始砌石，如九衢可以八达矣。桥下之水，东北则老君口，西北则贤张、灰岭、锥石三口，西则德胜口，皆径于桥，天寿诸山水会为一川，东流出东山口，经巩华城，合朝宗河入白水，汇为潞河，流于直沽，达于海。春夏水汹涌，转木漂枝，弥漫关桥，石北二空圮于万历三十五年后六月也。冬非涸也，流伏于沙砾中也。北四里五百一十跬长陵门。

北五空桥在白石坊北十三里四百三十五跬，长陵之神道，老君口水皆由经也。河渠狭，石梁孔才五。北之者，别于七空之南之桥也。四望宽，见诸陵较若列眉。东望永陵碑亭在寅二里六百八十跬，永陵在卯，北望长陵门在癸，献陵在子，景陵在丑，庆陵在壬，碑亭在辛一里七百跬，昭陵在酉。惟西北望不见康陵，东北望不见德陵，西南望不见攒宫，则二陵一攒宫深入谷中，碍隔一山也。桥距老君口才四里，其水迂回流入，当长、景陵峡中，路沿溪畔，一径介然，出口而被，旁通四达。不但黄花镇城而已，止行者出入，惟昔则然也。桥北二里三十跬长陵门。

长陵门，陵寝之第一门也。黄瓦重檐朱门，门三道，道四阀阅，左右掖门二，皆闭，享殿四周甃砖石如城，色皆红，而出入属于门，南面向午，门扇加钥守视之，寺人陵卒司之。天寿诸陵皆然，唯披门自长陵外无有也。门之外，左有宰牲亭（宰一作"省"），西向右有具服殿，东向甍皆黄，又东南神宫监，守陵太监居之，又南祀祭署，太常神乐祭器所藏也，瓦则黑，唯朝房今不知其处。门之内，左神厨右神库各五，楹黄瓦朱，栏槛丹墀，广大如朝宁御道，三皆平城，其左畔碑亭一，黄屋重檐，梁柱如髹，三面环栏槛，中树穹碑，亦龙首龟趺，无字。门北六百六十八跬宝城。

祾恩门，长陵享殿之重门也。门三道，黄瓦重檐，朱扉如第一门，而不加楗鐍。嘉靖十七年，世宗朝陵，改享殿为祾恩殿，于是献、景、裕、茂、泰、康合七陵皆榜中门曰祾恩门，祭而受福曰祾，易名之义盖取诸此也。门以内左右廊庑各十有五楹，丹墀宽广，左右神帛炉二，街三，道中平，外城，制如朝仪也。门北五百六十跬宝城。

祾恩殿，长陵之享殿，古陵寝之制，藏衣冠几杖，起居荐生，物象生人，具也。正南面方位向午，榜曰祾恩殿。嘉靖间，世宗所易佳名也。自是寝庙皆因之，殿外丹陛宽广而崇高，白石栏槛，刻画云龙、海马、花卉，级凡三，定陵效之，永陵二，诸陵一而已矣。殿黄屋重檐，兽吻飞甍，罘罳九楹，高大壮丽，殿中梁柱，雕镂盘交，龙藻井、花甍、地屏、黼扆，金碧丹漆之制，一如宸居殿。后为门三，宝城路自门出，入长、景、永、定四陵，外诸陵不尔也。殿北塞门石皆白，今存石柱二，又北石供案一，上施供器五，烛台、瓶各二，炉一，皆石，今损其四，案置露台中不屋也。殿北四百二十四跬宝城。

宝城，茔之域，周垣以缭，悬宫当其下也。砌巨石，高三

仞，许城周三里，雉堞相联属，城闉瓮门一，南向，深六十有
四跬。瓮门北高南下如升坡，拾级行路尽，分左右折，历阶
上，北折则悬宫之上之山，山高饶草木，其不植而生者橡，一
名栩，实如栗而小，其房可染帛，亦谓之朴樕尔。《尔雅》曰：
朴樕，婆娑、蓬然之貌。其树偃蹇，其叶芃芃，虽坚不堪克
材。《礼》：天子坟高三仞，树以松。橡非所树也。南折登城上
城台则明楼。

明楼踞宝城闉上，如迎敌丽谯之楼也。城台宽周，四面缭
石为女墙，为雉堞，地砌石平如砥，左右分路，行城上，台中
为明楼，楼高起数仞，栋梁楠梗，渗金顶，琉璃黄瓬瓦，兽吻
飞甍，雕题彩椽，罘罳藻井，重楼四出，周面嵌文石，甍门四
辟，正南面方位向午，额曰长陵。中树穹碑，螭首方座，大书
曰大明成祖文皇帝之陵，盖万历三十二年重立者。碑宽四尺五
寸厚二尺五寸，诸陵碑平博远不及也。陵寝之制，宝城最高，
明楼当城台上，又高远望无不见，然遮以山不见也。楼南望长
陵神功圣德碑亭在未，东望景陵在卯，永陵在巳，西望献陵在
辛，定陵在庚，老君口水在祾恩殿外东坡下，其他无睹也。

东井西井，当天寿山正东正西之地，永乐间所置，取金井
之意，下窆穿圹不隧，为成祖十六妃殉葬之所，以次而祔也。
有殿有垣，丹壁、朱扇、绿瓬瓦，周垣缭砖石重门殿三，楹廊
庑各三间。东井在永陵东南二里，德陵南一里，门庑殿皆存；
西井在昭陵东北一里，定陵宝城之西，今周垣犹在，门庑殿皆
毁。切近定陵，因而及之，东井幸，西井不幸也。英宗天顺
末，手诏止以人殉葬，于是后世之妃嫔得终其天年，各有其坟
茔，不必于同井而宫壸肃然，一代家法为邃古以来所仅有矣。

嘉靖十五年，礼臣上言：帝后合葬诸妃陪葬，古今经常之制也，窃以诸妃陪葬，义不当由隧道，但于外垣之内、宝城之前、明楼之下，左右相向以次而祔，庶合礼制。从其言，著为定制。然永、昭、定三陵不闻妃祔而金山西山马鬣相望，听其分葬，而天寿之祔焉者且寡矣。

宸垣识略·形胜(节选)

[清]吴长元

吴长元，字太初，清浙江仁和(今杭州市)人，乾隆年间寓居北京十余载，将自己考察所得，结合古籍、碑碣所载，对朱彝尊《日下旧闻》及乾隆敕编《日下旧闻考》两书内容加以增删编写而成《宸垣识略》，该书共 16 卷，记载了北京的史地沿革和名胜古迹等方面的情况，具有较高的史料价值。

本文节选自北京古籍出版社 2001 年版《宸垣识略》卷一《形胜》，是作者对北京的城市选址进行的风水考证。

形　胜

燕亦勃碣之间一都会也。南通齐赵，东北边上谷，至辽东，北邻乌桓、夫余，东绾秽貊、朝鲜、东番之利。

冀都山脉从云中发来。前则黄河环绕。泰山耸左为龙，华山耸右为虎。嵩为前案，淮南诸山为第二重案，江南五岭诸山为第三重案。故古今建都之地，莫过于冀，所谓无风以散之，有水以界之也。

范镇之赋幽州也，曰：绳直砥平，形胜爽垲。木华黎之传幽燕也，曰：虎踞龙盘，形势雄伟。以今考之，是邦之地，左环沧海，右拥太行，北枕居庸，南襟河济，形胜甲于天下，诚天府之国也。究其沿革，唐虞则为幽都，夏殷皆入于冀地，周封尧后于蓟，封召公于燕，正此地也。厥后汉曰广阳，晋曰范

125

阳，宋曰燕山，元曰大兴，明初谓之北平，而为燕府龙潜之地，寻建为北京，而谓之顺天焉。

太行自西来，演迤而北，绵亘魏、晋、燕、赵之境，东极于医巫闾。重冈叠阜，拥护而围绕之，不知其几千里也。其东则汪洋大海，稍北乃古碣石，稍南则九河故道。浴日月而浸乾坤，所以界之者又如此其直截而广大也。况居直北之地，上应天垣之紫微。其对面之案，以地度之，则泰岱万山之宗，正当其前。夫天之象以北为极，则地之势亦当以北为极。《易》曰：艮者，东北之卦也，万物之所成终而成始也。离，万物皆相见，南方之卦也。圣人南面而听，天下向明而治。孔子曰：为政以德，譬如北辰，居其所而众星共之。今之京师，居乎艮位成始成终之地，介乎震坎之间。出乎震而劳乎坎，以受万物之所归；体乎北极之尊，向乎离明之光，使万物之广，亿兆之多，莫不面焉以相见，则凡舟车所至，人力所通者，莫不在照临之下。自古建都之地，上得天时，下得地势，中得人心，未有过于此者也。

永定河志(节选)

[清]陈　琮

陈琮(1731—1789)字国华，号蕴山，今四川南部县人，清代治水专家，官至永定河道台。其任职期间，多方收集永定河资料，包括历来的受灾情况、河道变化情况，历代的治理情况及经验教训等，历经三年的精心考证和校订完成《永定河志》一书。该书是清代第一部永定河水利专志，为后续永定河志书编纂提供了体例典范。

本文节选自学苑出版社 2013 年版、永定河文化博物馆整理《(乾隆)永定河志》。

永定河源流

(谨按)永定河本名卢沟河(《水经注》：水黑曰卢)，亦曰浑河。《元史》谓之小黄河。俗又谓为无定河。康熙三十七年(1698)始，建堤工，赐名永定，万世永赖矣。其上游通谓之桑干河(相传，每岁桑葚熟时，河水干涸，故名)。发源山西，有三源：

一曰洪涛泉，即古漯水，亦曰治水。出故马邑县西北十里洪涛山，即古累头山。《水经注》所谓"水出累头山"也。水自出山，西南流，微黄，亦谓之黄道泉。

一曰桑干泉，即古漯涫水也。源出宁武府西南，管涔山之天池。伏流百二十里，至故马邑县雷山之阳，七泉涌起，为金

127

龙池。池周里许，澄清可鉴，隆冬不冰。《水经注》所谓"洪源七轮，潜承太原汾阳北燕京山之天池"者也（燕京山即管涔山，在宁武府西南六十里。天池在山原之上也。东隔阜又有一石地，曰元池。池津脉潜通）。水自金龙池出，东南流，是为桑干泉。

一曰灰（一作"恢"）河，《水经注》所谓"马邑川水"也。出管涔山之分水岭北麓（分水岭在宁武府西南四十里），乃桑干之南源。东北经宁武府南，又东流，黄花涧水注之。又北流，凤凰山水自北来注之。又北流，出阳方口，入朔州界。经朔州城南，又东流。圢涧水合腊河，自北来注之。又南流，沙楞河自西北来注之。又东南流，屈而北，至故马邑城南。桑干泉自城西北，左会洪涛泉南流，经城西至城南，与之合。自下通称桑干矣。

鸿雪因缘图记·玉泉试茗(节选)

[清]麟 庆

　　麟庆(1791—1846),清满洲镶黄旗人,完颜氏,字伯余,号见亭。嘉庆进士,道光三年出为安徽徽州知府,调颍州,擢河南开归陈许道,历迁河南按察使、贵州布政使、护理巡抚,十九年署两江总督,二十二年英军侵入长江,奉命筹办淮扬防务,以保运道。秋,河决,被革职。二十三年任库伦办事大臣,未及成行,病死。既以诗名,又擅绘画。于江淮各地为官三十年,游历黄河南北,大江东西各地,每游一地俱请画师绘图,以飞鸿踏雪留迹的寓意为书命名,即《鸿雪因缘图记》,图文并茂,为清代现存内容最丰富的自传性游记。

　　本文节选自北京出版社 2018 年版《鸿雪因缘图记》第三集,是对玉泉山的介绍。

　　玉泉山,沙痕石隙,随地皆泉。山阳有穴,其泉涌出若沸,高三尺许。燕山八景旧称玉泉垂虹,高宗以垂虹拟瀑泉则可,玉泉从山根仰出,喷薄如珠,实与趵突义合,因更正曰玉泉趵突。今在静明园内,为十六景之一。谨按:园建于康熙年间,本金章宗芙蓉殿址而拓成之,曰廊然大公、曰芙蓉晴照、曰竹垆山房、曰采香云径、曰圣因综绘、曰绣壁诗态、曰清凉禅窟、曰溪田课耕、曰峡雪琴音、曰玉峰塔影、曰裂帛湖光、曰风篁清听、曰云外钟声、曰镜影涵虚、曰翠云嘉荫,合趵突为十六。前高水湖，后裂帛湖，二水俱东汇昆明，宫门五楹，东向。高水湖心有楼曰影湖。小东门外有堤，亘昆明湖中，石桥通水，上建坊二。迤东为界湖楼。七月二十四日，余偕二客过金山口青龙桥，沿石道至高水湖，水澄以鲜，漾沙金色，荷花香艳异常，鸂鶒、鹈鹕低飞，远立稻田弥望，俨是江南水乡。乃坐柳阴，汲玉泉，设不灰木垆，煨榾柮，煎阳羡松萝试之，甘洌清醇，为诸泉冠。伏读高宗御制记，有云：水味贵甘，水质贵轻。曾制银斗较量，玉泉之水每斗一两。塞上伊逊相同，济南珍珠泉较重二厘，扬子金山重三厘，惠山虎跑重四厘，平山重六厘，清凉、白沙、虎邱、碧云各重一分，惟雪水较轻三厘。顾雪水不恒得，则凡出山下者，无过玉泉。昔陆羽、刘伯刍或以庐山谷帘为第一，或以扬子江为第一，惠山为第二，虽享帚之论，然以轻重较之，尚非臆说，惜其未至京师云。圣论昭垂，天下第一，泉幸矣，品泉者更大幸矣。

天咫偶闻（节选）

[清]震　钧

震钧(1857—1920)，字在廷，姓瓜尔佳氏，汉名唐晏，字元素，自号涉江道人，满洲镶红旗人，长居北京。作者感于清末北京多次受列强侵扰，遂网罗北京文献，走访调查，信手条记，以叙京城旧貌故事，写成《天咫偶闻》。书中对北京地区政治、文化、典章制度和有关满族的历史掌故、风俗民情多有记载。

本文节选自北京古籍出版社 1982 年版《天咫偶闻》卷九，主要涉及作者对于北京郊外名胜古迹的介绍。

南海子，明代上林苑也，国朝因为阅武田狩之所。同治以后，神机营各军，岁往驻扎。以秋去春归，军容极盛。其地产蘑菇，有口外风味。又有狍鹿、黄羊、四不像之属，而雉兔尤多。

永定门外碧霞元君庙，俗称南顶。旧有九龙冈，环植桃柳万株。南邻草桥河，五月朔游人麇集，支苇为棚，饮于河上。亦有歌者侑酒，竟日喧阗。后桃柳摧残，庙亦坍破，而游者如故。近年有某侍御奏请禁止，遂废其事，与昔日金鱼池相仿佛。

城南诸园，零落殆尽，竟无一存。惟小有馀芳遗址，为一吏胥所得，改建全类人家住房式。荷池半亩，砌为正方。又造屋三间，支以苇棚，环以土堑，仿村茶社式为之，过客不禁动凭吊之慨矣。

花之寺，自曾宾谷先生修后，尚无恙。俗呼三官庙，壁悬宾谷先生诗帧。花木盈庭，大有葱蒨之致。寺以南皆花田也，每晨负担入城，卖花声里，春事翩跹，大都以此间为托根之所，而以芍药为尤盛。十钱可得数花，短几长瓶，春色如海矣。

庚寅秋，畿南大水，直至右安门外。大树皆倒，几欲入城。按：畿辅自癸未以后，无岁不水，且年甚一年。虽屡奉蠲恤之诏，及士夫为之救灾振患，而所救止于目前，终非拔本塞源之术。甲午春，以言官之请，诏挑浑河，旋以直督力持不可而罢。尝与近畿诸人谈之，知其受病之本不在浑河，而在东西淀。盖浑河旧本南行入潊沱，不入淀。自于清端引之入淀，而淀始淤。及怡贤亲王力挽之东行，而淀复旧。然二百年来，逐渐改移。且浑河屡决，而淀又失其旧。近则淤废日多，而民田其中，不肖官吏为之升科。今淀存者不及三十里，大水至大沽一口，势不能容，溢而横决。故天津以北，杨村、河西务诸村，水经冬不涸，弥望如海，此固十年前沃野也，而官吏亦无复过问者。

南河泊，俗呼莲花池，在广宁门外石路南。有王姓者，于此植树木，起轩亭。有大池广十亩许，红白莲满之，可以泛舟，长夏游人竞集。厂榭三间，一水回折，八窗洞开。夕照将倾，微风偶拂。扁舟不帆，环流自远。新荷点点，茁水如然；浓绿阴阴，周回成幄。浊酒微酗，清兴不竭，于此间大有江湖之思。故宣南士大夫趋之若鹜，亦粉署中一服清凉散也。

广宁门外财神庙，报赛最盛。正月二日、九月十七日，倾城往祀，商贾及勾栏尤夥。庙貌巍焕，甲于京师。庙祝更神其说，借神前纸锭怀归，俟得财则十倍酬神。故信从者益多，而庙祝之利甚溥。

余家先茔在广宁外石道南畔，去桥数十武。以城为案，以隍为水。辛山乙向，凡六亩馀。自先高祖赠光禄公为主穴，曾祖水部、农部公祔，先祖兄弟七人次祔，先三四世父、先父兄弟三人次之，共十三穴。而极东南角一穴，则先叔卜三公也。

城西花事，近来以冯园为盛。园在广宁门外小屯，春月之牡丹、芍药，秋季之菊为最。城中士夫联镳接轸，往者麇集，园主人盖隐于花者也。园中又蓄珍禽数头，锦鸡、孔翠之属，飞舞花间，洵谐奇趣。

天宁寺，其来最古，所谓元魏之光林寺也。地在金代南城内，古名白纸坊。树木列植，道路纵横，昔日之街衢径术也；禅房花影，廊庑山光，昔日之朱门华屋也。不见毂击肩摩，如雨如云之胜。徒留此数弓琳宇，为士大夫折柳之所。试问陌上行人，曾有动华屋丘山之感者乎？

石景山，正临浑河，由西来侧面视之，形正如伏驼之负物。驼黄色，所负青色。所以西山之下，明驼络绎如贯珠也。

过罗喉岭以西为岫云寺，古称潭柘。九峰屏列，一寺中环，名胜最众。余丁酉秋游之，兼至戒台。曾有诗一百四十韵记之，可见大略。

翠微山、四平台，八大刹所在也。八刹者，长安寺居西山之麓，为初地。寺左缘山而上，不一里则灵光寺也。寺最得地，且点缀亦佳，游者多宿此。再上，北为大悲寺，西为三山庵，皆不甚宏。又上，则龙泉寺，门外磴道曲折，长松蔽日。寺中水一池，泉声镗沓，龙所潜也。寺后轩阁随山为高下，可远瞩。又上半里，为香界寺，山之主刹。凡殿阁五层，石磴数百级，无平地矣。又上里馀为宝珠洞，则至顶。洞前有敞榭，一目千里，共七刹也。下山越涧而北，山之半有证果寺，即碧摩岩也。面对峭壁，下俯绝涧，西山最佳处。寺亦兼奥如旷如之致，为八刹最。越山而西，有三台山、滴水岩；越山而北，有石子窝。循山北出杏子口，趋香山，则碧云寺、五华寺、玉皇顶、卧佛寺、宝藏寺皆山之名刹，而不在八刹以内。此外皇姑寺、嘉禧寺、翠岫庵今皆废矣。庚子，"灵光""证果"毁于兵。

白云观，元之长春宫也。昔在城中，今则为城外巨刹，犹可冠京师。正月十九，俗称阇九。前数日即游人不绝，士女昌丰。而群奄尤所趋附，以邱长春乃自宫者也。

钓鱼台，俗名望海楼，即金代同乐园，又名鱼藻池，今为行宫。每岁中元节日，游人多聚此。名为观河灯，实无灯可观。

八里庄，前代未有称之者。自国初诸老时往看花而名著。故渔洋、初白皆有《摩诃庵诗》。其地有酒肆，良乡酒为京师冠。大凡往者，皆与红友论交耳。然寒风乍紧，微霰初零。二三知己，策蹇行吟。黄娇半酺，紫丝徐引，望都门而竞入，顾塔影而犹眄，此中风味，亦自不恶，正可与汉代新丰竞爽。

先曾外祖额约斋先生（额勒布），满洲索佳氏，官磋使。包慎伯曾为作传，载集中。晚年居八里庄，丙舍有水竹之胜。从舅文海，字镜寰，秀才，以《秋柳诗》得名，人呼文秋柳。其诗云：

无边姹紫与嫣红，回首阳春万事空。深恨不曾攀折尽，灞陵桥上袅西风。

欲问金城剩几株，野烟一片入荒芜。而今倍觉丝无力，凭仗西风子细扶。

也垂雨意也含烟，未到清明便可怜。衰草一堤莺不语，对人何苦更缠绵。

西风吹散晓天鸦，万缕千丝故故斜。不向章台重驻马，恐无人问旧莺花。

四诗不减渔洋。又一绝云：

抛却冰弦不忍弹，松声泉籁满云端。为怜一片山头月，人共梅花立夜寒。

八里庄慈寿寺，明代为慈圣太后祝禧之所。有浮图十三级，与天宁寺相同。塔旁有二碑，东为太后画《九莲菩萨像》，王锡爵书《瑞莲赋》；西为太后画《关帝像》。今寺毁尽，惟浮图及碑存。

西直门而西北，有如山阴道上，应接不暇。去城最近者，为高梁桥。明代最盛，清明踏青多在此地。今则建倚虹堂船坞，御驾幸园，于此登舟。沿河高楼多茶肆，夏日游人多有至者，而无复踏青之俗矣。南岸乐善园久毁，近又以墙围之。再西则为可园，俗称三贝子花园，今亦改为御园。又西北岸极乐寺，明代牡丹最盛。寺东有国花堂，成邸所书。后牡丹渐尽，又以海棠名。树高两三丈，凡数十株。国花堂前后皆海棠，望之如七宝浮图，有光奕奕。微风过之，锦裀满地，今海棠亦尽。又西北岸大正觉寺，俗称五塔寺，今亦毁，惟五塔存。

又西北岸则万寿寺，寺建于明代，乾隆中重修，为太后祝禧之所。寺极宏丽，大殿后叠石象三神山，旧有松七株最有名。光绪庚寅后，楼火，并松俱烬。阮文达《小沧浪笔谈》云：壬子春，瑶华主人邀彭云楣尚书师，沈云椒侍郎，同年胡印渚、刘金门两学士，那东甫侍讲，铁梅庵侍郎与元，凡七人，同游万寿寺，主人写《七松图》便面。梅庵先生援笔题一绝云：七人分坐七松树，巨笔写松如写人。谡谡清风满怀袖，一时同证大夫身。此亦万寿寺一段故事。惜此便面不知流传何所，若得而刻石寺中，亦一胜缘。今寺中但存《七松证道图》，乃一僧小照，亦有梅庵题诗。寺西城关为万寿街，俗称苏州街。两行列肆，全仿苏州。旧传太后喜苏州风景，建此仿之，今已毁尽。

又西为麦庄桥，又西为广仁宫，在南岸，地名蓝靛厂。火器营驻此，街衢富庶，不下一大县。广仁宫，岁四月庙市半月，土人称西顶。盖北方多山，庙必在山极顶，因连类而及，谓庙亦曰顶，此土语也。又北东岸有化成寺，又北至海甸。海甸，大镇也。自康熙以后，御驾岁岁幸园，而此地益富。王公大臣亦均有园，翰林有澄怀园，六部司员各赁寺院。清晨趋朝者，云集德胜、西直二门外，车马络绎。公事毕，或食公厨，或就食肆。其肆多临河，举网得鱼，付之酒家，致足乐也。故彭咏莪有《与陈硕士饮海甸酒楼》诗。当是时，百货非上者不往，城中所用，乃其次也。自庚申秋御园被毁，翠辇不来，湖上诸园及甸镇长街，日就零落。旧日士夫居第，多在灯笼库一带。朱门碧瓦，累栋连甍，与城中无异。后渐见颓废，无复旧时王谢燕矣。追乙酉秋，余往游于长堤上。遇老园户为言当日事，且指山上某处为先帝所最喜临幸；某处为扈跸诸臣所坐起，大有连昌宫老人谈天宝之慨。乙酉冬，有诏：天下今已太平，可重修清漪园，以备临幸，改名颐和园，于是轮蹄复集。然官民窘乏，无复当年欢趣矣。

善次占（恒），满洲正白旗董鄂氏，为先伯祖母之兄。幼有神童之目，曾以两日读《毛诗》一部，倍诵如流水。其后随宦西宁，受学于路闰生先生（德）。《仁在堂时艺》中刻其文，屡试不第，家益落。晚乃成进士，选善化令。平生书无再读者，见学者久读书，辄讶曰：一书何劳读尔许日？一子资仅中人，遂不令就传。曰：非读书器也。后先生著述，竟无收拾者。余得其一小册，共诗九十六首、曲三十首、帖括诗文数首、杂作二首。今录其《前种菜歌》云：

园公家住灯笼库，日课园丁慰迟暮。西畴漠漠稻秔田，北邙漠漠松楸树。北邙旧属相公家，金吾意气何骄奢。剧因睢汴防秋水，旋逐江声走白沙。王谢堂前新语燕，绿杨郭外旧栖鸦。槃缨赐后孰招魂，又见官奴换戟门。张王厮养皆豪俊，身手重叨都尉恩。生平热血中宵激，鸡肋不堪鹏翅击。纵说曾参不杀人，哙伍羞为甘寂寂。从此归来闲种菜，龙钟非复当年态。芸苗夏昳自携锄，扪虱冬檐闲晒背。春韭秋菘转瞬过，豆棚雨足麦风和。鸡虫得失争无益，针芥儿孙不厌多。身世婆娑殊自喜，一片雄心耗柴米。臣之壮也不如人，铁骨铜筋今老矣。烈士从来抱苦心，我闻此语重沾襟。将门岂重毛锥子，赁庑梁鸿孰赏音。东涂西抹自年年，世味嗟如鸡肋然。青云燮蹀无非梦，白首逍遥便是仙。一壶浊酒芹羹碧，那用劳劳作形役。请看月上古藤萝，与子高歌乐今夕。

此作极似梅村。又五言排律《咏穷》云：

身方居穴内，有客复弯弓。苦味炎炎火，酸来习习风。共谁盟白水，愧我乏青铜。寂寞亲邻避，孤惸族姓攻。前途迷漆黑，俗状走尘红。活计农桑外，生涯笔砚中。须眉难夏假，头脑渐冬烘。板板摹迂叟，依依共短童。那殊鱼在罟，不啻鸟窥笼。默坐时观鼻，佯嗔乍鼓咙。清狂躅酒斝，润泽赖茶钟。差幸全家聚，仍分半亩宫。束脩三五阕，入手一双空。牛后耕惟舌，鸡廉罪在躬。诗书防彼蠹，儿女厌斯螽。锦带空劳妇，青毡自恼公。总归田畔尚，免赠贝边戎。行野花含笑，应门犬效忠。不曾留客位，无复致邮筒。日丽天为盖，秋清月启瞳。疗饥惟藿苋，梦饱断犯豵。每叹秦关梗，何时蜀道通。羊肠穿卷路，芥子胶朦朣。蹐地无由入，呼天亶不聪。似金遭锻炼，非玉受磨礲。俟命今休巫，安贫古所同。忙因槐蓻蓻，折想桂凭凭。屡战曾奔北，无财亦欲东。别求希世宝，肯学可怜虫。随分堪寻乐，存神待考终。百年徒鼎鼎，一室自融融。文囿群言富，书城几卷雄。晨兴餐玉露，晚醉爱丹枫。清扇凉飔动，闲吟细雨濛。让他巢阁凤，任我入冥鸿。仙佛猜踪迹，贤愚听折衷。岩栖应不闷，市隐那须充。享受虽云啬，逍遥也自丰。若痴仍若黠，非拙亦非工。胜境登莲筏，元都策绿骢。参禅来耆崛，访道过崆峒。共命笙簧奏，方壶锦绣蒙。象浮香水海，鹅戏玉花丛。相约分麟脯，端居种鹿葱。化天真浩浩，尘刹惜匆匆。拯溺愁无术，超凡恨少功。未来休卜蔡，以往等飘蓬。德薄神徒颂，词微鬼莫恫。养心甘澹泊，努力效痴聋。耐辱平为福，奚劳送五穷。

此诗凡五十韵，实一篇自叙也。先生馆于灯笼库纳拉苏吟香家最久，与吟香论诗，有“不求新自新，无意切乃切”之句，可知其宗旨。

海甸之西，香山之上为静宜园御苑，其下云梯健锐营在焉。盖京营之制，别香山、圆明园、蓝靛厂为外三营，凡京营劲旅皆出于是。如乌武壮(兰泰)、塔忠武(齐布)皆为一代名臣。缘其地去城既远，不甚染繁华靡丽之习。号令严明，尚存旧制。香山营外有讲武台，乃翠华讲武之所，余尝过而敬瞻焉。行殿之整齐华焕，固不待言。即微至射堋、马埒，亦似日加埽除培护者，即此一事知其纪律未亡。

粤逆初起，永宁州之役，惟乌武壮与向忠武(荣)见相同，而大帅不能用。二公知其必败，忠武以孤军独全，武壮以受制于人而败。使某能用二公，虽灭贼可也。

塔忠武，初官湖南守备。粤逆北犯，塔知湖南必首受之，上书于骆文忠言兵事。其书诘倔，几不可句读，骆以不解，故挥之去。明日又上之，骆仍不解。适曾文正至，见其书，亦不能解。试呼问之，则塔言之了了。文正知其可大任，乃劝骆姑付以一军，听其所为。塔既得军，即赴校场。植四旗于地，令曰：有能先夺此旗者，以为哨官。果有四人起夺之，即授哨官。又植八小旗，令曰：有能夺此，以为队长。于是顷刻而布署定，操之不逾月而贼至，一战而捷。骆乃觞之于大堂，亲为执控以谢过，塔名遂振。

香山之上，以大石层层砌为碉楼。盖金川之役，成功倍难，以土人据碉楼之崄也。既凯旋，诏仿其式建于此，以示后世。知戡定之艰，昭将士之勇焉。

京北妙峰山，香火之盛闻天下。陈文伯《颐道堂集》中有诗咏之。山有碧霞元君祠，俗称娘娘顶。岁以四月朔开山，至二十八日封山。环畿三百里间，奔走络驿，方轨叠迹，日夜不止。好事者联朋结党，沿路支棚结采，盛供张之具，谓之茶棚，以待行人少息。食肆亦设棚待客，以侔厚利。车夫脚子竟日奔驰，得佣值倍他日。无赖子又结队扮杂剧社火，谓之赶会。不肖子弟，多轻服挟妓而往。山中人以麦秸织玩具卖之，去者辄悬满车旁而归，以炫市人。

徐退字进之，扬州人。应京兆试不弟，遂不归，亦不入城。日从田夫野老，行歌西山林麓之间。或佯狂，衣纸衣，带假髯，垂钓于昆明湖。尤好作书，醉辄狂涂乱抹。喜与山僧补壁，"灵光""香界"皆其寄迹处也。如是几二十年，后其乡人强之归，乃返。

昌运宫松，最有名于国初。余尝访之，只剩六株，绝无奇特。此外慈仁寺松，孙枝仅存。万寿寺松，化去已久。以余所见，城内外以觉生寺六株为最，每株荫及数亩，而且离奇古怪，极腾骞拖曳之妙。马和之不能过，五大夫第一级也。

庚申之变，海甸街有内务府某人，闻御园火起，亦举火自焚，阖家歼焉。今甸镇街石路西是其故居。后人为起大冢，且竖石表墓，过者致敬焉。

明李西涯墓，在西直门外畏吾村大佛寺旁，久废。至嘉庆中，法石帆先生偕胡蕙麓大令往寻，适有老人知其处，乃得之。爰为之植树、建祠，倩翁覃溪书石记之。又各赋诗刻于碑阴，招人守祠，至今庙貌如新。

八里庄之西二里，有河名十里河，又名萧太后运粮河。东岸有土城，闉阇宛然，土人名萧太后城。考其地即金代都城之西面，门即灏华门也。金城方七十里，每面相距十八里。而其内城则在今广安门外，以地度之，正相合。盖土人不知有辽、金、元，而但知有萧太后，故举归之焉。

图裕轩学士（辖布）有野圃在阜城门外钓鱼台。翁覃溪曾为之记曰："屋在圃之中，南向三椽，曰菜香草堂。"折而西二椽，上有小楼曰山雨楼。南迤为栏架木，叠石为台。台下二椽北向，折为廊东向。又东为茆亭。南横木为桥，桥下荷数十柄。每夏月出入，步其上，倾露满襟袖。其南篱门也，门外方池积水，沿而东，过土阜，则新疏官渠也。土阜高下，隔水望山。而坐卧可致者，楼与草堂之所得也。亭东诸畦，凿井引泉，而交响于菜香之间者。取少陵诗而总名之，所谓"野圃泉自注"者也。此圃久废。

仰山，在京西三十里，山下地名仰山洼。每岁孟冬，八旗兵丁大操于此。二十四固山，毕会至此，一岁之武事戢焉。此日必大寒凛冽，始衣裘，历验不爽。及丙申春，改练虎神营。又募武卫军，自是寒威不复应期，殊不可解。又海螺为军中号，令向禁私用。戊戌以后，市间多有鬻者。童儿以为玩具，无昼无夜，登高而吹呜呜，其声甚惨，识者谓为不祥。

丁亥夏，有龙挂于西直门外城河。左近人家天棚，多有为风卷入云际者。未几又喧传金龙大王见于某邸府中，居数日去。至戊子七月，房山县发蛟，没四十九村。发以夜，适河北村有村民盥手于河，见水逆流上山，大呼水至。时雨势如注，村民已睡，多从梦中惊起，上山避水，水亦随人而上，至山半骤下，村舍如洗。又过前山，亦如之。水中见有灯光无数，有声如骇豕。人避于山竟夜，雨亦竟夜。凌晨雨止，水亦退。村民避水，多不及衣，感寒多病者。有数村止有树在，庐舍荡为平地，石子埋至尺馀，伤人不可以数计。有村民某者，水大至，始惊起。其妻呼救，舍之而负其母以免。其妻漂至下流，得一木柜，亦免，全家竟无恙。北方从未闻发蛟之说，有之，自此年始。而金龙大王及龙挂，向亦未之闻也。

道咸以来朝野杂记（节选）

[清]崇　彝

　　崇彝（1884—1951），姓巴鲁特，字泉孙，号巽庵、梅鸥，蒙古正蓝旗人。光绪朝累官至吏部文选司郎中。出生世家，好收藏书画，精于鉴赏。著有《选学斋书画寓目笔记》《道咸以来朝野杂记》，辑有《雅颂诗赓》等书。《道咸以来朝野杂记》记载清道光、咸丰以来直至 20 世纪 30 年代北京的掌故及风土人物，内容丰富，是了解和研究清末民初北京历史和民俗的重要参考资料。

　　本文节选自北京古籍出版社 1982 年版《道咸以来朝野杂记》。选文主要描述了北京城内运河、什刹海、后海及其沿岸景物。

　　北京泛舟之乐，夏季以东便门外运河之二闸为盛。雨后观水，尤壮旺。临河茶棚甚多，以大花障为有名，肴酒俱备，价昂而不佳，以缺为贵也。赁船并不昂，若偕伎包船往来，则贵不可问。

　　内城水局，属于西北隅。前为什刹海，水浅不能泛舟，多种莲花、稻米为生涯。中为秦家河地，俗呼后海，自广化寺门前抵德胜桥，亘成王府前，皆是也。水阔，然不甚深，可泛小舟。当年河地主人有采莲小舟二，游人可借乘之。最后德胜门西净业湖也，亦名积水潭，南北岸皆有庙，北为净业寺，西高

143

阜上为汇通祠。南岸为普济寺，俗称高庙，中有楼可凭眺，北望城谯堞堞，足资遐赏。佛院凌霄花最佳，当年有牡丹台、鹿囿，近已废矣。

后海北岸之广化寺，古刹中之新者。闻光绪年间残败殊甚。后募化于恭邸，为之重修正院殿宇。至南北院亦整洁，不知何时所建筑，恐非当年之旧，故至今恭王府中人视为家庙。闻其庙产并不丰，不足以养僧侣。

坛庙市肆篇

宛署杂记·街道

[明]沈　榜

宛平人呼经行往来之路曰街、曰道。或合呼曰街道。或以市廛为街，以村庄为道。故设官有街道厅、街道房，不可胜纪，姑记其大者。

城内地方以坊为纲，惟西城全属宛平，其中、北、南三城，则与大兴分治。西城坊凡五，曰朝天日中，曰金城，曰河漕西，曰鸣玉，曰阜财。中城坊凡四：曰大时雍，曰小时雍，曰积庆，曰安富。北城坊凡二：曰发祥，曰北日。中南顺城门外坊凡二，曰宣南，曰宣北。每坊铺舍多寡，视廛居有差。总计坊凡十有三。其以衚衕名者凡三百一十二。衚衕本元人语，字中从胡、从同，盖取胡人大同之意。然二字皆从行，迨我朝龙兴，胡人北徒，同于荒服，亦其识云。

藤阴杂记·吏部藤花

[清]戴　璐

戴璐(1739—1806)，字敏夫，号蕺塘，一号吟梅居士，归安(今浙江湖州)人。乾隆进士，曾任工部郎中，太仆寺卿等职。弱冠入都，留心掌故，任工部郎中时，巡视东城、六街、琳宫梵宇、贤踪名迹，皆加访录成书，书以所寓庭院"新藤渐次成阴"为名，即《藤阴杂记》。

本文节选自北京古籍出版社1982年版《藤阴杂记》卷二，主要记载了一些清代掌故和衙署旧闻。

吏部藤花，传为长洲吴文定(宽)手植。王渔洋司寇《夏日有事吏部，坐藤花下呈赵玉峰、王昊庐二少宰》诗：日斜人吏散，杂坐古藤阴。时有凉风至，泠然开我襟。周行聊寄迹，丘壑共论心。尚忆延陵叟，清徽感至今。(注：指吴文定公。)陈文简(元龙)任侍郎时，偕泽州相国同赋二律，乙酉大拜，京察至部，又赋诗，已二十年。

············

韩春湖(朝衡)，杭州人。丙戌翰林，改吏部。尝填曲述司官况味，穷形尽相，一时传诵。其司嘲云："谩道司曹，地位清高，文章收拾簿书劳，上衙门走遭。笑当年指望京官好，到如今、低心下气空愁恼。要解到、个中辛苦耐人熬，听从头说晓。几曾见、伞扇旗锣红黑帽，叫名官从来不坐轿。只一辆破

148

车儿代腿跑，剩有个跟班的夹垫驮包，傍天明将驴套。再休题、游翰苑三载清标，只落得、进司门一声短道。办事费推敲，手不停，披目昏眊，那案情律意多用心操。还有滑经承弄笔蹊跷，与那疲贴写行文颠倒。细商量坐把精神耗，才得回堂说稿。大人的聪明洞照，中堂的度量容包。单只为、一字宽严须计较，小司官、费尽周旋敢挫挠！从今那复容高傲？免不得、改稿时颠头簸脑，说堂时垂手呵腰。西苑路径遥，候堂官偏难凑巧。东阁事更饶，抄案件常防欠早。受用些、汗流浃背的秋阳照，沙飞扑面的冬风暴。那顾得、股颤心摇，肠枯舌燥。百忙中错误真难保，暗地里只眼先瞧。敢只望、乞面去捱些脸臊，那知到、吃雷回唬得魂销。若是例难逃，律不饶，忙检举也半边儿焦。只怕因公罣误儿降调。幸得霹雳声高雨点小，赶办过平安暂报。公堂事了，拜客去、西头路须先到，约债去、东头路须亲造。急归家、栅闭沟开沿路绕。淡饭儿才一饱，破被儿将一觉。奈有个、枕边人却把家常道。道只道非絮叨。你清俸无多用度饶。房主的租银促早，家人的工钱怪少，这一只空锅儿等米淘，那一座冷炉儿待炭烧。且莫管小儿索食傍门号，眼看着、哑巴牲口无麸草。况明朝几家分子，典当没分毫。空烦扰，空烦扰，五旬外，头颅老。休嗟悼，休嗟悼，千里外，家山邈。无文貌，没相巧。怪不得办事徒劳，升官尚早。回头顾影空堪笑，把平生壮气，半向近年销。这便是、那司官行乐图儿信手描。"

司慰云："薄宦天涯，首善京华，公余随伴散司衙，任逍遥似咱。便无多钱钞供挥洒，较似他、风尘俗吏殊高雅。再休为、长安清况辄嗟呀，且衔杯细话。有多少宦海茫茫吁可怕，那风波陡起天来大。单听得、轿儿前喝道喧哗，可知那、心儿里历乱如麻，到头来空倾轧。霎时间升美缺锦上添花，蓦地里被严参山头落马。你我赴官衙，坐道从容尽潇洒，只照常办事便不争差。可有急公文特地行查，与那紧差使横空派下？所言公案无多寡，将依样葫芦便画。特题的才能俊雅，推升的器识清华。便只要颈上朝珠将就挂，到其间科道挨班分定咱。何须一等夸京察，但盼个学政儿三年税驾，试差儿一榜通家。频年俸渐加，添置些绵衣布袄。挨时米不差，够养个车夫奶妈。一任咱壶冰贮水消炎夏，炉煤聚火煨残腊。且落得酿酒裁花，题诗品画。客何来几句闲谈罢，忙捧上大叶清茶。他待要决胜负一枰对下，我还与叶宫商弦管同抓。不用果肴嘉，器皿华，野蔬菜便似山家。仅射覆藏阄倾巨斝，直到月落参横更鼓打，且莫去和衣共榻。回看家下，满壁的、今和古书签挂，满院的、开和落花枝亚。笑相迎，子妇牵衣闲戏耍。奴婢儿多宽假，鸡犬儿无惊唬。但博得、夜眠时一枕神清暇。虽则久别家，把圣水孤山梦想遐。广厂的香车宝马，赶庙的清歌杂耍。才看了、殿春风红芍药，又开到、傲秋霜黄菊花。你便道、茶园戏馆太喧哗，试与我、窑台揽胜多幽雅。况争夸燕山八景，风日倍清华。真休暇，真休暇，暗移却春和夏。无牵挂，无牵挂，渐了却婚和嫁。忘机诈，绝虚假。受尽老健年华，清高声价。太平时节恩光大，或京堂几转、帽顶变山查。这便是、老司官头白为郎尽足夸。"

未几，由郎中擢惠潮道，告归。

琉璃厂书肆记

[清]李文藻

　　李文藻(1730—1778)，字素伯，晚年号南涧，山东益都人。乾隆二十六年(1761)进士，历官广东恩平、潮阳知县，擢广西桂林府同知，以廉白强干称。师从钱大昕，好聚书，又喜搜罗金石，以博洽著称，尤以目录、金石见长。其诗歌、古文自抒己见，不摹拟前人，不标榜门户，曾参与编纂《历城县志》《诸城县志》等全国名志，受到章学诚等人推重。

　　本文主要讲述作者当年在琉璃厂访书、购书的情况，从中亦可见当时京城文物之盛。节选自中国书店1925年版《琉璃厂书肆记》。

　　乾隆己丑五月二十三日，予以谒选至京师，寓百顺胡同。九月二十五日，签选广东之恩平县。十月初三日引见，二十三日领凭，十一月初七日出京。此次居京师五月余，无甚应酬，又性不喜观剧，茶园酒馆足迹未尝至。惟日借书钞之，暇则步入琉璃厂观书，虽所买不多，而书肆之不到者寡矣。出京后，逆旅长夜不能寐，乃追忆各肆之名号及所市书之大略记之。

　　琉璃厂因琉璃瓦窑为名，东西可二里许。未入厂，东门路北一铺曰声遥堂，皆残破不完之书。予从其中买数种，适有《广东新语》，或选恩平之兆也。入门为嵩秀堂唐氏，名盛堂李氏，皆路北。又西为带草堂郑氏，同升阁李氏，皆路南。又西而路北者，有宗圣堂曾氏，圣经堂李氏，聚秀堂曾氏。路南者，有二酉堂、文锦堂、文绘堂、宝田堂、京兆堂、荣锦堂、经腴堂，皆李氏。宏文堂郑氏，英华堂徐氏，文茂堂傅氏，聚星堂曾氏，瑞云堂周氏。其先后次第忆或不真，而在南在北则无误也。或曰：二酉堂自前明即有之，谓之老二酉。而其略有旧书者，惟京兆、积秀二家。余皆新书，而其装潢，纸不佳而册薄。又西而南，转沙土园北口，路西有文粹堂金氏，肆贾谢姓，苏州人，颇深于书。予所购，钞本如《宋通鉴长编纪事本末》《芦浦笔记》《麈史》《寓简》《乾坤清气集》《滏水集》《吕敬夫诗集》《段氏二妙集》《礼学汇编》《建炎复辟记》《贡南湖集》《月屋漫稿》《王光庵集》《焦氏经籍志》之属，刻板如《长安志》《鸡肋集》《胡云峰集》《黄稼翁集》《江湖长翁集》《唐眉山集》之属，皆于此肆。又北转至正街，为文华堂徐氏，在路南。而桥东之肆尽此矣。

桥居厂中间，北与窑相对。桥以东街狭，多参以卖眼镜、烟筒、日用杂物者。桥以西街阔，书肆外惟古董店及卖法帖、裱字画、雕印章、包写书禀、刻板、镌碑耳。近桥左右则补牙、补唇、补眼及售房中之药者。遇廷试，进场之具如试笔、卷袋、墨壶、镇纸、弓棚、叠褥备列焉。桥西卖书者才七家。先月楼李氏在路南，多内板书。又西为宝名堂周氏，在路北，本卖仕籍及律例路程记，今年忽购得果亲王府书二千余套，列架而陈之。其书装潢精丽，俱钤图记。予于此得梁寅《元史略》《揭文安集》《读史方舆纪要》等书，皆钞本；《自警编》半部、《温公书仪》一部，皆宋椠本。又方望溪所著书原稿，往往有之。又有钞本《册府元龟》及明宪宗等《实录》。又西为瑞锦堂，亦周氏，在路南。亦多旧书，其地即老韦之旧肆，本名鉴古堂，八年前韦氏书甚多。又郘阳人董姓同卖法帖其中。吾友赵六吉精于法帖，亦来此，遂客没，其榇至今未归。又西为焕文堂，亦周氏。又西为五柳居陶氏，在路北，近来始开，而旧书甚多。与文粹堂皆每年购书于苏州，载船而来。五柳多璜川吴氏藏书。嘉定钱先生云即吴企晋舍人家物也，其诸弟析产，所得书遂不能守。又西为延庆堂刘氏，在路北，其肆贾即老韦前开鉴古堂者也，近来不能购书于江南矣。夏间从内城买书数十部，每部有楝亭曹印其上，又有长白敷槎氏堇斋昌龄图书记，盖本曹氏而归于昌龄者。昌龄官至学士，楝亭之甥也。楝亭掌织造盐政十余年，竭力以事铅椠。又交于朱竹垞，曝书亭之书，楝亭皆钞有副本。以予所见，如《石刻铺叙》《宋朝通鉴长编纪事本末》《太平寰宇记》《春秋经传阙疑》《三朝北盟会编》《后汉书年表》《崇祯长编》诸书皆钞本，魏鹤山《毛诗要义》《楼攻愧文集》诸书皆宋椠本，余不可尽数。韦颇晓事，而好持高价。查编修莹、李检讨铎日游其中。数年前，予房师纪晓岚先生买其书，亦费数千金。书肆中之晓事者，惟五柳之陶、文粹之谢及韦也。韦湖州人，陶、谢皆苏州人。其余不著何许人者，皆江西金溪人也。

正阳门东打磨厂，亦有书肆数家，尽金溪人卖新书者也。内城隆福诸寺，遇会期多有卖书者，谓之"赶庙"。散帙满地，往往不全而价低。朱少卿豫堂日使子弟物色之，积数十年，蓄数十万卷，皆由不全而至于全。盖不全者多是人家奴婢窃出之物，其全者固在，日日待之而自至矣。吾友周书昌，遇不全者亦好买之。书昌尝见吴才老《韵补》为他人买去，怏怏不快。老韦云邵子湘《韵略》已尽采之，书昌取视之，果然。老韦又尝劝书昌读魏鹤山《古今考》，以为宋人深于经学，无过鹤山。惜其罕行于世，世多不知采用。书昌亦心折其言。韦年七十馀矣，面瘦如柴，竟日奔走朝绅之门。朝绅好书者，韦一见谂其好何等书，或经济，或辞章，或掌故，能各投所好，得重值。而少减辄不肯售，人亦多恨之。予好书几与书昌同，不及书昌能读耳。朝食后即至厂，手翻至晡，或典衣买之。而积秀堂有杨万里、洪盘州二集钞本，索钱三十千，皮数日仍还之，而不能释于念也。延庆刘，项生大瘤，人呼之刘噶哒。又西为博古堂李氏，在路南。其西为厂西门，门外无鬻书者。

京师坊巷志稿·牛街

[清]朱一新

朱一新(1846—1894)，字蓉生，号鼎甫，义乌朱店人，人称"朱义乌"。光绪进士，授编修衔，后任陕西道监察御史。后因上疏言海军用人不当，又劾内侍李莲英，降为主事，旋乞归。后应张之洞聘，主讲肇庆端溪书院，继为广州广雅书院山长。治学主"居敬修业"，亦能诗文。著有《汉书管见》《京师坊巷志》《佩弦斋诗文存》《外集》，以上汇为《拙庵丛稿》。

本文节选自北京古籍出版社1982年版《京师五城坊巷胡同集 京师坊巷志稿》，主要是关于牛街的介绍。

南花园迤南有吴家桥。步军统领所属南营守备署在西，详兵制。又南有回人礼拜寺，详寺观。

北小胡同曰香儿胡同。南小胡同曰巴家胡同、目家胡同。旧有吴家桥头条、二条、三条胡同，贾家胡同，王老胡同，今皆废。其西南隙地，荒冢外多蔬圃。少东曰三间房，曰大明园。迤西曰老君地。其北有峨眉禅林，康熙初建。

西南曰道士观，元之长生观也。曰道士坟，明之官园也。又西南曰望远村，城南道院在焉，国初名流游咏之地，今废。《敬业堂集》：移寓城南道院纳凉诗：不信人间有郁蒸，好风来处晚凉增。满城钟磬初生月，隔水帘栊渐吐灯。书少只宜高阁庋，墙低聊当曲栏凭。白须道士休相避，我已身如退院僧。

元《一统志》：长生观，长春丘仙翁门第，崇德宋真人所创建，在旧都丰宜关，有崇德祠堂记，长春宫元学讲经宣义大师史志经撰。案：长生观为元十四道观之一，《日下旧闻》已不能指其处。今道士观西有明道士单重亨碑，称葬于长生观之西，南官园之原，旁又有朱升旸等三碑，俗称其地为道士坟。则今之道士观为长生观遗址无疑。元《一统志》言观在旧都丰宜关。考丰宜门，金之正南门，见《大金国志》。兹地当城南关厢，与《悯忠寺记》门临康衢之言，足资参证。

范成大《揽辔录》：乾道六年使金，至燕山城外燕宾馆，燕至毕，与馆伴使副并事行柳堤，缘城过新石桥，中以杈子隔绝，道左边过桥，入丰宜门，即外城门也。过玉石桥，上分三道，皆以栏楯隔之，雕刻极工。中为御路，亦拦以杈子。两旁有小亭，中有碑曰龙津桥。入宣阳门，金书额。有小四角亭，即登门路也。楼下分三门，中门为御路，常阖，皆画龙，两旁门通行，皆画凤。入门北望其阙，由西街廊首转西，至会同馆。

燕市积弊·钱铺、药铺、鞋铺、面铺

[清] 待余生

待余生，事迹不详，著《燕市积弊》。《燕市积弊》写作于晚清，是有关旧京工商百业各行情况的记述和评说，是记述北京旧时社会民俗的最具特色的书籍之一，颇为社会民俗学者所重视，具备极高的文献史料价值。本文节选自北京古籍出版社1995 年版《燕市积弊 都市丛谈》。

钱　铺

钱当两行，为商业中最大的买卖。能够流通市面儿且与人有极近关系者，莫过于钱行。自从订立章程以来，仿佛比庚子以先少点弊病，及至冷眼一看，还是虚而不实，若论扣平、短色，里拐外折，人人儿全都知道，也不必赘述。仅以现行规则而论，总算言行相违吧？前清时，由顺天府雷厉风行调查各钱铺现存钱数，日久生懒，已成具文。又前次大家公禀挂行市牌，原为公道起见，不想后来还是随便的行市，偶有一二家挂着的，不定是几天一写，不挂的简直就算没那们档子事情。甚至于一块洋钱就有三四样价儿，彼时由十二吊往外随便云云，不然忽就涨到十四五吊一块。他虽涨不了十成之四，买东西可是两倍加增，赶到钱盘一落，物价依然照旧，往返上下一涨，才把市面儿弄得又乱又穷。这行弊病虽大，实在不容易办的动，彼时中国官缺并无一定，又无商会辅助，所以至今不见发达。

药　铺

药材原有行，这个买卖很是不小，以京都而论，大小药铺，足有三四百家。这行买卖与人的生命最有极大的关系，稍有不慎，为害不轻。如同仁堂之丸散膏丹，西鹤年之汤剂饮片，可称真实可靠，故两家之字号至今四远驰名，所谓"修合无人见，存心有天知"者，良不为谬。惟独这小药铺儿，药本就不很全，外带着少而易干；卖的再不踊跃，最容易搁坏；遇着贵重之品，每多不真。所以西鹤年卖汤剂，药包上都有日期，就是慎重之道，若抓剂药隔几天再吃，实在不大相宜。今将小药铺儿的丸药素来是对付姑置勿论，就拿汤剂说，大大的总得留神，甚么分量不对了，或是抓重样儿，还可说一时疏神所致，独于真假两字，不可不防；如同眼目前儿的东西洋、高丽各参向是样，其余寻常三七、厚朴、何首乌、桑寄生等味，简直的不真，凡用药者不可不慎。

鞋　铺

北京的鞋铺向来言无二价（别处有打折儿的），买甚么是甚么，从不冤人，其中字号的好歹，不过在材料的好歹、旋（楦）头丑俊上分别。相传鞋铺未开张之前，先得请砍旋（楦）头的（独门儿），他们饶自己不带家伙，还得大吃八喝，这个鞋铺发财不发财，就在旋（楦）头砍的好不好，不然旧鞋摊儿上的旧鞋会一个模样儿呢［切旋（楦）头］。这行买卖虽然利大，伤耗实在不小，稍要一旧就得打槽活（铺陈事儿）。鞋的尺码儿分为三等，有老号儿，小号儿，中号儿，老、小不多预备，中号儿用的主儿多（八四以①下为小，九六以上为老，其余为中）。向例的老规矩，让大不让小（过尺也有加钱的），所以坤鞋、小孩鞋才又出两行，受影响不知。论起柜上的伙友，任甚么也不会（早年会拨云儿，近年不兴啦，除了收活、发活、开面子、耍贫嘴之外，没有甚么特别的能耐），你想搪有搪的，底作有底作，夹脸儿的单夹脸儿，缉口、挂里儿有女工，还有他们甚么事情呀？惟独这套贫词儿，老是那套（全字号还不用）：假如你一试，说紧，他必说"懈头多"；你要说松，他必说"还有回旋（楦）"；夏天穿着紧，是你的脚发胀，冬天要穿着大，他说"松点儿暖和"。单有个手段的，就是叫你往贵里买，除非你没带那们些个钱，算是没法儿啦，只要你有钱，变着方法儿挤对你买贵的。譬如你要买缎子蒙帮儿吧，尺寸叫你不合式，换来换去，换双拉锁子的（合适）；不怕五行八作的去买布鞋，他都能挤对着你闹双缎口，就怕这位死心眼儿，他算完了能耐啦。

面　铺

杂粮店称为"六陈行"，带着卖面，对于买主儿向要市平满钱，自命粜粜公平，言无二价，不知这行买卖极不公平，也格着甚么切面铺撕口袋咧，要钱串儿咧，住户门房儿的帮子、底子咧，都有点儿伤耗，所以弄来弄去就挤出毛病来了。就以白面说罢，向分四种，有头、二、蒸、高的分别。山东铺子每一套活要磨两石五面，出的多少是在麦子的成色上取齐，麦子越次越出的少，越高才能消的多，反正是头烂儿好不了。要是蒸面，总得加点儿白泡儿（即白玉米），往往加象牙白的小豆，是

---

① 八四：与下文"九六"皆为旧时尺码。

为蒸出来光亮不缩，透着个儿大，门钉儿、菜篓儿全都用他。至高的玉面是搀白豌豆，混面是好好歹歹的一搀合。以上说的是磨房，还不算弊，赶到柜上往外一卖，弊才多呢。假如初次给你送面，每百斤准够一百零二，管保还用新口袋（重二斤多）。送来送去，连口袋算一百，还是给你用旧口袋装（连缝带补四五斤）。另外有绝大的弊病，叫做"摇山底坐儿"（行话），先装八十斤次的，后装二十斤好的，你若说面不好，他立刻叫你"吃吃看"，您想多少人一顿饭能吃二十斤哪？及至往下再吃也就不大理会啦。细想这是甚么买卖呀！或者说他们搀红麦子，那不过为有劲，切面铺的饼面多爱用他（现在红白不差上下）。顶不讲理就是拿银盘儿裹乱，叫人看着实在矫情。假如面卖四两银子一百斤，银盘儿是十七吊，要是论斤，总应当四分合钱啦（六百八）；明明是六百八，他硬卖七百二（要问他，他说"面高"）；可是银盘儿落到十五吊，他还是七百二一斤，而且银盘儿逐日都有涨落，面落价可得等初一、十五。若遇见大涨大落（大涨不论朔望，随便儿），算算用主儿得吃多大亏！面铺的钱盘儿向跟当铺一样，怎么合式他怎么核，就便你赌气子拿银子买，格不住破口袋装面，再来个"摇山底坐儿"，你又有甚么法子呢？

退谷园

[清]缪荃孙

缪荃孙（1844—1919），字炎之，江苏江阴人。中国近代藏书家、史学家、方志学家、金石家。居住在北京前门琉璃厂之南。光绪年间，缪荃孙先后辑佚了两部《顺天府志》。20世纪初，创建了江南图书馆（今南京图书馆古籍部）和京师图书馆（今国家图书馆）。

本文节选自上海书店出版社2011年版《琉璃厂小志》。该书由孙殿起编著，孙殿起原是琉璃厂书肆的学徒，后对目录学、版本学有较深造诣，尤精于古书版本鉴别和考证。

京师收藏之富，清初无逾孙退谷者；盖大内之物，经乱散逸民间，退谷家京师，又善赏鉴，故奇迹秘玩咸归焉。有客诣之，退谷必示数种，留坐竟日；肴蔬不过五簋，酒不过三四巡，所用皆前代器皿，颇有古人真率之风。

退谷园居，在前门琉璃厂之南，有研山堂、万卷楼。于西山水源头，有岁寒堂，入冬则居之；其中杨补之画竹，赵子固水仙，王元章墨梅，吴仲圭松泉图，以八十之老，婆娑其间，名曰岁寒五友。有《庚子销夏记》八卷，其小引云：庚子四月之朔，天气渐炎，晨起坐东篱书屋，注《易》数行，闭目少坐，令此中湛然无一物。再随意读陶韦李杜诗，韩欧王曾诸家文，及重订所著《梦馀录》《人物志》诸书。倦则取古柴窑小枕，偃卧南

161

窗下，自烹所蓄茗，连啜数小盂。或入书阁，整顿架上书；或坐藤下，抚摩双石；或登小台，望郊坛烟树。徜徉少许，复入书舍，取法书名画一二种，反复详玩，尽其致，然后仍置原处，闭扉屏息而坐。家居已久，人鲜过者；然亦不欲晤人，老人畏热，或免蒸灼之苦矣。退谷逸叟记。其风趣亦可想见。

北海静心斋记

陆徵祥

陆徵祥(1871—1949)，字子欣、子兴，江苏上海(今上海市)人，幼年就读于上海广方言馆，后毕业于北京同文馆，曾任清政府驻俄使馆参赞、驻荷兰公使和驻俄公使。民国后，多次出任外交总长，并曾任总理、国务卿，1919年任巴黎和会中国首席代表，在国内人民和旅法华侨的压力下，拒签和约。陆徵祥在任民国外交总长时，曾暂居北海静心斋，并写下《北海静心斋记》。

本文节选自北京古籍出版社2005年版、适园主人撰《三海见闻志》附录，作者特将《北海静心斋记》一文载入，"俾国人爱护古物者，或有所借镜也欤"。

入承光左门，有巨池，相传曰北海。循东岸北行，过木桥，折而西向，为静心斋。民国二年夏，请于袁大总统，挈眷移居此间。

方其始至也，见夫林荫葱郁，太液平清，荷擎万盖，峥嵘巉削。环抱于斋前者，有琼岛焉；掩映错杂，依附于斋之左右者，有蚕坛古刹焉。吾来自城，忽不知其心旷神怡，倏然世俗之外矣。惟年久失修，稍稍荒废，因嘱本部庶务科科长李君殿璋雇工略加修葺，饰其颓弊，鲜其漫漶，月余而工始竣。爰即斋中，于焉寄寓，时或公余小憩，散步廊下，则见联额题咏，隽永渊雅。其偶有剥蚀者，辄怅然曰："此百余年事，遗逸残缺，往往而有，恐将无所考矣。"

一日遇古书肆，忽得清乾隆朝《钦定日下旧闻考》若干卷，则大喜，启而读之，凡斋中亭榭名称，详志弗遗。所稍异者，《考》中则载镜清斋，而非静心斋耳。岂事远年湮，而为后人之所易欤？抑昔儒所称音近义通之例欤？郭公夏五，姑置弗论，其所谓镜清斋之正楹，即今日祥与内子所居之室也，曰抱素书屋，则我从公之所也；曰焙茶坞，则夏秘书诒霆之所居也；曰罨书轩，则女儿与西女教习霍甫斯德读书之所也。其他曰韵琴斋，曰碧鲜，曰画峰室，曰沁泉廊，曰枕峦亭，则皆按卷可索，一一俱在。其为原书所未载者，叠翠楼耳。尝取楼中悬额考之，清慈禧太后宝玺附丽其上。此殆后时之所添造，而原书未及收入者，可想见矣。夫王者之居，规模宏丽，势固然也。十百寒暑之后，风雨所摧残，蟏蛸所攀附，时亦有不能免者。祥之居是斋也，取其欹者整之，蔓草者而芟除之，就其存者保之，凋残者而采饰之，亦曰："此居是斋者之职也，此居是斋者力之所能至也。"然试问："今日之所新制于斋中者有之乎？"曰："有之，电灯已耳。"

金缸华烛，未尝不辉煌也，而人且讶其朽钝矣。大凡科举发明，智巧日瀹，天演淘汰之理自然流露于无形。凡前数百年之以为不能行者，今日已利而行之矣。今日之所以利而行之者，更阅数百年，而恐又将不适用矣。后之视今，犹今之视昔，往往然也。

窃尝思之，祥之来此也，于义曰休夏，数月以来，区区补置于其间者若是。今夏令将竣，予亦将离此斋矣，则又不禁慨然曰："泰西各国政府以及社会对于古代之所留遗，莫不各有保存之思，以徐而扩张之，所以过其公园，则一碑一像之设，阅数百年而莫之或失焉。考其博物院，则一名一物之细，灿然陈列，旷世而不爽其监护之责焉。游其故宫，则一巾一带之搜藏，珍若重宝，历数帝纪而时有所增入焉。不知者徒咨嗟叹赏于西人之魄力资财雄厚，暗呜叱咤，无不所志，其知者，则又稽图索史，喟然而叹曰：此政府与社会保存之功而扩张之力也，不然，虽以灵台、灵囿之大观，不数传而已为茂草之场矣；不然，虽以阿房、铜雀之壮丽，不数传而恐无碎瓦颓垣之可寻矣。"祥之所以断断于此，必欲揭保存与扩张之主义，以告当世者，冀与斯人共明爱古之公德，而非仅为他日之来是斋者告也。民国二年八月上旬陆徵祥识。

右记为上海陆子欣总长所撰，爱护古物之心，溢于言表。而北海各殿宇，现只静心斋全部独完，特印诸《景物略》之后，俾国人爱护古物者，或有所借镜也欤！

琉璃厂

曹聚仁

曹聚仁（1900—1972），字挺岫，号听涛，笔名陈思、阿挺、尾生、丁舟等，浙江金华人。浙江第一师范学校毕业。1921年在上海创办沧笙公学。1923年后在暨南大学、复旦大学、光华大学、大夏大学等校执教。是《涛声》、《申报》副刊《自由谈》、《太白》等刊主要撰稿人。抗战爆发后，以战地记者身份先后到上海、徐州、台儿庄等前线采访，写下很多战地报道。抗战胜利后，回上海任《前线日报》主笔。1950年移居香港，主编《星岛日报》。1956年后多次回国参观、采访，1959年与人创办《循环日报》等。

本文节选自华东师范大学出版社2010年版《北京读本》之《琉璃厂》。

画舫书林列布齐，游人到此眼都迷；最难古董分真假，商鼎周尊任品题。

——《都门杂咏》诗之一

都门好，厂甸万编书。晋帖唐诗秦古镜，隋珠汉鼎宋瓷炉，巨眼辨韩苏。

——《望江南》词之一

一串旧掌故

记者到了北京，最感兴趣的，假使可以让我离开新闻记者的本位来说，那就可以指向琉璃厂，那一条古老的文化街。那一带，辽金时代便是海王庄，正在当时京城的东郊。明永乐年间，为了修建皇宫，在这儿设立瓦厂，烧制琉璃瓦，琉璃厂便因此得名。琉璃厂成为旧书古物的集散场，也是明代便有了的。《帝京岁时记胜》称述当时庙会之盛："每于新正月旦至十六日，百货云集，灯屏琉璃，万盏棚悬，玉轴牙签，千门联络，图书充栋，宝玩填街。"四五百年前的琉璃厂，已经这么琳琅满目了。

据王钟翰《北京访书记》："明代京师鬻书，在旧刑部街之城隍庙、棋盘街、灯市三处，刻书则在宣武门内之铁匠营与西河沿两处。然皆不甚盛，盛在江南也。清初仍同于明，迨康熙朝，彰义门大街之慈仁寺，卖书之外又兼刻书。大抵售书者，自清初已由都城隍庙迁至慈仁寺矣。逮至乾隆中叶厂肆始盛。"近二百年间，琉璃厂便成为书肆中心地区了。

李文藻《琉璃厂书肆记》，乃是记叙乾隆年间厂甸情况的最著名的文献。他说：琉璃厂因琉璃瓦窑为名，东西可二里许。桥居厂中间，北与窑相对。桥以东街狭，多是以卖眼镜烟筒日用杂物者。（桥东的书店，规模较小。）桥以西街阔，书肆外惟古董店及卖法帖、裱字画、雕印章、包写书禀、刻板镌碑耳。近桥左右，则补牙、补唇、补眼及售房中之药者。遇廷试进场之日，如试笔、卷纸、墨壶、镇纸、弓棚、叠褥备列焉。（桥西那时有七家大书店。）他说到当时书肆中之晓事者，有五柳营之陶，文粹堂之谢及韦。韦，湖州人；陶、谢，皆苏州人。其余不著何许人者，皆江南金溪人也。（金溪刻书之风，北宋年代已经很盛了。）其后，缪荃孙作《琉璃书肆后记》，那就说到清末民初琉璃厂的情况了。后记中，缪氏历举厂东厂西书肆的名号及书估姓氏，他说到厂东路北宝文斋主人徐苍崖，年六十余，目录之学甚熟，犹及见徐星伯、苗仙麓、张硕舟、何子贞诸先生，时说轶事。到了民初甲寅，缪氏重游厂甸，已非复旧日景况。旧肆存者寥寥若晨星，有没世者，有闭歇者，有易主者，而继起者亦甚众。他觉得最大的变动，乃是木刻本的衰落，石印本、铅字本、天然墨，触目皆是。他认为"世风之变，日趋日下，不知所止矣"。（缪氏，江苏江阴人，以精于版本学著称，藏善本书甚多。）

王钟翰《北京访书记》又说："厂甸书贾，非南宫即冀州，以视昔年之多为江南人者，风气迥乎不同；重行规，尚义气，目能鉴别，心有轻重。九城之肆收九城之书，厂肆收九城之肆之书，更东达齐鲁，西至秦晋，南极江浙闽粤楚蜀，于是奉国之书尽归京市。"他举出了几家著名的厂肆，如文禄堂、来薰阁、松筠阁、邃雅斋、通学斋、宝铭堂、富晋书局、翰文斋、开通书社，这都是记者所知道的了。

新的厂甸

记者初到北京，恰巧在"公私合营"新体制推行之初，厂甸的景况，当然给"发思古之幽情"的朋友以深刻的印象。记者第一眼所注意的倒是厂西街口的乐器店。这家著名的乐器店，记者偶忘其名，只记得壁上挂着徐兰沅先生鉴定字样。徐先生系梅兰芳先生姨夫，精于声学。那儿挂满了胡琴、月琴、弦子等等。记者受了一位朋友之托，他指定要向这一家乐器店买一把上品的二胡。哪知，店中把各式各样的二胡给我看，高的价值人民币四十五元，最次的只要人民币五元就够了。形式上看起来并无不同，我这个外行，简直无从判别。我踌躇了一下，说是隔日再邀一位知音的去选购。谁料，隔了三日再去购买，那上品的二胡已经卖完了，只能买一把价值三十五元的二胡回来。后来带到香港，那朋友真是眉开眼笑，十分满意。可见琉璃厂的货色，毕竟是不错的。

厂东最闪眼的是国营的荣宝斋。这本来是一家最著名的文墨笺对铺子，郑振铎先生《访笺杂记》中曾说："偏东路北是荣宝斋，一家不失先正典型的最大的笺肆，仿古和新笺，他们都到了不少。我在那里见到林琴南的山水笺，齐白石的花果笺，吴待秋的梅花笺，以及齐王诸人合作的壬申笺、癸酉笺等等。刻工较清秘阁为精，仿成亲王的拱花笺，尤为诸肆所见这类笺的白眉。"当年郑氏和鲁迅先生搜集印成《北平笺谱》，的确是费一番心力的。而今则是荣宝斋由国家来经营，物力人力都已集中起来。当代名家（如齐白石、陈半丁、徐悲鸿）的画集，敦煌石刻、龙门佛像以及北平笺谱，都完整地出版了。大概荣宝斋也就是这一专业的集中生产机构，古代文物的光辉，使我们看了惊叹不已。

信远斋的酸梅汤，那又是琉璃厂中最光辉的"旧而且新"的平民饮品。他们无视雪糕、汽水的昂然步入，让周总理拿这种中国的冷饮来骄视四海的友人。喝杯酸梅汤的快意，有时自在喝瓶可口可乐之上的。记者每回到琉璃厂去，就不免在那儿歇下脚来的。

琉璃厂的书画古玩店铺，也在专业集中的趋势中，分门别类来经营。那些古玩铺分成近代书画、历代书画、近代瓷器、历代瓷器、金石陶器、碑帖古墨等不同的门市部。（裱画、刻字也分别成立了合作社。）本来书画古玩的鉴别，原是一种专门的学问，有时，连专家也鉴别不了真伪。因此，琉璃厂的古玩，都在真真假假的把戏中打滚。而今"老少无欺、真不二价"的招牌进入了古玩场中。一件书画，不独标定了价格，还写明了真品与仿制品的真实性，让顾客自己去选择。大概齐白石的画，每幅总在人民币四十元至八十元之间，（百元以上的精品少见。）不会漫天讨价，要你就地还价的。

有人问记者："你在琉璃厂买了多少旧书呢？"记者老实告诉他："琉璃厂的书铺，尚未整理就绪，我要买书，也不必到那儿去。只有一现状可以奉告：今日大陆中国的旧书，比海外值钱得多，要捞便宜书也不容易了。好在我们所买的，并不是木版书，我可以从东安市场去摸索的。"

潭柘寺　戒坛寺[①]

朱自清

朱自清（1898—1948），原名朱自华，字佩弦，号秋实，原籍浙江绍兴，生于江苏东海县，现代著名散文家、诗人、学者、民主战士。北京大学哲学系毕业后从事教学和文学创作。1925 年任清华大学中文系教授，从事散文写作，1928 年因出版散文集《背影》而成名。1934 年参与编辑《文学季刊》《太白》杂志。后任教于昆明西南联合大学。

本文是朱自清于 1934 年所作。选自生活・读书・新知三联书店 1997 年版、姜德明编《北京乎：现代作家笔下的北京》。

　　早就知道潭柘寺、戒坛寺。在商务印书馆的《北平指南》上，见过潭柘的铜图，小小的一块，模模糊糊的，看了一点没有想去的意思。后来不断地听人说起这两座庙；有时候说路上不平静，有时候说路上红叶好。说红叶好的劝我秋天去，但也有人劝我夏天去。有一回骑驴上八大处，赶驴的问逛过潭柘没有，我说没有。他说潭柘风景好，那儿满是老道，他去过，离八大处七八十里地，坐轿骑驴都成。我不大喜欢老道的装束，尤其是那满蓄着的长头发，看上去啰里啰唆、龌里龌龊的。更不想骑驴走七八十里地，因为我知道驴子与我都受不了。真打

---

① 戒坛寺：今作戒台寺。

动我的倒是"潭柘寺"这个名字。不懂不是？就是不懂的妙。躲懒的人念成"潭拓寺"，那更莫名其妙了。这怕是中国文法的花样；要是来个欧化，说是"潭和柘的寺"，那就用不着咬嚼或吟味了。还有在一部诗话里看见近人咏戒台松的七古，诗腾挪夭矫，想来松也如此。所以去。但是在夏秋之前的春天，而且是早春；北平的早春是没有花的。

这才认真打听去过的人。有的说住潭柘好，有的说住戒坛好。有的人说路太难走，走到了筋疲力尽，再没兴致玩儿；有人说走路有意思。又有人说，去时坐了轿子，半路上前后两个轿夫吵起来，把轿子搁下，直说不抬了。于是心中暗自决定，不坐轿，也不走路；取中道，骑驴子。又按普通说法，总是潭柘寺在前，戒坛寺在后，想着戒坛寺一定远些；于是决定住潭柘，因为一天回不来，必得住。门头沟下车时，想着人多，怕雇不着许多驴，但是并不然——雇驴的时候，才知道戒坛去便宜一半，那就是说近一半。这时候自己忽然逞起能来，要走路。走吧。

这一段路可够瞧的。像是河床，怎么也挑不出没有石子的地方，脚底下老是绊来绊去的，教人心烦。又没有树木，甚至于没有一根草。这一带原是煤窑，拉煤的大车往来不绝，尘土里饱和着煤屑，变成黯淡的深灰色，教人看了透不出气来。走一点钟光景。自己觉得已经有点办不了，怕没有走到便筋疲力尽；幸而山上下来一条驴，如获至宝似的雇下，骑上去。这一天东风特别大。平常骑驴就不稳，风一大真是祸不单行。山上东西都有路，很窄，下面是斜坡；本来从西边走，驴夫看风势太猛，将驴拉上东路。就这么着，有一回还几乎让风将驴吹倒；若走西边，没有准儿会驴我同归哪。想起从前人画风雪骑驴图，极是雅事；大概那不是上潭柘寺去的。驴背上照例该有些诗意，但是我，下有驴子，上有帽子眼镜，都要照管；又有迎风下泪的毛病，常要掏手巾擦干。当其时真恨不得生出第三只手来才好。

东边山峰渐起，风是过不来了；可是驴也骑不得了，说是坎儿多。坎儿可真多。这时候精神倒好起来了：崎岖的路正可以练腰脚，处处要眼到心到脚到，不像平地上。人多更有点竞赛的心理，总想走上最前头去，再则这儿的山势虽然说不上险，可是突兀、丑怪、巉刻的地方有的是。我们说这才有点儿山的意思；老像八大处那样，真教人气闷闷的。于是一直走到潭柘寺后门；这段坎儿路比风里走过的长一半，小驴毫无用处，驴夫说："咳，这不过给您做个伴儿！"

墙外先看见竹子，且不想进去。又密，又粗，虽然不够绿。北平看竹子，真不易。又想到八大处了，大悲庵殿前那一溜儿，薄得可怜，细得也可怜，比起这儿，真是小巫见大巫了。进去过一道角门，门旁突然亭亭地矗立着两竿粗竹子，在墙上紧紧地挨着；要用批文章的成语，这两竿竹子足称得起"天外飞来之笔"。

正殿屋角上两座琉璃瓦的鸱吻，在台阶下看，值得徘徊一下。神话说殿基本是青龙潭，一夕风雨，顿成平地，涌出两鸱吻。只可惜现在的两座太新鲜，与神话的朦胧幽秘的境界不相称。但是还值得看，为的是大得好，在太阳里嫩黄得好，闪亮得好；那拴着的四条黄铜链子也映衬得好。寺里殿很多，层层折折高上去，走起来已经不平凡，每殿大小又不一样，塑像摆设也各出心裁。看完了，还觉得无穷无尽似的。正殿下延清阁是待客的地方，远处群山像屏障似的。屋子结构甚巧，穿来穿去，不知有多少间，好像一所大宅子。可惜尘封不扫，我们住不着。话说回来，这种屋子原也不是预备给我们这么多人挤着住的。寺门前一道深沟，上有石桥；那时没有水，若是现在去，倚在桥上听潺潺的水声，倒也可以忘我忘世。过桥四株马尾松，枝枝覆盖，叶叶交通，另成一个境界。西边小山上有个古观音洞。洞无可看，但上去时在山坡上看潭柘的侧面，宛如仇十洲的《仙山楼阁图》；往下看是陡峭的沟岸，越显得深深无极，潭柘简直有海上蓬莱的意味了。寺以泉水著名，到处有石槽引水长流，倒也涓涓可爱。只是流觞亭雅得那样俗，在石地上楞刻着蚯蚓般的槽；那样流觞，怕只有孩子们愿意干。现在兰亭的"流觞曲水"也和这儿的一鼻孔出气，不过规模大些。晚上因为带的铺盖薄，冻得睁着眼，却听了一夜的泉声；心里想要不冻着，这泉声够多清雅啊！寺里并无一个老道，但那几个和尚，满身铜臭，满眼势利，教人老不能忘记，倒也麻烦的。

第二天清早，二十多人满雇了牲口，向戒坛而去，颇有浩浩荡荡之势。我的是一匹骡子，据说稳得多。这是第一回，高高兴兴骑上去。这一路要翻罗喉岭。只是土山，可是道儿窄，又曲折，虽不高，老那么凸凸凹凹的。许多处只容得一匹牲口过去。平心说，是险点儿。想起古来用兵，从间道袭敌人，许也是这种光景吧。

戒坛在半山上，山门是向东的。一进去就觉得平旷；南面只有一道低低的砖栏，下边是一片平原，平原尽处才是山，与众山屏蔽的潭柘气象便不同。进二门，更觉得空阔疏朗，仰看正殿前的平台，仿佛汪洋千顷。这平台东西很长，是戒坛最胜处，眼界最宽，教人想起"振衣千仞冈"的诗句。三株名松都在这里。"卧龙松"与"抱塔松"同是偃仆的姿势，身躯奇伟，鳞甲苍然，有飞动之意。"九龙松"老干槎枒，如张牙舞爪一般。若在月光底下，森森然的松影当更有可看。此地最宜低徊流连，不是匆匆一览所可领略。潭柘以层折胜，戒坛以开朗胜；但潭柘似乎更幽静些。戒坛的和尚，春风满面，却远胜于潭柘的；我们之中颇有悔不该在潭柘的。戒坛后山上也有个观音洞。洞宽大而深，大家点了火把嚷嚷闹闹地下去；半里光景的洞满是油烟，满是声音。洞里有石虎、石龟、上天梯、海眼等等，无非是凑凑人的热闹而已。

还是骑骡子。回到长辛店的时候，两条腿几乎不是我的了。

先农坛

许地山（1893—1941），名赞堃，笔名落华生。祖籍福建龙溪，生于台湾。1917 年入燕京大学学习，积极参加五四运动，后与沈雁冰等创立文学研究会，从事小说和散文创作。1923年至 1926 年在美国、英国研究宗教史和哲学。抗日期间，他在香港从事进步文化活动，曾先后发表《造成伟大民族的条件》《七七感言》《中国思想中对战争的态度》等杂文和独幕剧《女国士》《木兰》等，宣传抗日救国。著有《落花生》《空山灵雨》《缀网劳蛛》《危巢坠简》《解放者》等文学作品。

本文是作者关于先农坛的记述和评论。选自生活·读书·新知三联书店 1997 年版、姜德明编《北京乎：现代作家笔下的北京》。

曾经一度繁华过底香厂，现在剩下些破烂不堪的房子，偶尔经过，只见大兵们在广场上练国技。望南再走，排地摊底犹如往日，只是好东西越来越少，到处都看见外国来底空酒瓶，香水樽，胭脂盒，乃至簇新的东洋磁器，估衣摊上的不入时底衣服，"一块八""两块四"叫卖底伙计连翻带地兜揽，买主没有，看主却是很多。

在一条凹凸得格别底马路上走，不觉进了先农坛底地界。从前在坛里惟一新建筑"四面钟"，如今只剩一座空洞的高台，四围的柏树早已变成富人们底棺材或家私了。东边一座礼拜寺是新的。球场上还有人在那里练习。绵羊三五群，遍地披着枯黄的草根。风稍微一动，尘土便随着飞起，可惜颜色太坏，若是雪白或朱红，岂不是很好的国货化妆材料？

到坛北门，照例买票进去。古柏依旧，茶座全空。大兵们住在大殿里，很好看底门窗，都被拆作柴火烧了。希望北平市游览区划定以后，可以有一笔大款来修理。北平底旧建筑，渐次少了，房主不断地卖折货。像最近的定王府，原是明朝胡大海底府邸，论起建筑的年代足有五百多年。假若政府有心保存北平古物，决不致于让市民随意拆毁。拆一间是少一间。现在坛里，大兵拆起公有建筑来了。爱国得先从爱惜公共的产业做起，得先从爱惜历史的陈迹做起。

观耕台上坐着一男一女，正在密谈，心情的热真能抵御环境底冷。桃树柳树都脱掉叶衣，做三冬底长眠，风摇鸟唤，都不听见。雩坛边的鹿，伶俐的眼睛瞭望着过路底人。游客本来有三两个，它们见了格外相亲。在那么空旷的园囿，本不必拦着它们，只要四围开上七八尺深底沟，斜削沟的里壁，使当中成一个圆丘，鹿放在当中，虽没遮拦也跳不上来。这样，园景必定优美得多。星云坛比岳渎坛更破烂不堪。干蒿败艾，满布在砖缝瓦罅之间，拂人衣裾，便发出一种清越的香味。老松在夕阳底下默然站着。人说它像盘旋的虬龙，我说它像开屏的孔雀，一颗一颗底松球，衬着暗绿的针叶，远望着更像得很。松是中国人底理想性格，画家没有不喜欢画它。孔子说它后凋还是曲了它，应当说它不凋才对。英国人对于橡树底情感就和中国对于松树底一样。中国人爱松并不尽是因为它长寿，乃是因

177

它当飘风飞雪底时节能够站得住，生机不断，可发荣底时间一到，便又青绿起来。人对着松树是不会失望的，它能给人一种兴奋，虽然树上留着许多枯枝丫，看来越发增加它底壮美。就是枯死，也不像别的树木等闲地倒下来。千年百年是那么立着，藤萝缠它，薜荔粘它，都不怕，反而使它更优越更秀丽。古人说松籁好听得像龙吟。龙吟我们没有听过，可是它所发出底逸韵，真能使人忘掉名利，动出尘底想头。可是要记得这样的声音，决不是一寸一尺底小松所能发出，非要经得百千年底磨练，受过风霜或者吃过斧斤底亏，能够立得定以后，否则是做不到的。所以当年壮底时候，应学松柏底抵抗力、忍耐力和增进力，到年衰的时候，也不妨送出清越的籁。

对着松树坐了半天。金黄色的霞光已经收了。不免离开雩坛直出大门。门外前几年挖的战壕，还没填满。羊群领着我向着归路。道边放着一担菊花，卖花人站在一家门口与那淡妆底女郎讲价，不提防担里底黄花教羊吃了几棵。那人索性将两棵带泥丸底菊花向羊群猛掷过去，口里骂"你等死的羊孙子！"，可也没奈何。吃剩底花散布在道上，也教车轮碾碎了。

胡　同

朱湘(1904—1933)，字子沅，曾用名董天柱，笔名有天用，安徽太湖人，生于湖南沅陵。1919年考入清华学校，并加入清华文学社，后又参加了文学研究会。1922年开始在《小说月报》上发表诗歌。他后来与闻一多等提倡新格律诗，与清华另外三位爱写新诗的学生饶子离、孙子潜、杨子惠，被称为"清华四子"（或称"新月四子"）。他富有爱国热情，但性格孤傲，愤世嫉俗，心情郁闷，于1933年12月5日投江自尽。有诗集《石门集》《永言集》和散文集《中书集》《文学闲谈》等。

本文选自中国文联出版公司1998年版《中书集》。

我曾经向子惠说过，词不仅本身有高度的美，就是它的牌名，都精巧之至。即如《渡江云》《荷叶杯》《摸鱼儿》《真珠帘》《眼儿媚》《好事近》这些词牌名，一个就是一首好词。我常时翻开词集，并不读它，只是拿着这些词牌名慢慢的咀嚼。那时我所得的乐趣，真不下似读绝句或是嚼橄榄。京中胡同的名称，与词牌名一样，也常时在寥寥的两三字里面，充满了色彩与暗示，好像龙头井、骑河楼等等名字，它们的美是毫不差似《夜行船》《恋绣衾》等等词牌名的。

胡同是衚衕的省写。据文字学者说，是与上海的弄一同源自"巷"字。元人李好古作的《张生煮海》一曲之内，曾经提到羊

179

市角头砖塔儿衚衕，这两个字入文，恐怕要算此曲最早了。各胡同中，最为国人所知的，要算八大胡同；这与唐代长安的北里，清末上海的四马路的出名，是一个道理。

京中的胡同有一点最引人注意，这便是名称的重复：口袋胡同、苏州胡同、梯子胡同、马神庙、弓弦胡同，到处都是，与王麻子、乐家老铺之多一样，令初来京中的人，极其感到不便，然而等我们知道了口袋胡同是此路不通的死胡同，与"闷葫芦瓜儿""蒙福禄馆"是一件东西。苏州胡同是京人替住有南方人不管他们的籍贯是杭州或是无锡的街巷取的名字。弓弦胡同是与弓背胡同相对而定的象形的名称。以后我们便会觉得这些名字是多么有色彩，是多么胜似纽约的那些单调的什么 Fifth Avenue，Fourteenth Street，以及上海的侮辱我国的按通商五口取名的什么南京路、九江路。那时候就是被全国中最稳最快的京中人力车夫说一句："先儿，你多给两子儿"，也是得偿所失的。尤其是苏州胡同一名，它的暗示力极大。因为在当初，交通不便的时候，南方人很少来京，除去举子；并且很少住京，除去京官。南边话同京白又相差的那般远，也难怪那些生于斯、卒于斯、眼里只有北京、耳里只有北京的居民，将他们聚居的胡同，定名为苏州胡同了。（苏州的土白，是南边话中最特彩的；女子是全国中最柔媚的。）梯子胡同之多，可以看出当初有许多房屋是因山而筑，那街道看去有如梯子似的。京中有很多的马神庙，也可令我们深思，何以龙王庙不多，偏多马神庙呢？何以北京有这么多马神庙，南京却一个也不见呢？南人乘舟，北人乘马，我们记得北京是元代的都城，那铁蹄直踏进中欧的鞑靼，正是修建这些庙宇的人呢！燕昭王为骏骨筑黄金台，那可以说是京中的第一座马神庙了。

京中的胡同有许多以井得名。如上文提及的龙头井以及甜水井、苦水井、二眼井、三眼井、四眼井、井儿胡同、南井胡同、北井胡同、高井胡同、王府井等等，这是因为北方水份稀少，煮饭、烹茶、洗衣、沐面，水的用途又极大，所以当时的人，用了很笨缓的方法，凿出了一口井之后，他们的快乐是不可言状的，于是以井名街，纪念成功。

胡同的名称，不特暗示出京人的生活与想象，还有取灯胡同、妞妞房等类的胡同。不懂京话的人，是不知何所取意的。并且指点出京城的沿革与区分：羊市、猪市、骡马市、驴市、礼士胡同、菜市、缸瓦市，这些街名之内，除去猪市尚存旧意之外，其余的都已改头换面，只能让后来者凭了一些虚名来悬拟当初这几处地方的情形了。户部街、太仆寺街、兵马司、缎司、銮舆卫、织机卫、细砖厂、箭厂，谁看到了这些名字，能不联想起那辉煌的过去，而感觉一种超现实的兴趣？

黄龙瓦、朱垩墙的皇城，如今已将拆毁尽了。将来的人，只好凭了皇城根这一类的街名，来揣想那内城之内、禁城之外的一圈皇城的位置罢？那丹青照耀的两座单牌楼呢？那形影深嵌在我童年想象中的壮伟的牌楼呢？它们那里去了？看看那驼背龟皮的四牌楼，它们手拄着拐杖，身躯不支的，不久也要追随早夭的兄弟于地下了！

破坏的风沙，卷过这全个古都，甚至不与人争、韬声匿影如街名的物件，都不能免于此厄。那富于暗示力的劈柴胡同，被改作辟才胡同了；那有传说作背景的烂面胡同，被改作烂缦胡同了；那地方色彩浓厚的蝎子庙，被改作协资庙了。没有一个不是由新奇降为平庸，由优美流为劣下。狗尾巴胡同改作高义伯胡同，鬼门关改作贵人关，勾阑胡同改作钩帘胡同，大脚胡同改作达教胡同：这些说不定都是巷内居者要改的，然而他们也未免太不达教了。阮大铖住南京的裤裆巷，伦敦的 Botten Row 为贵族所居之街，都不曾听说他们要改街名，难道能达观的只有古人与西人吗？内丰的人，外啬一点，并无轻重。司马相如是一代的文人，他的小名却叫犬子。《子不语》书中说，当时有狗氏兄弟中举。庄子自己愿意为龟。颐和园中慈禧后居住的乐寿堂前立有龟石。古人的达观，真是值得深思的。

鼓楼、钟楼和什刹海

林徽因

　　林徽因（1904—1955），原名林徽音，福建闽侯人，生于浙江杭州，童年随家迁居北京。1919年随父到英国伦敦，读中学两年，1923年赴美国费城宾夕法尼亚大学建筑系学习，毕业后转入耶鲁大学学习戏剧舞台设计，成为中国第一个在国外学习舞台美术的留学生，1928年8月回国，任沈阳东北大学建筑系教授。"九一八"事变后，到北平与梁思成共同从事古建筑研究，又与朱维基、芳信等创办文艺杂志《绿》，开始发表作品。中华人民共和国成立后任清华大学建筑系教授。曾参与设计中华人民共和国国徽图案及天安门人民英雄纪念碑。著有《林徽因诗集》、《晋汾古建筑预查记》（与梁思成合著），译有《钱魔》。

　　本文最初发表在《新观察》1952年第9期。

　　北京城在整体布局上，一切都以城中央一条南北中轴线为依据。这条中轴线以永定门为南端起点，经过正阳门、天安门、午门、前三殿、后三殿、神武门、景山、地安门一系列的建筑重点，最北就结束在鼓楼和钟楼那里。北京的钟楼和鼓楼不是东西相对，而是在南北线上，一前一后的两座高耸的建筑物。北面城墙正中不开城门，所以这条长达八公里的南北中线的北端就终止在钟楼之前。这个伟大气魄的中轴直穿城心的布局是我们祖先杰出的创造。鼓楼面向着广阔的地安门大街，地安门是它南面的"对景"，钟楼峙立在它的背面，这样三座建筑便合成一组庄严的单位，适当地作为这条中轴线的结束。

鼓楼是一座很大的建筑物，第一层雄厚的砖台，开着三个发券的门洞。上面横列五间重檐的木构殿楼，整体轮廓强调了横亘的体形。钟楼在鼓楼后面不远，是座直立耸起、全部砖石造成的建筑物；下层高耸的台，每面只有一个发券门洞。台上钟亭也是每面一个发券的门。全部使人有浑雄坚实的矗立的印象。钟、鼓两楼在对比中，一横一直，形成了和谐美妙的组合。明朝初年智慧的建筑工人，和当时的"打图样"的师父们就这样朴实、大胆地创造了自己市心的立体标志，充满了中华民族特征的不平凡的风格。钟、鼓楼西面俯瞰什刹海和后海。这两个"海"是和北京历史分不开的。它们和北海、中海、南海是一个系统的五个湖沼。12世纪中建造"大都"的时候，北海和中海被划入宫苑（那时还没有南海），什刹海和后海留在市区内。当时有一条水道由什刹海经现在的北河沿、南河沿、六国饭店出城通到通州，衔接到运河。江南运到的粮食便在什刹海卸货，那里船帆桅杆十分热闹，它的重要性正相同于我们今天的前门车站。到了明朝，水源发生问题，水运只到东郊，什刹海才丧失了作为交通终点的身份。尤其难得的是它外面始终没有围墙把它同城区阻隔，正合乎近代最理想的市区公园的布局。

海的四周本有十座佛寺，因而得到"什刹"的名称。这十座寺早已荒废。满清末年，这里周围是茶楼、酒馆和杂耍场子等。但湖水逐渐淤塞，虽然夏季里香荷一片，而水质污秽、蚊虫孳生已威胁到人民的健康。解放后人民自己的政府首先疏浚全城水道系统，将什刹海掏深，砌了石岸，使它成为一片清澈的活水，又将西侧小湖改为可容四千人的游泳池。两年来那里已成劳动人民夏天中最喜爱的地点。垂柳倒影，隔岸可遥望钟楼和鼓楼，它已真正地成为首都的风景区。并且这个风景区还正在不断地建设中。

在全市来说，由地安门到钟、鼓楼和什刹海是城北最好的风景区的基础。现在鼓楼上面已是人民的第一文化宫，小海已是游泳池，又紧接北海。这一个美好环境，由钟、鼓楼上远眺更为动人。不但如此，首都的风景区是以湖沼为重点的，水道的连结将成为必要。什刹海若予以发展，将来可能以金水河把它同颐和园的昆明湖连结起来。那样，人们将可以在假日里从什刹海坐着小船经由美丽的西郊，直达颐和园了。

岁时风俗篇

太平寰宇记·风俗

[宋]乐　史

乐史(930—1007)，字子正，宜黄(今属江西)人，太平兴国进士，著述颇丰。所撰《太平寰宇记》是古代中国地理志史，约雍熙三年(986)成书，凡120余万字，200卷。前171卷依宋初所置河南、关西、河东、河北、陇右、岭南等13道，分述各州府之沿革、领县、州府境、户口、风俗、姓氏、人物、土产及所属各县之概况。又立"四夷"29卷，记述周边各族。该书广泛引用历代史书、地志、文集、碑刻、诗赋等，计约200种，且多注明出处，保留了大量珍贵的佚散史料。对于研究自汉迄宋，特别是唐与五代十国史，具有重要的资料价值。

本文节选自商务印书馆1936年版《太平寰宇记》卷六十九《河北道十八》所记之当地风俗。

《郡国志》云：箕星散为幽州，分为燕国，其气躁急，南通齐、赵、渤海之间一都防也。又《汉书》云：愚悍少虑，轻薄无威仪，亦有所长，敢于赴人之急难，此燕丹之遗风。燕之为燕也，其气内盛，燕俗贪，得阴性也。又曰：幽州在北，幽昧之地，故曰幽也。燕太子丹爱宾客，养勇士，不爱后宫美人，化为风俗，宾客相遇，以妇侍宿。又曰：幽冀之人钝如锥。

松漠纪闻(节选)

[宋]洪　皓

　　洪皓(1088—1155),南宋鄱阳(今江西乐平)人,南宋大金通问使,建炎三年(1129)出使金国,抵金后即遭扣留长达15年,其间,他丝毫不为利禄淫威所动,被称为"宋代苏武"。羁縻期间,洪皓"深院穷漠,耳目所接,随笔纂闻",可惜因担心归宋时遭致笔祸,忍痛付之一炬。归宋后,其长子洪适根据洪皓回忆,将其在金国的经历见闻予以记录整理。可惜洪皓不久故去,未能亲见成书。洪皓去世后,洪适将遗稿编为二卷,即《松漠纪闻》和《松漠纪闻续》。其后,次子洪遵又依据其父生前所述辑为《松漠纪闻补遗》。今天我们所见《松漠纪闻》,即包含以上三部分。该书内容包括松漠的土著族属、山川地貌、文化习俗、民间传说、经济物产、礼仪制度及军事等等。因洪皓在金国羁縻期间大部分时间生活在燕京,因而《松漠纪闻》对燕京风物记载尤详。节选部分主要记述回鹘商人在燕京的经商和生活状况和燕京佛教发展的盛况。

　　本文节选自洪皓等撰,翟立伟等标注,吉林文史出版社1986年出版的《松漠纪闻》。

　　回鹘自唐末浸微,本朝盛时,有人居秦川为熟户者,女真破陕,悉徙之燕山。甘、凉、瓜、沙旧皆有族帐,后悉羁縻于西夏,唯居四郡外地者,颇自为国,有君长。其人卷发深目,眉修而浓，自眼睫而下多虬髯。

土多瑟瑟珠玉，帛有兜罗绵、毛氍绒锦、注丝、熟绫、斜褐。药有腽肭脐、硇砂。香有乳香、安息。笃耨，善造宾铁刀剑、乌金银器，多为商贾于燕。载以橐驼过夏地，夏人率十而指一，必得其最上品者，贾人苦之。后以物美恶杂贮毛连中：（毛连以羊毛缉之，单其中，两头为袋，以毛绳或线封之。有甚粗者，有间以杂色毛者则轻细），然所征亦不赀。其来浸熟，始厚赂税史，密识其中下品，俾指之。尤能别珍宝。蕃汉为市者，非其人为侩，则不能售价。

奉释氏最甚，共为一堂，塑佛像其中。每斋必刲羊，或酒酎以指染血涂佛口，或捧其足而鸣之，谓为亲敬。诵经，则衣袈裟，作西竺语。燕人或俾之祈祷，多验。

妇人类男人，白皙，着青衣，如中国道服，然以薄青纱幂首而见其面。其居秦川时，女未嫁者，先与汉人通。有生数子、年近三十始能配其种类。媒妁来议者，父母则曰：吾女尝与某人某人昵。以多为胜，风俗皆然。

其在燕者，皆久居业成。能以金相瑟瑟为首饰，如钗头形而曲一二寸，如古之笄状。又善结金线，相瑟瑟为珥及巾环。织熟锦、熟绫、注丝、线罗等物。又以五色线织成袍，名曰"克丝"，甚华丽。又善捻金线，别作一等背织花树，用粉缴，经岁则不佳，唯以打换达靼。

辛酉岁，金国肆眚，皆许西归，多留不反。今亦有目微深而髯不虬者，盖与汉儿通而生也。

············

胡俗奉佛尤谨，帝、后见像设皆梵拜。公卿诣寺则僧坐上座。燕京兰若相望，大者三十有六，然皆建院。自南僧至，始立四禅，曰太平、招提、竹林、瑞像。贵游之家，多为僧衣盂（衣钵也）甚厚。

延寿院主有质坊二十八所。僧职有正、副判录，或呼司空（辽代僧有累官至检校司空者，故名称尚存），出则乘马佩印，街司、五伯各二人前导，凡僧事无所不统，有罪者则挞之，其徒以为荣。

出家者无买牒之费。金主以生子肆赦，令燕、云、汴三台普度，凡有师者皆落发，奴婢欲脱隶役者，才以数千属请，即得之。得度者亡虑三十万。

旧俗奸者不禁，近法益严，立赏三百千，它人得以告捕。尝有家室则许之归俗，通平民者杖背流递，僧尼自相通及犯品官家者皆死。

菽园杂记(节选)

[明]陆　容

　　陆容(1436—1494)，字文量，号式斋，太仓人，明成化二年(1466)丙戌科进士，曾任兵部官员，浙江承宣布政使司右参政。《菽园杂记》乃其所撰关于明代朝野掌故的一部笔记体著作，共15卷，《四库全书总目提要》称："是编乃其札录之文，于明代朝野故实叙述颇详，多可与史相考证，旁及诙谐杂事，皆并列简编。"同时代学者王鏊则称："本朝记事之书，当以陆文量为第一。"书中广泛涉及明代朝政、科举、岁赋、农事、社会风俗等各方面的内容，有重要的史料价值。节选部分记录了京畿阉童及自净以图入内府求富贵的习气，以及京师拜年投刺之风。

　　节选自陆容撰，李健莉校点，上海古籍出版社2012年出版的《菽园杂记》。

　　京畿民家，羡慕内官富贵，私自奄割幼男，以求收用。亦有无籍子弟，已婚而自奄者。礼部每为奏请，大率御批之出，皆免死，编配口外卫所，名"净军"。遇赦，则所司按故事奏送南苑种菜。遇缺，选入应役。亦有聪敏解事，跻至显要者。然此辈惟军前奄入内府者，得选送书堂读书，后多得在近侍，人品颇重。自净者，其同类亦薄之。识者以为朝廷法禁太宽，故其伤残肢体，习以成风如此。欲潜消此风，莫若于遇赦之日，不必发遣种菜。悉奏髡为僧，私蓄发者，终身禁锢之，则此风自息矣。

············

京师元日后，上自朝官，下至庶人，往来交错道路者连日，谓之拜年。然士庶人各拜其亲友，多出实心。朝官往来，则多泛爱不专。如东西长安街，朝官居住最多。至此者不问识与不识，望门投刺，有不下马，或不至其门令人送名帖者。遇黠仆应门，则皆却而不纳。亦有闭门不纳者。在仕者，有每旦朝退即结伴而往，至入更酣醉而还。三四日后，始暇。拜其父母，不知是何风俗，亦不知始于何年。闻天顺间，尚未如此之滥也。

旧京遗事(节选)

[明]史 玄

史玄，字弱翁，明末清初苏州府吴江县人，少年时虽家境贫穷，但发奋读书，能诗擅文。其与吴易、赵涣相唱和，有《东湖唱和集》，号称"东湖三子"。又与沈自然等合称"松陵五才子"。崇祯九年(1636)与刑昉、顾梦游、杨文骢等在南方结社。崇祯十一年(1638)赴北京，娶名姬今宵，自命诗题"倾城悦名士"。明亡后，他落魄不堪，抑郁而终。本文是其代表作之一，主要记述明万历以来至崇祯末年北京的宫阙制度、皇室生活、典章制度、课税制度、民情民俗、文化生活等内容。文中所记载的内容对于研究明代宫廷史和明代北京社会生活具有重要的史料价值。

选自北京古籍出版社1986年出版的明史玄、清夏仁虎、清阙名撰《旧京遗事 旧京琐记 燕京杂记》。

京师大城一重，周四十五里，城九门，周正如印。南头正阳、崇文、宣武三门，东头朝阳、东直二门，西头阜成、西直二门，北头德胜、安定二门。大城内为皇城，皇城六门：大明南向直正阳门，东安直朝阳门，西安直阜成门，北安当德胜门，大明东转长安左门，西转长安右门。于京师正中。皇城内树色青葱，罘罳金雀，人骑马上可望也。城外红铺七十二，禁军守之。皇城内为宫城，八门：正南第一门曰承天之门，二重门曰端门，三重门曰午门，午门魏阙分焉，曰左掖门，曰右掖门，正南有五门也；东曰东华，西曰西华，北曰玄武。周回红铺三十六，亦禁军守之，城河绕焉。皇城之内，其山万寿，其水海子，其田西苑。万寿山俗云煤山，圣上重九日登高于此。海子即太液池。西苑有豳风亭也。宫城亦云紫禁城，处皇城南隅。留都皇城偏京城东南隅，宫城处皇城北隅，规制大于此，伟丽不如也。

按：唐东京宫城东西四里一百八十八步，南北二里八十五步，周回十三里二百四十一步，高四丈八尺。西京宫城东西四里，南北二里二百七十步，周回十三里八十步，高三丈五尺。宋东京宫城周回五里，旧城周回二十里一百五十五步，宋初号曰阙城，亦曰里城。新城周回四十八里二百二十三步，号曰外城，亦曰罗城。吾皇明南京有外罗城，北京惟南外城，无罗城也。初，太上居南城，垣堞峭密，乃复辟之日，令人椎坏南城。语曰：我得出此城而帝天也。噫吁而返。故今惟玉河桥北皇城豁达如洞，虽每岁修理城垣，而此未尝敢议版筑之事，志太上皇之兴于险难矣。

南京帝王庙，十五帝冕旒塑像，惟羲农存太古之形，轩皇始为文明之饰，余以世次递迁，皆南面。北京帝王庙，设主如南京，两庑祀古圣贤名臣。其数风后、力牧、皋陶、伯益、伯夷、夔、龙、伊尹、傅说、周公、太公、召公、召穆公、张良、陈平、萧何、曹参、周勃、冯异、邓禹、诸葛亮、李靖、房玄龄、杜如晦、李晟、郭子仪、张巡、许远、潘美、曹彬、岳飞、韩世忠、张浚三十四人。舜之五臣，稷、契以殷、周之祖，不与。而傅说、召虎及诸葛亮、郭子仪得专祀其臣。高宗、宣王宜祀，而限以世三代，非圣人不登俎豆也。唐玄、宋高，其臣为有休烈，进退宜矣。庙在阜成门内，南向景德街。

长安中勋戚邸第在东安门外，中官在西安门外，其余卿、寺、台、省诸郎曹在宣武门，冠盖传呼为盛也。

万历以来，诸皇亲四十家，为太后家、后家、妃家、主家诸家。李诚总属慈宁家，历年最久。余则神庙昭妃刘家、贵妃郑家，以次为永宁、新城两主家，又次为太康张国纪家、嘉定周奎家，皆太后、后家也。妃、主家数稍逾，无容屈指。而太康、嘉定两家及熹、毅两庙东西宫数家，声势稍近，炙手热人。嘉定伯起布衣，太康伯起诸生。熹庙东西宫为某为段，毅庙东西宫为袁伯田诸家，皆无宠衰悴，惟都督田宏遇倚势贵盛，行者侧目。嘉定伯嗜财，住海岱门新房，放债诸贫民，收其息，寝室积钱常满。太康伯自以起诸生，颇去贵倨，敦尚儒雅。传呼用甘蔗棍，如文臣之三事，朝贤相与往来焉。诸太后、太妃家无复势分为驸马家，是皇家贵主尚托体于霄汉。时王驸马昺虽锢废高阳里籍，万驸马炜年七十，犹管领大汉将军；冉驸马悦孔、齐驸马赞元、巩驸马永固俱食禄奉朝请。而巩所尚主，则光庙李选侍所生，熹庙之皇第八妹也，号乐安公主，善吴装，行步容与，不为凤女之态，性温柔少妒。驸马府深邃秘密，公主独好张街，遇有吴中士夫在京，必邀其宅眷到府，茶果谈宴。每入禁中，先皇与之饮酒投琼，笃天妹之礼。西京许、史，洛都马、邓四家，皆以后族凭陵。当代先皇虽宠爱田家，而一门之盛，未有过于嘉定，金昌士夫因而倚托兼葭者不少也。

按：永宁家仕大将军、将军者八位，嘉定家十位，刘昭妃家四位，郑贵妃家亦四位，慈宁太后家六位，又刘岱家九位，杨光夔家六位，余家不过两三位或一两位。而驸马侯拱宸之子昌胤遂改文秩，仕工部郎。

田皇亲居第在西安门，即太监王体乾之旧宅，都人称为铁狮，故元贵家门前狮也，今在田家云。皇亲女为西宫。皇贵妃善大书，能鼓琴，圣心钟爱。皇亲持亲，恃其贵溢，气势奢华，是以园亭声伎之美倾甲于都下。然性侈荡，好招诸朝贵饮，酒再行，主人老，不任劝酬，颓唐径醉，诸妓歌喉檀板，辄自出帘下，诸朝贵无分司洛下之才，而喻言惊满座之放。是以长安诸外戚虽以意气自豪，亦颇讥田家家法之不检。皇亲于辛巳年以进香普陀为名，道经吴门，渔猎金昌声妓无已，竟以此失欢皇上。壬午，皇贵妃薨，田家稍稍戢然。贵妃之恩礼逾数，与神庙之郑贵妃埒矣。

毅宗烈皇周氏，钟祥茂苑，天启中选于龙邸，时皇太后崩，神庙刘昭妃主太后事，中宫之政，禀成于张皇后。烈皇后圣质端凝，少颀颀之美，张皇后钦迟之意见于色端。昭妃曰：今信王殿下，睿质方冲，黄花女得婚姻配合，自然长大，合得配信王。赞襄之下，乾坤因而定位矣。初，嘉定伯以穷售医，而医颇不售，家尤日穷。皇后玉体，从容而定。初无金张四性之心，及进谒至尊之前，神人佑助，国色朝酣，见者识其有凤翥之贵矣。崇祯元年，圣上即祚，皇后正位宸极。甲申之变，遂为一代烈母。体泉芝草，岂偶然哉？

按：凡圣上选婚，一后以二贵人陪升，中选之时，皇太后以青纱手帕、以金太跳脱等事系其臂焉。若不中选，则还其年月帖子于淑女之袖，仍侑银四十两，布八匹，登时送回。此祖宗常制矣。

毅庙东宫袁娘娘骑马射箭，西宫田娘娘能书鼓琴，中宫周娘娘质厚少文，以恭俭起关雎之化，宫中翕然从风。

京师担水人皆系山西客户，虽诗礼之家，担水人皆得窥其室。是以遇选采宫人，大兴、宛平二县拘水户报名定籍，至今着为令焉。

西市在西安门外四牌坊，凡刑人于市，有锦衣卫、理刑官、刑部主事、监察御史及宛、大两县正官。处决之后，大兴县领身投漏泽园，宛平县领首贮库，所谓会官处决也。每临决重囚之时，有棍四对导引驾帖，狱官素服角带送之。独戊寅失事，分别五案，处决多官。文臣自都御史颜继祖、张其平以下，武臣自正副总兵倪宠、刘钦以下，及内臣邓希诏、孙茂霖等三十二人，一切伏法。于是自刑部街至四牌坊，悉有兵营环卫，巡警张皇。皇上御殿候正刑书，催促如雨，平巾内官马步回报，虽非鬼伯，而人命不得蹰躇，观者咸为挥恸矣。赴法之时，蓟镇总监邓希诏居首，高唐生员杨炯为殿，刀林剑树，布匝周密。又有东厂锦衣、刑部多官贴送，蒿里薤露，死易生难，颇领此时之意也。国家用法，讞狱于三法司。是年，以军事失律，决于中枢，杨相亦自疏请归于司寇。然皇上戮此三十二人，而御敌始末之局结矣。师出以律，否臧则凶，谁为厉阶，人命草菅，哀哉哀哉！

神宗时，天下乂安，上高拱宫中，太监陈矩掌司礼监事，崇宽大，上性神明，委重于矩。矩兼掌东厂，但存相济，于时东厂之缉事员役亦平心与物，貌恭谨甚。尝有宫婢以讹误从皇城逸出，虽举体男装而袅袅回步，时见其绣缡之里，官旗闻而物色之也。矩奏上处分，然亦恶缉事人，从此造端，不以为善，故终以他事置之于法，岁余而官旗不敢吐一气。盖居京师者云，当时道路无警守，狗不夜吠。中秋月明之夕，长安街笙曲哀曼，宫城乌雀惊起复栖。二十年以前太平景象约略如此。显皇崩，光庙早弃群臣，嘉庙即阼，逆贤窃弄，厂卫大播祸。追想神宗盛年，如东城老父述开元、天宝间事矣。

天启中，逆贤以凶人浊乱天下，烈皇登极，振举纪纲，颇济以猛。自初元至戊寅岁，有系事司寇之辈，法司因循，持议未敢殚究其辜。时来方炜以文选员外讵误在狱，其门人黄景胤先以事系告炜曰：某不肖，蒙恩于此三年矣，见吏部来者十一人矣。因嘶喉咽不自胜。是年五月乙酉，上竟传德音，一切肆赦，自大司空刘荣嗣而下，尽羁管于外，戴盆之士，咸颂述焉。初，刑部狱有枯树一株，状狞狞如鬼物，缙绅或忧思，坐其下，未知何时得出。形家以狱讼废兴，或由枯树去留，当翦伐，然群臣方在疢，刑官无敢以言请者。是年，提牢主事某奋然翦除之，树平而赦下，殆有数焉。

神庙至性天孝，朝慈宁宫，月以数四。虽圣体肥重，未尝不膝行而前，忘其委惫。慈宁性岂弟，晚年尤忆外舍李家，恩泽殊厚，皇上体圣母垂念，便增岁禄米四百石以终太皇之世。然李实不贫，园亭甲第，声溢于都下。子孙风流蕴藉，言语文章颇为诸贵之所钦瞩。天之所殖，人不能助焉。及先皇时，李氏门衰，霍家之车辖已无飞凤，而宫禁遥闻，犹疑其有贵戚之富。崇祯戊寅，诏武清助军百万，于是李氏甲第售于人，继以西直门之海淀，铢铢两两，不能满其数。至于扇珥佩帨诸小物，悉于庙市日悬价索卖。旧京遗老，追感松楸，沾臆于渭阳之情矣。上尝登台，而望见小民担负滚滚碌碌，悯之，损其市税十分之七。先皇时预征民房，一季未及数万，京师无田而房者失业。至于寡妇投缳而死，都人嗷嗷，怨声满道，以此知神庙之明德远也。

京朝官端午赐食粽，重阳赐食糕，一费可七百金。食时助以酒脯，取沾赉而毕。诸臣享会之后，长班以馂余纳置筐篮，与其官长矜宠御路，自皇极门至长安街，马归洋洋，寻续不断。余寅卯两年中，惟见端午赐食粽一次，余以经费浩繁，蠲除盛事，然非制也。

按：馂余遗归，起于唐宣宗，宣宗宴百官罢，拜舞，遗下果物，怪问，咸曰：归献父母及遗小儿。上敕大官，今后大宴文武官，给食肉两分，与父母，别给果子与男女。所食余者，听以帕子怀归。此则古者以帕，而今以筐篮也。

神庙初年，先习赵孟𫖯字，其后乃好章草。先皇笃好二王，平常宸翰，俱极意仿《十七帖》。寅卯之间，考选召对所赐策题，俱御墨挥洒，有凤翥龙翔之妙，天纵之能。圣祖神孙，其揆一也。

烈皇笃好弹琴，寅卯年中，尝命司礼监丞删修琴谱，内臣惟此一官掌书画文墨之事。是以国子监生文震亨，以琴声音理，待诏内侍省焉。

京朝官过十月朔传旨赐貂，东貂紫，西貂青，然以金貂为贵。金貂黄，非上不御也。宪庙有金貂裘一，色浓毛厚，久废御库中，烈皇俭德，裁为帽套二具，非大朝会不御，平居御门，仍是紫貂耳。

皇上所御冠，向以内府监局成造。烈皇俭德，每冠只用金箔胡同巾肆制用。冠如常冠，饰两金龙以为异。宫中小皇子，旧制戴玄青绉纱瓜瓣有顶圆帽，名瓜拉冠，烈皇时一概用金箔胡同冠也。

祖制，内臣不许读书识字。宣德四年，命大学士陈山专授小使书，今内使读书之始也。内臣二十四衙门，惟司礼监非读书不任，而掌印称内相，其体如外阁臣而权任过之。独留都，高帝神灵所栖，今南京守备衙门，坐犹不设儿。或遇有文书，则使人手把宣念，退公堂，乃敢据几用笔，垂裕之远如此。

内书堂，宣德中创建，以教内臣读书，选年十岁上下者充补，始自大学士陈山为之师。今以翰林词臣教习，不列衔官名者治之也。每学生一名，各具白蜡、手帕、龙挂香以为束脩之敬。所读之书，故事给《百家姓》《千字文》及《孝经》《大学》《中庸》《论语》《孟子》，写字给刷印《千家诗》《神童诗》影本，盖略取识字，不甚于悖高皇之制，垂世守焉。自内臣起立文书房，秉笔出差，要有章奏。内书堂学生皆有私书自读，原给官书，具文而已。内臣钟鼓司，专一统领俳优，如古梨园令官之职。成化中，阿丑以谲谏，知名于后。旧止有打稻、过锦诸宫戏。

按：宫中西内秋成之时，设打稻之戏，圣驾幸旋磨台、无逸殿，亲赐观览。钟鼓司饰农夫贩妇及田畯官吏征租交纳诸艰苦民瘼事以寓献替，祖宗示稼穑艰难于其子孙也。又有过锦之戏百回，每回百余人，有引旗一对，锣鼓送上，百姓情伪之态备焉。盖祖宗恐子孙生长深宫，以上当讽谕，启其知外事，虑至深远已。神庙时，始特设玉熙宫，近侍三百余员，兼学外戏。外戏，吴歙曲本戏也。光庙喜看曲本戏，于宫中教习戏曲者有近侍何明、钟鼓司官郑隐山等。

凡内臣姓朱者，皆改姓诸，族无刑人之义也。

内官宫人私侍，名为对食，又称菜户。

顺天、宛、大三学，每科举岁考之年，则有秀才列名黉籍，送谒之时，儒巾蓝襆，披红骑马，自文儒贵姓之家，其仪无以相过。惟中人子姓，或乃秀才在前，而内官蟒衣送之。在外如骄其亲、如矜其党，聚观者如堵焉。长安名路冗恶，惟秀才是读书进取，街坊男女便谓是衣冠不杂，而缙绅中，名场素擅，遂有造为垄断，便诱使执经，于是中人子弟有为朝士门生后辈者不少矣。

逆贤之时，党人之祸，烈焰于汉，既以红丸、梃击、移宫，钩致党人，著为爰书，崇祯之末，未之改也。逆贤正罪，然后党人之籍始澄清之。然附丽于贤因以钩致党人者，朝廷颇无由而问。会太监刘若愚迕误季实纠参周起元之案，愚无以自解，乃备陈当时之始末，著其书曰《酌中志略》，欲皇上追念于前时，上览之，戚然改容，有悯若愚之色矣。若愚阉而髯，以此自异，在狱中著书，乘间投上。书中有《黑头爰立》一篇，盖指涿州冯相。然有两本，今文古文，随门户为升降，而上所览则今文焉。上之初立，手平大难，下诏毁三朝要典，令甚严。既而门户角逐，锐意消融，好观书，自三朝要典暨《酌中志略》必以参内臣顾问。初时，《志略》秘密，士大夫宝为异闻，后流传稍广，上法网高张，若愚免绞，士大夫之用刑反酷矣。

京师诸曹，职业烦猥，然官方不以曹务为事，处安居尊，优游宴乐。神宗时，士大夫文酒从容，雅歌宴会。崇祯中，党人大起，缙绅之贤，讲求门户，而曹司之务，旁委尽废。鸣鸡之辰，骑马出街，营求塞路。天将明，则有客到门，送迎尽日。及夜，又有呼卢斗彩之会，飞觞引满，耗竭神情，虽职司章奏，无虑万端，亦但主吏奉行，官曹初不曾省视。至于太常、鸿胪等衙门，诸凡祭期朝仪当预疏奏闻者，俱有现成本子，以存故事。或堂吏误书，本官止罚月俸，吏问拟罪名，其为尽如此而已。

长安街冠盖塞途，惟相公传呼之最远，行者皆引马避道。夜归，火光照路，行者候其光远乃敢策马而前。台、省诸曹，候问必以夜，盖相公暮归也。长安街委巷有傅家园，是尚书傅公永淳别业，宴客之辰，未尝演曲唱戏，亦恐相公闻声以成其尊贵之体尔。

士大夫短封廋词，起自崇祯中，内主不称名，客不称字，隐语射覆，得书者以意译之，答书如其来焉。短封初用三寸白鹿楮，后用竹楮，寸复减其半，寸楮可作书千言嘱数事。余闻神庙乂安时，士大夫驰使入京华，以黄袱裹送书杷，望门投递，风习相安。及先皇朝，惩逆贤货赂之病，罗者严缉。士大夫至于毁灭礼数，苟且不端，而除目之价，反高涨之，借功令之严以成苞苴之滥，世道悬绝，亦江河之下也。

京军每年以十月朔颁给裌袄，裌袄取诸东南外廨，费官帑银不知几十万。然诸军惟拳曲臃肿厚絮，蹒跚无礼，至上马亦不能挥鞭而弩也。京师每一军必数处隶籍，如五军三营，人刀围子，食粮领布，随营换易。及遇敌用师，不娴攻守杀夺救应防拒之法，强者走，弱者戮耳。大抵京师额兵，几二十五万，神机等三营战兵也，挑选备出征，其余守兵，数虽多，曾莫辨其优劣，惟遇警则呼名上城逻守，分泛结营，或宿营宫城，防警夜禁。诸所云备御城中者无出于此。然率潦草具文，敷衍如戏。如戊寅敌众入据西安门，结营惜薪司前，惟张一青布幕，四周有刀杖数十件，兵将不知在何处，萧萧瑟瑟，冷无人也。又余所见巡夜官兵，平时隔数十家为一队，队人数不知多少，大约有警，增至五十人而止。夜初更，提铃唱号，彼此相闻，值巡夜军至察点，一处唱声，余队便传唱属和，如歌繁霜，哽哽咽咽。及军主过去，自此便鼾睡无声，一眠到晓。达辰，复提铃唱号一遍，官街走马而巡警者散矣。军政如此，何以律众？

京师诸火药局以王恭厂为大，旧在城西南包家街。天启乙丑，以药发毁，今更西直门内，改名安民厂。自乙丑到崇祯戊寅十四年，国家因仍旧贯，不为改作，至是年六月二日，而安民厂毁焉。王恭厂之变，击坏西城两三条街，伤百许人，今周回可三四里计，自西直门门楼及城上睥睨，一带无有一椽片堞者。民之所栖，亦烟井虚无，墙垣冷澈，其它造物以人命为戏，不知纪极，又有懵焉。于时皇上闲居闳宫，惊而徒跣，皇三子跌荡仆地，宫人披发双袒，奔迸四散。而中宫各宫之有戚畹者，无不宣差内官，传呼慰问，平巾骑马，缘道而不绝也。既而诏科臣核查，发帑金五千两赒死者之室，且令群臣修省，重天变矣。安定门药局在国子监之侧近，附丽户部草厂。是年八月七日，大祀先师孔子，师生不脱冕遇灾，其灾小于安民厂，而延烧草厂，至累日夜火不灭。一炬之费，动累数十万，金门之材具损矣。其民之罹于变祸者，上亦发帑金二千两赈焉。是年，火星再失度，先后有药局之警。至明年三月，盔甲厂复药发，而诸药局无不毁矣。国家十世宴清，京师数百里之间，物无夭札，民不疾厉。神熹之年，始不戒于火，而天降之灾，风霆变化，日有其事，然在于今而尤烈。朝廷素有和戎之论，而戎狄无亲，魏绛之功，徒增其懦。识者谓奸宄结连，宜有道以地雷引火之事。且物相感则变生，积气蕴隆，金石必且销铄。以硝黄药物合而相聚于一窖，推之于积油浮麦出火，又有验焉。人道迩，天道远，我取其必实之迹，为迩者书而已。

京朝官传呼之体，五品以下单导，四品以上双导，外郡县府道驻札衙门有队马单导，京师兵部大堂及左右堂马队亦双。然今所见，总不如诸大珰簇拥盛也。司礼掌印太监曹化淳提督京营前后马队几千人，小珰俱秃襟小袖，跟随左右，京城总捕太监马云程次之。戊寅用兵之际，群珰及兵部堂属巡视京营科道，各建标如大师，惟杨御史绳武大帽坐马作军装，余人纱帽公服如常日。

现外臣张盖，京朝官张扇，自一品至四品大小卿皆用贴金黑扇，次翰林六科都黑扇，又次六科左右散十三道御史六部属及中行评博等黄油扇，扇之等三焉。外臣乘轿，京朝三品大臣乘轿，自四品卿寺翰林六科以至御史部属乘马，然四品京堂乘马，而祭酒班小九卿之列。自顺城街干石桥以南造朝堂乘马，以北进国学乘轿。司成教养人材，祖宗选当时鸿儒或选贞正之士充之。其体优异，诸寺无敢埒焉。长安中九衢相通，出入传呼自有体数，如四品以上名卿上街，驺卒传呼诸人下马，而他卒传呼人下驴。至如外臣以觐贺入京，自藩臬以至郡县有司概无呼引，直素衣服罩，引马避而已。武臣惟锦衣卫比文职之翰林，体貌相仿。然自崇祯戊寅以来，文臣惟六垣，清显最贵。十三道出差，加以户部，考察进京，大损威望。虽翰林载笔螭头，最为启沃，近臣亦徒有空名而拥虚器，盖外臣皆得入相大拜。三事之途渐广，史官循资历级，渐不能为仕宦之重矣。

旧制翰林，由一甲进士及二、三甲，馆选庶常吉士，外官知推考选，例授科道部属，无选翰林者。自崇祯八年，上参唐、宋建官之制，而知推始考选翰林。暨十一年，并考选在京之中行评博，而京朝官遂无不预翰林者。于是金华之席满堂，玉局之座填阶矣。然上忧考选之不公，令主者虚心详慎，而人言杂糅，考选复不足依据，乃于四月庚申召诸与考选者赴中左门赐对，阴阳庇借，水落冰消，诸人之窥意不成也。对讫，又试策一道，所作之文甚卤莽，然上皆饰以羽毛，升之衢路。至五月壬申，授翰林十八科十二人，道二十四人，南道四人，余人皆以次授部属，三百年所无之异数矣。人臣入对，法当称臣，时知推外官，草莽云霄，俄遭宣答，天威之下，捉襟露肘，至有自称为知县推官，如属吏之启事于长官，然上性严和，亦录其言而蠲除其丑，有菁莪作人之道也。屠象美以行人奉使河南，上以喜悦，而某知县大声奏事，惟称到任修理城隍庙，语既非伦，揶揄不足供记注矣。天子临轩策士，惟三年大比一举行，所发题亦阁臣进拟，以备厥事。考选自来无召对，召对又不当有策问，逮戊寅、乙卯两考，上皆兼而用之，策题俱亲洒宸翰，不假手于诸臣。睿哲之朝，圣明之所独览也。戊寅年策问理财暨己卯年敌众新退补缝之事，时略为功。六月十四日，皇上因发题考选左懋第等十六人，曰：“目今虽边疆多故，整理为先，或者内平寇以安民乎？外御敌以自守乎？东复大宁以壮左臂，西恢河套以强右股乎？必如何始复祖宗之旧？兵必归卫以为军，饷必归屯以为食，足兵必如何始遵圣祖养兵百万不费一钱之良法？”诸臣各摅谟猷，务期言必可行，行足为法，逐件实对，勿作浮泛故语，勿为虚套文章。或此数事之外别有本图，朕将以明切简要定诸臣殿最策题云云。而诸臣奏对者，尽未得要领，澜浪成文，颇无救时真际。初，诸臣以戊寅之名对，皇上创厥典章，不为旧贯，揣摩止吏部堂考之文。及十四年之旱，皇上突然赐召诸臣，才具不多，所试方略与戊寅诸臣之召对一无差异，故皇上恩泽无损，而所陈之奏对皆乙之所考，殿最与部院原拟之升降亦迥然悬绝。清途殊隔，皆诸臣自取，非皇上贱之甚焉。余又闻是时召对诸臣颇失度，惟吴行人昌时、李评事近古，条论轩轾，圣上于所试策各加三圈，以示优异。独推官张绪伦以朝议方铜钞以足军用，实未知古无铜钞之法，直以祖宗朝立法最善为对，上更不嗟讶，第曰："张绪伦错记了也，祖宗原未有铜钞。"天颜之下，闻者几至掩口，远近相用为雅谑。然至十八日，圣旨传谕，则前三圈原拟科道者俱改部属，而绪伦反得荐升台班。圣心独断，阁下洪钧，外朝莫有详其所自者矣。

按：祖宗朝考选科道略仿身言书判之制，凡书判入格者，以身言考之。吏部堂旧有祖遗奏事二道：一云后面跪的是午门外坐更将军来奏，昨夜二更一点，有钥匙四把递出，当时递进，引来奏知。一云监察御史臣某人，钦蒙差往浙江等处公干，事完回还复命，臣有题本进奏本文册送科。每遇考选之日，吏部堂设高帝神牌，注授科者跪念前奏事一道，注道者念后奏事一道，其辞各寓职掌，而皆有节奏容与，以观其小心靖恭之意。自召对策问之例开，而前制废矣。

辅臣由翰林旧章，率多久任。世庙以张璁等言礼进用，外臣入阁皆以此为端。神庙因仍旧贯，未之有改也。毅皇即位，举立贤之典，事体数易。自元年至十一年五月，新旧阁臣三十余人，始不久任，不专用翰林。张至发、薛国观以一刑部侍郎、以一金都御史大拜，由外官也。是年六月，再陟阁臣五人，惟方逢年由翰林礼部，自方而外，程国祥之户部、杨嗣昌之兵部由尚书，蔡国用之工部由侍郎，范复粹之大理由少卿，不独外任，而且于九卿之贰陪推之。时编简皆得与名，人人负揆席之望，王途舛错，为贞正者见嗤也。戊寅以后，鼎鼐失和，杨自缢于襄，薛以嫌赐死。上起故相宜兴公虚已用之。然以敌衅听裁，擎天之手无力，社稷之事亦由此而日沦矣。

夺情非古也，有军兴则夺情，杨嗣昌、陈新甲皆以边抚夺情为总督。而杨遂为尚书，寻大拜，朝臣畏杨，默如寒蝉焉。时翰林修撰刘公同升、编修赵公时春，崇祯丁丑同年之鼎榜也。相传廷试日，仗马鸣，鼎榜出直谏，是科仗马鸣，时赵祖文毅当神庙之丁丑，以争江陵夺情受仗。而刘公文简亦尝上疏，劾申文定公时行，两公家门既合，风调相同，目击心歆，陈书备谏，沐浴而请，自分必得仗也。而上止严旨谪官，薄示天罚，一言九鼎，皇心甚钦瞩焉。刘公在京惟有一妾，慧而有操。公之上书，密切深隐，笑言无虑，而姬已慨然叹之矣。赵之夫人吴氏，举家号咷，而公亦不以几微之害动色。刘父故号东林先生，朝贤颇能知其端绪。赵公刚毅朴诚，率己意而上书痛哭，而门户诸公因以微辞笼络之，公怫然见于容，不肯自趋范滂之党也。已补福建藩臬首领，送者谓公因以直声动人，主行且召公大明。公正色曰：藩臬首领，法当得县令，某则从朝廷迁序外臣，但谨为奉职耳。烈皇之末，物望攸归，两公皆以本官内召，仆夫萧然进路，翘首阙廷，而国家俄丁阳九之厄已。

帝王庙之二祭，大祭也，乃余以二月上丁观祭帝王庙，庙殿蟏蛸积焉。祭品用檐底儿陈设，座不拂，主不拭，尘埃平其间。游两庑，他主序以世，独夔、龙之主错居于巡、远，太常无能更云。刘城云，余从观昭陵享殿祭品，亦用檐底儿陈设，自伤草莽，臣洁清，不得与合。刘言凡祭大抵多同，骏奔臣洁，在庙诗颂，并无人讲明。又国之大事，惟祀与戎，此其为大而已。

京师九门，皆有税课，而统于崇文一司。原额岁九万余两，今加至十万余两，例加也。各门课钱，俱有小同使经管收纳。凡男子囊袯骑驴，例须有课，轮车则计囊袯多少以为算榷。至于菜茄入城，乡民亦须于鬓边插钱二文，以凭经税小内使径行摘之，彼此不须相问，甚可粲也。鸡豚必察，不知何年经始厉阶，今遂为司农正赋耳。又长安大城内宰猪，例于诸门外屠割入城，每猪税二十五文。终朝之入，坊巷间民暗计用猪多少以占市事，垄断之用术不在商而在朝也。京师岁时纪丽，自元旦至十二月除夕，燕娱不甚分殊。独崇祯戊寅边患荐臻，而岁时之礼稍废。岁除之夜，街火无光，守警环卫不去。明年元旦之日，呆日在东，圣主不鸣钟受贺，惟休沐诸黄门。给假无事时，绣衣红蟒相庆，往来长安街，门庑萧萧，空中闻鹰隼声，乘风高唳。三日之后，始见董侍郎羽宸，朱衣乘轿而归。其余卿寺诸曹素衣角带，不改常日之容华也。江南除夕，家以菱橘相饷，积成岁时之礼。是年，两物至都尤少，一橘直钱三十文，一菱直钱三文。余以文章为吴行人延请京国，然止尝两橘四菱，但存乡土之怀而已。

禁中岁除，各宫门改易春联及安放绢画钟馗神像。像以三尺长素木小屏装之，缀铜环悬挂，最为精雅。先数日，各宫颁钟馗神于诸皇亲家，并品方荤素卓榼，皇亲家矜其天宠，又分饷京朝贵官。贵官之家招诸名士，尝宴赋诗，太平相乐，长安之春，满千万户矣。凡卓榼中果子仁及榛栗之类，皆以茜染之，色如秾桃，用羊脊筋，去膏如管，捣灌肉泥，层叠堆放，颇费庖人之手焉。

京都诸寺俱以碧琉璃瓦为盖，皇居檐层出如重楼，佛殿势虽高敞，然止一檐无层，避至尊所居也。殿中栋梁皆图以五色云气，壁上画彩仙灵，光明激目，不能视事事敌矣。

累朝勋贵，皆带衔五府，出入乘皂盖车。惟小侯袭职，金冠玉带，坐乘明轿，云台凌烟，此犹是旧家风度耳。

万历野获编(节选)

[明]沈德符

沈德符(1578—1642),字景倩,一字景伯,又字虎臣,浙江秀水(今嘉兴)人,世为京官,故自幼居于北京,对朝野之事多有见闻。所撰历史琐闻类笔记《万历野获编》,取古人"谋野则获"之意。全书30卷、补遗4卷,主要记载明代特别是嘉靖、万历朝朝野政务、文人行实、市廛风俗、域外风情等方面的逸闻趣事。其书写成于万历三十四五年,对诸多史实考证甚力,可补官书之不足。但书中作者以大汉族的心态自居,将其他民族和周边国家称之为蛮夷,在某些方面亦触及清统治者的忌讳之处。"夷人市瓷器"即为一例。

本文节选自北京燕山出版社1998年出版的沈德符著、侯会选注《万历野获编》。

释教盛衰

我太祖崇奉释教,观宋文宪《蒋山佛会记》以及诸跋,可谓至隆极重。至永乐,而帝师哈立麻"西天佛子"之号而极矣。历朝因之不替。惟成化间宠方士李孜省、邓常恩等,颇于灵济、显灵诸宫加奖饰。又妖僧继晓用事,而佛教亦盛,所加帝师名号,与永乐年等。其尊道教亦名耳。武宗极喜佛教,自列西番僧呗唱无异,至托名"大庆法王",铸金印赐诰命。世宗留心斋醮,置竺乾氏不谈,初年用工部侍郎赵璜言,刮正德所铸佛镀金一千三百两，晚年用真人陶仲文等议，至焚佛骨万二千斤。逮至今上，与两宫圣母，首建慈寿、万寿诸寺，俱在京师，穷丽冠海内。至度僧为替身出家，大开经厂，颁赐天下名刹殆遍，去焚佛骨时未二十年也。然上神圣，虽皈依净土，毫不以意指示人。辛丑壬寅间，紫柏老人游辇下，极为慈圣所注念。即上亦出御札与答问。第至开戒坛诸事，大珰辈屡屡力为之请，终不许也。后妖书事起，紫柏逮入狱，寻卒。上亦不问。

京师敕建寺

至五年之三月，今上又自建万寿寺于西直门外七里。先是京师有番经、汉经二厂，年久颓圮，穆皇命重修未竟，上移贮汉经于其中。其正大殿曰大延寿，阁曰宁安。重楼复榭，隐映蔽亏，视慈寿寺又加丽焉。其后垒石为三山，以奉西方三大士，盖象普陀、清凉、峨嵋，凡占地四顷有奇。亦浃岁即成。时司礼故大珰冯保领其事，先助万金。潞邸及诸公主诸妃嫔，以至各中贵，无不捐资。其藻绘丹艧，视金陵三大刹不啻倍蓰。盖塔庙极盛，几同《洛阳伽蓝记》所载矣。予再游万寿时，正值寺衲为主上祝釐。其梵呗者几千人，声如海潮音。内主僧年未二十，美如倩妇，问之亦上替僧，但怪其太少。盖志善者已谢世，此又代职者。自承恩移居此中耳。时上从内府赐出永乐间所铸铜钟，内外范《华严》全部，婆娑环读，此身真在忉利天宫也。以上诸刹，俱帝后出供奉之羡，鸠工聚材，一以大珰蒇之，有司例不与闻。民间若不知有大役，亦太平佳话也。

夷人市瓷器

余于京师，见北馆伴当、馆夫装车，其高至三丈余，皆瓷

213

鞑、女真诸虏，及天方诸国贡夷归装所载。他物不论，即瓷器
一项，多至数十车。予初怪其轻脆，何以陆行万里，既细叩
之。则初买时，每一器内纳少土，及豆麦少许，叠数十个，辄
牢缚成一片，置之湿地，频洒以水，久之则豆麦生芽，缠绕胶
固。试投之荦确之地，不损破者，始以登车。临装驾时又从车
上掷下数番，其坚韧如故者，始载之往。其价比常加十倍。盖
馆夫创为此法，无所承受。偶阅周密《癸辛杂识》，则宋宣和年
间，艮岳取石之法亦如此。先以沙胶实填石窍，其外以麻筋杂
泥固之令圆。日晒极坚，始用大木为车，致之舟中，抵汴浸之
水中，旋去泥土，则省人力而无他虑。此盖出朱劻父子小慧，
何犷卤馆夫亦暗合乃尔？

帝京岁时纪胜(节选)

[清]潘荣陛

潘荣陛,字在廷,清大兴(今北京大兴)人,雍正九年入皇宫任事,后充宫阙制作督销之职,职内颇留意于内府图书藏籍。乾隆十年退休居家,著书《工务记由》《月令集览》《昏仪便俗》《帝京岁时纪胜》等。

本文节选自北京古籍出版社 1981 年出版的清潘荣陛、富察敦著《帝京岁时纪胜 燕京岁时记》,由正月至十二月,记北京岁时风物。

正　月

元旦

除夕之次,夜子初交,门外宝炬争辉,玉珂竞响。肩舆簇簇,车马辚辚。百官趋朝,贺元旦也。闻爆竹声如击浪轰雷,遍乎朝野,彻夜无停。更间有下庙之博浪鼓声,卖瓜子解闷声,卖江米白酒击冰盏声,卖桂花头油摇唤娇娘声,卖合菜细粉声,与爆竹之声,相为上下,良可听也。士民之家,新衣冠,肃佩带,祀神祀祖;焚楮帛毕,昧爽合家团拜,献椒盘,斟柏酒,饫蒸糕,呷粉羹。出门迎喜,参药庙,谒影堂,具柬贺节。路遇亲友,则降舆长揖,而祝之曰新禧纳福。至于酬酢之具,则镂花绘果为茶,十锦火锅供馔。汤点则鹅油方补,猪肉馒首,江米糕,黄黍钆;酒肴则腌鸡腊肉,糟鹜风鱼,野鸡爪，鹿兔脯；果品则松榛莲庆，桃杏瓜仁，栗枣枝圆，楂糕耿饼，青枝葡萄，白子岗榴，秋波梨，苹婆果，狮柑凤橘，橙片杨梅。杂以海错山珍，家肴市点。纵非亲厚，亦必奉节酒三杯。若至戚忘情，何妨烂醉！俗说谓新正拜节，走千家不如坐一家，而车马喧阗，追欢竟日，可谓极一时之胜也矣。

进春

立春日，各省会府州县卫遵制鞭春。京师除各署鞭春外，以彩绘按图经制芒神土牛，舁以彩亭，导以仪仗鼓吹。交春之刻，京兆尹帅两学诸生恭进大内。

春盘

新春日献辛盘。虽士庶之家，亦必割鸡豚，炊面饼，而杂以生菜、青韭芽、羊角葱，冲和合菜皮，兼生食水红萝卜，名曰咬春。

星灯

初八日传为诸星下界，燃灯为祭。灯数以百有八盏为率，有四十九盏者，有按玉匣记本命星灯之数者。于更初设香楮，陈汤点，燃而祭之。观寺释道亦将施主檀越年命星庚记注，于是夕受香仪，代具纸疏云马，为坛而祭，习以为常。

喇嘛打鬼

初八日弘仁寺打鬼。其制：以长教喇嘛披黄锦衣乘车持钵，诸侍从各执仪仗法器拥护；又以小番僧名班第者，衣彩胄，戴黑白头盔，手执彩棒，随意挥洒白沙；前以鼓吹导引，众番僧执曲锤柄鼓，鸣锣吹角，演念经文，绕寺周匝，迎祥驱祟。念五日，德胜门外黄寺行亦如之。

天诞

初九日为天诞，禁屠宰。大高玄殿建皇坛，各道观设醮，拜朝天忏，锡福解厄。

上元

十四至十六日，朝服三天，庆贺上元佳节。是以冠盖蹁跹，绣衣络绎。而城市张灯，自十三日至十六日四永夕，金吾不禁。悬灯胜处，则正阳门之东月城下、打磨厂、西河沿、廊房巷、大栅栏为最。至百戏之雅驯者，莫如南十番。其余装演大头和尚，扮稻秧歌，九曲黄花灯，打十不闲，盘杠子，跑竹马，击太平神鼓，车中弦管，木架诙谐，细米结作鳌山，烟炮攒成殿阁，冰水浇灯，簇火烧判者，又不可胜计也。然五夜笙歌，六街轿马，香车锦辔，争看士女游春，玉佩金貂，不禁王孙换酒。和风缓步，明月当头，真可谓帝京景物也。

三元

十五上元，七月中元，十月下元，为三官圣诞。曰天官赐福，地官赦罪，水官解厄。设坛致祭。有素食者，正、七、十斋居三月。

烟火

烟火花炮之制，京师极尽工巧。有锦盒一具内装成数出故事者，人物像生，翎毛花草，曲尽妆颜之妙。其爆竹有双响震天雷、升高三级浪等名色。其不响不起盘旋地上者曰地老鼠，水中者曰水老鼠。又有霸王鞭、竹节花、泥筒花、金盆捞月、叠落金钱，种类纷繁，难以悉举。至于小儿顽戏者，曰小黄烟。其街头车推担负者，当面放、大梨花、千丈菊；又曰："滴滴金，梨花香，买到家中哄姑娘。"统之曰烟火。勋戚富有

217

之家，于元夕集百巧为一架，次第传爇，通宵为乐。

走桥摸钉

元夕妇女群游，祈免灾咎。前一人持香辟人，曰走百病。凡有桥处，三五相率以过，谓之度厄，俗传曰走桥。又竞往正阳门中洞摸门钉，识宜男也。

岁时杂戏

元宵杂戏，煎彩为灯。悬挂则走马盘香，莲花荷叶，龙凤鳌鱼，花篮盆景；手举则伞扇幡幢，关刀月斧，像生人物，击鼓摇铃。迎风而转者，太极镜光，飞轮八卦；系拽而行者，狮象羚羊，骡车轿辇。前推旋斡为橄榄，就地滚荡为绣球。博戏则骑竹马，扑蝴蝶，跳白索，藏蒙儿，舞龙灯，打花棍，翻筋斗，竖蜻蜓；闲常之戏则脱泥钱，蹴石球，鞭陀罗，放空钟，弹拐子，滚核桃，打尜尜，踢毽子。京师小儿语："杨柳青，放空钟。杨柳活，抽陀罗。杨柳发，打尜尜。杨柳死，踢毽子。"都门有专艺踢毽子者，手舞足蹈，不少停息，若首若面，若背若胸，团转相击，随其高下，动合机宜，不致坠落，亦博戏中之绝技矣。

燕九

白云观建于金，旧为太极宫，元改名曰长春宫。明正统间重修，改名白云观。出西便门一里。观中塑邱真人像，白皙无须眉。考元大宗师长春真人邱处机赴元太祖召，拳拳以止杀为戒。时有事西征，则云，一天下在不嗜杀人；大猎山东，则云，天道好生，数畋猎非宜；念西河流徙，则持牒招来，全活不下三万人。本朝有圣祖御题额四：曰紫虚真气，曰大智宝光，曰驻景长生，曰琅简真庭。其所以受国朝之旌祀而立庙貌于无穷者，岂异说纷纭飞升黄白之流可拟比于万一也！真人生于宋绍兴戊辰正月十九日，故都人至正月十九日，致酹祠下，为燕九节。车马喧阗，游人络绎。或轻裘缓带簇雕鞍，较射锦城濠畔；或凤管鸾箫敲玉版，高歌紫陌村头。已而夕阳在山，人影散乱，归许多烂醉之神仙矣。

禁忌

元旦不食米饭，惟用蒸食米糕汤点，谓一年平顺，无口角之扰。不洒扫庭除，不撮弃渣土，名曰聚财。人日天气晴明，出入通顺，谓一年人口平安。服制之家不登贺，不立门簿。虽有亲宾来拜谒者，亦不答拜。初五日后始往叩谢，名曰过破五。春戊寅日为天赦，新葬坟墓，于戊寅前期祭扫，谚云新坟不过赦。正月不迁居，不糊窗槅，为善正月。谚云："正五九，没处走。"

时品

正月荐新品物，除椒盘、柏酒、春饼、元宵之外，则青韭满馅包、油煎肉三角、开河鱼、看灯鸡、海青螺、雏野鹜、春橘金豆、斗酒双柑。至于梅萼争妍，草木萌动，迎春、探春、水仙、月季，百花接次争艳矣。

二　月

中和节

初一日为中和节，传自唐始。李泌请以二月朔为中和节，赐民间以囊盛百果谷瓜李种相问遗，号献生子，令百官献农书。京师于是日以江米为糕，上印金乌圆光，用以祀日，绕街遍巷，叫而卖之，曰太阳鸡糕。其祭神云马，题曰太阳星君。焚帛时，将新正各门户张贴之五色挂钱，摘而焚之，曰太阳钱粮。左安门内有太阳宫，都人结侣携觞，往游竟日。考春分祭日，秋分祭月，乃国之大典，士民不得擅祀。若以照临恩当思报之，习俗云可。

花朝

十二日传为花王诞日，曰花朝。幽人韵士，赋诗唱和。春早时赏牡丹，惟天坛南北廊、永定门内张园及房山僧舍者最胜。除姚黄、魏紫之外，有夭红、浅绿、金边各种。江南所无也。

时品

菠薐于风帐下过冬，经春则为鲜赤根菜，老而碧叶尖细，则为火焰赤根菜。同金钩虾米以面包合，烙而食之，乃仲春之时品也。至若丁香紫、寿带黄、杏花红、梨花白，所谓万紫千红总是春。元鸟至，则高堂画栋衔泥结草以居；至秋社，城村燕各将其雏于采育东土阜，名聚燕台，呢喃竟二日而后去。

三　月

清明

清明扫墓，倾城男女，纷出四郊，担酌挈盒，轮毂相望。各携纸鸢线轴，祭扫毕，即于坟前施放较胜。京制纸鸢极尽工巧，有价值数金者，琉璃厂为市易之。清明日摘新柳佩带，谚云："清明不带柳，来生变黄狗。"又以柳条穿祭余蒸点，至立夏日油煎与小儿食之，谓不齼夏。

东岳庙

朝阳门外二里许，延祐中建庙，以祀东岳天齐仁圣帝。明正统中，改拓其宇，两庑设地狱七十二司，殿后为穿堂寝殿。神像为正奉刘元手塑。寝殿设浴盆二，受水数十石，道士赞目疾入洗。龛前悬金钱一，人争以钱击之，中者宜子。殿前丰碑数十统，内三碑：一为天师神道碑，元赵文敏书；一为仁寿宫碑，虞文靖集隶书；一为昭德殿碑，赵士延书。岁之三月朔至廿八日设庙，为帝庆诞辰。都人陈鼓乐旌旗，结彩亭乘舆，导驾出游，观者塞路。进香赛愿者络绎不绝。南城右安门内横街之东，亦有庙祀，两庑为十地阎君之殿。凡有向涿鹿山进香者，预期致祭于此，名曰发信。各庙游人了香愿毕，于长松密柳之下取醉而归。

四　月

立夏

立夏取平日曝晾之米粉春芽，并用糨面煎作各式果叠，往来馈遗。仍将清明柳穿之点，煎作小儿食之，谓曰宜夏。

结缘

八日为浴佛会。街衢寺院搭苫棚座，施茶水盐豆，以黄布帛为悬旌，书曰"普结良缘"。禁屠割。都人多于悯忠寺游玩，施斋饭僧，讲经于讲堂，听讲者甚夥。又为赴龙华大会。考悯忠寺建于唐贞观十九年。太宗悯东征士卒战亡，收其遗骸，葬幽州城西，建悯忠寺。中有高阁，谚云"悯忠高阁，去天一握"是也。有圣祖御书扁四：曰大雄宝殿，曰觉路津梁，曰不二法门，曰藏经阁。雍正十二年改名法源寺。

时品

荐新菜果，王瓜樱桃，匏丝煎饼，榆钱蒸糕，蚕豆生芽，莴苣出笋，乃时品也。花名玫瑰，色分真紫鹅黄；树长娑罗，品重香山卧佛。青蒿为蔬菜，四月食之，三月则采入药为茵陈，七月小儿取作星灯。谚云："三月茵陈四月蒿，五月六月砍柴烧。"

五 月

端阳

五月朔，家家悬朱符，插蒲龙艾虎，窗牖贴红纸吉祥葫芦。幼女剪彩叠福，用软帛缉逢老健人、角黍、蒜头、五毒老虎等式，抽作大红朱雄葫芦，小儿佩之，宜夏避恶。家堂奉祀，蔬供米粽之外，果品则红樱桃、黑桑葚、文官果、八达杏。午前细切蒲根，伴以雄黄，曝而浸酒。饮余则涂抹儿童面颊耳鼻，并挥洒床帐间，以避虫毒。饰小女尽态极妍，已嫁之女亦各归宁，呼是日为女儿节。

天坛

帝京午节，极胜游览。或南顶城隍庙游回，或午后家宴毕，仍修射柳故事，于天坛长垣之下，骋骑走繣。更入坛内神乐所前，摸壁赌墅，陈蔬肴，酌余酒，喧呼于夕阳芳树之下，竟日忘归。

关圣庙

关圣庙遍天下，而京师尤胜。入祀典者，地安门外西步量桥白马庙，正阳门月城右之庙，春秋致祭。除夕开正阳内门，由内城居人瞻拜；夜子后开西门，城外居人瞻拜。香火极胜。岁之五月十三日为单刀会，是日多雨，谓天赐磨刀水云。殿祀精严，朱楹黄覆，绮槛金盦，中奉圣祖御书额曰"忠义"。西庑下有明董文敏书焦太史所撰碑记，传为二绝。

夏至

夏至大祀方泽，乃国之大典。京师于是日家家俱食冷淘面，即俗说过水面是也。乃都门之美品。向曾询及各省游历友人，咸以京师之冷淘面爽口适宜，天下无比。谚云："冬至馄饨夏至面。"京俗无论生辰节候，婚丧喜祭宴享，早饭俱食过水面。省妥爽便，莫此为甚。

时品

小麦登场，玉米入市。蒜苗为菜，青草肥羊。麦青作撺转，麦仁煮肉粥。豇豆角、豌豆角、蚕豆角、扁豆角，尽为菜品；腌稍瓜、架冬瓜、绿丝瓜、白菱瓜，亦作羹汤。晚酌相宜。西瓜、甜瓜、云南瓜、白黄瓜、白樱桃、白桑葚。甜瓜之品最多，长大黄皮者为金皮香瓜，皮白瓢青为高丽香瓜，其白皮绿点者为脂麻粒，色青小尖者为琵琶轴，味极甘美。桃品亦多，五月结实者为麦熟桃，尖红者为鹰嘴桃，纯白者为银桃，纯红者为五节香，绿皮红点者为秌秸叶，小而白者为银桃奴，小而红绿相兼者为缸儿桃，扁而核可作念珠者为柿饼桃。更有外来色白而浆浓者为肃宁桃，色红而味甘者为深州桃。杏除香白、八达杏之外，有四道河、海棠红等杏，仁亦甘美。李柰则有御黄李、麝香红，又有黄皮红点者为梅杏。又杏质而李核者，为胡撕赖蜜淋嚌。至若榴花似火，家人摘以簪头；凤草飞红，绣女敲而染指；江西腊五色芬芳，虞美人几枝娇艳，则又为端阳之佳卉也。

六　月

浴象

銮仪卫驯象所，于三伏日，仪官具履服，设仪仗鼓吹，导象出宣武门西闸水滨浴之。城下结彩棚，设仪官公廨监浴，都人于两岸观望，环聚如堵。

时品

盛夏食饮，最喜清新，是以公子调冰，佳人雪藕。京师莲实种二：内河者嫩而鲜，宜承露，食之益寿；外河坚而实，宜干用。河藕亦种二：御河者为果藕，外河者多菜藕。总以白莲为上，不但果菜皆宜，晒粉尤为佳品也。且有鲜菱、芡实、茨菇、桃仁，冰湃下酒，鲜美无比。其莲藕芡菱，凉水河最胜，有坊曰十里荷香。避暑山庄金莲映日处，广庭数亩，金莲万本，天下无二。茉莉花、福建兰，摘以薰茶；六月菊、白凤仙，俱堪浸酒；夜兰香、晚香玉，落日香浓；勤娘子、马缨花，平明蕊放。

七 月

立秋雨

秋前五日为大雨时行之候，若立秋之日得雨，则秋日畅茂，岁书大有。谚云："骑秋一场雨，遍地出黄金。"立秋预日，陈冰瓜，蒸茄脯，煎香薷饮，院中露一宿，新秋日合家食饮之，谓秋后无余暑疟痢之疾。

七夕

七夕前数日，种麦于小瓦器，为牵牛星之神，谓之五生盆。幼女以盂水曝日下，各投小针，浮之水面，徐视水底日影，或散如花，动如云，细如线，粗如椎，因以卜女之巧。街市卖巧果，人家设宴，儿女对银河拜，咸为乞巧。

中元

中元祭扫，尤胜清明。绿树阴浓，青禾畅茂，蝉鸣鸟语，兴助人游。庵观寺院，设盂兰会，传为目莲僧救母日也。街巷搭苫高台、鬼王棚座，看演经文，施放焰口，以济孤魂。锦纸扎糊法船，长至七八十尺者，临池焚化。点燃河灯，谓以慈航普渡。如清明仪，舁请都城隍像出巡，祭厉鬼。闻世祖朝，曾召戒衲木陈玉林居万善殿。每岁中元建盂兰道场，自十三日至十五日放河灯，使小内监持荷叶燃烛其中，罗列两岸，以数千计。又用琉璃作荷花灯数千盏，随波上下。中流驾龙舟，奏梵乐，作禅诵，自瀛台南过金鳌玉栋桥，绕万岁山至五龙亭而回。河汉微凉，秋蟾正洁，至今传为胜事。都中小儿亦于是夕执长柄荷叶，燃烛于内，青光荧荧，如磷火然。又以青蒿缚香烛数百，燃为星星灯。镂瓜皮，掏莲蓬，俱可为灯，各具一质。结伴呼群，遨游于天街经坛灯月之下，名门灯会，更尽乃归。

时品

禾黍登，秋蟹肥，苹婆果熟，虎癞槟香。都门枣品极多，大而长圆者为缨络枣，尖如橄榄者为马牙枣，质小而松脆者为山枣，极小而圆者为酸枣。又有赛梨枣、无核枣、合儿枣、甜瓜枣、外来之密云枣、安平枣，博野、枣强等处之枣。其羊枣黑色，俗呼为软枣，即丁香柿也。红子石榴之外有白子石榴者，甘如蜜蔗，种出内苑。梨种亦多，有秋梨、雪梨、波梨、密梨、棠梨、罐梨、红绡梨，外来则有常山贡梨、大名梨、肉绵梨、瀛梨、洺梨。其能消渴解酲者，又莫如西苑之截梨、北山之酸梨也。山楂种二，京产者小而甜，外来者大而酸，可以捣糕，可糖食。又有蜜饯榅桲，质似山楂，而香美过之，出自辽东。楸叶鸣秋，葵花向日，鸡冠分五色，高逾檐，多如林，秋日盛开，若百鸟朝凤，芬芳艳丽，乃秋色中之绝品也。至于剪秋罗、玉簪花、芙蓉花、雁来红，又不若秋海棠，虽西府铁梗木本之花，亦难比其娇媚也。老来少由青而碧，碧而黄，黄而红，如暮霞照紫，睹此则不必西山问霜叶矣。

八 月

中秋

十五日祭月，香灯品供之外，则团圆月饼也。雕西瓜为莲瓣，摘萝卜叶作娑罗。香果苹婆，花红脆枣，中山御李，豫省岗榴，紫葡萄，绿毛豆，黄梨丹柿，白藕青莲。云仪纸马，则道院送疏，题曰月府素曜太阴皇君。至于先丁后社，享祭报功，众祀秋成，西郊夕月，乃国家明禋之大典也。

时品

中秋桂饼之外，则卤馅芽韭稍麦，南炉鸭，烧小猪，挂炉肉，配食糟发面团，桂花东酒。鲜果品类甚繁，而最美者莫过葡萄。圆大而紫色者为玛瑙，长而白者为马乳，大小相兼者为公领孙。又有朱砂红、棣棠黄、乌玉珠等类，味俱甘美。其小而甜者为琐琐葡萄，性极熟，能生发花痘。至于街市小儿叫卖小而黑者为酸葡萄，品斯下矣。盖柿出西山，大如碗，甘如蜜，冬月食之，可解炕煤毒气。白露节苏州生栗初来，用饧沙拌炒，乃都门美品。正阳门王皮胡同杨店者更佳。其余清新果品，如苹婆、槟子、葡萄之类，用巨瓷瓮藏贮冰窖，经冬取出，鲜美依然。

九 月

重阳

京师重阳节花糕极胜。有油糖果炉作者，有发面纍果蒸成者，有江米黄米捣成者，皆剪五色彩旗以为标帜。市人争买，供家堂，馈亲友。小儿辈又以酸枣捣糕，火炙脆枣，糖拌果干，线穿山楂，绕街卖之。有女之家，馈遗酒礼，归宁父母，又为女儿节云。染铺赈济饥贫，哄然如市。

登高

重阳日，北城居人多于阜成门外真觉寺五塔金刚宝座台上登高，南城居人多于左安门内法藏寺弥陀塔登高。考真觉寺建于明成祖，因番僧版的达入贡金佛五躯，金刚宝座规式，封以国师，赐居此寺。宪宗九年，准式建宝座，累石台高五丈，藏级于壁，蜗旋而上。台列石塔五，各二丈，塔刻梵宇梵宝梵花，塔前有成化御制碑记。法藏寺旧名弥陀寺，金大定中立，明景泰二年重建，更名法藏寺。有祭酒胡濙、沙门道孚二碑。道孚戒坛第一代戒师，世人称鹅头祖师者也。北地多风，故塔不能空，无可登者。法藏寺弥陀塔独空，其中可登，塔高十丈，八面，窗置一佛，凡五十八佛，佛舍一灯。岁上元夜，寺僧燃灯绕塔奏乐，金光明空，乐作天上矣。

赏菊

秋日家家胜栽黄菊，采自丰台，品类极多。惟黄金带、白玉团、旧朝衣、老僧衲为最雅。酒炉茶设，亦多栽黄菊，于街巷贴市招曰：某馆肆新堆菊花山可观。

时品

茰囊辟毒，菊叶迎祥，松榛结子，韭菜开花。新黄米包红枣作煎糕，荞麦面和秦椒压合酪。板鸭清煮，嫩蟹香糟。草桥荸荠大于杯，卫水银雨白似玉。

十 月

送寒衣

十月朔，孟冬时享宗庙，颁宪书，乃国之大典。士民家祭祖扫墓，如中元仪。晚夕缄书冥楮，加以五色彩帛作成冠带衣履，于门外奠而焚之，曰送寒衣。

白塔燃灯

太液池之阳，有白塔，为永安寺。岁之十月廿五日，自山下燃灯至塔顶，灯光罗列，恍如星斗。诸内侍黄衣喇嘛执经梵呗，吹大法螺，余者左持有柄圆鼓，右执弯槌齐击之，缓急疏密，各有节奏，更余乃休，以祈福也。考白塔基址旧为万岁山，又为琼华岛。山顶有广寒、仁智等殿，玉虹、瀛洲等亭，塔西传为辽萧后梳妆楼，倾圮已久。顺治八年辛卯秋，建塔立寺，康熙己未重修。辛酉冬，运是山之石于瀛台，塔下仅存黄壤，悉听民居。雍正庚戌复为修葺。乾隆癸亥，塔前建龙光之坊，东为慧日亭，西为悦心殿，宫室焕然一新，仍为禁苑矣。

时品

铁角初肥，汤羊正美。白鲞并豚蹄为冻，脂麻灌果馅为糖。冬笋新来，黄韭才熟。至于酒品之多，京师为最。煮东煮雪，醅出江元，竹叶飞清，梨花湛白，窝儿米酿，瓮底春浓。药酒则史国公、状元红、黄连液、莲花白、茵陈绿、橘豆青，保元固本，益寿延龄。外制则乡贩南路烧酒，张家湾之湾酒，涞水县之涞酒，易州之易酒，沧州之沧酒。更有清河干榨，潞水思源，南来之木瓜惠泉，绍兴苦露，桂酒橘酒，一包四瓶，三白五加皮。虽品味各殊，然皆不及内府之玉泉醴酒醇且厚也。

十一月

冬至

长至南郊大祀，次旦百官进表朝贺，为国大典。绅耆庶士，奔走往来，家置一簿，题名满幅。传自正统己巳之变，此礼顿废。然在京仕宦流寓极多，尚皆拜贺。预日为冬夜，祀祖羹饭之外，以细肉馅包角儿奉献。谚所谓"冬至馄饨夏至面"之遗意也。

冰床、滑擦

太液池之五龙亭前，中海之水云榭前，寒冬冰冻，以木作床，下镶钢条，一人在前引绳，可坐三四人，行冰如飞，名曰拖床。积雪残云，景更如画。冰上滑擦者，所著之履皆有铁齿，流行冰上，如星驰电掣，争先夺标取胜，名曰溜冰。都人于各城外护城河下，群聚滑擦，往还亦以拖床代渡。更将拖床结连一处，治酌陈肴于上，欢饮高歌，两三人牵引，便捷如飞，较之坐骧乘车，远胜多矣。

时品

时维长至，贡物咸来：北置则獾狸狍鹿，野豕黄羊，风干冰冻；南来则橙柑橘柚，香橼佛手，蜜饯糖栖。旧新时品，摘青韭以煮黄芽；祠祭鲜羹，移梅花而烹白雪。欣一阳之来复，遂万有以萌生。

十二月

市卖

腊月朔，街前卖粥果者成市。更有卖核桃、柿饼、枣、栗、干菱角米者，肩挑筐贮，叫而卖之。其次则肥野鸡、关东鱼、野猫、野鹜、腌腊肉、铁雀儿、徽架果罩、大佛花、斗光千张、楼子庄元宝。初十外则卖卫画、门神、挂钱、金银箔、锞子黄钱、销金倒酉、马子烧纸、玻璃镜、窗户眼。请十八佛天地百分。钱店银号兑换压岁金银小梅花海棠元宝。廿日外则卖糖瓜、糖饼、江米竹节糕、关东糖。糟草炒豆，乃廿三日送灶饷神马之具也。又有卖窑器者，铜银换瓷碗，京烧之香炉烛台；闷葫芦，小儿藉以存钱；支锅瓦，灶口用为助爨。至廿五日外则脂麻秸、松柏枝、南苍术爝岁矣。腊月诸物价昂，盖年景丰裕，人工忙促，故有腊月水土贵三分之谚。高年人于岁逼时，训饬后辈谨慎出入，又有"二十七八，平取平抓"之谚。

腊八

腊月八日为王侯腊，家家煮果粥。皆于预日拣簸米豆，以百果雕作人物像生花式。三更煮粥成，祀家堂门灶陇亩，合家聚食，馈送亲邻，为腊八粥。

窖冰

腊八日御河起冰贮窖，通河运冰贮内窖，太液池起冰贮雪池冰窖，开谳门运之。各门护城河打冰，于河边修土窖贮之，夏日出易甚便。

乱岁

廿五日至除夕传为乱岁日。因灶神已上天，除夕方旋驾，诸凶煞俱不用事，多于此五日内婚嫁，谓之百无禁忌。

沐浴

岁暮斋沐，多于廿七八日。谚云："二十七，洗疚疾；二十八，洗邋遢。"

京都风俗志

　　让廉，生平不详。其于光绪己亥年（1899）仲春时撰写的《京都风俗志》是一部极具特色的记录刻画当时京都岁时风俗的著作。作者以一年的时间为线索，条理清晰地为我们展现了光绪年间京都地区人们在节日时的风俗习惯和酬神敬神传统。作者对于各个节日的风俗、传统描绘十分细致，让读者仿佛可以透过文字看到当时人们接神拜年的热闹场面，同时文中多次出现的俗语，生动展现了当时的风俗传统。整篇文章虽篇幅不长，但内容丰富，对于研究北京过去的节令风俗和宗教传统有很高的参考价值。

　　本文选自北平近代科学图书馆清光绪二十年（1894）版《京都风俗志》。

　　京都正月初一日，子时后，家家长幼，先诣神佛前，焚香叩拜，谓之接神。次设奠于先人柯堂，礼毕，家长登堂，众人依序相率拜贺，老幼互作庆祝语，妇女设酒菜，家中长幼咸聚饭相庆，亦有食素不御荤酒者。自接神后，凡刀剪箕帚之类，得忌用，不吉之言，不善之事，口皆不道。而粪土污水，俱不得轻弃，或以为不祥耗财之义，亦有如常而不戒忌者。黎明人易新服，以待宾客。市中铺肆无论大小皆陆续接神，施放鞭爆，联络之声，至昼不断。或有贫者，俟爆竹声毕，向铺高声作喜庆之歌，词韵可听，得钱数百始去，其铺肆即闭门罢市五日。士商往来拜谒，或登门投刺，谓之拜年。近日此礼亦懈，往往多遣人代拜，而不亲往。自此少年游冶，演习歌吹，儿童鸣锣击鼓，蹴球舞棒，以及竹马风筝，不论昼夜，随意所之。至十八日谓之残灯末庙，然后市井如常，工人返肆，商贾各执其业。至开印之期，则学子攻书，官兵执差如平日。此半月余，德胜门外正觉寺，游人甚夥，内有大钟，相传永乐时铸，沈度笔，少师姚恭靖公监造，名曰华严钟，击之声闻数十里，钟径长丈二，内外刻佛号，《弥陀》《法华》诸品经，蒲牢刻《楞严咒》，铜质精好，字画整隽，西方之镇也。

西便门外白云观，元太极观墟，中塑邱真人像，白皙无须眉。本朝乾隆二十一年、五十二年两次敕修，有圣祖暨高宗御书联额，并御制碑。又真人像前有木钵一，乃刳木瘿为之，上广下狭，可容五斗，内涂以金，恭刻高宗御制诗其中，石座承之，绕以朱栏，为道众聚会之所，每年正月十九日致醮祠下，谓之燕九节。男女至观焚香持斋，彻夜达旦，谓之会神仙。或言十九日神仙必降此观，此风俗之不善也。正阳门外琉璃厂，西直门内曹公观等处，陈设杂技，锣鼓聒耳，俱于是月士女车马，蜂拥蚁聚，填塞街市。

立春之仪前一日，顺天府尹往西直门外一里地，名春场，迎春牛芒神入府署中，搭芦棚二，东西各南向，东设芒神，西设春牛，形象彩色，皆按干支，准令男女纵观，至立春时官吏皂役，鼓乐送回春场，以顺大道众役打焚，故谓之打春。正月初二日，人家市肆，咸祭财神，或食馄饨，谓之元宝，远近鞭爆之声盛于除夕。以此可见祭财神之虔，即贪利之心胜也。

初六日开市，大半祭神如元旦仪。古之七日为人日，以占泰否，今于初八日祭本命星君，以糯米为面，裹糖果馅，谓之元宵为献，以其形肖星象也。自此亲友馈送，以元宵为新品，至残灯始止。正月十五日为上元节，祭神以元宵为献，俗谓之灯节。三街大市，前后张灯五夜，其灯有大小高矮，长短方圆等式，有纱纸琉璃羊角西洋之别，其绘人物则列国、三国，西游、封神、水浒、志异等图，花卉则兰菊梅桂萱竹牡丹，禽兽则鸾凤龙虎，以至马牛猫犬与鱼虾虫蚁等图，无不颜色鲜美，妙态传真，品目殊多，颇难枚举。而最奇巧者为冰灯，以冰琢成人物花鸟虫兽等像，冰以药固之，日久不消，雕刻玲珑，观者嘉赏。而豪家富室，演放花盒，先是市中搬芦棚于道侧，卖各色花盒爆竹，堆挂如山，形式名目，指不胜屈，其盒子晚间月下，火燃机发，则盒中人物花鸟坠落如挂，历历分明，移时始没，谓之一层大盒，有至数层者，其花则万朵零落，千灯四散，新奇妙制，殊难意会。近日亦有洋式制造者，尤幻变百出，穷极精巧，不可名状。又有好事者，于灯月之下，为藏头诗句，任人猜揣，谓之灯谜，俗曰灯虎。此五夜，凡通衢委巷，灯光星布珠悬，皎如白昼，喧阗彻旦。人家铺肆筵乐歌吹，市食则蜜食糖果花生、瓜子、诸品果蔌。王孙贵客、士女儿童，倾城出游，谓之逛灯。车马塞涂，几无寸隙。茶楼则低唱高歌，酒肆则飞觞醉月，笙簧鼓乐，喝采狂呼，斯时声音鼎沸，月色灯光而人不觉为夜也。

二十三日，德胜门外土城关东北慈度寺，俗呼黑寺，黄衣番僧诵经送祟，谓之打鬼，城中男女出郭争观，寺前教场，游人蚁聚云屯，又有买卖赶趁香茶食果及妆彩傀儡纸鸢竹马串鼓蝴蝶琐碎戏具，以诱悦童曹者。在城市，至时僧众出寺，装扮牛头鹿面星宿妖魔等相，旗幡伞扇，拥护如天神，与钟鼓法器之声，聒耳炫目，其扮妖魔相者，皆番僧少年者数人，手执短柄长尾鞭，奔于稠人中乱击之，无赖者谑语戏骂，以激其怒，而僧奔击犹急，以博众笑，喧闹移时，黄衣归寺，则游人星散。紫陌飞尘，轻车驷马，鱼贯入城，而日已近山矣，其浪荡之人，或藉看打鬼为名，往往潜入青楼耳。二月朔日，唐后为中和节，今废而不举。相传为太阳真君生辰，太阳宫等处，修崇醮事，人家向日焚香叩拜，供夹糖糕，如糕干状，上签面作小鸡，或戳鸡形于糕上，谓之太阳糕，亦有持斋诵《太阳经》者。

二日，为土地真君生辰。城内外土地神庙香火不绝，游人亦众。又有放花盒，灯香供献以酬神者，俗谓此日为龙抬头，此日饭食皆以龙名，如饼谓之龙鳞，饭谓之龙子，条面为龙须，扁食为龙牙之类。

十九日为观音生辰，僧寺建会，诵经斋醮，人家亦有食素唪经者。

三月三日，相传为西王母蟠桃会之期，东便门内太平宫，俗呼蟠桃宫，所居羽士，修建佛事，士女拈香，游人甚众。轻浮纨绔之徒，于郊野驰马驱车，往来冲跑，以夸奇斗胜为乐。清明从冬至数至一百五日，即其节也。前两日为寒食节，禁烟火等仪，京皆不举。惟清明日妇女儿童有戴柳条者，斯时柳芽将舒苞如桑葚，谓之柳苟，谚云："清明不戴柳，死后变黄狗。"其意殊不可晓。或曰："清明不戴柳，死在黄巢手。"盖黄巢造反时，以清明日为期，带柳为号，故有是谚也。是日倾城上冢，九城门外自晨至暮，处处飞灰。其野店荒村，酒食一罄。或云此日有风，则过四十五日始止。谚云："清明刮了坟上土，大风刮到四十五。"农家犹多占验。

三月十五日起，朝阳门外东岳庙，日日士女拈香供献，放生还愿等诸善事，及各行工商建会，亦于此庙酬神。盖此庙水、陆诸天神像最全，故酬神最易。至二十八日为东岳齐天圣帝生辰，特建赏尘等会，其游人与修善事者，较平日称为更胜。

四月初一日至十五日，京西妙峰山娘娘庙男女答赛拈香者，一路不断。由德胜门外迤西，松林闸东，搭盖茶棚，以达山上。曲折百余里，沿途茶棚凡十数处，其棚内供奉神像，悬挂旗幡，花红绫彩，外列牌棍旌钺，昼则施茶，夜则施粥，以备往来香客之饮。灯烛香火，日夜不休，助善人等，于焚香献供时，或八人或六人四人，皆手提长绳大锣，约重数十斤，以小棒击之，其音如钟，声闻远近。在神前起站跪拜，便捷自若，其式同仪，其音同节，亦彼之小技也。至于施粥茶之际，数人同声高唱虔诚太们落座喝粥等辞，与钟磬之声，远闻数里，以令香客知所憩息。而香客多有裹粮登山，不但粥茶憩息得所，及遇风雨，亦资休避。其豪富者，乘车至山下，则易二人肩椅，谓之爬山虎。夜间灯笼火炬，照耀山谷。城内诸般歌舞之会，必于此月登山酬赛，谓之朝顶进香，如开路秧歌、太少狮、五虎棍、杠箱等会。其开路，以人扮蓬头涂面，赤脊舞义，秧歌以数人扮陀头、渔翁、樵夫、渔婆、公子等相，配以腰鼓手锣，足皆登竖木，谓之高脚秧歌。太少狮，以一人举狮头在前，一人在后为狮尾，上遮阔布，彩色绒线，如狮背皮毛状，二人套彩裤作狮腿，前直立，后偻伛，舞动如生，有滚球戏水等名目。五虎棍，以数人扮宋祖、郑恩等相，舞棍如飞，分合中式。其杠箱，一人扮幞头玉带，横踏杠上，以二人肩抬之，好事者拦路问难，则谑浪判语，以致众人欢笑。凡此等会，以曾经朝顶者为贵。外此则西直门外斗府闸之万寿寺五塔寺等，及西山中碧云寺诸禅林名刹者，亦同时拈香，游人麇集于山林木间，实京都一巨观也。

二十二日，城内宛平县城隍神为出巡之日，官隶迎祭，准令士女拈香，县役扮判官鬼卒，抬神游街，故谓之出巡。或枷锁红衣为罪人者，或露臂挂灯者，或扮马僮者，还愿酬赛，以答神庥者，种种异常，鼓乐笙簧，喧振数武，观者丛头，挥汗如雨，竟日始散。二十九大兴县城隍神亦如此仪。

五月初一日为端阳节，又曰端午，即古天中节也。人家铺肆买粽子樱桃桑葚，以献神佛，买蒲艾插于门旁，贴画虎蝎虾蟆或天师等图，揭之楣间，谓之神符。道家亦有书符以送檀越者。人家妇女，以花红绫线结成虎形、葫芦、樱桃，桑葚及蒲艾、瓜豆、葱蒜之属，以彩绒贯之成串，以细小者为最，缀于小儿辫背间，或剪纸或镂纸折纸，作葫芦、蝙蝠，卐字各式，总谓之福儿。杂五色彩纸以衬之，总谓之曰葫芦儿。妇女买通草小虎彩绒福儿带钗簪头上，至初五日，惟神符福儿留之，其葫芦等物，尽抛街巷，谓之扔灾。是日小儿额上以雄黄画王字，又以雄黄涂小儿鼻耳之孔，谓如此夏月能辟诸虫，亦有饮雄黄酒者，此日食黑色桑葚，或云夏月无食蝇之患。富家买糕饼，上有蝎、蛇、虾蟆、蜈蚣、蝎虎之像，谓之五毒饽饽，馈送亲友，称为上品。

六月六日，佛寺有晒经者，自是出郭游览者亦众，城外一二里，茶轩酒舍，上罩芦棚，下铺阔席，围遮蜜树，远护疏篱，游人纳凉其中，皆觉有趣。而市中敲铜盏卖梅汤者，与卖西瓜者，铿聒远近。或深树坦腹者，或柳荫垂钓者，或浴于溪卧于林者，盖皆寻清凉而避炎热也。伏日，人家有食盛馔异于平日者，谓之贴伏膘，或以此日起有舍冰水者，或有煎苏叶、霍香叶、甘草等汤于市中舍之，谓之暑汤。

二十三日为马明王生辰。二十四日为关圣帝君生辰。此两日官府人家铺户，多焚香叩祭竟日。立秋日，人家亦有丰食者，谓之贴秋膘。亦有以大秤称人，记其轻重，或以为有益于人。七月七夕，人家多谈牛女渡河事，或云是夜三更，于葡萄架下静听，能闻牛女隐隐哭声。而穿针乞巧，今皆不举。惟六日晚间，设水碗于花下，七日中午，妇女以细枝抛水中，视其影形，以占拙巧，此亦乞巧之别义也。

七月十五日为中元节，俗传地官赦罪之辰，人家上冢，奠先人如清明仪。僧家建盂兰盆会，诵经斋醮，焚化纸船，谓之法船，以为渡幽冥孤独之魂。市中卖各种花灯，皆以纸作莲瓣攒成，总谓之莲花灯。亦有卖带梗荷叶者，谓之荷叶灯。晚间小儿三五成群，各举莲花荷叶之灯，绕巷高声云："莲花灯，莲花灯，今天点了明天扔。"或以短香遍粘蒿上，或以大茄满插短香，谓之蒿子灯、茄子灯等名目，此燃香之灯于暗处，如万点萤光，千星鬼火，亦可观也。

八月初三日，为灶君生辰，厨行建灶君会，人家铺肆酬神亦广。

十五日谓之中秋节，人家以月饼相遗，取团圆之义。前三五日，通衢大市，搭盖芦棚，内设高案盒筐，满置鲜果瓜，如桃、榴、梨、枣、葡萄、苹果之类，晚间灯下一望，红绿相间，香气袭人。卖果者，高声叫鬻，一路不断。而日间市中，以土塑兔儿像，有顶盔束甲如将军者，有短衫担物如小贩者，有坐立起舞如饮酒宴乐者，大至数尺，小不及寸，名目形相，指不胜数，与彩画土质人马之类，罗列高架而卖之，以娱小儿，号为兔儿爷。至望日于月下，设鲜果月饼，鸡冠花，黄豆枝等物，人家妇女拈香先拜，男子后拜，以妇女为属阴，故祭月以先之，此乃取义之正也。礼毕，家中长幼咸集，盛设瓜果酒肴，于庭中聚饮，谓之团圆酒。

重九日人家以花糕为献，其糕以麦面作双饼，中夹果品，上有双羊像，谓之重阳花糕。亦有携榼于城外高阜处御酒食肉者，谓之登高，亦古人之遗俗也。

霜降日，或云是日必见冰，盖此日去初伏一百日也。或于菜蔬上稍见冰凌，即为证验。

十月朔日，人家奠先人于坟墓，或剪彩纸如人衣状，及楮钱等物焚之，谓之送寒衣。谚云：“十月一，送寒衣。”即斯时也。严寒将来，送衣于祖考，不忘本也。

十五日为下元节，俗传水官解厄之辰，或有持斋诵经者。

十一月立冬日，或有食荞面等物，谓能益人。

冬至日，俗谓之属九，或画纸为八十一圈，每日分阴晴，涂一圈记阴晴多寡，谓之九九消寒图，以占来年丰歉。

十二月八日，人家煮杂米豆和胡桃、榛、松、枣、栗之类，作粥盛碗中，上铺干果色糖，谓之腊八粥，以献神佛，富室竞侈，其果糖皆极美，饰盛以哥汝瓷瓯，配以诸般糕点，馈送亲友，仅供一啜而已。黄衣僧寺，亦多作粥，施粥之厂，加枣栗犹与平日不同。是日以蒜瓣投入醋中，密封之，俟除夕启食，其蒜青翠可爱，醋味甚美，谓之腊八醋。

十五日以后，市中卖年货者，棋布星罗，如桌几笔墨。人丛作书，则卖春联者。五色新鲜，千张炫目，则卖画幅者。以及芦棚鳞次，摊架相依，则佛花供品，杯盆杵臼，凡祭神日用之物，堆积满道，各处皆然。人家铺肆，择日撢扫房屋，谓之扫房，整顿内外一切什物，买麻秸、柏枝、米面、菜蔬，果品、酒肉，鸡鱼，凡食用之物，置办一新，以预过年。二十前后，官府封印，学子离塾。

二十三日，人家市肆祀灶，谓之祭灶，以胶牙糯米糖，谓之关东糖，胡麻糖片，胡麻条及糯米细糖梨糕等糖，总谓之南糖。又糖瓜糖饼等糖为献，方圆形相，殊多品目。是日晚间于供桌设灶神纸像，或有二像者，谓之张灶李灶，其一又曰烧灶。祭灶时，男子先拜，妇女次之，谚云："男不拜月，女不祭灶。"盖灶神为一家之主，故以家长先拜，亦礼之宜也。祭毕，焚像于燎炉，或以所供之豆，投于炉中，次晨觅豆食之，或云可祛牙痛。自此街坊货物云屯，商贾辐辏，犹胜中旬。人家换桃符、门神、钟馗，福禄天官和合及新样子画诸图，春联春帖挂钱等物，粘贴于门楹庭壁间，无论天街僻巷，皆点染年华，光饰门户，僧道作交年疏异品素食，以送施主，医家制益人药物以送常所往来者，富室亲友，竞相厚馈。

除夕人家，或有祀先，或焚冥钱。早晨，官府有谒上司之仪，谓之拜官年。都人不论贫富，俱多市食物。晚间铺肆灯火蚀天，烂如星布，游人接踵，欢声满道。人家盛新饭于盆锅中以储之，谓之年饭，上签柏枝、柿饼、龙眼、荔枝、枣、栗，谓之年饭果，配金箔元宝以饰之。家庭举宴，少长欢嬉，儿女终夜博戏玩耍，妇女治酒食，其刀砧之声，远近相闻。门户不闭，鸡犬相安。或有往亲友家拜贺者，谓之辞岁。夜静更深，则爆竹之声渐起，是即接神者，而升平之世，于斯可见其概也。余虽陋，敢志京都一岁之遗俗如此也。

旧京俗尚(节选)

[清]夏仁虎

　　夏仁虎(1874—1963)，字蔚如，号啸庵，别号枝巢。夏仁虎自幼聪慧，少时就展示出了惊人的文学才华。1897年参加萃科考试被录取为"拔贡"。第二年，以拔贡身份前往北京参加殿试朝考，成绩优秀，留京做官。从此，他定居北京，开始了长达30年的官宦生涯。在经历了清末、北洋时期的官场后，最终于1929年因不满当局的贪腐弃官归隐，专事著书和讲学，担任北京大学讲师和北京师范大学教授。新中国成立后，被聘为中央文史研究馆馆员。他一生笔耕不辍，著有包含小说、诗词、方志等在内的40余部优秀作品。本文出自其代表作《燕京杂记》的"俗尚"一卷，作者在该卷中以自己的见闻为基础，记载了包括旧北京居民的衣、食、住、行、宗教信仰、社会风俗等诸多方面的内容。记述生动细致，对于研究近代北京的民俗、社会有极高的参考价值。

　　本文节选自北京古籍出版社1986年出版的明史玄、清夏仁虎、清阙名著《旧京遗事 旧京琐记 燕京杂记》。

　　都人习见官仪，多讲礼貌，周旋应对，往往中程，然其弊也伪。风气刚劲，不屈不挠，勇于赴义，重名知耻，然其弊也狠。顾本性多近质实，常见故家老辈，其接子弟后进，礼倨而词直，貌严而情亲，尚不失先民矩范，迨末季渐浇漓耳。

妇女见客，非特旗族为然，土著亦有之。门生谒师，固无不见师母者。亲戚至，无不见家人者。余初北来，诣一远戚，乃其家闺中之人咸集，若者妗姨姑姊妹固夙所未知也。然一片嘤咛问好之声，推本身以及南中之家人，一一都遍。实则余家人固梦寐中不知有此戚也。彼辈亦不知余家究有何人，特臆想而遍询之，谓非是弗亲耳。昔见笑剧，有不相识之人，乍见而呼曰"赵"，答曰："非赵。""然而钱？"曰："无钱。"曰："若是则孙三爷？"曰："余无弟兄。"又有初会者见面极亲，问其尊亲好，自家人以逮鸡犬，终则曰："贵姓？"殆此礼作俑欤？

交际场中亦多虚伪之风。昔于筵中晤一人，谈悉为世交。彼则极意周旋，坚约来日一饮，既而曰："明日有内廷差，后日如何？"方逊谢，彼已呼笔书柬，议地议菜，碌乱不已。席将终，彼忽拍膝曰："后日有家祭，奈何？"他客为解曰："相见正长，何必呕呕。"余恶其扰，亦谢曰："此月中鄙人方有俗冗，得暇再趋扰耳。"后终不晤。友人云："彼之延饮面子也，君应逊谢亦面子也。君竟不坚辞，彼只有自觅台阶以下耳。"

贵族之家，文胜于情。新妇问安视膳，但有侍立，姜媵亦然。命坐，但有矮几，弟跪于前，兄微引手而已。夫妻间礼貌亦隆。昔闻溥仲露尚书于其夫人生辰，恭具冠服，童仆持礼品先之。至夫人许，高唱曰："老爷来拜寿。"夫人出迎，互请安道谢，肃坐进茗，寒暄而退。尚书生日，夫人礼亦如之。遇年节亦然。

亲戚获而远骨肉，讲过节而无真意，旧家之通病也。乐与仕宦交，好习官样，平民之通病也。至于好侠尚义，急人之急如其私，转在社会中之卑贱者，其殆古燕、赵之遗风欤？喜游览，妇女尤甚。正月最繁，所谓六部灯也，厂甸也，火神庙、白云观也，按时必至。春初则出郊外，曰看青。六月则南薰门外之南顶、永定门外之中顶，各有会，植幡、使叉、秧歌、花鼓，演者率为子弟，观者奔波远来，挥汗相属。大抵四时有会，每月有会。会则摊肆纷陈，士女竞集，谓之好游荡可，谓之升平景象亦可。

懒惰之习，亦所不免。《顺天府志》谓：民家开窗面街，炕在窗下。市食物者以时过，则自窗递入。人家妇女，非特不操中馈，亦往往终日不下炕。今过城中曲巷，此制犹有存者，熟食之叫卖亦如故。

贵家子弟，驰马试箭，调鹰纵犬，不失尚武之风。至于养鱼、斗蟀、走票、纠赌，风斯下矣。别有坊曲游手，提笼架鸟，抛石掷弹，以为常课。鸟则有红殿壳、蓝殿壳、鹧鸪之类，调护珍惜，谧为鸟奴。玩日愒月，并成废弃，风尚之最恶者。

四时之礼，多重报本，而迷信亦甚。清明、中元与十月一日必扫墓，男妇皆往焉。冬至满人必祭堂子，植竿于庭而燎祭焉。稍有力者必用全猪羊。祭毕，招亲友会食于庭，曰吃克食，必尽为度。汉人则否。立春日，各按年岁之多少捻纸浸油燃之，曰顺星。新年既过，则具酒肉而加餐焉，曰添仓。

正月之灯向集于前门内之六部，曰六部灯，以工部为最。有冰灯，镂冰为之，飞走百态，穷极工巧。亦扮杂戏，有役阍姓者能演判官，立独杠上为种种姿式，呼之为阍判，殆亦黄胖游春之遗欤？庚子乱后遂废。灯市旧集于东、西四牌楼，后始移廊房头条。中元亦有灯，多作莲花形，或折为莲瓣，集成禽鸟状，或采巨蒿，悬香于上燃之，密如繁星，灿如火树，谓之蒿子灯，昔人有作蒿灯曲者。里巷小儿百十为群，各持莲花灯而舞，亦颇有致。

斗蟋蟀场多在顺治门外。饲虫者亦谓之把式，水食调养，各有师传，受酬甚丰。养虫之盆有一枚值百十金者，以赵子玉所作为最良，盖乾、嘉时人也。开场则门悬红彩，车马咸集，上流人士往往与焉。胜负之数颇巨，一鸣惊人，贺者交集。

饮食以羊为主，豕佐之，鱼又次焉。八九月间，正阳楼之烤羊肉，都人恒重视之。炽炭于盆，以铁丝罩覆之，切肉至薄，蘸醯酱而炙于火，其馨四溢。食肉亦有姿式，一足立地，一足踞小木几，持箸燎肉，傍列酒尊，且炙且啖且饮。常见一人食肉至三十余盘，盘各肉四两，饮白酒至二十余瓶，瓶亦四两，其量可惊也。水鲜惟大头鱼、黄鱼，上市时一食之，蟹亦然。如食某鱼时则举家以此为食，巨家或至论担，但食此一种，不须他馔，亦不须面或饼。

饭以面为主体而米佐之，本京人多喜食仓米，亦谓之老米。盖南漕入仓则一经蒸变即成红色，如苏州之冬籼然，煮之无稠质，病者为宜。

蔬果之属以先时或非时为贵，香椿、云豆、菱藕之类皆是也。有所谓洞子货者，盖于花洞中熏培而出，生脆芳甘，其价尤巨。王瓜一茎，食于岁首或值一二金。戚家蒋氏昔为御果商，方其盛时以王瓜作馈岁之品，一盘之价至数十金，几致破产。至今人呼曰"王瓜蒋"云。

衣著之宜，旧家必衷礼法，谓之款式，亦曰得样。大抵色取其深，以尘土重，浅色不耐浣也。非京式者谓之怯，近奇邪者谓之匪，人皆非笑之。士夫长袍多用乐亭所织之细布，亦曰对儿布。坚致细密，一袭可衣数岁。外褂则多为江绸，间用库缎。文锦记者，良绸皆团花，初用暗龙，后乃改用拱璧、汉瓦、富贵不断、江山万代之类。马褂长袖者曰卧龙袋。有中作半背形而两袖异色者，满人多著之。半背曰坎肩，其前襟横作一字式者曰军机坎，亦有用麂鹿皮者。仕宦平居多著靴，嫌其底重，乃以通草制之，亦曰篆底，后乃改为薄底，曰军机跑。便帽曰秋帽，以皮为沿者曰困秋，中浅而缺者曰兔窝，软胎可折叠入怀者曰军机六折。大抵满官研究衣著，每解衣则零星佩饰摊满一案，汉官则否。

妇女衣裙，颜色以年岁为准。金绣浅色之衣，唯新嫁娘或闺秀服之，一过妙龄，即以青、蓝、紫、酱为正宗矣。衫袖腋窄而中宽，谓之鱼肚袖，行时飘曳，亦有致。后乃慕南式而易之，则又紧抱腕臂，至于不能屈伸。旗、汉装无不绑腿者，以地气寒也，其带则平金绣花，争奇斗靡。棉裤则秋深已著，春尽始去，殊损袅娜之致。庚子后渐同南化，然本质不易也。

旧日乘坐皆骡车也，制分多种，最贵者，府第之车，到门而卸，以小童推之而行，出则御者二，不跨辕，步行于两旁，健步若飞，名之曰双飞燕。次曰大鞍车，贵官乘之。京堂以上，障泥用红，曰红拖泥，自余皆绿色油布围之。曰官车，寻常仕官乘之。曰站口车，陈于市口以待雇者。曰跑海车，沿途招揽坐客，车轮亦有别。曰山西较者（京语呼轮曰较），来自晋，轮皆有齿。曰伏地西较者（京语本地曰伏地），本地仿西轮为之，唯无齿。曰夯较者，斯下矣。

京师屋制之美备甲于四方，以研究数百年，因地因时，皆有格局也。户必南向，廊必深，院必广，正屋必有后窗，故深严而轩朗。大家入门即不露行，以廊多于屋也。夏日，窗以绿色冷布糊之，内施以卷窗，昼卷而夜垂，以通空气。院广以便搭棚，人家有喜庆事，宾客皆集于棚下。正房必有附室，曰套间，亦曰耳房，以为休息及储藏之所。夏凉冬燠，四时皆宜者是矣。

中下之户曰四合房、三合房。贫穷编户有所谓杂院者，一院之中，家占一室，萃而群居，口角奸盗之事出焉。然亦有相安者，则必有一人焉或最先居入，或识文字，或擅口才，若领袖然。至于共处既久，疾病相扶，患难相救，虽家人不啻也。

京人买房宅取租以为食者谓之吃瓦片，贩书画碑帖者谓之吃软片。向日租房招帖，必附其下曰贵旗、贵教、贵天津免问。盖当时津人在京者犹不若近时之高尚，而旗籍、回教则人多有畏之者。

都中土著在士族工商而外有数种人皆食于官者。曰书吏，世世相袭，以长子孙。其原贯以浙绍为多，率拥厚资，起居甚侈。夏必凉棚，院必列磁缸以养文鱼，排巨盆以栽石榴，无子弟读书亦必延一西席，以示阔绰。讥者为之联云：天棚鱼缸石榴树；先生肥狗胖丫头。其习然也。曰库丁，役于户部，侵盗多致巨富。每岁挑库丁时，行贿之数可惊，然恒为匪徒抢绑，勒赎巨资，谓之抢库丁。故出入恒以多人护焉，此辈谓之保库丁。曰吃仓，又谓之仓匪，或谓之仓老鼠，一役身后往往百数十人，鼠雀之耗可知矣。曰长班，有二类：曰科分，曰会馆，亦子孙相袭。自各部裁书吏，银行代金库，南漕绝迹，科举既停，此辈皆失所，惟会馆之长班犹在。

富贵人家多信佛，故僧道之地位甚高。子弟往往拜僧为师，求其保护。甚有以子息艰难，恐难长养，而购一贫家儿令其为僧者，谓之替身。他日被替之子长成，此替身僧人若其弟兄然，举家敬礼之。

燕京杂记(节选)

[清]阙　名

《燕京杂记》原题古粤顺德无名氏著。据书中所记作者应是广东顺德人，在京城做官，能诗擅画，是一位才艺兼备的文人。此书主要记载作者在北京的见闻，内容极为丰富，包括岁时风俗、民间生活、卫生治安、名胜古迹、园林景观、衙署寺院、饮食特产等诸多方面。从书中所载内容可以看出，此书内容虽然庞杂，但多为作者亲身经历的见闻，所以较为可信。书中对北京商业的发展和不同身份的社会居民记载尤其详细，为我们研究北京当时的社会经济发展和阶级构成提供了重要的史料依据。

本文节选自北京古籍出版社 1986 年出版的明史玄、清夏仁虎、清阙名著《旧京遗事 旧京琐记 燕京杂记》。

立春日，都人多买萝卜生食之，谓之咬春，又作春饼。

元日，祀神及先祖，剪纸不断至丈余，供于祖前，谓之阡张，焚之。正月初旬，拜年者踵门，疾呼接贴，投一名刺，匆匆驰去，多不面晤主人。司阍者记其姓名于册，多有不识者。倘无司阍者，客到嫌于启门，贴一纸囊于门外，外写请留尊柬四字，拜者投刺于中即去。浮文无当，一至于此。

上辛日，朝廷祈谷至天坛，御辇高丈余，十六人异，以象驮祭品。初二至十六，开琉璃厂，上元设灯谜，猜中以物酬

248

之，俗谓之打灯虎。谜语甚典博，上自经文，下及词曲，非学问渊深者弗中。

十九日，谓之燕九。二月初一，街上卖太阳糕，岁一次，买之以祀日也。

清明，人家上坟，于市上买盒子菜以祀之，即南边之馔盒也。

五月初五，多集天坛。六月初伏日浴象，浴毕，象向官折半膝谢焉。

中秋，人家贺月宫，图中绘兔人立，男女陈瓜果拜兔爷。

燕俗不重冬祭，南人官于京者，设筵祀其先人，邀乡亲饮之。

十二月击羯鼓，或谓之腊鼓，又谓之迎年鼓。初八日，累米果至百煮粥。二十四日，刻灶马祀灶，以板印灶神于纸，谓之灶马，祀后焚之。

岁杪，儿童始放纸鸢，至来春清明乃止。

宣武门内有驯象所，中有指挥一员司之，象各一房，房列东西，户南向。每象一奴，奴知象意，象晓奴语，服役惟谨，视若主人。所谓受爵禄一如武弁，至有封大将军食一品禄者。象奴穷乏，欲与借俸，则必哀求切祷，或以母饥子寒为言，俟其首肯，乃能持去，否则不敢。有人观者，能以鼻作鼓角声，能以后足作半折之礼。与钱象奴，奴于耳边絮语，象亦睨视其奴得钱满意与否，然后为之献技也。

朝廷有事于南北郊及祈谷雩祭大典，必使象驮祭品驾辂车以出。

凡朝贺日，象于午门立仗，所立之位，视其爵禄尊卑以为后先，不能稍逾咫尺。驾未御殿，散行龁草，一闻钟声，即按部就班，懔然肃立。俟百官毕入，东西交鼻，无敢逾进者矣。如获罪贬秩，则立仗时必退居贬所，不敢复立原处。或有病不能立仗及驾车驮物，则诣他象处面求代行，他象亦审其病否然后应之。至入朝迟误及无故伤人，则宣勑杖之，俯首受杖，杖毕，仍屈膝上谢杖者。物状甚蠢笨，而食禄感恩犹尚如是，可以人而不如兽乎？

每岁初伏日，浴象西濠，观者近万人。按《客滇偶笔》及《露书赤雅》诸书，皆谓象浴于水必交，雄俯雌仰，浮合如人，但必择人迹不到处，如见人，则羞而止。今京师洗象悉无交者，岂以人迹所在乎？象之知耻又如此。

燕齐之室，瓦上无窗以透光者，如室南向，则于南北墙俱作牖，牖去地仅二尺余，卧室土炕即作于牖下，牖与炕相去无咫尺，论语谓：自牖执其手。牖作南北解俱可，而必拘于南者似属作意。后览群经别解，已有先得我心者。

京师房舍墙壁窗牖俱以白纸裱之，屋之上以高粱秸为架，秸倒系于桁桷，以纸糊其下，谓之顶棚。不善裱者辄有绉纹。京师裱糊匠其属巧妙，平直光滑，仰视如板壁横悬。或间以别纸点缀为丹楹刻桷状，真如油之漆之者然。又有琉璃纸，俗谓之光明纸，用以糊窗，自内视外则明，自外视内则暗。欧阳元功渔家词所谓：花户油窗通晓旭者此也。裱糊多闻岁一易，侈者一年四易。北地高燥，即春月亦无湿气发泄者。

燕地风沙无微不入，人家窗牖多糊纸以障之。冬日，又防寒气内侵，或易以高丽纸。至夏日，又于窗纸去其一二，裱以疏布，使其除暑纳凉也。布外仍系以纸，有风沙则舒之，无则卷之。

渡河以北，渐有风沙，京中尤甚。每当风起，尘氛埃影，冲天蔽日，观面不相识，俗谓之刮黄沙。月必数次或十数次，或竟月皆然。裴说诗曰："日生方见树，风定始无沙。"马戴诗："风折旆竿曲，沙埋树杪平。"黄滔诗："野烧枯蓬旋，沙风匹马衡。"范镇诗："边日照人如月色，野风吹草作泉声。"皆善状燕地风沙之景。

都人谓清明日风作，则一月内无日不风，亦无日不沙矣。戊寅清明日风作，余验之良然。

风沙之起，触处皆是，重帘叠幕，罩牖笼窗。钻隙潜来，莫知其处，故几席间拂之旋积。古人谓京师软红尘土，不其然乎？

京城街道除正阳门外绝不砌石，故天晴时则沙深埋足，尘细拂面，阴雨则污泥满道，臭气蒸天，如游没底之堑，如行积秽之沟，偶一翻车，即三薰三沐，莫蠲其臭。

…………

城北有钟鼓楼，俱是砖石所筑，枨闑无用木者。相传一用木，必遭火毁云。

大学在城东北隅，元至元间所造设，周宣石鼓置于庙内，门之外有新石鼓十，东西各五，乾隆间上仿古式而制者也。东竖一御碑，详记其事。西一碑，张照书韩文公《石鼓歌》，字大二寸余，碑之前后左右皆满，书法秀劲可爱。

彝伦堂前有古槐一株，元许鲁斋为祭酒时所手植也，国朝已枯死数年矣。乾隆丁亥，旁干重生，适遇慈宁皇太后万寿之年，御制诗以纪其瑞，具刻于碑。

于忠肃祠在崇文门内裱背胡同，公赐宅也。

贡院在城东，相传为元时礼部旧署，明永乐年间改作贡院，国朝因之。地甚狭，东西文场相隔仅四丈余，号舍颇觉宽敞，惟小西轩殊逼仄耳。明远楼甚高，登其末层，西山峰峦、北阙宫殿瞭然在目。楼柱有联云：夜静文光冲北斗；秋来爽气挹西山。秀楚翘先生所题也。

贡院东有观象台，高近十丈，与城堞相峙。上有浑天仪一具，即书所谓璇玑也。铜铸为之，古色斑驳，有龙承四柱，悬仪其上。另有一仪，不及其半，谓之简仪。又有玉衡一具，亦铜为之，形如尺而两头皆曲，二穴，对穴直窥，以候中星。又有铜球一具，外刻二十八宿，左右旋转，以象天体。台下小室一区，中有铜人捧量天尺，北面而立，室顶有穴，以候日中测影长短。或谓冬至后，日影可得一丈七尺，夏至后，日影可得二尺。相传为元耶律楚材所制，或云金人入汴，取诸宋以北去者，元则因之耳。前明及国朝屡有修葺，悉仍其旧云。《古今律历考》曰：宋真宗时司天冬官正韩显符造铜仪，木淳风遗。嗣后沈括、苏颂造仪象，浮漏亦臻奇巧。靖康之乱，仪象之器尽归于金。元都燕，其初袭金旧，而规环不协，难复施行，太史令郭守敬尽考其失，创作诸仪。按此则非耶律楚材所制矣。

宋文丞相正命于柴市，今燕京地名无称柴市者，按《日下旧闻》所引诸书，即今育贤坊内顺天府学是其地也。粤东欧阳虞部有诗云："魂沉柴市月，泪尽蓟门霜。白雁衔江草，黄龙逐海航。"学之东有丞相祠，历朝拜谒，题诵甚多。明鼎革时，李邦华殉难于此。

宣武门外有杨椒山祠，即公故宅也，制颇隘。楹有联云：

"燕市宅依然两疏共传公有胆；钤山堂在否十年不出彼何心。"桂苓门隶书也。庭外一碑，刘文清公书，甚清秀。

明袁督师崇焕在广渠门内岭南义庄寄葬，相传督师杀后无人敢收其尸者，其仆潮州人余某，藁葬于此，守墓终身，遂附葬其石。迄今守庄者皆余某子孙，代十余人，卒无回岭南者。当时督师被执，廷臣力争，怀宗不悟。我朝深知其冤，乾隆间赐谥荫嗣，彰阐忠魂，千古未有。岭南冯渔山题义庄有云："丹心未必当时变，碧血应藏此地坚。"

崇文门外打磨厂有金忠洁公故宅。

古藤书屋在宣武门外海波寺街，朱竹垞先生故宅也。先生罢官于此，闭门数月，辑《日下旧闻》一编。百余年来已数易主，今为吾乡顺德会馆，内有古藤二株，数百年物也。古根蟠坞，柔干萦棚，每当春杪花开，嫩紫蒸霞，新清浥露。夏时则绿叶青葱，满荫庭院，浓阴纳爽，翠影飘凉，犹想见前贤之清芬也。

西苑树林密茂，有鸦百万巢于其上，人谓之宫鸦。每当天曙时，分数群出城外以求哺，及日暮即返，必在城阙未开之前。如城阙开时，即飞至城头亦回野外以寄宿。皇威远被，禽鸟犹知。

京师有草虫，状如蟋蟀，肥大而青，生于夏秋间，声唧唧甚聒耳。京师人多笼以佩之，佳者十余金一头。其笼以小葫芦去其上截为之，四围雕花鸟以通气，精细工绝，价有贵至百金者。八旗满洲妇人多有空其鞋底以纳之，使其声与履声相应，若行肆夏趋采齐者然。俗名此虫为咽咽。按咽乃蛙属，非草虫也。

北人善用驴马，凡负载牵挽之役皆驱使之，然无以用之牵舟者。观元人马虚中《次杨村诗》有云："蹇驴无力牵穿缆，行到杨村日已昏。"按此则古人已有用之牵舟者矣。杨村，地名，去通州不远。

京师旧卖冰者，以二铜盏叠之作向以为号，故谓之冰盏。今卖果食亦用冰盏，失其旨矣。觚不觚，夫子所以欢也。

京师风气最尚标榜，士大夫每有诗稿一本，浓圈密点，或墨或紫，或黄或蓝，五色相间，许者多以比李、杜，下注某某拜读，半是名公巨宿。又有装一册页，冠以小图，或写登山临水之景，或绘思亲别友之地，其下题咏多请名公巨宿，以为交游光宠。

进士题名碑，每科立于国学大成门外，始于永乐二年三月，元以前未有也。自永乐至万历初年，碑皆有记，记皆有当时之某大学士、某尚书撰及书。万历后迄今国朝，仅有题名而无记矣。

冬月，士大夫约同人围炉饮酒，迭为宾主，谓之消寒社。好事者聊以九人，定以九日，取九九消寒之义。余寓都冬月，亦结同志十余人，饮酒赋诗，继以射，继以书画。至十余人，事亦韵矣。主任备纸数十帧，预日约至某所，至期，各携笔砚，或山水，或花卉，或翎毛，或草虫，随意所适。其画即署主人款，写毕，张于四壁，群饮以赏之。如腊月砚冻不能画，留春暖再举。时为东道者，多邀集陶然亭，游人环座观之，至有先藏交易于市者，南方谓之趁墟，北方谓之赶集，又谓之赶会，京师则谓之赶庙。月之逢三日，聚于南城土地庙，凡人家器用等物，靡不毕具，而最多者鸡毛帚子，短者尺余，高者丈余，望之如长林茂竹。月之逢七、八日，聚市于西四牌楼、护国寺。逢九、十日，聚市于东四牌楼、隆福寺。珠玉云屯，锦绣山积；华衣丽服，修短随人合度；珍奇玩器，至有人所未观者。

有荷两筐击小鼓以收物者，谓之打鼓，交错于道，鼓音不绝。贵家奴婢，每盗出器物以鬻之，打鼓旋得旋卖，路旁识者至以贱价值得宋元字画、秦汉器皿。纪晓岚著《槐西杂志》痛恨此辈，至斥其妇无不当娼者，殆有为而言欤？

京师荷担卖物者，每曼声婉转动人听闻，有发语数十字而不知其卖何物者。呼卖物者，高唱入云，旁观唤卖，殊不听闻，惟以掌虚覆其耳无不闻者。

外城东有东小市，西有西小市，俱卖皮服、椅桌、玩器等物。而东市皮服尤多，平壤数十亩，一望如百兽交卧。东小市之西又有穷汉市，破衣烂帽，至寒士所不堪，亦重堆叠砌。其最便宜者，割方靴为鞋，值仅三四十钱。官则不屑，商则不宜，隶则不敢。惟上不官，下不隶，而久留京邸者，则甘之矣。西小市之西又穷汉市，穷困小民日在道上所拾烂布、溷纸，于五更垂尽时往此鬻之，天乍曙即散去矣。

西小市又名"黑市"。五更交易，不燃灯烛，暗中摸索，随意酬值，至有数百钱而得貂裘者，亦有数十金而得破衣烂服者。此者穿窬夜盗夜售，天晓恐有觉者，故卖者买者俱未细审其物也。后有司禁之，遂绝。

京师市店，素讲局面，雕红刻翠，锦窗绣户，招牌至有高三丈者。夜则燃灯数十，纱笼角灯，照耀如同白昼，其在东、西四牌楼及正阳门大栅栏者尤为卓越。中有茶叶店，高甍巨栌，细榻宏窗，刻以人物，铺以黄金，绚云映日，洵是伟观，总之母钱或百万或千万，俱用为修饰之具。茶叶则贷于茶客，亦视其店之局面，华丽者即无母钱存贮亦信而不疑。倘局面暗淡，虽椟积千万亦不敢贷矣。金玉其外，败絮其中，所由来也。寄园寄所寄谓其挟有限之资，先耗无益之费，夫亦深知其故哉！

琉璃厂多鬻字画，唐、宋、元、明真迹不少，而应者殊多，每一入店，披览竟日，尚不能尽其十之一二。

翰林院在玉河桥畔，门外左右有积土二阜，高数尺，相传去之则馆内诸人不利，内有额曰衡山旧署。衡山为待诏，于翰林官为卑，今反以颜其额，地以人传如此。

京城内外以及郊坰边地僧寺约千余所，半是前明太监所建，览其碑碣，或以为退后香火，或以为代君后资冥福，观此可知胜朝宠任宦官之过。今内城诸寺多改住喇嘛，而喇嘛之居穷奢极侈，逾于漠僧之兰若。

南城悯忠寺，岁之四月八日为放生大会，豪商妇女、显官妻妾凝妆艳服，蜂屯蚁集。轻薄少年如作狭邪之游，车击毂，人摩肩。寺僧守门，进者索钱二百，否则拒之。于是品绿题红，鞋交履错，遗珠落翠，粉荡脂流，招提兰若，竟似溱洧濮上矣。寺僧又于妇女所携之小儿女各与一扑满，诱他带回满载，令明年赴会输之。以是一日间获金至数千。其谓放生大会者仅买数雀放之，实则一无所观。后有某御史陈奏禁之，遂绝。

悯忠寺有北海云麾将军碑，仅存二础，是翁覃溪所摹者，笔力甚为劲峭。

京师税厂设于崇文门外，载货入都者到此输之，谓之上务。监督者虑有漏税，设门役于各门以检之，遇有货者则道之上务，无者则纵之使入，法甚善也。今之门役不论货之有无，需索甚奢，谓之讨饭食钱。羁留竟日，必饱其囊橐然后纵去，其在数入都门者或不敢稽迟。若初至者，土音是操，不谙规制，其勒索更不可言矣。甚有阴窃明夺，滋扰生端，朝廷重惩亦复不悛。故入都者亲友候问必先问入门易否，甚矣都门之难入也。

都人谓圆明园为海淀，海淀东南里许有虎圈，俗谓之虎城。高约三丈，周围坚壁，中历三区，区各一窦，铁板闸之，驱虎出入所也。其上架一横槛，覆以铁网，观者自外墙拾级而登，级尽俯窥。区各一虎，蹲踞窦侧，闻履声则仰视，以为饲者至矣，耸毛竖须张牙，以羊肉投之，一跃几及铁网。太史公曰：猛虎在深山，百兽震恐，及在槛阱之中，摇尾而求食。信然。末一区有豹，毛彩斑斓，神威辣奋，比虎犹可畏怖。投肉于地不食，恶不洁也，缒下乃食，毋亦自爱其文彩而不敢饕餮者乎？

圆明园西去二里为昆明湖，俗谓之西湖景。其地隔玉泉山仅里许，即玉泉龙泉所潴成为巨浸，绿水澄清，沙禽出没，云影天光，一碧千顷。湖之北，龙楼凤阁，后依山，前临水，每当天雨晴霁，楼阁倒影，波纹荡漾，真如海上仙山，虚无缥缈矣。折而西，小丘短阜，列涧分泉，时间以圆亭方榭。其东长堤十里，垂杨夹道，筛日笼烟。当湖之尽处，别引一小溪，止流数十屈，叠两岸之石，可钓可渔。则湖之南也，湖心横跨一桥，长约百丈，琼栏玉槛，如银汉之竟天，如白虹之驾海。外有战艘二，帆樯毕具，戈干森然，岂取教战昆明之义乎？湖边有铜牛一，头角峥嵘，文彩斑驳，岂取昆明织女牵牛之义乎？按《日下旧闻》或谓此湖为历朝驻跸之所，在辽则有承天护圣寺，在明则有功德寺，国朝造为离官别苑，此湖盖与有荣焉。

市上专门名家者指不胜数。如外城曰俭居之熟肉，六必居之豉油，都一处之酒，同仁堂之药，李白实之笔；内城长安斋之靴，启盛之金顶，皆致巨富。

都一处买酒以杯计，不以壶计。有亲王某善饮，微服过之，索以巨碗，主人以其破格不与，王怒碎其器，一时都下喧传之。

"六必居"三字相传为严嵩书，端正秀劲，不类其人。

高粱酒谓之干酒，绍兴酒谓之黄酒，高粱饮少辄醉，黄酒不然，故京师尚之，宴客必需。当宴客时，仆役往往盗饮，一壶酌二三杯即告竭。有京官知之，遂于客未至时集群仆尽醉以干酒乃役使，防其盗饮也。客至皆酩酊不任事，都下传为笑柄。

永定门外西去有江亭，俗谓之陶然亭，因亭有额颜曰"陶然"，故以名亭。康熙间汉阳江氏藻所建。亭基高数丈，周围阔数十丈，厂其中以为亭，外复绕以小榭，八方洞达，一望皆槐柳，又有水藻环其下，隐然如山林幽致，空城里得此洵是奇观。有咏者云："穿竹小车如坐艇，出林高阁似登山。"亭旁有一阁祀文昌，其签悉集古诗，乃纪晓岚先生之作也。

唐贞观十九年，太宗征辽，悯士卒战亡者建此寺，故名。宋徽宗北狩即羁于此，明改名崇福，国朝敕改法源斋堂，有大士化身画像六十四幅，闽人某指墨甚苍秀。寺内有唐苏灵芝行书《宝塔颂》，碑文称"御史大夫史思明奉为大唐光天大圣文武孝感皇帝敬无垢净光宝塔颂"。但此碑陷文改刻甚多，按《日下旧闻》辨此碑乃思明未降唐之先诳禄山作也。又谓禄山借称范阳为东都，碑中"范阳"二字陷文，其初必"东都"也；凡"唐"字皆陷文，其初必"燕"字也；"大唐光天"一行皆陷文，其初必禄山父子伪号也。且其碑文难读，疑从禄山俗尚也，辨之甚确。《宋史》载谢叠山为魏天佑迫就元聘，入燕京居悯忠寺，见壁间曹娥碑，泣曰："小女子犹尔，吾岂不汝若哉！"不食死。按此则寺内应有曹娥碑，今搜不见矣。

东小市有精忠庙，祀岳武穆也，有铁铸秦缪戾夫妇像跪于阶下，阶下有碑刻"武穆文臣不爱钱，武臣不惜死"二语，明侍御某书之者也。

阜成门内有白塔寺，建自辽寿昌间，中有白塔一座，高约十余丈，色白如雪，绕以铜网，环以石栏，远望如擎天白玉柱。

京师蒙馆外有招榜，大书一"学"字，旁书"秋爽来学"四小字，来学必以秋爽，不知何义。友人对以"冬季讽经"，京师寺外必大书此四字，以此为对，亦甚有趣。

京师地名及市肆招榜，前人有属为联者：臭水塘；香山寺。珍珠酒；琥珀糖。单牌楼；双塔寺。棋盘街；旗杆庙。诚意高香；细心坚烛。细皮薄脆；多肉馄饨。天理肥皂；地道药材。凡此皆属工致。近友人有一联云：九卿六部；两广三江。亦甚雅整。神效狗屁膏；祖传乌发药。相传此对为纪晓岚者。

燕地苦寒，寝者俱以火炕，炕必有墙，墙有窗户。贫家无隙地，衾枕之外，即街道矣。妇人眠炕上，听有卖汤饼者核过者，即于窗户传入。

京师之水，最不适口，水有甜苦之分，苦有固不可食，即甜者亦非佳品。卖者又昂其价，且画地为界，流寓者往往苦之。吾尝谓居长安者不怕米贵而怕薪水贵也。

通州城西北隅有燃灯佛塔，建自后周宇文氏，十三层，高二十八丈，周围十丈四尺。每当天气清朗，塔影摇落潞河中，如长虹倒跨，摇摇不止

京外西南百余里有琉璃河，河有桥，桥畔倚一铁竿，方而扁，长约五丈，俗谓之王彦章铁篙，与李存孝较力者。此谎妄甚，余观此铁竿，非如篙形，大约昔人镇压此桥之物耳。

居庸、紫荆、倒马为内三关，雁门、宁武、偏头为外三关，皆倚万里长城。内三关为京师右辅，其最近京师者为居庸。德胜门外七十里至昌平州之西门外，二十五里至南口城，入南口城十五里即居庸关。关外二十里至八达岭，即边墙矣。重峰叠嶂，插汉凌霄，崎险不能逾越。中有一径，自南城至关口，怪石嶙峋，仅容人马，设关守险，诚边防之重地也。余诗有云：云横峻岭千排出，天劈雄关一线开。

居庸叠嶂，为京师八景之一，山峰苍古，涧水激湍，亦骚人逸士之所登临者。但迹杂尘嚣，殊乏雅韵，牛羊驴马骆驼自塞外入者络绎不绝，游者多侧立以避。

关里有石塔跨于街者，谓之过街塔，俗谓之半截塔。形如塔，基无上截，故名。塔之下拱如石桥，两边刻金刚像，杂以佛经，字亦端好，四围刻龙凤及竹木形，工巧精绝。

昌平州南数十里为唐刘谏议蒉故里，余游居庸，路经此。有诗二首，其一云："一时公论播人寰，共说登科有汗颜，榜

上至今难记忆，留名翻在落孙山。"

昌平州东南三十里有汤山，山有温泉，土人即此作浴堂。

居庸关内有弹琴峡，水流石罅，声若弹琴然。

燕京岁时记（节选）

[清]富察敦崇

富察敦崇，晚清文人，满洲镶黄旗人，曾任兵部主事、奉天巡防营务处提调等职，著有《燕京岁时记》《南行诗草》《画虎集文抄》《紫藤馆诗草》《思恩太守年谱》等，其中以《燕京岁时记》最为著名。该书以时令为序，系以北京的风俗、游览、物产、技艺等，是记述北京岁时风物专著中不可忽略的一种。《燕京岁时记》问世后不久，即被美国汉学家德克·卜德、日本学者小野胜年等先后翻译成英文版和日文版流传海外。

本文节选自北京古籍出版社1983年出版的清潘荣陛、富察敦崇著北京古籍丛书《帝京岁时纪胜 燕京岁时纪》。

一 月

元旦

京师谓元旦为大年初一。每届初一，于子初后焚香接神，燃爆竹以致敬，连霄达巷，络绎不休。接神之后，自王公以及百官，均应入朝朝贺。朝贺已毕，走亲谒友，谓之道新喜。亲者登堂，疏者投刺而已。貂裘蟒服，道路纷驰，真有车如流水马如游龙之盛，诚太平之景象也。是日，无论贫富贵贱，皆以白面作角而食之，谓之煮饽饽，举国皆然，无不同也。富贵之家，暗以金石小果及宝石等藏之饽饽中，以卜顺利。家人食得者，则终岁大吉。

打春　节令无定期，姑录于正月之内，馀做此。

打春即立春，在正月者居多。立春先一日，顺天府官员至东直门外一里春场迎春。立春日，礼部呈进春山宝座，顺天府呈进春牛图。礼毕回署，引春牛而击之，曰打春。是日富家多食春饼，妇女等多买萝卜而食之，曰咬春，谓可以却春困也。

谨按《礼部则例》载：立春前一日，顺天府尹率僚属朝服迎春于东直门外，隶役舁芒神土牛，导以鼓乐，至府署前，陈于彩棚。立春日，大兴、宛平县令设案于午门外正中，奉恭进皇帝、皇太后、皇后芒神土牛，配以春山。府县生员舁进，礼部官前导，尚书、侍郎、府尹及丞后随，由午门中门入，至干清门、慈宁门恭进，内监各接奏，礼毕皆退。府尹乃出土牛环击，以示劝农之意。又《涌幢小品》载，前明正统中，每岁立春，顺天府别造春牛春花进御前及仁寿宫，凡三座。每座用金银珠翠等物，费钱九万余。景皇即位，谕明年春日当复增三座。宛平坊民相率陈诉，乃以时花充用。

二　月

龙抬头

二月二日，古之中和节也。今人呼为龙抬头。是日食饼者谓之龙鳞饼，食面者谓之龙须面。闺中停止针线，恐伤龙目也。

清明

清明即寒食，又曰禁烟节。古人最重之，今人不为节，但儿童戴柳祭扫坟茔而已。世族之祭扫者，于祭品之外，以五色纸钱制成幡盖，陈于墓左。祭毕，子孙亲执于墓门之外而焚之，谓之佛多，民间无用者。

按，《析津志》云：辽俗最重清明，上自内苑，下至士庶，俱立秋千架，日以嬉戏为乐。自前明以来，此风久革，不复有半仙之戏矣。又《岁时百问》云：万物生长此时，皆清净明洁，故谓之清明。至清明戴柳者，乃唐高宗三月三日祓禊于渭阳，赐群臣柳圈各一，谓戴之可免虿毒。今盖师其遗意也。

三 月

三月三

俗谓栽壶卢者，必于三月三日下种，否则结实不繁。

东岳庙

东岳庙在朝阳门外二里许。除朔望外，每至三月，自十五日起，开庙半月。士女云集，至二十八日为尤盛，俗谓之撢尘会。其实乃东岳大帝诞辰也。庙有七十二司，司各有神主之。相传速报司之神为岳武穆，最著灵异。凡负屈含冤心迹不明者，率于此处设誓盟心，其报最速。阶前有秦桧跪像，见者莫不唾之，已不辨面目矣。后阁有梓潼帝君，亦著灵异，科举之年，祈祷相属。神座右有铜骡一匹，颇能愈人疾病。病耳者则摩其耳，病目者则拭其目，病足者则抚其足。阁东有甲胄之像数，半身没于地中，俗传为杨家将云云，究不知其为何神也。庙中道教碑乃元翰林院承旨赵孟頫所书，字画虽真，丰神已失，想为俗工凿治矣。谨按，《日下旧闻考》：东岳庙乃元延祐中建，以祀东岳天齐仁圣帝。前明正统中，益拓其宇，两庑设七十二司，后设帝妃行宫。本朝康熙三十七年，居民不戒而毁于火。特颁内帑修之，阅三岁而落成。殿阁廊庑，视旧加饬。乾隆二十六年复加修葺，规制益崇。故至今只谒东陵时，必于此拈香用膳焉。

四 月

万寿寺

万寿寺在西直门外五六里，门临长河，乃皇太后祝禧之所。每至四月，自初一日起，开庙半月。游人甚多，绿女红男，联蹁道路。柳风麦浪，涤荡襟怀，殊有天朗气清、惠风和畅之致。诚郊西之胜境也。

五 月

端阳

京师谓端阳为五月节，初五日为五月单五，盖端字之转音也。每届端阳以前，府第朱门皆以粽子相馈贻，并副以樱桃、桑椹、荸荠、桃、杏及五毒饼、玫瑰饼等物。其供佛祀先者，仍以粽子及樱桃、桑椹为正供。亦荐其时食之义。按，《续齐谐记》："屈原以五月初五日投汨罗江，楚人哀之，至此日，以竹筒子贮米，投水以祭之，以楝叶塞其上，以彩丝缠之，不为蛟龙所窃。"是即粽子之原起也。

菖蒲、艾子

端午日用菖蒲、艾子插于门旁，以禳不祥，亦古者艾虎蒲剑之遗意。

六 月

六月六

京师于六月六日抖晾衣服书籍，谓可不生虫蠹。

赐冰

京师自暑伏日起至立秋日止，各衙门例有赐冰。届时由工部颁给冰票，自行领取，多寡不同，各有等差。

七 月

丢针

京师闺阁，于七月七日以碗水暴日下，各投小针，浮之水面，徐视水底日影，或散如花，动如云，细如线，粗如椎，因以卜女之巧拙。俗谓之丢针儿。

鹊填桥

七月七日，清晨乌鸦喜鹊飞鸣较迟，俗谓之填桥去。

八 月

中秋

京师之曰八月节者，即中秋也。每届中秋，府第朱门皆以月饼果品相馈赠。至十五月圆时，陈瓜果于庭以供月，并祀以毛豆、鸡冠花。是时也，皓魄当空，彩云初散，传杯洗盏，儿女喧哗，真所谓佳节也。惟供月时男子多不叩拜。故京师谚曰："男不拜月，女不祭灶。"

兔儿爷摊子

每届中秋，市人之巧者用黄土抟成蟾兔之像以出售，谓之兔儿爷。有衣冠而张盖者，有甲胄而带纛旗者，有骑虎者，有默坐者。大者三尺，小者尺余。其余匠艺工人无美不备，盖亦谑而虐矣。

九 月

九月九

京师谓重阳为九月九。每届九月九日，则都人士提壶携榼，出郭登高。南则在天宁寺、陶然亭、龙爪槐等处，北则蓟门烟树、清净化城等处，远则西山八刹等处。赋诗饮酒，烤肉分糕，洵一时之快事也。

十　月

风筝、毽儿、琉璃喇叭、布楞布噔、太平鼓、空钟

儿童玩好亦有关于时令。京师十月以后，则有风筝、毽儿等物。风筝即纸鸢，缚竹为骨，以纸糊之，制成仙鹤、孔雀、沙雁、飞虎之类，绘画极工。儿童放之空中，最能清目。有带风琴锣鼓者，更抑扬可听，故谓之风筝也。毽儿者，垫以皮钱，衬以铜钱，束以雕翎，缚以皮带，儿童踢弄之，足以活血御寒。琉璃喇叭者，口如酒盏，柄长二三尺。布楞布噔者，形如壶卢而长柄，大小不一，皆琉璃厂所制。儿童呼吸之，足以导引清气。太平鼓者，系铁圈之上蒙以驴皮，形如团扇，柄下缀以铁环，儿童三五成群，以藤杖击之，鼓声冬冬然，环声铮铮然，上下相应，即所谓迎年之鼓也。空钟者，形如车轮，中有短轴，儿童以双杖系棉线播弄之，俨如天外晨钟。

十一月

冬至

冬至郊天令节，百官呈递贺表。民间不为节，惟食馄饨而已。与夏至之食面同。故京师谚曰："冬至馄饨，夏至面。"

九九消寒图

消寒图乃九格八十一圈。自冬至起，日涂一圈，上阴下晴，左风右雨，雪当中。

拖床

冬至以后，水泽腹坚，则十刹海、护城河、二闸等处皆有冰床。一人拖之，其行甚速。长约五尺，宽约三尺，以木为

之，脚有铁条，可坐三四人。雪晴日暖之际，如行玉壶中，亦快事也。至立春以后，则不可乘，乘则甚危，有陷入冰窟者，而拖者逃矣。近日王公大臣之有恩命者，亦准于西苑门内乘坐拖床，床甚华美，上有盖如车篷，可避风雪。

十二月

腊八粥

腊八粥者，用黄米、白米、江米、小米、菱角米、栗子、红江豆、去皮枣泥等，合水煮熟，外用染红桃仁、杏仁、瓜子、花生、榛穰、松子，及白糖、红糖、琐琐葡萄，以作点染。切不可用莲子、扁豆、薏米、桂元，用则伤味。每至腊七日，则剥果涤器，终夜经营，至天明时则粥熟矣。除祀先供佛外，分馈亲友，不得过午。并用红枣、桃仁等制成狮子、小儿等类，以见巧思。按，《燕都游览志》："十二月八日，赐百官粥。民间亦作腊八粥，以果米杂成之，品多者为胜。"今虽无百官之赐，而朱门馈赠，竞巧争奇，较之古人有过之无不及矣。

祭灶

二十三日祭灶，古用黄羊，近闻内廷尚用之，民间不见用也。民间祭灶惟用南糖、关东糖、糖饼及清水草豆而已。糖者所以祀神也，清水草豆者所以祀神马也。祭毕之后，将神像揭下，与千张、元宝等一并焚之。至除夕接神时，再行供奉。是日鞭炮极多，俗谓之小年下。

辞岁

凡除夕，蟒袍补褂走谒亲友者，谓之辞岁。家人叩谒尊长，亦曰辞岁。新婚者必至岳家辞岁，否则为不恭。

今月夜

孙福熙

孙福熙（1898—1962），曾用笔名丁一、明斋等，字春苔，浙江绍兴人。中国现当代散文家、画家。1915 年毕业于浙江省立第五师范学校，1919 年与兄孙优园赴京，经鲁迅介绍供职于北大图书馆，后又经蔡元培介绍赴法留学。归国后，负责编辑《艺风》《文艺茶话》等刊物，并在北京、上海、广东等地发起全国性美展。抗战期间，曾在武汉参加抗协，创作抗日宣传画。战后任职于浙江大学、中山大学等。新中国成立后历任上海中学校长、人民教育出版社高级编辑、北京编译社高级编译。其先后著有《山野掇拾》《大西洋之滨》《归航》《北京乎》《春城》等作品。《北京乎》是作者创作于 20 年代的散文作品。文笔灵动活泼，文字流畅通俗，极富生活情趣，让读者可以通过文字感受到老北京的景物、风土、人文和情怀。

本文选自开明书店 1927 年版《北京乎》。

大清早上与诸位讲夜的事情，未免十分的得罪；然而今夜是有特别意义的，所以不惜来荒废您所要计划今天一日大事的时间了。我宁可下次在黑暗的夜里再来与您讲光明的。

我是初来北京的，却要在诸位老北京之前介绍一件北京的东西，这是我很自负的。

诸位中有忙有闲，不是一律，然而我相信诸位一样的不注意"师兄"的长大与他每天对于善或恶的趋向，不但如此，您还没有注意每天的月的盈亏。

北京的屋宇并不算高，但你我挨挤在一起，而且大家像犯了罪的都拘禁在围场中，以致月色不能透入，于是不再记得月的大小了。最柔和的是新月，在淡绿的天中，嫩黄的一弯，如小桃的新叶，然而此时人们正忙着谋晚餐，没有余力在将落的日光中来注意他。最哀艳的是阴历月梢后半夜初出的缺月。在四周静寂甚或夜寒凛冽中，他起来，起不多时就要被太阳夺去色彩的，此时人们正在昏梦，我想诸君中未必有人看过几次罢。但我现在要介绍给诸位的不是那种月，是圆满，皎洁而且容易看到的今夜月。

您住在南城吗？您该往先农坛或游艺园的水边。万一您十分的忙碌，也该在经过前门时停留几分钟。汽车的号声照常的威吓您，洋车夫照常的叫你"里走"，火车站汽笛照常的引起你忙乱之感，然而你将看见东面起来一个大而且圆的月，为平日所没有的。您平日刻刻防备仇人用毒计陷害您，此刻，在这青淡的月光中，您当有纯洁与安静之感，您自然的放下心机，不愿防备了。而且，在这光中，您的仇人也受感而不想欺侮人了。您那时会明白，月光是不分等次的普照一切恩人与仇人的。怕看他人凶恶的面庞时，最好对镜看看自己的，您会发见原来自己恼怒时的面庞也是过样凶恶的；以人心凶恶为可恨的人，能在月光下照见自己的心的凶恶，看月是洗涤心肠的好方法。

您住在北城吗？京兆公园什刹海都是看月的好地方，然而最好是在北海。晚上六点钟以前，你走到琼岛的塔上，如海的缥缈而且有绿波的北京，罩在暮霭中，看太阳渐渐地落去。你要注意，在看太阳的时候，必须刻刻回顾东面，青天之下，红紫的薄幕之后，比什么日子都大的圆月缓缓的起来了。天色渐暗，月色渐明，你的目力所能及的地方，都受月光的照临，而你的心也照临在一切的人之上了。你下山来，过桥，沿北海，在濠濮涧的前面，你会看见，高大的柳枝中间，白塔的旁边，一轮明月照临水上。水边漪澜堂的灯火丛中，游人攒聚着等候花炮的起来。

诸位要问我为什么特别介绍今夜月，我大略的可以告诉你们的。我不单为今天是兔儿爷的生日，不单为今天的月球与地球最近，我为的是从我们的远祖起，每年在这一日留下些特别的感情，造成不可磨灭的事实，数千年来古今人所瞻望所歌咏的就是这个月，而且这寒热得宜，桂子香飘的时节看这圆月，不是昨天或明天的所能比，也不是上月或下月的所能比的。

您不要为了贪吃月饼而懒得出去看月。看了月回来吃月饼不晚，兔儿爷给你好好留着的！

十月一日

北京的茶食

周作人

周作人(1885—1967)，原名櫆寿，后改奎绶，字星杓，号知堂，祖籍浙江绍兴。中国现代著名思想家、散文家，民俗学的开拓者。其从日本留学归国后，于 1917 年到北京大学附属国史编译处做编辑，后又出任北京大学文科教授、燕京大学新文学系主任等职务。他广泛参与社会活动，供稿《新青年》，发起成立"文学研究会"，创办《语丝》周刊，在新文化运动和五四运动中做出重大贡献。抗战时期曾留守北平看护北大校产，1939 年 1 月起出任汪精卫政权职务，1945 年 12 月在北平被逮捕判刑。新中国成立后回到北京的老房子专事翻译和写作，"文革"期间遭受迫害，1967 年 5 月在北京逝世。

本文是其作于 1924 年 2 月的一篇散文，选自百花文艺出版社 2009 年出版的张菊香编《周作人散文选集》。

在东安市场的旧书摊上买到一本日本文章家五十岚力的《我的书翰》，中间说起东京的茶食店的点心都不好吃了，只有几家如上野山下的空也，还做得好点心，吃起来馅和糖及果实浑然融合，在舌头上分不出各自的味来。想起德川时代江户的二百五十年的繁华，当然有这一种享乐的流风余韵留传到今日，虽然比起京都来自然有点不及。北京建都已有五百余年之久，论理于衣食住方面应有多少精微的造就，但实际似乎并不如此，即以茶食而论，就不曾知道什么特殊的有滋味的东西。固然我们对于北京情形不甚熟悉，只是随便撞进一家饽饽铺里去买一点来吃，但是就撞过的经验来说，总没有很好吃的点心买到过。难道北京竟是没有好的茶食，还是有而我们不知道呢？这也未必全是为贪口腹之欲，总觉得住在古老的京城里吃不到包含历史的精炼的或颓废的点心是一个很大的缺陷。北京的朋友们，能够告诉我两三家做得上好点心的饽饽铺么？

我对于二十世纪的中国货色，有点不大喜欢，粗恶的模仿品，美其名曰国货，要卖得比外国货更贵些。新房子里卖的东西，便不免都有点怀疑，虽然这样说好像遗老的口吻，但总之关于风流享乐的事我是颇迷信传统的。我在西四牌楼以南走过，望着异馥斋的丈许高的独木招牌，不禁神往，因为这不但表示他是义和团以前的老店，那模糊阴暗的字迹又引起我一种焚香静坐的安闲而丰腴的生活的幻想。我不曾焚过什么香，却对于这件事很有趣味，然而终于不敢进香店去，因为怕他们在香盒上已放着花露水与日光皂了。我们于日用必需的东西以外，必须还有一点无用的游戏与享乐，生活才觉得有意思。我们看夕阳，看秋河，看花，听雨，闻香，喝不求解渴的酒，吃不求饱的点心，都是生活上必要的——虽然是无用的装点，而且是愈精炼愈好。可怜现在的中国生活，却是极端地干燥粗鄙，别的不说，我在北京彷徨了十年，终未曾吃到好点心。

兔儿爷

老 舍

老舍(1899—1966)，原名舒庆春，字舍予，满族正红旗人。现代著名作家、戏剧家。他生于北京，长于北京，作品多以老北京的市井生活为创作背景，让读者总能在京腔京韵中感受到老北京的民俗风情。兔儿爷这一习俗源自明代，属于月崇拜的分支，每逢中秋，北京的居民都会供奉"兔儿爷"，后来逐渐演变为中秋节令的儿童玩具。本文作者巧妙地借用兔儿爷隐喻抗战到来时投身日寇的汉奸，与之前讨人喜欢的形象形成鲜明对比，讽刺意味十足。该文起初发表在抗战爆发后创办的第一本文艺期刊《弹花》上，后又被收录进2019年人民文学出版社为纪念老舍诞辰120周年出版的散文集《想北平》中。

本文选自生活·读书·新知三联书店1997年版、姜德明编《北京乎：现代作家笔下的北京》。

我好静，故怕旅行。自然，到过的地方就不多了。到的地方少，看的东西自然也就少。就是对于兔儿爷这玩艺也没有看过多少种。

稍为熟习的只有北方几座城：北平、天津、济南和青岛。在这四个名城里，一到中秋，街上便摆出兔儿爷来——就是山东人称为兔子王的泥人。兔儿爷或兔子王都是泥做的。兔脸人身，有的背后还插上纸旗，头上罩着纸伞。种类多，做工细，要算北平。山东的兔子王样式既少，手工也很糙。

泥人本有多种，可是因为不结实，所以做得都不太精细；给小儿女买玩艺儿，谁也不愿多花钱买一碰即碎的呀。兔儿爷虽也系泥人，但售出的时间只在八月节前的半个月左右，与月饼同为迎时当令的东西，故不妨做得精细一些。况且小儿女们每愿给兔儿爷上供，置之桌上，不像对待别种泥娃娃那么随便，于是也就略为减少碰碎的危险。这样，兔儿爷便获得较优越的地位，而能每年一度很漂亮的出现于街头。

中秋又到了，北平等处的兔儿爷怎样呢？

我可以想象到：那些粉脸彩衣，插旗打伞的泥人们一定还是一行行的摆在街头，为暴敌粉饰升平啊！

听说敌人这些日子，正在北平大量的焚书，几乎凡不是木板的图书都可以遭到被投入火里的厄运。学校里，人家里，都没有了书，而街头上到处摆出兔儿爷，多么好的一种布置呢！暴敌要的是傀儡呀！

友人来信，说平津大雨，连韭菜都卖到三吊钱（与重庆的"吊"同值）一束，粗粮也卖到一毛多一斤。谁还买得起兔儿爷呢？大概也就是在市上摆几天，给大家热闹热闹眼睛吧？

因而就想到那些高等汉奸，到时候，他们就必出来。正如桂花一开，兔子王便上市。他们的脸很体面，油光水滑的，只可惜鼻下有个三瓣子嘴，而头上有一对长耳朵。他们的身上也花花绿绿，足下登起粉底高靴。身腔里可是空空的，脊背有个泥团儿，为插旗伞之用；旗伞都是纸做的。他们多体面，多空虚，多没有心肝呢！他们唯一的好处似乎只在有两个泥膝，跪下很方便。

兔儿爷怕遇上淘气的孩子，左搬右弄，它脸上的粉，身上的彩，便被弄污；不幸而孩子一失手，全身便变成若干小片片了。孩子并不十分伤心，有钱便能再买一个呀。幸而支持过了中秋，并未粉碎；可又时节已过，谁还有心玩兔子王呢？最聪明的傀儡也不过是些小土片呀！那些带活气的兔子王，越漂亮，我就越替他们担心；小日本鬼子不但淘气，而且是世上最凶狠的孩子啊。兔子王的寿命无论如何过不去中秋，我真想为那些粉墨登场的傀儡们落泪了。

抗战建国须凭真实本领与浩然正气，只能迎时当令充兔子王的，不做汉奸，也是废物。那么，我们不仅当北望平津，似乎也当自省一下吧？

什不闲

庄荫堂

庄荫堂，约生于 1869 年或 1870 年，卒于 20 世纪 30 年代后期，亦名荫棠，笔名耀亭，原籍江苏武进，久居北京，青年时曾在"铨叙"机构任职，约在 1898 年以后，从事为报纸撰稿工作，直至 20 年代末，曾著《说聊斋》和《白话聊斋》刊于《实事白话报》，代表作有《燕市积弊》《都市丛谈》等，亦在曲艺、戏剧方面颇有造诣。

本文选自北京古籍出版社 1995 年出版的待余生、逆旅过客著《燕市积弊 都市丛谈》。

"什不闲"者，系用木架上嵌锣鼓，一人居中连打带拉，合成种种声音。其架上之铙（镲），应以绳系之于地，以脚踏之使响，言其手脚不什闲儿。俟锣鼓敲毕，即以竹板拍之唱，名为"太平歌词"，并非集多人始能开演，如《四喜》《八帕》《渔樵耕读》等曲，皆为"什不闲"之正宗。此等曲词，与"莲花落"并非一事，后因过于简单，始与"莲花落"合而为一，如《十里长亭饯别》《王小儿赶脚》《赴善会》《老妈儿上京》，演来皆有可听，内分清、浑两门（即"子弟"与"生意"之别），如《四姐捡棉花》《小寡妇上坟》《四卖》等曲，"子弟"向不演唱。"子弟"中最出名者为"抓髻赵"，号"星垣"（"奎第老的"之号即系仿赵），其人嗓音清脆，扮像袅娜，拿手玩艺为《摔镜架儿》，最为世人所欢迎，曾入南府①供差，现年六十八岁，本年正月尚遇于白云观，睹其形状，迥不如前矣。记得前人有竹枝词一首，曰："轻敲竹板弄歌喉，腔急还将气暗偷。黄报遍粘称'特聘'，如何子弟亦（也）包头？"由入民国以来已入淘汰之列，只有"女落子"一门反倒大兴其时。

---

① 南府：指清室经管宫廷演剧事务的机构，即隶属于内务府的"升平署"。旧址在南长街南口，因与地址在西华门内的内务府相区别，故相应地称此机构为"南府"。

单弦曲词

庄荫堂

选自北京古籍出版社 1995 年版《燕市积弊 都市丛谈》。

　　单弦曲词一门，为时下一种流行艺术，如德寿山、桂兰友、曾振亭、张少岩、群信臣等，类皆以此为生。按单弦为八角鼓中之一，向不单独演唱，由打随缘乐①创始，始有单场之说。继其后者为李燕宾（别名"随缘时话"）、曾永元、全月如等，现已先后故去。此等人虽然要钱，当初可不入生意门儿，桌上应当铺一红毡，报签儿上要冠以"子弟"二字，无论在何处演唱，上场时须有人冲上作揖，名为"请场"，仍不失子弟身分。而且多不肯当日办帐，必须演完一转儿（四天为"一转儿"），由馆子人打总送到家，每逢演到末一天，本人必得从场上走，所为躲避"生意"二字。并非故意掩耳盗铃，内中却是别有用心。因为子弟随意消遣，有时可以拿座客取笑，生意名为售艺，不能向座客任意诙谐。迨至曾永元出世，已将此项机关打破，不但免去桌上的红毡，而且自称"整脸破身儿"，以故相传至今，纯粹认为生意。至于所演各种玩艺，较随缘乐亦不过

_____

　　① 随缘乐：本名"司瑞轩"，满族，清同治、光绪时著名八角鼓演员，"单弦"创始者，对"单弦"的曲调、曲目、曲词多有改革、创新，对后世"单弦牌子曲"之成为曲艺中重要曲种具有很大影响。

279

三成之一，如《鸿鸾禧》《天雷报》《乌盆计》《婴宁》《画皮》《胭脂》《铁冠图》等曲，而今实不多见。虽系一种雕虫小技，难免令人抚今追昔。

我观北大

鲁　迅

本文选自北新书局 1926 年版《华盖集》。

　　因为北大学生会的紧急征发，我于是总得对于本校的二十七周年纪念来说几句话。

　　据一位教授的名论，则"教一两点钟的讲师"是不配与闻校事的，而我正是教一点钟的讲师。但这些名论，只好请恕我置之不理；——如其不恕，那么，也就算了，人那里顾得这些事。

　　我向来也不专以北大教员自居，因为另外还与几个学校有关系。然而不知怎的，——也许是含有神妙的用意的罢，今年忽而颇有些人指我为北大派。我虽然不知道北大可真有特别的派，但也就以此自居了。北大派么？就是北大派！怎么样呢？

　　但是，有些流言家幸勿误会我的意思，以为谣我怎样，我便怎样的。我的办法也并不一律。譬如前次的游行，报上谣我被打落了两个门牙，我可决不肯具呈警厅，吁请补派军警，来将我的门牙从新打落。我之照着谣言做去，是以专检自己所愿意者为限的。

　　我觉得北大也并不坏。如果真有所谓派，那么，被派进这派里去，也还是也就算了。理由在下面：——

　　既然是二十七周年，则本校的萌芽，自然是发于前清的，但我并民国初年的情形也不知道。惟据近七八年的事实看来，第一，北大是常为新的，改进的运动的先锋，要使中国向着好的，往上的道路走。虽然很中了许多暗箭，背了许多谣言；教授和学生也都逐年地有些改换了，而那向上的精神还是始终一贯，不见得弛懈。自然，偶尔也免不了有些很想勒转马头的，可是这也无伤大体，"万众一心"，原不过是书本子上的冠冕话。

第二，北大是常与黑暗势力抗战的，即使只有自己。自从章士钊提了"整顿学风"的招牌来"作之师"，并且分送金款以来，北大却还是给他一个依照彭允彝的待遇。现在章士钊虽然还伏在暗地里做总长，本相却已显露了；而北大的校格也就愈明白。那时固然也曾显出一角灰色，但其无伤大体，也和第一条所说相同。

我不是公论家，有上帝一般决算功过的能力。依据我所感得的说，则北大究竟还是活的，而且还在生长的。凡活的而且在生长者，总有着希望的前途。

今天所想到的就是这一点。但如果北大到二十八周年而仍不为章士钊者流所谋害，又要出纪念刊，我却要预先声明：不来多话了。一则，命题作文，实在苦不过；二则，说起来大约还是这些话。

一九二五年十二月十三日

鼎革时变篇

圈占记

[清]姚文燮

　　《皇清经世文编》是清代类编性散文总集，由贺长龄主持，魏源代为编辑。成书于道光六年(1826)，次年刊行，凡120卷。文编选录清人有关经世致用的文章2000余篇，反映了清代前期和中期部分学者和官吏的"经世致用"思想及改革图治的愿望。分为学术、治体、吏政、户政、礼政、兵政、刑政、工政八类，类下又分子目。本书所选《圈占记》一文属于户政一类。作者姚文燮(1628—1693)，字经三，号羹湖，晚称黄蘖山樵，安徽桐城人。顺治十六年(1659)进士。在其任雄县县令期间，目睹旗人圈占膏腴之地后，不畏强权，为民争之，遂成此文。

　　本文选自岳麓书社2004年版《魏源全集》第14册《皇朝经世文编》卷31"户政"。

　　圈占非古也。然考《周礼》司勋掌赏地法，诸如赐田、职田、屯田，无不取给于地。普天之下，莫非王土也。本朝八旗禁旅，带甲数百万，制于近畿四百里内，圈地以代饷，雄为镶黄旗所分属焉。

　　凡圈民地，请旨。户部遣满官同有司率笔帖式、拨什库甲丁等员役，所至村庄，相度畎亩，两骑前后牵部颁绳索以记。周四围而总积之，每圈共得几百十响。每壮丁分给五响，响六亩。晌者，折一绳之方广，其法捷于弓丈。圈一定，则庐舍场圈悉皆屯有，而粮籍以除。乌瞻靡止，惟所骇散，向南多道殣也。常岁圈内，间有污莱，计亩请于部，不受，交有司收籍，更择他沃壤以偿，是以岐路尽鸠鹄，中泽少雁鸿矣。雄其虚存版籍哉！赖今上圣明，鸿慈睿照，特谕永停。遗黎生于望外，光垂史册，庆流历祚，猗欤盛哉！

旧京琐记·时变

夏仁虎

夏仁虎（1874—1963），字蔚如，号啸庵，别枝巢，南京人。近现代著名学者、诗人、国学家，在经学、史学、文学、民俗学、戏剧学等诸多领域都有成就。先后在清政府、北洋政府任职，北洋政府垮台后，弃官归隐，先后在北京大学、北京师范大学任教。著有《旧京琐记》《岁华忆语》《啸庵文稿》等。

本文选自北京古籍出版社1986年版《旧京琐记》。

时无变也，变于人心而已。清自洪杨事平而疑忌汉族之心转甚，盖其入主中国以来，戡定四方皆以亲王、贝勒为大将军或经略。粤乱之起，赛尚阿、向荣、和春相继败绩，乃不得已而用曾、左、李，卒成中兴之功。然朝廷疑畏之心益起，湘乡一门鼎盛，被忌尤甚，观于文正末年之惴惴寅畏可见也。夫以向来之藐视汉族者一变而为疑忌，则君臣之局变矣。文宗以来，天下骚然。孝钦以一妇人诛端华、肃顺，以清心腹之患，用曾、左、李以成中兴之绩，功亦伟矣。然大乱既平，由祗惧而入侈泰，事娱乐而忘边备，以致甲午之败。因畏外而仇外，再致庚子之乱。流离西幸，卒赖数汉大臣，保东南，成和议，迎驾回京。痛定思痛，彼时似有复兴之望，未几而淡忘焉。保持权势，宵小中之，而宫闱之局变矣。再世无储，旁枝入继，恭、醇互长于光绪之初，宗族、家人并乱于光宣之际。各树私党，互为倾轧，而执政之局变矣。新署立，而用人之资破，卑微新进，皆有出位之思。都城乱而抢掠之风行，贫苦市民遂起挽和之想（挽和，义见下），则臣民之局变矣。总此诸因，造成时局，故谓时变由人心也。

旧都东西两门曰崇文、宣武。按明绪亡于崇祯，易相五十余，卒不获一良弼，其祸实肇于文。清社亡于宣统，练兵二十四镇，终不得一干城，其败实由于武。若有先机焉。

光绪乙酉、丙戌间，京畿谣言四起，兵部侍郎王文锦精天文、术数之学，密奏宫中，谓将有西狩之事，于是修仪鸾殿以居焉。移跸西苑，以厌谣谶，然终不能已。庚子之行，谣谶之兴往往而应，自古有之。然不能修德以转天心而转兴土木，历史末季，盖如出一辙也。甲午六月十五日夜大雷雨，以风大，木斯拔，大清、天安、端午、太和诸门，其振皆折而为两，宫树抱合围者纵横偃仆，为北京向来未有之风灾。

己丑十二月，太和门灾起午刻，迄酉始渐息。举市惊惶奔走，赤焰摩空，凝结不散，遥望亭亭如盖。次年值孝钦七旬万寿，复修不及，则由棚匠扎一假牌楼将事焉。

庚戌二月某日，自燕至汴千余里，一夜阴雨，晓起则树木皆晶莹如玉如玻璃，风摇之，一片金戈铁马声。按此名木甲，相传为兵戈之兆。又曰木架，俗云"木有架，达官怕"。辛亥七月，市中喧传太白经天。按《汉书·五行志》："太白晓出为启明，昼见为经天。太白经天，天下革，民更王。"十月某日午刻，日之两旁有白气两团，又有白气二道贯日而过，余盖亲见之。按《五行志》谓之日生珥，又曰白虹贯日。此在科学上之理论不过蒙气之变征，然适当其时，遂成灾异矣。

庚子，两宫仓卒西行，乘舆不及备，德宗着黑纱长衫，孝钦、孝定均白葛衣，装束如民家，乘破骡车以出。至怀来，县令吴永固，曾惠敏之婿也，奔迎于境，进食焉。其夫人新逝，所遗衣服，进两宫而御之，始得具汤沐。孝钦感之，即日得旨擢道员，随员西行。

贯市李者以标局起家，固素丰，颇驰名于北方。两宫过，迎而进食，甚具备。命其子侄随员以西，各予五品官。殆亦等子潦沱麦饭矣。

珍妃不为孝钦所悦，既贬长门，庚子变起，孝钦仓卒召之出，推入古井，命宫监推垣一堵以覆之。次年夏，始起而殡焉，貌如生。迨崇陵成，复起金棺，附于德宗、孝定之旁。

宫驾之出也，郑王某体极肥，重几三百斤，平时偶步须三四人架掖之。是日仓皇出国门，喘汗相属，竟死于途。

庚子之变，殉难最烈者为崇文山一家。崇固孝贞后父，又为帝师。既自缢，其子葆初集家人掘地为大坑，同殉焉。文臣之殉者徐荫轩相国桐、王莲生祭酒懿荣皆自缢。吾乡成漱泉大令，词章峻洁，时为直隶某县令，闻变，慷慨以殉。疏逖卑官，视诸公为尤难已。

拳乱之起，起于民乎？实起于宫掖间耳。德宗被幽，大阿哥立，其父端王不学无术，或劝之立大功以定废立之局，于是白莲教之余孽得张其"扶清灭洋"之帜焉。其琐事已备于各家之纪载。余尝推当时朝野之心理，一曰好听戏，昔见宫中之戏台，神仙自上而下，鬼怪自下而上，锣鼓喧阗，百色妖露，谈圣母而心惊，闻悟空而色变，上下同一思想，以致演成大剧。一曰愚昧，当时某王宣言于朝曰："天下安有许多国度，鬼子之有力者祗京津一把于人耳。"其无识可笑如此。又北京人好为大言，自谓天朝，人皆夷狄。明明通商，谓之归化，明明赠馈，谓之贡献。自清以来，上以之自负，下以是贡谀，固应收后来之果耳。

两宫既行，宫监陆续赴行在，势极狼狈，迨回銮而气焰复张矣。友人某，官户部，自西安押档案归，至正定上火车，行装毕卸。有马监者后至，挥令下，势甚横。方枝梧间，一监巾黑帕，怒马至，群竖肃然曰："崔总管来矣。"崔诘争执之由，笑谓马监曰："老马，吾辈皆当差，不妨与诸先生同乘也。"友人始得上途。

两宫既出，京师无主，抢劫之风大盛，贫儿骤富，衣饰穿着皆不知所云。秋风甫起，已狐裘满街。及冬至寒冽，洋兵分段驻守，抢者之资已罄。秋着狐貂者，冬不免缀报纸以蔽体耳。抢匪当兴高采烈时，其言曰："今日无皇上，吾辈须攮和攮和。"其意盖均贫共富也。迨和议成，秩序定，百工贱役复归其职，则变其言曰："爷辈终是爷辈，孙子仍孙子耳。"

两宫回銮，排日召见，臣工泣涕引咎，殊有自新之望。惜久则渐忘，终于不振。当时五品上实缺官，皆轮班召见。某部郎，国戚也，召见时，孝钦知其家世，慰谕甚至。询其家室安否，某骤接尊严，皇悚失措，遽对曰："奴才是德国。"再询，对如初，乃挥之出。盖当日洋兵分管地段，而德国所管骚扰最甚。某盖欲诉其家所受之苦而辞不达意，当时传以为笑。

当洋兵分管地面时，犯人治罪仍送刑部行之。余常见其公文甚简单而明括，曰犯人某，犯何事，应何罪，如是而已。迨刑部复审，则不必依其来文，仍按律定刑书焉。

子后，讼狱最繁，大率为报复之事。盖拳乱时有隙者动以信洋教，二毛子相扳控(二毛子，即教民)。庚子后，则率以恃拳作乱相控，中以王维勤一案为最巨。王，直隶某县举人，横于乡，与戚李姓有隙。拳势张时，王率其二子及所带拳团歼李家十余口，并有其资产。李媳皆马氏，次媳小李马氏者明慧有姿首，王欲留以为媳，仅得免，乘隙逃入京，时已回銮，那桐为步军统领，奔诉焉。逮王及二子，刑部谳定，王凌迟，二子皆弃市。壬寅之春，刑部狱中最为兴盛，收三犯，一苏元春，一沈鹏，一赛金花。苏于越南之役颇著声威，及为提督，为岑西林劾，逮问。沈则维新志士，近世《轰天雷》一书即叙其事。赛之历史，人人知之，时以虐毙养女被收。三人于一月中连翩入狱。时提牢为闽县卓芝南孝复，余尝笑谓："名将、名妓、名士皆在公门矣。"后沈奉密旨杖杀，杖时委顿甚苦，求缢之，而隶役相顾，不敢予以绳，卒解其足带而拉杀焉。苏戍新疆，竟殁于戍所。相传苏在镇时，岁辇巨金进宫中及朝贵以为常，又有伟绩。及被逮问，莫敢为地道，见当时司法尚能独立也。赛则竟援赎例，解回原籍，复卖笑于沪。

庚子之役，德将瓦尔德西为联军司令，踞仪銮殿。赛金花者，故某公使下堂妾，曾随使节，于西语甚娴习。既复入风尘，遂应德将之召，颇能相机援救难民，或为贵人之陷在都城者排难解纷，于是群奉之曰赛二爷，实则德将仍以娼妓待之。时人附会，乃谓其随节时即与瓦有情愫云云，曾询之，赛笑其全非事实。

庚子巨创以后，都人心理由轻洋仇洋一变而为学洋媚洋，妇女出门必衔一香烟以为时髦美观。尝见数乞丐卧便溺狼藉中，亦检一残余之纸烟，趿足而高眠焉。

自辛丑至辛亥十年之中，由厉行新政进而为批准立宪，再进而为实行宪政，更进而为虚君共和，然皆无实心诚意以行之，徒为敷衍文章而已，故终至于逊位亡家。

亲贵出洋，自载振之考察商务始，继而五大臣之考查宪政则以载泽为主体，而载涛之贺加冕、载洵之考查军制相踵而起。余尝与友人笑言："今日之出使，儿等诸清初之统兵，一若人才皆在亲贵中，非是莫属者，此何故邪？"

吴樾炸车之案，余以座师戴文诚在行中，亦往送焉，立稍远。车将动矣，忽闻轰然一声，疑为放炮，然都城大员出城无升炮例。既而见前立者纷纷向后退，继而纷传车上有掷炸弹者。俄见二人掖文诚下，又数人掖载泽下，则所服黄马褂遍染桃花色矣。又见异二人下，一则绍英，一则随员萨荫图也。站傍有一仆人状，僵卧，已气绝矣。吴，桐城人，为吴挚甫之族侄，留学东瀛，是日怀炸弹冒入车，未及掷放，为人挤于车门，遂爆发，半身皆烬。

清季之练禁卫军，真棘门灞上儿戏事耳。服装鲜明，招摇过市。一老军见而叹曰："此军每人可值百金，获一吾可致富。"盖羡其装械之精美也。其操演亦用新法，然不脱梨园武行习气。

宣统之登极也，其父摄政王抱之而升，净鞭甫鸣，宣统大啼，摄政王慰之曰："皇帝别哭，一会儿就完了。"乌乎！其语诚验。摄政慰宣统语，盖近侍亲闻之，当时以告人者。武汉事起，清廷应变，殊多可怪。当时派陆军大臣荫昌率陆军由京赴汉，而海军大臣萨镇冰以舰队会于长江。某君闻之曰："败矣！

此所谓杀手锏也。陆、海两大臣同时并出，苟一挫折，孰继其后？"

革命军起，西南驿骚，而北都犹宴然也。自某大臣者倡汉奸之说，于是汉官朝士乃纷纷携眷引避。自吴禄贞反正之讯达于都下，于是有尽杀汉人之谣传，其实无稽也，然谈者色变。忆辛亥九月某日，风信最紧，时余亦率妇孺赴津，车中人极拥挤，尤多西人。同座某英人神色极为仓皇，大率惩于庚子之役也。既而车开动，英人向余拱手作华语曰："恭喜！吾辈脱险矣！"盖谣传是夕杀在京汉人及外人也。

清之亡也，仕宦中变道士服者宁藩李瑞清，为僧人服者大理定正平，誓必死而卒未引决者贵东道文悌。惟宗人府供事张瑞斌者投牒都宪张英麟舆前，请代奏收回逊位诏书，勿失祖业，都宪惧，勿敢受。瑞斌遂引刃自殊，此为一代之终，应有之点缀，然但出于府史小胥，愚不可及矣。

恭贺爱新觉罗溥仪君迁升之喜并祝进步

钱玄同

> 钱玄同，原名师黄，改名夏，字德潜，别号中季，后改名玄同，吴兴（今湖州）鲍山人，出生于苏州。清末赴日本东京早稻田大学留学。1918 年，任陈独秀创办的《新青年》同人编辑，与胡适、李大钊等人一起倡导新文化运动。1924 年，发起创办《语丝》。曾任北京师范大学国文系主任、教授。选文为钱玄同在冯玉祥驱逐溥仪出宫后所写，原文载于 1924 年 11 月 6 日《语丝》第 1 期。

人，总应该堂堂地做一个人，保持他底人格，享有他底人权，这才是幸福，一个人要是沦为强盗、瘪三、青皮、痞棍、土豪、地主、王爷、皇帝等等，他底生活方面虽大有贫富苦乐的不同，但其丧却人底地位则完全一致，我认为这都是些不幸的人们。这些人们因为自己不幸而丧却人底地位：于是便不能完全享有人权，于是常常要做出许多没有人格的事来，于是好好地人们便要遭他底损害，于是他便被好好地人们所敌视了。

张三要损害李四，李四敌视张三，向他决斗，这是极正当的防卫，丝毫无可非议，所以一切革命反抗（不幸的人们称为"犯上作乱"）的行动，都是绝对不错的。但是再进一步想，敌人原来也是朋友ㄨㄚ，只因他一念之差以至做了不够人格的事，别人固然遭了他的损害，他自己也是很不幸丫！奋斗的时候，固然应该毁灭他底武器，但武器毁灭以后，还应该救济他：恢复他固有的人格和人权，据说一千九百多年以前有一个木场子里的少掌柜的叫人们要爱敌人，他底理由怎样，且不去管它，我用断章取义的办法，很赞同这句话；但我以为在敌人有武器的时候是不应该爱他的，到了敌人的武器毁灭以后便应该爱他，爱他的第一步便是恢复他固有的人格和人权。

北京城里有一位十九岁的青年，他姓爱新觉罗，名溥仪，这人便是上列各种丧却人底地位的不幸人之一，原来他底祖宗在三百年以前不幸沦入帝籍，做了皇帝，不克厕于编户齐民之列。他家传父子，子传孙，传了好几代，经了三百多年，干了许多对不住人的事体。到了十三年前，有些明白的人们起来向他家奋斗，居然把他家底武器毁灭了。但是还给这位青年留下那个极不名誉的名目叫做什么"皇帝"的，而且还任他住在一个不是住家的房子里，还任一班不要脸的东西常常弯了腿装矮子去引他笑，低下脑袋瓜儿扮成叩头虫的模样去逗他玩，以至于把这位年龄已经到了应该在初级中学毕业的时候的青年，弄到他终日如醉如痴，成了一个傻哥儿；他在七年前还被那班不要脸的东西簇拥到外面来胡闹了一回，险些又要恢复那毁灭了的旧武器，再来做对不住人的事体。他弄到这样的地步，真是他底大不幸。你想，咱们可以自由住居，自由行动，为什么他不可以？咱们家底子弟可以入学校，得到相当的知识和技能，为什么他不可以？咱们可以得到选举和被选举的资格，为什么他不可以？在北京说北京，咱们底原籍无论是否北京，只要在北京住居几年以上，便可以得到北京市民底参政权，他家自从一六四四年到北京以来，到现在整整底二百八十年了，为什么他还得不到北京市民底参政权？他这样底不幸，不消说得，便是"皇帝"这名目害了他，"皇帝"这名目之不名誉，固与"青皮、瘪三"等等相同；而他底称号，"皇帝"之上还有"大清宣统"四字，这又好比青皮瘪三有那些"四眼狗、独眼龙、烂脚阿二、缺嘴老四"等等绰号一般。青皮瘪三改邪归正之后，总得好好底取一个平常人的名字，若仍旧称为"四眼狗"等等，怎能怪人家厌恶他，歧视他？（况且保存这种绰号，实在也真有些危险，因为它可以藉此再做青皮瘪三），由是可知十三年以前毁灭他底武器而留下"皇帝"这个名目给他，真是不彻底的办法，不但他有时要藉此胡闹，弄得咱们受累，并且使他因此而不克恢复他固有的人格和人权。咱们也实在对不住他。

这几年来，我常常对人家说，我很希望这位十九岁的青年肯力图向上，不甘永沦帝籍，自动的废除帝号，刻这样一个名片：爱新觉罗溥仪　京兆（前面），Mr. P. Y. Aishingiolo peking（背面），以表示超出帝籍，上厕于民国国民之列。但我这希望终于希望而已。

现在爱新觉罗溥仪君自己虽然还未觉悟，未能自动的超拔自己，而有冯玉祥君、黄郛君、鹿钟麟君、张璧君等居然依了李石曾先生等明白人底建议，于一九二四年十一月五日派了人去劝告爱新觉罗溥仪君："大清宣统皇帝从即日起，永远废除皇帝尊号，与中华民国国民在法律上享有同等之权利"；"清室应按照原'优待条件'第三条，即日移出宫禁，以后得自由选择住居"。爱新觉罗溥仪君一一照办，立刻搬出那"不是住家的房子"而回到他底本生的老太爷底府上去住了。

好了好了！爱新觉罗溥仪君从此超出帝籍，恢复他固有的人格和人权了！"爱新觉罗溥仪君！我很诚恳的向您道喜，恭喜您超升啦！"

我对于爱新觉罗溥仪君还要说几句祝望的话："您虽然是一位十九岁的青年，可是您以前处在一个很不幸的环境里，成日价和那班不要脸的假矮子假叩头虫鬼混，读那些于您不但无用而且有害的书如《尚书》之类，您底知识和技能大概要比一般的中学生差些吧。这不必讳言，也无需追悔。'往者不可谏，来者犹可追。'我听人说，您在那不幸的环境里，居然爱看《新青年》《晨报副镌》，康白情底《草儿》和俞平伯底《冬夜》之类，我觉得您还是一位有希望的青年。我祝望您：从今以后，可以好好的补习些初中程度底科学常识，选读几部白话文学底作品，过了一两年之后，大可去考高级中学或大学预科，将来更可上外国去留学，把您自己造就成一个知识丰富学问深造的人，您底幸福可就不可限量啦。您底先德玄烨先生在二百年以前的皇帝队里，总算是留心学问的人了，但是就现代的平民看来，他底学问也不过尔耳；您如今已经超升为现代的平民了，您肯用功上进，将来必定"跨灶"，这是无疑的。还有一层，听说您已经结婚了，而且因为您以前在那不幸的环境里，听说您已经有了姨太太了。咱们姑且'成事不说'，您既已结婚，便应该了解两性底关系，我现在要介绍两部好书给您：一部是ㄅㄚㄆㄣㄊㄜㄙ的《爱的成年》，一部是ㄙㄜㄊㄜㄆㄥ的《结婚的爱》。至于二十四史里底《皇后传》《外戚传》之类，于您不但毫无用处，而且还大有害处，我劝您别去看它才好。"

一九二四，一一，六

前门遇马队记

周作人

本文选自北新书局 1928 年版《谈虎集》。

中华民国八年六月五日下午三时后，我从北池子往南走，想出前门买点什物。走到宗人府夹道，看见行人非常的多，我就觉得有点古怪。到了警察厅前面，两旁的步道都挤满了，马路中间站立许多军警。再往前看，见有几队穿长衫的少年，每队里有一张国旗，站在街心，周围也都是军警。我还想上前，就被几个兵拦住。人家提起兵来，便觉很害怕。但我想兵和我同是一样的中国人，有什么可怕呢？那几位兵士果然很和气，说请你不要再上前去。我对他说，"那班人都是我们中国的公民，又没有拿着武器，我走过去有什么危险呢？"他说，"你别要见怪，我们也是没法，请你略候一候，就可以过去了。"我听了也便安心站着，却不料忽听得一声怪叫，说道什么"往北走！"后面就是一阵铁蹄声，我仿佛见我的右肩旁边，撞到了一个黄的马头。那时大家发了慌，一齐向北直奔，后面还听得一阵马蹄声和怪叫。等到觉得危险，立定看时，已经在"履中"两个字的牌楼底下了。我定一定神，再计算出前门的方法，不知如何是好，须得向那里走才免得被马队冲散。于是便去请教那站岗的警察，他很和善的指导我，教我从天安门往南走，穿过中华门，可以安全出去。我谢了他，便照他指导的走去，果然

298

毫无危险。我在甬道上走着，一面想着，照我今天遇到的情形，那兵警都待我很好，确是本国人的样子，只有那一队马煞是可怕。那马是无知的畜生，他自然直冲过来，不知道什么是共和，什么是法律。但我仿佛记得那马上似乎也骑着人，当然是个兵士或警察了。那些人虽然骑在马上，也应该还有自己的思想和主意，何至任凭马匹来践踏我们自己的人呢？我当时理应不要逃走，该去和马上的"人"说话，谅他也一定很和善，懂得道理，能够保护我们。我很懊悔没有这样做，被马吓慌了，只顾逃命，把我衣袋里的十几个铜元都掉了。想到这里，不觉已经到了天安门外第三十九个帐篷的面前，要再回过去和他们说，也来不及了。晚上坐在家里，回想下午的事，似乎又气又喜。气的是自己没用，不和骑马的人说话；喜的是侥幸没有被马踏坏，也是一件幸事。于是提起笔来，写这一篇，做个纪念。从前中国文人遇到一番危险，事后往往做一篇"思痛记"或"虎口余生记"之类。我这一回虽然算不得什么了不得的大事，但在我却是初次。我从前在外国走路，也不曾受过兵警的呵叱驱逐，至于性命交关的追赶，更是没有遇着。如今在本国的首都，却吃了这一大惊吓，真是"出人意表之外"，所以不免大惊小怪，写了这许多话。可是我决不悔此一行，因为这一回所得的教训与觉悟比所受的侮辱更大。

一九一九年

北京十大特色

陈独秀

陈独秀(1879—1942)，原名陈庆同，陈乾生，字仲甫，号实庵，安徽怀宁人。1901年留学日本。1915年创办《新青年》杂志，提出"民主"与"科学"的口号，是五四运动的重要领袖之一。曾任教北京大学。1918年，与李大钊一同创办《每周评论》并宣传社会主义，是中国共产党的创始人和早期领导人之一。陈独秀的主要著作收入《独秀文存》和《陈独秀文章选编》。《北京十大特色》写于1919年6月，收录在《独秀文存》。

本文选自亚东图书馆1927年第8版《独秀文存》第1卷。

有一位朋友新从欧洲回来，他说在北京见了各国所没有的十大特色：(一)不是戒严时代，满街巡警背着枪威吓市民。(二)一条很好的新华街的马路，修到城根便止住了。(三)汽车在很狭的街上人丛里横冲直撞，巡警不拦阻。(四)高级军官不骑马，却坐着汽车飞跑，好像是开往前敌。(五)十二三岁的小孩子，六十几岁的老头子，都上街拉车，警察不曾干涉。(六)刮起风来灰尘满天，却只用人力洒水，不用水车。(七)城里城外总算都是马路，独有往来的要道前门桥，还留着一段高低不平的石头路。(八)分明说是公园，却要买门票才能进去。(九)总统府门前不许通行，奉军司令部门前也不许通行。(十)安定门外粪堆之臭，天下第一！

一九一九年六月一日

黄昏时候的哭声

李大钊

李大钊(1889—1927)，字守常，河北乐亭人。中国最早的马克思主义者，中国共产党的主要创始人之一。1913年毕业于天津北洋法政专门学校，同年留学日本，就读于东京早稻田大学。1916年5月，因反对袁世凯称帝，辍学归国，参加反袁斗争。回国后出任北京《晨钟报》总编辑，后任北京大学经济系教授，兼任图书馆主任。李大钊的诗文发表在《新青年》等报刊上，著有《守常文集》《李大钊诗文选》等。《黄昏时候的哭声》原载于1921年3月5日《新生活》第46期。

北京市内，每到吃晚饭的时候，有一种极悲惨的声音送入市民的耳鼓，这就是沿街叫苦乞怜于阔绰人家的残羹剩饭的呼号。这种声浪，直喊到更深，还断断续续的不绝。一家饱暖千家哭，稍有情感的人，便有酒肉在前，恐怕也不能忍心下咽吧！

执政府大屠杀记

朱自清

本文写于 1926 年 3 月 23 日，载 1926 年 3 月 29 日《语丝》第 72 期，后收入《朱自清文集》第 3 卷。文中主要记述了作者亲历的"三一八"惨案经过。

三月十八是一个怎样可怕的日子！我们永远不应该忘记这个日子！

这一日，执政府的卫队，大举屠杀北京市民，十分之九是学生！死者四十余人，伤者约二百人！这在北京是第一回大屠杀！

这一次的屠杀，我也在场，幸而直到出场时不曾遭着一颗弹子；请我的远方的朋友们安心！第二天看报，觉得除一两家报纸外，各报记载多有与事实不符之处。究竟是访闻失实，还是安着别的心眼儿，我可不得而知，也不愿细论。我只说我当场眼见和后来耳闻的情形，请大家看看这阴惨惨的二十世纪二十六年三月十八日的中国！——十九日《京报》所载几位当场逃出的人的报告，颇是翔实，可以参看。

我先说游行队。我自天安门出发后，曾将游行队从头至尾看了一回。全数约二千人；工人有两队，至多五十人；广东外交代表团一队，约十余人；国民党北京特别市党部一队，约二三十人；留日归国学生团一队，约二十人，其余便多是北京的学生了，内有女学生三队。拿木棍的并不多，而且都是学生，不过十余人；工人拿木棍的，我不曾见。木棍约三尺长，一端削尖了，上贴书有口号的纸，做成旗帜的样子。至于"有铁钉的木棍"我却不曾见！我后来和清华学校的队伍同行，在大队的最后我们到执政府前空场上时，大队已散开在满场了。这时府门前站着约莫两百个卫队，分两边排着；领章一律是红地，上面"府卫"两个黄铜字，确是执政府的卫队。他们都背着枪，悠然的站着：毫无紧张的颜色。而且枪上不曾上刺刀，更不显出什么威武。这时有一个人爬在石狮子头上照相。那边府里正面楼上，栏杆上伏满了人，而且拥挤着，大约是看热闹的。在这一点上，执政府颇像寻常的人家，而不像堂堂的"执政府"了。照相的下了石狮子，南边有了报告的声音："他们说是一个人没有，我们怎么样？"这大约已是五代表被拒以后了；我们因走进来晚，故未知前——但在这时以前，群众的嚷声是决没有的。到这时才有一两处的嚷声了："回去是不行的！""吉兆胡同！""……"忽然队势散动了，许多人纷纷往外退走；有人连声大呼："大家不要走，没有什么事！"一面还扬起了手，我们清华队的指挥也扬起手叫道："清华的同学不要走，没有事！"这其间，人众稍稍聚拢，但立刻即又散开；清华的指挥第二次叫声刚完，我看见众人纷纷逃避时，一个卫队已装完子弹了！我赶忙向前跑了几步，向一堆人旁边睡下；但没等我睡下，我的上面和后面各来了一个人，紧紧地挨着我。我不能动了，只好蜷曲着。

这时已听到劈劈拍拍的枪声了；我生平是第一次听枪声，起初还以为是空枪呢（这时已忘记了看见装子弹的事）。但一两分钟后，有鲜红的热血从上面滴到我的手背上、马褂上了，我立刻明白屠杀已在进行！这时并不害怕，只静静的注意自己的运命，其余什么都忘记。全场除劈拍的枪声外，也是一片大静默，绝无一些人声；什么"哭声震天"，只是记者先生们的"想当然耳"罢了。我上面流血的那一位，虽滴滴地流着血，直到第一次枪声稍歇，我们爬起来逃走的时候，但也不则一声。这正是死的袭来，沉默便是死的消息。事后想起，实在有些悚然。在我上面的不知是谁？我因为不能动转，不能看见他；而且也想不到看他——我真是个自私的人！后来逃跑的时候，才又知道掉在地下的我的帽子和我的头上，也滴了许多血，全是他的他足流了两分钟以上的血，都流在我身上，我想他总吃了大亏，愿神保佑他平安！第一次枪声约经过五分钟共放了好几排枪；司令的是用警笛；警笛一鸣便是一排枪，警笛一声接着一声，枪声就跟着密了，那警笛声甚凄厉，但有几乎一定的节拍，足见司令者的从容！后来听别的目睹者说，司令者那时还用指挥刀指示方向，总是向人多的地方射击！又有目睹者说，那时执政府楼上还有人手舞足蹈的大乐呢！

我现在缓叙第一次枪声稍歇后的故事，且追述些开枪时的情形。我们进场距开枪时，至多四分钟；这其间有照相有报告，有一两处的嚷声，我都已说过了。我记得，我确实记得，最后的嚷声距开枪只有一分余钟；这时候，群众散而稍聚，稍聚而复纷散，枪声便开始了。这也是我说过的。但"稍聚"的时候，阵势已散，而且大家存了观望的心，颇多趑趄不前的，所谓"进攻"的事是决没有的！至于第一次纷散之故，我想是大家看见卫队从背上取下枪来装子弹而惊骇了；因为第二次纷散时，我已看见一个卫队（其余自然也是如此，他们是依命令动作的）装完子弹了。在第一次纷散之前，群众与卫队有何冲突，我没有看见，不得而知。但后来据一个受伤的说他看见有一部分人——有些是拿木棍的想要冲进府去。这事我想来也是有的；不过这决不是卫队开枪的缘由，至多只是他们的借口。他们的荷枪弹与不上刺刀（故示镇静）与放群众自由入辕门内（便于射击），都是表示他们"聚而歼旃"的决心，冲进去不冲进去是没有多大关系的。证以后来东门口的拦门射击，更是显明！原来先逃出的人，出东门时，以为总可得着生路；那知迎头还有一支兵——据某一种报上说，是从吉兆胡同来的手枪队，不用说自然也是杀人不眨眼的府卫队了！——开枪痛击。那时前后都有枪弹，人多门狭，前面的枪又极近，死亡枕藉！这是事后一个学生告诉我的；他说他前后两个人都死了，他躲闪了一下，总算幸免。这种间不容发的生死之际也够人深省长思了。

照这种种情形，就是不在场的诸君，大约也不至于相信群众先以手枪轰击卫队了吧。而且轰击必有声音，我站的地方，离开卫队不过二十余步，在第二次纷散之前，却绝未听到枪声。其实这只要看政府巧电的含糊其辞，也就够证明了。至于所谓当场夺获的手枪，虽然像煞有介事地举出号数，使人相信，但我总奇怪：夺获的这些支手枪，竟没有一支曾经当场发过一响，以证明他们自己的在。——难道拿手枪的人都是些傻子么？还有，现在很有人从容的问："开枪之前，有警告么？"我现在只能说，我看见的一个卫队，他的枪口是正对着我们的，不过那是刚装完子弹的时候。而在我上面的那位可怜的朋友，他流血是在开枪之后约一两分钟时。我不知卫队的第一排枪是不是朝天放的，但即使是朝天放的，也不算是警告；因为未开枪时，群众已经纷散，放一排朝天枪（假定如此）后，第一次听枪声的群众，当然是不会回来的了（这不是一个人胆力的事，我们也无须假充硬汉），何用接二连三地放平枪呢！即使怕一排枪不够驱散众人，尽放朝天枪好了，何用放平枪呢！所以即使卫队曾放了一排朝天枪，也决不足做他们丝毫的辩解；况且还有后来的拦门痛击呢，这难道还要问："有无超过必要程度？"

　　第一次枪声稍歇后，我茫然地随着众人奔逃出去。我刚发脚的时候，便看见旁边有两个同伴已经躺下了！我来不及看清他们的面貌，只见前面一个，右乳部有一大块殷红的伤痕，我想他是不能活了！那红色我永远不忘记！同时还听见一声低缓的呻吟，想是另一位的，那呻吟我也永远不忘记！我不忍从他们身上跨过去，只得绕了道弯着腰向前跑，觉得通身懈弛得很；后面来了一个人，立刻将我撞了一跤。我爬了两步，站起来仍是弯着腰跑。这时当路有一副金丝圆眼镜，好好地直放着；又有两架自行车，颇挡我们的路，大家都很艰难地从上面踏过去。我不自主地跟着众人向北躲入马号里，我们偃卧在东墙角的马粪堆上。马粪堆很高，有人想爬墙过去；墙外就是通路。我看着一个人站着，一个人正向他肩上爬上去。我自己觉得决没有越墙的气力，便也不去看他们。而且里面枪声早又密了，我还得注意运命的转变。这时听见墙边有人问："是学生不是？"下文不知如何，我猜是墙外的兵问的。那两个爬墙的人，我看见，似乎不是学生，我想他们或者得了兵的允许而下去了。若我猜的不大错，从这一句简单的问语里，我们可以看出卫队乃至政府对于学生海样深的仇恨！而且可以看出，这一次的屠杀确是有意这样"整顿学风"的；我后来知道，这时有几个清华学生和我同在马粪堆上。有一个告诉我，他旁边有一位女学生曾喊他救命，但是他没有法子，这真是可遗憾的事，她以后不知如何了！我们偃卧马粪堆上，不过两分钟，忽然看见对面马厩里有一个兵拿着枪，正装好子弹，似乎就要向我们放。我们立刻起来，仍弯着腰逃走；这时场里还有疏散的枪声，我们也顾不得了。走出马路，就到了东门口。

这时枪声未歇，东门口拥塞得几乎水泄不通。我隐约看见底下蜷缩地蹲着许多人，我们便推推搡搡，拥挤着，挣扎着，从他们身上踏上去。那时理性真失了作用，竟恬然不以为怪似的。我被挤得往后仰了几回，终于只好竭全身之力，向前而进。在我前面的一个人，脑后大约被枪弹擦伤，汨汨地流着血；他也同样地一歪一倒地挣扎着。但他一会儿便不见了，我想他是平安的下去了。我还在人堆上走。这个门是平安与危险的界线，是生死之门，故大家都不敢放松一步。这时希望充满在我心里。后面稀疏的弹子，倒觉不十分在意。前一次的奔逃，但求不即死而已，这回却求生了；在人堆上的众人，都积极地显出生之努力。但仍是一味的静；大家在这千钧一发的关头，那有闲心情和闲工夫来说话呢？我努力的结果，终于从人堆上滚了下来，我的运命这才算定了局。那时门口只剩两个卫队，在那儿闲谈，侥幸得很，手枪队已不见了！后来知道门口人堆里实在有些是死尸，就是被手枪队当门打死的！现在想着死尸上越过的事，真是不寒而栗呵！

我真不中用，出了门口，一面走，一面只是喘息！后面有两个女学生，有一个我真佩服她；她还能微笑着对她的同伴说："他们也是中国人哪！"这令我惭愧了！我想人处这种境地，若能从怕的心情转为兴奋的心情，才真是能救人的人。若只一味的怕，"斯亦不足畏也已！"我呢，这回是由怕而归于木木然，实是很可耻的！但我希望我的经验能使我的胆力逐渐增大！这回在场中有两件事很值得纪念：一是清华同学韦杰三君（他现在已离开我们了！）受伤倒地的时候，别的两位同学冒死将他抬了出来；一是一位女学生曾经帮助两个男学生脱险。这都是我后来知道的。这都是侠义的行为，值得我们永远敬佩的！

　　我和那两个女学生出门沿着墙往南而行。那时还有枪声，我极想躲入胡同里，以免危险；她们约也如此的，走不上几步，便到了一个胡同口；我们便想拐弯进去。这时墙角上立着一个穿短衣的看闲的人，他向我们轻轻地说："别进这个胡同！"我们莫名其妙地依从了他，走到第二个胡同进去，这才真脱险了！后来知道卫队有抢劫的事（不仅报载，有人亲见），又有用枪柄，木棍，大刀，打人，砍人的事，我想他们一定就在我们没走进的那条胡同里做那些事！感谢那位看闲的人！卫队既在场内和门外放枪，还觉杀的不痛快，更拦着路邀击；其泄忿之道，真是无所不用其极了！区区一条生命，在他们眼里，正和一根草、一堆马粪一般，是满不在乎的！所以有些人虽幸免于枪弹，仍是被木棍、枪柄打伤，大刀砍伤；而魏士毅女士竟死于木棍之下，这真是永久的战栗啊！据燕大的人说，魏女士是于逃出门时被一个卫兵从后面用有棱的粗木棍儿兜头一下，打得脑浆迸裂而死！我不知她出的是那一个门，我想大约是西门吧。因为那天我在西直门的电车上，遇见一个高工的学生他告诉我，他从西门出来，共经过三道门（就是海军部的西辕门和陆军部的东西辕门），每道门皆有卫队用枪柄、木棍和大刀向逃出的人猛烈地打击。他的左臂被打好几次，已不能动弹了。我的一位同事的儿子，后脑被打平了，现在已全然失了记忆；我猜也是木棍打的。受这种打击而致重伤或死的，报纸上自然有记载；致轻伤的就无可稽考，但必不少。所以我想这次受伤的还不止二百人。卫队不但打人、行劫，最可怕的是剥死人的衣服，无论男女，往往剥到只剩一条裤为止；这只要看看前几天《世界日报》的照相就知道了。就是不谈什么"人道"，难道连国家的体统，"临时执政"的面子都不顾了么；段祺瑞你自己想想吧！听说事后执政府乘人不知，已将死尸掩埋了些，以图遮掩耳目。这是我的一个朋友从执政府里听来的；若是的确，那一定将那打得最血肉模糊的先掩埋了，免得激动人心。但一手岂能尽掩天下耳目呢？我不知道现在，那天去执政府的人还有失踪的没有？若有，这个消息真是很可怕的！

　　这回的屠杀，死伤之多，过于五卅事件，而且是"同胞的枪弹"，我们将何以间执别人之口！而且在首都的堂堂执政府之前，光天化日之下，屠杀之不足，继之以抢劫，剥尸，这种种兽行，段祺瑞等固可行之而不恤，但我们国民有此无脸的政府，又何以自容于世界！——这正是世界的耻辱呀！我们也想想吧！此事发生后，警察总监李鸣钟匆匆来到执政府，说："死了这么多人，叫我怎么办？"他这是局外的说话，只觉得无善法以调停两间而已。我们现在局中，不能如他的从容，我们也得问一问：

　　"死了这么多人，我们该怎么办？"

都门人物篇

燕丹子·荆轲刺秦

  《燕丹子》一书著者不详，一直以来关于其成书年代亦说法不一，认为其成书于秦汉、汉末、宋、齐者各执其说。古人著书通常不题篇名，而后人遂以首句数字题做书名，故此书得名《燕丹子》。又因不同版本文字稍异，如明《永乐大典》中所载《燕丹子》首句为"燕丹子质于秦"，而今本首句作"燕太子丹质于秦"，《史记索隐》与《史记正义》中均将此篇冠名《燕太子篇》。该书分上、中、下三卷，以史实为基础，间以民间传说的情节，以传奇小说的手法勾勒了战国末期燕太子丹面临强秦威胁，通过田光举荐、招募荆轲行刺秦王最终失败的故事，塑造了荆轲、田光、樊於期等极具燕地勇士性格特征的历史人物。节选部分为该书卷中和卷下，主要叙述燕太子丹招募荆轲、礼待荆轲以及荆轲刺秦的经过。

  本文节选自上海古籍出版社 2018 年出版的王天海译注《穆天子传译注 燕丹子译注》。

卷　中

  田光见太子，太子侧阶而迎，迎而再拜。坐定，太子丹曰："傅不以蛮域而丹不肖，乃使先生来降弊邑。今燕国僻在北陲，比于蛮域，而先生不羞之。丹得侍左右，睹见玉颜，斯乃上世神灵保佑燕国，令先生设降辱焉。"田光曰："结发立身，以至于今，徒慕太子之高行，美太子之令名耳。太子将何以教之?"太子膝行而前，涕泪横流曰："丹尝质于秦，秦遇丹无礼，日夜焦心，思欲复之。论众则秦多，计强则燕弱；欲日合从，心复不能。常食不识位，寝不安席。纵令燕秦同日而亡，则为死灰复燃，白骨更生，愿先生图之。"田光曰："此国事也，请得思之。"于是舍光上馆。太子三时进食，存问不绝，如是三月。太子怪其无说，就光辟左右，问曰："先生既垂哀恤，许惠嘉谋，侧身倾听，三月于斯。先生岂有意欤？"田光曰："微太子言，固将竭之。臣闻骐骥之少，力轻千里；及其罢朽，不能取道。太子闻臣时已老矣！欲为太子良谋，则太子不能；欲奋筋力，则臣不能。然窃观太子客，无可用者。夏扶，血勇之人，怒而面赤；宋意，脉勇之人，怒而面青；武阳，骨勇之人，怒而面白。光所知荆轲，神勇之人，怒而色不变，为人博闻强记，体烈骨壮，不拘小节，欲立大功。尝家于卫，脱贤大夫之急十有余人，其余庸庸不可称。太子欲图事，非此人莫可。"太子下席再拜曰："若因先生之灵，得交于荆君，则燕国社稷长为不灭。唯先生成之。"田光遂行，太子自送，执光手曰："此国事，愿勿泄之！"光笑曰："诺。"

遂见荆轲，曰："光不自度不肖，达足下于太子。夫燕太子，真天下之士也！倾心于足下，愿足下勿疑焉。"荆轲曰："有鄙志，常谓：心向意，投身不顾；情有异，一毛不拔。今先生令交于太子，敬诺不违。"田光谓荆轲曰："盖闻士不为人所疑，太子送光之时，言此国事，愿勿泄，此疑光也。是疑而生于世，光所羞也。"向轲吞舌而死。轲遂之燕。

卷 下

荆轲之燕，太子自御，虚左，轲援绥不让。至，坐定，宾客满坐。轲言曰："田光褒扬太子仁爱之风，说太子不世之器，高行厉天，美声盈耳。轲出卫都，望燕路，历险不以为勤，望远不以为遐。今太子礼之以旧故之恩，接之以新人之敬，所以不复让者，士信于知己也！"太子曰："田先生今无恙乎？"轲曰："光临送轲之时，言太子戒以国事，耻以丈夫而不见信，向轲吞舌而死矣！"太子惊愕失色，歔欷饮泪曰："丹所以戒先生，岂疑先生哉！今先生自杀，亦令丹自弃于世矣！"茫然良久，不怡者数日。

太子置酒请轲，酒酣，太子起为寿。夏扶前曰："闻士无乡曲之誉，则未可与论行；马无服舆之伎，则未可与决良。今荆君远至，将何以教太子？"欲微感之。轲曰："士有超世之行者，不必合于乡曲；马有千里之相者，何必出于服舆？昔吕望当屠钓之时，天下之贱丈夫也，其遇文王，则为周师。骐骥之在盐车，驽之下也，及遇伯乐，则有千里之功。如此，在乡曲而后发善，服舆而后别良哉！"夏扶问荆轲："何以教太子？"轲曰："将令燕继召公之迹，追甘棠之化。高欲令四三王；下欲令六五霸。于君何如也！"坐皆称善，竟酒，无能屈。太子甚喜，自以得轲，永无秦忧。

后日，与轲之东宫，临池而观，轲拾瓦投龟。太子令人奉槃金，轲用抵，抵尽复进。轲曰："非为太子爱金也，但臂痛耳。"后复共乘千里马。轲曰："闻千里马肝美。"太子即杀马进肝。暨樊将军得罪于秦，秦求之急，乃来归太子，太子为置酒华阳之台。酒中，太子出美人能琴者。轲曰："好手！琴者。"太子即进之。轲曰："但爱其手耳！"太子即断其手，盛以玉槃奉之。太子常与轲同案而食，同床而寝。

后日，轲从容曰："轲侍太子，三年于斯矣，而太子遇轲甚厚，黄金投龟，千里马肝，姬人好手，盛以玉槃。凡庸人当之，犹尚乐出尺寸之长，当犬马之用。今轲常侍君子之侧，闻烈士之节，死有重于太山，有轻于鸿毛者，但问用之所在耳！太子幸教之。"太子敛袂，正色而言曰："丹尝游秦，秦遇丹不道，丹耻与之俱生。今荆君不以丹不肖，降辱小国，今丹以社稷干长者，不知所谓！"轲曰："今天下强国。莫强于秦。今太子力不能威诸侯，诸侯未肯为太子用也。太子率燕国之众而当之，犹使羊将狼，使狼追虎耳！"太子曰："丹之忧计久，不知安出？"轲曰："樊於期得罪于秦，秦求之急。又督亢之地，秦所贪也。今得樊於期首、督亢地图，则事可成也。"太子曰："若事可成，举燕国而献之，丹甘心焉！樊将军以穷归我，而丹卖之，心不忍也！"轲默然不应。

居五月，太子恐轲悔，见轲曰："今秦已破赵国，兵临燕，事已迫急，虽欲足下计，安施之？今欲先遣武阳，何如？"轲怒曰："何太子所遣，往而不返者，竖子也，轲所以未行者，待吾客耳！"于是轲潜见樊於期，曰："闻将军得罪于秦，父母妻子皆见焚烧，求将军邑万户、金千斤。轲为将军痛之。今有一言，除将军之辱，解燕国之耻，将军岂有意乎？"於期曰："常念之，日夜饮泪，不知所出。荆君幸教，愿闻命矣！"轲曰："今愿得将军之首，与燕督亢地图进之，秦王必喜，喜必见轲。轲因左手把其袖，右手揕其胸，数以负燕之罪，责以将军之仇。而燕国见陵雪，将军积忿之怒除矣！"於期起，扼腕执刀曰："是於期日夜所欲，而今闻命矣！"于是自刭，头坠背后，两目不瞑。太子闻之，自驾驰往，伏於期尸而哭，悲不自胜。

良久，无奈何，遂函盛於期首与燕督亢地图以献秦，武阳为副。

荆轲入秦，不择日而发。太子与知谋者皆素衣冠送之。于易水之上，荆轲起为寿，歌曰："风萧萧兮易水寒，壮士一去兮不复还。"高渐离击筑，宋意和之。为壮声则发怒冲冠，为哀声则士皆流涕。二人皆升车，终已不顾也。二子行过，夏扶当车前刎颈以送。

二子行过阳翟，轲买肉争轻重，屠者辱之，武阳欲击，轲止之。

西入秦，至咸阳，因中庶子蒙白曰："燕太子丹畏大王之威，今奉樊於期首与督亢地图，愿为北蕃臣妾。"秦王喜。百官陪位，陛戟数百，见燕使者。轲奉於期首，武阳奉地图。钟鼓并发，群臣皆呼万岁。武阳大恐，两足不能相过，面如死灰色。秦王怪之。轲顾武阳前，谢曰："北蕃蛮夷之鄙人，未见天子。愿陛下少假借之，使得毕事於前。"秦王曰："轲起，督亢图进之。"秦王发图，图穷而匕首出。轲左手把秦王袖，右手揕其胸，数之曰："足下负燕日久，贪暴海内，不知厌足。於期无罪而夷其族。轲将海内报雠。今燕王母病，与轲促期，从吾计则生，不从则死。"秦王曰："今日之事，从子计耳！乞听琴声而死。"召姬人鼓琴，琴声曰："罗縠单衣，可掣而绝。八尺屏风，可超而越。鹿卢之剑，可负而拔。"轲不解音。秦王从琴声负剑拔之，於是奋袖超屏风而走，轲拔匕首擿之，决秦王，刃入铜柱，火出。秦王还断轲两手。轲因倚柱而笑，箕踞而骂，曰："吾坐轻易，为竖子所欺。燕国之不报，我事之不立哉！"

战国策·苏秦将为从北说燕文侯

《战国策》，今本33卷，原作者不详，西汉刘向整理。此书是战国时期游说之士的策谋和言论的汇编。全书分十二国纪事，记载自春秋以后到秦末农民大起义期间245年事，保存了战国时代的很多史料。其中《燕策》共三卷30余篇，所记载谋臣策士的言论对了解燕地历史有较大参考意义。《苏秦将为从，北说燕文侯》为其中名篇，记录了苏秦游说燕国合纵抗秦的精彩言论，其中不仅阐明了燕国独特的政治地理环境，也反映了其作为"天府之国"的自然地理优势。

本文选自上海书店1987年版，高诱注《战国策》卷二十九《燕一》。

苏秦将为从，北说燕文侯曰："燕东有朝鲜、辽东，北有林胡、楼烦，西有云中、九原，南有呼沱、易水。地方二千余里，带甲数十万，车七百乘，骑六千匹，粟支十年。南有碣石雁门之饶，北有枣栗之利，民虽不由田作，枣栗之实，足食于民矣。此所谓天府也。夫安乐无事，不见复军杀将之忧，无过燕矣。大王知其所以然乎？夫燕之所以不犯寇被兵者，以赵之为蔽于南也。秦赵五战，秦再胜，而赵三胜。秦、赵相弊，而王以全燕制其后，此燕之所以不犯难也。且夫秦之攻燕也，逾云中、九原，过代、上谷，弥地踵道数千里，虽得燕城，秦计固不能守也。秦之不能害燕亦明矣。今赵之攻燕也，发兴号令，不至十日，而数十万之众，军于东垣矣。度呼沱，涉易水，不至四五日，距国都矣。故曰：秦之攻燕也，战于千里之外；赵之攻燕也，战于百里之内。夫不忧百里之患，而重千里之外，计无过于此者。是故愿大王与赵从亲，天下为一，则国必无患矣。"

燕王曰："寡人国小，西迫强秦，南近齐、赵。齐、赵，强国也，今主君幸教诏之，合从以安燕，敬以国从。"于是赍苏秦，车马金帛以至赵。

正气歌序

［宋］文天祥

文天祥(1236—1283)，字宋瑞，江西吉安人。南宋末年政治家、文学家，抗元名臣，民族英雄，与陆秀夫、张世杰并称为"宋末三杰"。祥兴元年(1278 年)，在五坡岭为元军所俘，押至元大都(今北京)，被囚达三年之久，屡经威逼利诱，仍誓死不屈。元至元十九年十二月(1283 年 1 月)，文天祥从容就义，终年 47 岁。

本文选自中华书局 2017 年版《文天祥诗集校笺》。

余囚北庭，坐一土室。室广八尺，深可四寻。单扉低小，白间短窄，污下而幽暗。当此夏日，诸气萃然；雨潦四集，浮动床几，时则为水气；涂泥半朝，蒸沤历澜，时则为土气；乍晴暴热，风道四塞，时则为日气；檐阴薪爨，助长炎虐，时则为火气；仓腐寄顿，陈陈逼人，时则为米气；骈肩杂遝，腥臊汗垢，时则为人气；或圊溷，或毁尸，或腐鼠，恶气杂出，时则为秽气。叠是数气，当之者鲜不为厉。而余以孱弱，俯仰其间，于兹二年矣，幸而无恙，是殆有养致然尔。然亦安知所养何哉？孟子曰："吾善养吾浩然之气。"彼气有七，吾气有一，以一敌七，吾何患焉！况浩然者，乃天地之正气也，作《正气歌》一首。

元史·刘秉忠列传

刘秉忠(1216—1274)，字仲晦，河北邢台人。刘秉忠活跃于蒙元初期政坛，对元代政治体制、典章制度的奠定发挥了重大作用。他对元大都的规划，奠定了现今北京城市的雏形。元大都的设计参考《周礼·考工记》中"匠人营国，方九里，旁三门。国中九经九纬，经涂九轨，左祖右社，面朝后市，市朝一夫"的规定。大都有南北大街和东西大街各九条，此外还错落分布着众多火巷和胡同。

本文节选自中华书局2013年版《元史》卷一百五十七。

刘秉忠字仲晦，初名侃，因从释氏，又名子聪，拜官后始更今名。其先瑞州人也，世仕辽，为官族。曾大父仕金，为邢州节度副使，因家焉，故自大父泽而下，遂为邢人。庚辰岁，木华黎取邢州，立都元帅府，以其父润为都统。事定，改署州录事，历巨鹿、内丘两县提领，所至皆有惠爱。

秉忠生而风骨秀异，志气英爽不羁。八岁入学，日诵数百言。年十三，为质子于帅府。十七，为邢台节度使府令史，以养其亲。居常郁郁不乐，一日，投笔叹曰："吾家累世衣冠，乃汨没为刀笔吏乎！丈夫不遇于世，当隐居以求志耳。"即弃去，隐武安山中。久之，天宁虚照禅师遣徒招致为僧，以其能文词，使掌书记。后游云中，留居南堂寺。

世祖在潜邸，海云禅师被召，过云中，闻其博学多材艺，邀与俱行。既入见，应对称旨，屡承顾问。秉忠于书无所不读，尤邃于《易》及邵氏《经世书》，至于天文、地理、律历、三式六壬遁甲之属，无不精通。论天下事如指诸掌。世祖大爱之，海云南还，秉忠遂留藩邸。后数岁，奔父丧，赐金百两为葬具，仍遣使送至邢州。服除，复被召，奉旨还和林。上书数千百言，其略曰：

典章、礼乐、法度、三纲五常之教，备于尧舜，三王因之，五霸败之。汉兴以来，至于五代，一千三百余年，由此道者，汉文、景、光武，唐太宗、玄宗五君，而玄宗不无疵也。然治乱之道，系乎天而由乎人。天生成吉思皇帝，起一旅，降诸国，不数年而取天下。勤劳忧苦，遗大宝于子孙，庶传万祀，永保无疆之福。

愚闻之曰："以马上取天下，不可以马上治。"昔武王，兄也；周公，弟也。周公思天下善事，夜以继日，每得一事，坐以待旦，以匡周室，以保周天下八百余年，周公之力也。君上，兄也；大王，弟也。思周公之故事而行之，在乎今日。千载一时，不可失也。

君之所任，在内莫大乎相，相以领百官，化万民；在外莫大乎将，将以统三军，安四域。内外相济，国之急务，必先之也。然天下之大，非一人之可及；万事之细，非一心之可察。当择开国功臣之子孙，分为京府州郡监守，督责旧官，以遵王法；仍差按察官守，治者升，否者黜。天下不劳力而定也。

天下户过百万，自忽都那演断事之后，差徭甚大，加以军马调发，使臣烦扰，官吏乞取，民不能当，是以逃窜。宜比旧减半，或三分去一，就见在之民以定差税，招逃者复业，再行定夺。官无定次，清洁者无以迁，污滥者无以降。可比附古例，定百官爵禄仪仗，使家足身贵。有犯于民，设条定罪。威福者君之权，奉命者臣之职。今百官自行威福，进退生杀惟意之从，宜从禁治。

天下之民未闻教化，见在囚人宜从赦免，明施教令，使之知畏，则犯者自少也。教令既设，则不宜繁，因大朝旧例，增益民间所宜设者十数条足矣。教令既施，罪不至死者皆提察然后决，犯死刑者覆奏然后听断，不致刑及无辜。

天子以天下为家，兆民为子，国不足，取于民，民不足，取于国，相须如鱼水。有国家者，置府库，设仓廪，亦为助民；民有身者，营产业，辟田野，亦为资国用也。今宜打算官民所欠债负，若实为应当差发所借，宜依合罕皇帝圣旨，一本一利，官司归还。凡陪偿无名，虚契所负，及还过元本者，并行赦免。

纳粮就远仓，有一废十者，宜从近仓以输为便。当驿路州城，饮食祗待偏重，宜计所费以准差发。关市津梁正税十五分取一，宜从旧制。禁横取，减税法，以利百姓。仓库加耗甚重，宜令权量度均为一法，使锱铢圭撮尺寸皆平，以存信去诈。珍贝金银之所出，淘沙炼石，实不易为。一旦以缠丝缕，饰皮革，涂木石，妆器仗，取一时之华丽，废为尘而无济，甚可惜也。宜从禁治。除帝胄功臣大官以下章服有制外，无职之人不得僭越。今地广民微，赋敛繁重，民不聊生，何力耕耨以厚产业？宜差劝农官一员，率天下百姓务农桑，营产业，实国之大益。

古者庠序学校未尝废，今郡县虽有学，并非官置。宜从旧制，修建三学，设教授，开选择才，以经义为上，词赋论策次之。兼科举之设，已奉合罕皇帝圣旨，因而言之，易行也。开设学校，宜择开国功臣子孙受教，选达才任用之。

天下莫大于朝省，亲民莫近于县宰。虽朝省有法，县宰宜择，县宰正，民自安矣。关西、河南地广土沃，以军马之所出入，治而未丰。宜设官招抚，不数年民归土辟，以资军马之用，实国之大事。移刺中丞拘榷盐铁诸产、商贾酒醋货殖诸事，以定宣课，虽使从实恢办，不足亦取于民，拖兑不办，已不为轻。奥鲁合蛮奏请于旧额加倍榷之，往往科取民间。科榷并行，民无所措手足。宜从旧例办榷，更或减轻，罢繁碎，止科征，无从献利之徒削民害国。鳏寡孤独废疾者，宜设孤老院，给衣粮以为养。使臣到州郡，宜设馆，不得于官衙民家安下。

孔子为百王师，立万世法，今庙堂虽废，存者尚多，宜令州郡祭祀，释奠如旧仪。近代礼乐器具靡散，宜令刷会，征太常旧人教引后学，使器备人存，渐以修之，实太平之基，王道之本。今天下广远，虽成吉思皇帝威福之致，亦天地神明阴所祐也。宜访名儒，循旧礼，尊祭上下神祇，和天地之气，顺时序之行，使神享民依，德极于幽明，天下赖一人之庆。

见行辽历，日月交食颇差，闻司天台改成新历，未见施行。宜因新君即位，颁历改元。令京府州郡置更漏，使民知时。国灭史存，古之常道，宜撰修《金史》，令一代君臣事业不坠于后世，甚有励也。

国家广大如天，万中取一，以养天下名士宿儒之无营运产业者，使不致困穷。或有营运产业者，会前圣旨，种养应输差税，其余大小杂泛并行蠲免，使自给养，实国家养才励人之大也。明君用人，如大匠用材，随其巨细长短，以施规矩绳墨。孔子曰："君子不可小知而可大受，小人不可大受而可小知。"盖君子所存者大，不能尽小人之事，或有一短；小人所拘者狭，不能同君子之量，或有一长。尽其才而用之，成功之道也。

君子不以言废人，不以人废言。大开言路，所以成天下、安兆民也。天地之大，日月之明，而或有所蔽。且蔽天之明者，云雾也；蔽人之明者，私欲佞说也。常人有之，蔽一心也；人君有之，蔽天下也。常选左右谏臣，使讽谕于未形，忖画于至密也。君子之心，一于理义，怀于忠良；小人之心，一于利欲，怀于谗佞。君子得位，有容于小人；小人得势，必排于君子。明君在上，不可不辨也。孔子曰"远佞人"，又曰"恶利口之覆邦家者"，此之谓也。

今言利者众，非图以利国害民，实欲残民而自利也。宜将国中人民必用场冶，付各路课税所，以定权办，其余言利者并行罢去。古者明王不宝远物，所宝惟贤，如使贤者在位，能者在职，此皆一人之睿知，贤王之辅成也。古者治世均民产业，自废井田为阡陌，后世因之不能复。今穷乏者益损，富盛者增加。宜禁行利之人勿恃官势，居官在位者勿侵民利，商贾与民和好交易，不生擅夺欺罔之害，真国家之利也。

笞篓之制，宜会古酌今，均为一法，使无敢过越。禁私置牢狱，淫民无辜。鞭背之刑宜禁治，以彰爱生之德。立朝省以统百官，分有司以御众事，以至京府州郡亲民之职无不备，纪纲正于上，法度行于下，是故天下不劳而治也。今新君即位之后，可立朝省，以为政本。其余百官，不在员多，惟在得人焉耳。

世祖嘉纳焉。又言："邢州旧万余户，兵兴以来不满数百，凋坏日甚，得良牧守如真定张耕、洺水刘肃者治之，犹可完复。"朝廷即以耕为邢州安抚使，肃为副使。由是流民复业，升邢为顺德府。

癸丑，从世祖征大理。明年，征云南。每赞以天地之好生，王者之神武不杀，故克城之日，不妄戮一人。己未，从伐宋，复以云南所言力赞于上，所至全活不可胜计。

中统元年，世祖即位，问以治天下之大经、养民之良法，秉忠采祖宗旧典，参以古制之宜于今者，条列以闻。于是下诏建元纪岁，立中书省、宣抚司。朝廷旧臣、山林遗逸之士，咸见录用，文物粲然一新。

秉忠虽居左右，而犹不改旧服，时人称之为聪书记。至元元年，翰林学士承旨王鹗奏言："秉忠久侍藩邸，积有岁年，参帷幄之密谋，定社稷之大计，忠勤劳绩，宜被褒崇。圣明御极，万物惟新，而秉忠犹仍其野服散号，深所未安，宜正其衣冠，崇以显秩。"帝览奏，即日拜光禄大夫，位太保，参领中书省事。诏以翰林侍读学士窦默之女妻之，赐第奉先坊，且以少府宫籍监户给之。秉忠既受命，以天下为己任，事无巨细，凡有关于国家大体者，知无不言，言无不听，帝宠任愈隆。燕闲顾问，辄推荐人物可备器使者，凡所甄拔，后悉为名臣。

初，帝命秉忠相地于桓州东滦水北，建城郭于龙冈，三年而毕，名曰开平。继升为上都，而以燕为中都。四年，又命秉忠筑中都城，始建宗庙宫室。八年，奏建国号曰大元，而以中都为大都。他如颁章服，举朝仪，给俸禄，定官制，皆自秉忠发之，为一代成宪。

十一年，扈从至上都，其地有南屏山，尝筑精舍居之。秋八月，秉忠无疾端坐而卒，年五十九。帝闻惊悼，谓群臣曰："秉忠事朕三十余年，小心慎密，不避艰险，言无隐情。其阴阳术数之精，占事知来，若合符契，惟朕知之，他人莫得闻也。"出内府钱具棺敛，遣礼部侍郎赵秉温护其丧还葬大都。十二年，赠太傅，封赵国公，谥文贞。成宗时，赠太师，谥文正。仁宗时，又进封常山王。

秉忠自幼好学，至老不衰，虽位极人臣，而斋居蔬食，终日淡然，不异平昔。自号藏春散人。每以吟咏自适，其诗萧散闲淡，类其为人。有文集十卷。无子，以弟秉恕子兰璋后。

元史·郭守敬传

郭守敬(1231—1316)，字若思，河北邢台人。元朝著名的天文学家、数学家、水利工程专家，师从刘秉忠、张文谦等人。至元二十八年(1291年)，为连通元大都和大运河，郭守敬任都水监，负责修治大都城至通州的运河，元世祖将其定名为通惠河。因此，北上的商船可直接驶至都城中心的积水潭，大大便利了南北交通和漕运事业。

本文选自中华书局2017年版《元史》卷一百六十四。

郭守敬字若思，顺德邢台人。生有异操，不为嬉戏事。大父荣，通五经，精于算数、水利。时刘秉忠、张文谦、张易、王恂，同学于州西紫金山，荣使守敬从秉忠学。

中统三年，文谦荐守敬习水利，巧思绝人。世祖召见，面陈水利六事：其一，中都旧漕河，东至通州，引玉泉水以通舟，岁可省雇车钱六万缗。通州以南，于蔺榆河口径直开引，由蒙村跳梁务至杨村还河，以避浮鸡淊盘浅风浪远转之患。其二，顺德达泉引入城中，分为三渠，灌城东地。其三，顺德沣河东至古任城，失其故道，没民田千三百余顷。此水开修成河，其田即可耕种，自小王村经溥沱，合入御河，通行舟筏。其四，磁州东北滏、漳二水合流处，引水由滏阳、邯郸、洺州、永年下经鸡泽，合入沣河，可灌田三千余顷。其五，怀、孟沁河、虽浇灌，犹有漏堰余水，东与丹河余水相合。引东

328

流，至武陟县北，合入御河，可灌田二千余顷。其六，黄河自孟州西开引，少分一渠，经由新、旧孟州中间，顺河古岸下，至温县南复入大河，其间亦可灌田二千余顷。每奏一事，世祖叹曰："任事者如此，人不为素餐矣。"授提举诸路河渠。四年，加授银符、副河渠使。

至元元年，从张文谦行省西夏。先是，古渠在中兴者，一名唐来，其长四百里，一名汉延，长二百五十里，它州正渠十，皆长二百里，支渠大小六十八，灌田九万余顷。兵乱以来，废坏淤浅。守敬更立堤堰，皆复其旧。

二年，授都水少监。守敬言："舟自中兴沿河四昼夜至东胜，可通漕运，及见查泊、兀郎海古渠甚多，宜加修理。"又言："金时，自燕京之西麻峪村，分引卢沟一支东流，穿西山而出，是谓金口。其水自金口以东，燕京以北，灌田若干顷，其利不可胜计。兵兴以来，典守者惧有所失，因以大石塞之。今若按视故迹，使水得通流，上可以致西山之利，下可以广京畿之漕。"又言："当于金口西预开减水口，西南还大河，令其深广，以防涨水突入之患。"帝善之。十二年，丞相伯颜南征，议立水站，命守敬行视河北、山东可通舟者，为图奏之。

初，秉忠以大明历自辽、金承用二百余年，浸以后天，议欲修正而卒。十三年，江左既平，帝思用其言。遂以守敬与王恂，率南北日官，分掌测验推步于下，而命文谦与枢密张易为之主领裁奏于上，左丞许衡参预其事。守敬首言："历之本在于测验，而测验之器莫先仪表。今司天浑仪，宋皇祐中汴京所造，不与此处天度相符，比量南北二极，约差四度；表石年深，亦复欹侧。"守敬乃尽考其失而移置之。既又别图高爽地，以木为重棚，创作简仪、高表，用相比覆。又以为天枢附极而动，昔人尝展管望之，未得其的，作候极仪。极辰既位，天体斯正，作浑天象。象虽形似，莫适所用，作玲珑仪。以表之矩方，测天之正圆，莫若以圆求圆，作仰仪。古有经纬，结而不动，守敬易之，作立运仪。日有中道，月有九行，守敬一之，作证理仪。表高景虚，罔象非真，作景符。月虽有明，察景则难，作窥几。历法之验，在于交会，作日月食仪。天有赤道，轮以当之，两极低昂，标以指之，作星晷定时仪。又作正方案、丸表、悬正仪、座正仪，为四方行测者所用。又作仰规复矩图、异方浑盖图、日出入永短图，与上诸仪互相参考。

十六年，改局为太史院，以恂为太史令，守敬为同知太史院事，给印章，立官府。及奏进仪表式，守敬当帝前指陈理致，至于日晏，帝不为倦。守敬因奏："唐一行开元间令南宫说天下测景，书中见者凡十三处。今疆宇比唐尤大，若不远方测验，日月交食分数时刻不同，昼夜长短不同，日月星辰去天高下不同，即目测验人少，可先南北立表，取直测景。"帝可其奏。遂设监候官一十四员，分道而出，东至高丽，西极滇池，南逾朱崖，北尽铁勒，四海测验，凡二十七所。

十七年，新历告成，守敬与诸臣同上奏曰：

> 臣等窃闻帝王之事，莫重于历。自黄帝迎日推策，帝尧以闰月定四时成岁，舜在璇玑玉衡以齐七政。爰及三代，历无定法，周、秦之间，闰余乖次。西汉造《三统历》，百三十年而后是非始定。东汉造《四分历》，七十余年而仪式方备。又百二十一年，刘洪造《乾象历》，始悟月行有迟速。又百八十年，姜岌造《三纪甲子历》，始悟以月

食冲检日宿度所在。又五十七年，何承天造《元嘉历》，始悟以朔望及弦皆定大小余。又六十五年，祖冲之造《大明历》，始悟太阳有岁差之数，极星去不动处一度余。又五十二年，张子信始悟日月交道有表里，五星有迟疾留逆。又三十三年，刘焯造《皇极历》，始悟日行有盈缩。又三十五年，傅仁均造《戊寅元历》，颇采旧仪，始用定朔。又四十六年，李淳风造《麟德历》，以古历章蔀元首分度不齐，是为总法，用进朔以避晦晨月见。又六十三年，一行造《大衍历》，始以朔有四大三小，定九服交食之异。又九十四年，徐昂造《宣明历》，始悟日食有气、刻、时三差。又二百三十六年，姚舜辅造《纪元历》，始悟食甚泛余差数。以上计千一百八十二年，历经七十改，其创法者十有三家。

自是又百七十四年，圣朝专命臣等改治新历，臣等用创造简仪、高表，凭其测实数，所考正者凡七事：

一曰冬至。自丙子年立冬后，依每日测到晷景，逐日取对，冬至前后日差同者为准。得丁丑年冬至在戊戌日夜半后八刻，又定丁丑夏至在庚子日夜半后七十刻（半）；又定戊寅冬至在癸卯日夜半后三十三刻；己卯冬至在戊申日夜半后五十七刻（半）；庚辰冬至在癸丑日夜半后八十一刻（半）。各减《大明历》十八刻，远近相符，前后应准。

二曰岁余。自大明历以来，凡测景、验气，得冬至时刻真数者有六，用以相距，各得其实合用岁余。今考验四年，相符不差，仍自宋大明壬寅年距至今日八百一十年，每岁合得三百六十五日二十四刻二十五分，其二十五分为今历岁余合用之数。

三曰日躔。用至元丁丑四月癸酉望月食既，推求日躔，得冬至日躔赤道箕宿十度，黄道箕九度有奇。仍凭每日测到太阳躔度，或凭星测月，或凭月测日，或径凭星度测日，立术推算。起自丁丑正月至己卯十二月，凡三年，共得一百三十四事，皆躔于箕，与月食相符。

四曰月离。自丁丑以来至今，凭每日测到逐时太阴行度推算，变从黄道求入转极迟、疾并平行处，前后凡十三转，计五十一事。内除去不真的外，有三十事，得《大明历》入转后天。又因考验交食，加《大明历》三十刻，与天道合。

五曰入交。自丁丑五月以来，凭每日测到太阴去极度数，比拟黄道去极度，得月道交于黄道，共得八事。仍依日食法度推求，皆有食分，得入交时刻，与《大明历》所差不多。

六曰二十八宿距度。自汉太初历以来，距度不同，互有损益。《大明历》则于度下余分，附以太半少，皆私意牵就，未尝实测其数。今新仪皆细刻周天度分，每度为三十六分，以距线代管窥，宿度余分并依实测，不以私意牵就。

七曰日出入昼夜刻。《大明历》日出入昼夜刻，皆距汴京为准，其刻数与大都不同。今更以本方北极出地高下，黄道出入内外度，立术推求每日日出入昼夜刻，得夏至极长，日出寅正二刻，日入戌初二刻，昼六十二刻，夜三十八刻。冬至极短，日出辰初二刻，日入申正二刻，昼三十八刻，夜六十二刻。永为定式。

所创法凡五事：一曰太阳盈缩。用四正定气立为升降限，依立招差求得每日行分初末极差积度，比古为密。二曰月行迟疾。古历皆用二十八限，今以万分日之八百二十分为一限，凡析为三百三十六限，依垛叠招差求得转分进退，其迟疾度数逐时不同，盖前所未有。三曰黄赤道差。旧法以一百一度相减相乘，今依算术勾股弧矢方圆斜直所容，求到年度率积差，差率与天道实吻合。四曰黄赤道内外度。据累年实测，内外极度二十三度九十分，以圆容方直矢接勾股为法，求每日去极，与所测相符。五曰白道交周。旧法黄道变推白道以斜求斜，今用立浑比量，得月与赤道正交，距春秋二正黄赤道正交一十四度六十六分，拟以为法。推逐月每交二十八宿度分，于礼为尽。

十九年，恂卒。时历虽颁，然其推步之式，与夫立成之数，尚皆未有定稿。守敬于是比次篇类，整齐分秒，裁为《推步》七卷，《立成》二卷，《历议拟稿》三卷，《转神选择》二卷，《上中下三历注式》十二卷。二十三年，继为太史令，遂上表奏进。又有《时候笺注》二卷，《修改源流》一卷。其测验书，有《仪象法式》二卷，《二至晷景考》二十卷，《五星细行考》五十卷，《古今交食考》一卷，《新测二十八舍杂座诸星入宿去极》一卷，《新测无名诸星》一卷，《月离考》一卷，并藏之官。

二十八年，有言滦河自永平挽舟逾山而上，可至开平；有言卢沟自麻峪可至寻麻林。朝廷遣守敬相视，滦河既不可行，卢沟舟亦不通，守敬因陈水利十有一事。其一，大都运粮河，不用一亩泉旧原，别引北山白浮泉水，西折而南，经瓮山泊，自西水门入城，环汇于积水潭，复东折而南，出南水门，合入旧运粮河。每十里置一牐，比至通州，凡为牐七，距牐里许，上重置斗门，互为提阏，以过舟止水。帝览奏，喜曰："当速行之"。于是复置都水监，俾守敬领之。帝命丞相以下皆亲操畚锸倡工，待守敬指授而后行事。

先是，通州至大都，陆运官粮，岁若干万石，方秋霖雨，驴畜死者不可胜计，至是皆罢之。三十年，帝还自上都，过积水潭，见舳舻敝水，大悦，名曰通惠河，赐守敬钞万二千五百贯，仍以旧职兼提调通惠河漕运事。守敬又言：于澄清牐稍东，引水与北坝河接，且立牐丽正门西，令舟楫得环城往来。志不就而罢。三十一年，拜昭文馆大学士，知太史院事。

大德二年，召守敬至上都，仪开铁幡竿渠，守敬奏："山水频年暴下，非大为渠堰，广五七十步不可"。执正咎于工费，以其言为过，缩其广三之一。明年大雨，山水注下，渠不能容，漂没人畜庐帐，几犯行殿。成宗谓宰臣曰："郭太史神人也，惜其言不用耳。"七年，诏内外官年及七十，并听致仕，独守敬不许其请。自是翰林太史司天官不致仕，定著为令。延祐三年卒，年八十六。

燕史·燕雄(节选)

[明]郭造卿

郭造卿(1532—1593)，字建初，号玉融山人、海岳先生，福建福清人，常行走于蓟北塞外，深悉燕地风物人情。《燕史》又名《燕山古史》《燕志》《古燕史》，是郭造卿为蓟镇总兵官戚继光修撰的一部北京及周边地区的地方通史。始自周初召公封燕，迄于元朝覆灭，是一部贯穿2300多年，"网罗千载，搜辑前闻"的古代通史，择取了大量史书资料，价值较高。原书120卷，现存34卷，分政纪、统纪、雄纪、镇纪、敌纪、督纪、道纪、系纪、裔纪和朔纪。选文来自"雄纪"，记载了燕地英雄人物及其事迹。

选文节取自明郭造卿撰清抄本。

召而封燕，其国记之矣。于近曰邻，于远曰交，而耦曰仇焉，总称战国七雄，莫非凭借先世之贤，孰有匹夫崛起者哉！及毕归于秦，则六翮俱伏。而其间有鸷击者，乃出于陇亩中，闾左为先驱，亭长子弟辈出。项号西楚霸王，固盖世之雄也。而刘名其为贼，则威力加海内，诛之于垓下。燕么麽何算焉，嗣而递封为广阳，莽末则承之羞矣。若中山靖王支庶，为涿陆城侯，又云临邑之枝，乃长沙、舂陵类也。汉祚中绝而兴，其雄带州域者，皆无六国世资。光武出于长沙，以布衣而得雄宝，藉渔阳、上谷以称雄，而于燕枭突之区，则未尝有世封焉。迨黄巾乱于赤眉，逆卓凶于新莽，弱者瞻乌于屋，强者逐鹿于场，孰知其为雌雄，惟其飞伏何如耳。燕公孙负隅而斗，寻相继灭亡。昭烈以中山远裔，贩履织席为业，所与结客起者，关、张亡命之流。当群英起义而盟，天下岂知有刘备哉！由公孙而屡颠沛，以依曹操，操乃谓曰："今天下英雄，惟使君与操耳。"备方食失匕箸者，恐以两雄不俱立也。斯时孙权弱冠，甫受事于江东，宁知其为一足之烈，而能取荆以业备哉！操闻为之落笔，惧其相为犄角矣。故群雄之颉颃，竟此三分而踷。备生于涿，称燕之雄。操生于沛，称楚之雄。楚而都郑曰魏，燕而都蜀曰汉。惟权生于江表，席世业而据三州，虎视为吴雄焉。然操喜乱逞奸，挟天子以跨中原，则视蕞尔吴、蜀，虽称蛮夷大长，并蒲伏而称藩，其吞噬之志不已也。乃备颠沛屡矣，未尝为之少贬，汉存诚为疏属，亡则凡称帝胄，能以讨贼名者，即可以续正统。汉失而汉得之，遂巍然黄屋左纛。岂若权称臣于操，至丕亡而乃帝哉！故鼎足虽三，而雄立惟两，其邪正在所当辨，不可以强弱论矣。备承衣带之诏，固不能以诛国贼，其先邀斩杨奉，逆党由此以灭，帝安居而无外患，不可谓之无功。操弑伏后、皇子，其罪律之莽、卓浮矣，而如鬼为贼，以暗奸天位。权且不与之两立，岂得为真正之雄哉？自秦灭姬，同姓惟燕雄焉，其世王于东北，以国而不以主也。及魏篡刘，同姓亦燕雄焉，其身帝于西南，以主而不以国也。邻则惟其左右，善也斯交焉，恶也斯仇焉，而国竟为所亡。雄图自此而尽，犹取燕故地为封，而已安乐公称焉。嗟乎！自是而产，皆蛮狄大长称虏而僭号者，其辱燕灵多矣。不于兹之雄，而谁为！

于少保忠肃祠

[明]孙承泽

本文节选自北京古籍出版社 1992 年版《春明梦余录》卷二十二，是关于于少保忠肃（于谦）祠的介绍。

于少保忠肃祠，在崇文门内东裱背巷，公故赐宅也。祠三楹，祀少保兵部尚书于谦，塑公像，危坐。岁春秋，遣太常等官致祭。

公被刑于天顺元年，复官于成化二年，赐谥"肃愍"于弘治三年，改谥"忠肃"于万历十八年。

公被刑日，阴霾翳天，京师妇孺无不洒泣。夫人流山海关，夜梦公，曰："吾形殊而魂不乱，独两目黯然，借汝眼光见形于皇帝。"次日，夫人目失明。会皇极门灾，英宗临视，公现形火光中。上悚然，知公冤，诏：放夫人归，眼明如故。

当时杀公，诬以迎立外藩，王文极口辩，公但云："召亲王，非金符不可。"符在，何必辩。时印绶监诸珰检阅各府金符俱在，独无襄府者，惊惧欲死。问一退闲老监，云是宣庙上宾时，老娘娘以国有长君，社稷之福，欲召襄王取入。三杨议不合而止，符留后宫。老娘娘，张太后也。于是启而得之，符在暖阁，尘积寸余矣。

公之养子于廉，好聚书画，天顺中，自边赦还，坐裱背胡同，见负画售者，忠肃夫妇像在焉。盖公家与内臣卢永同时籍没，卢寻宥，给还籍物，而画像误还卢所，持以出售。廉乃负之归钱塘。

公之改谥，抚臣傅孟春疏请，宗伯于慎行题覆者也。先是傅疏未入，少宗伯黄凤翔梦一伟男子持书来，有空山孤魂之句，觉而恶之。诘晨，接傅疏，乃悟夜梦者公也，生气不泯如此。

李荐祭东坡文云：“皇天后土，鉴生平忠义之心；名山大川，还万古英灵之气。”后追录坡公，制词中全用之。宪宗朝追录于少保，亦全用此语，尤确。

陈继儒云：土木之变，裕陵北狩，公痛哭抗疏，止南迁之议，召勤王之师。也先拥帝至大同，至宣府，至京城下，皆登城谢曰：“赖天地宗社之灵，国有君矣。”此一见《左传》，楚人伏兵车，执宋公以伐宋，公子目夷令宋人应之曰：“赖宗社之神灵，吾国已有君矣。”楚人知虽执宋公，犹不能得宋国，于是释宋公。又一见《廉颇传》，秦王逼赵王会渑池，廉颇送至境，曰：“王行，度道里会遇之礼毕，还，不过三十日，不还，则请立太子为王，以绝秦望。”又再见《王旦传》，契丹犯边，帝幸澶州。旦曰：“十日之内，未有捷报，当何如？”帝嘿然良久，曰：“立皇太子。”三者，公读书得力处也。

明史·袁崇焕传

袁崇焕（1584—1630），字元素，广州东莞人。明末抗清名将，爱国将领。崇祯二年（1629）皇太极率领后金八旗军入侵中原，袁崇焕亲率部下祖大寿、满桂、何可刚等人回师京城"勤王"，与八旗军在京郊马驹桥和德胜门、广渠门外展开激战，重创敌军，使其被迫后撤十里，至运河岸边。但崇祯皇帝昏聩多疑，误中皇太极的反间之计，再加上阉党的妒忌、陷害，袁崇焕被处以磔刑，含冤而死，终年46岁。

本文选自中华书局2017年版《明史》卷二百五十九。

袁崇焕，字元素，东莞人。万历四十七年进士。授邵武知县。为人慷慨负胆略，好谈兵。遇老校退卒，辄与论塞上事，晓其厄塞情形，以边才自许。

天启二年正月，御史侯恂请破格用之，遂擢兵部职方主事。无何，广宁师溃，廷议扼山海关，崇焕即单骑出阅关内外。部中失袁主事，讶之，家人亦莫知所往。已，还朝，具言关上形势。曰："予我军马钱谷，我一人足守此。"廷臣益称其才，遂超擢佥事，监关外军，发帑金二十万，俾招募。时关外地悉为哈剌慎诸部所据，崇焕乃驻守关内。未几，诸部受款，经略王在晋令崇焕移驻中前所，监参将周守廉、游击左辅军，经理前屯卫事。寻令赴前屯安置辽人之失业者，崇焕即夜行荆棘虎豹中，以四鼓入城，将士莫不壮其胆。在晋深倚重之，题为宁前兵备佥事，然崇焕薄在晋无远略，不尽遵其令。及在晋议筑重城八里铺，崇焕以为非策，争不得，奏记首辅叶向高。

十三山难民十余万，久困不能出。大学士孙承宗行边，崇焕请："将五千人驻宁远，以壮十三山势，别遣骁将救之。宁远去山二百里，便则进据锦州，否则退守宁远，奈何委十万人置度外？"承宗谋于总督王象乾。象乾以关上军方丧气，议发插部护关者三千人往。承宗以为然，告在晋。在晋竟不能救，众遂没，脱归者仅六千人而已。及承宗驳重城议，集将吏谋所守。阎鸣泰主觉华，崇焕主宁远，在晋及张应吾、邢慎言持不可，承宗竟主崇焕议。已，承宗镇关门，益倚崇焕。崇焕内拊军民，外饬边备，劳绩大著。崇焕尝核虚伍，立斩一校。承宗怒曰："监军可专杀耶？"崇焕顿首谢，其果于用法类此。

三年九月，承宗决守宁远。佥事万有孚、刘诏力阻，不听，命满桂偕崇焕往。初，承宗令祖大寿筑宁远城，大寿度中朝不能远守，筑仅十一，且疏薄不中程。崇焕乃定规制：高三丈二尺，雉高六尺，址广三丈，上二丈四尺。大寿与参将高见、贺谦分督之，明年迄工，遂为关外重镇。桂，良将，而崇焕勤职，誓与城存亡；又善抚，将士乐为尽力。由是商旅辐辏，流移骈集，远近望为乐土。遭父忧，夺情视事。四年九月，偕大将马世龙、王世钦率水陆马步军万二千，东巡广宁，谒北镇祠，历十三山，抵右屯，遂由水道泛三岔河而还。寻以五防叙劳，进兵备副使，再进右参政。

崇焕之东巡也，请即复锦州、右屯诸城，承宗以为时未可，乃止。至五年夏，承宗与崇焕计，遣将分据锦州、松山、杏山、右屯及大、小凌河，缮城郭居之。自是宁远且为内地，开疆复二百里。十月，承宗罢，高第来代，谓关外必不可守，令尽撤锦、右诸城守具，移其将士于关内。督屯通判金启倧上书崇焕曰："锦、右、大凌三城皆前锋要地。倘收兵退，既安之民庶复播迁，已得之封疆再沦没，关内外堪几次退守耶！"崇焕亦力争不可，言："兵法有进无退。三城已复，安可轻撤？锦、右动摇，则宁、前震惊，关门亦失保障。今但择良将守之，必无他虑。"第意坚，且欲并撤宁、前二城。崇焕曰："我宁前道也，官此当死此，我必不去。"第无以难，乃撤锦州、右屯、大、小凌河及松山、杏山、塔山守具，尽驱屯兵入关，委弃米粟十余万，而死亡载途，哭声震野，民怨而军益不振。崇焕遂乞终制，不许。十二月进按察使，视事如故。

我大清知经略易与，六年正月举大军西渡辽河，二十三日抵宁远。崇焕闻，即偕大将桂，副将左辅、朱梅，参将大寿，守备何可刚等集将士誓死守。崇焕更刺血为书，激以忠义，为之下拜，将士咸请效死。乃尽焚城外民居，携守具入城，清野以待。令同知程维楧诘奸，通判启倧具守卒食，辟道上行人。檄前屯守将赵率教、山海守将杨麒，将士逃至者悉斩，人心始定。明日，大军进攻，载楯穴城，矢石不能退。崇焕令闽卒罗立，发西洋巨炮，伤城外军。明日，再攻，复被却，围遂解，而启倧亦以然炮死。

启倧起小吏，官经历，主赏功事，勤敏有志介。承宗重之，用为通判，核兵马钱粮，督城工，理军民词讼，大得众心。死，赠光禄少卿，世荫锦衣试百户。

初，中朝闻警，兵部尚书王永光大集廷臣议战守，无善策。经略第、总兵麒并拥兵关上，不救，中外谓宁远必不守。

及崇焕以书闻，举朝大喜，立擢崇焕右佥都御史，玺书奖励，桂等进秩有差。

我大清初解围，分兵数万略觉华岛，杀参将金冠等及军民数万。崇焕方完城，力竭不能救也。高第镇关门，大反承宗政务，折辱诸将，诸将咸解体，遇麒若偏裨，麒至，见侮其卒。至是，坐失援，第、麒并褫官去，而以王之臣代第，赵率教代麒。

我大清举兵，所向无不摧破，诸将罔敢议战守。议战守，自崇焕始。三月，复设辽东巡抚，以崇焕为之。魏忠贤遣其党刘应坤、纪用等出镇。崇焕抗疏谏，不纳。叙功，加兵部右侍郎，赉银币，世荫锦衣千户。

崇焕既解围，志渐骄，与桂不协，请移之他镇，乃召桂还。崇焕以之臣奏留桂，又与不协。中朝虑偾事，命之臣专督关内，以关外属崇焕画关守。崇焕虞廷臣忌己，上言："陛下以关内外分责二臣，用辽人守辽土，且守且战，且筑且屯。屯种所入，可渐减海运。大要坚壁清野以为体，乘间击瑕以为用；战虽不足，守则有余；守既有余，战无不足。顾勇猛图敌，敌必仇；奋迅立功，众必忌。任劳则必召怨，蒙罪始可有功；怨不深则劳不著，罪不大则功不成。谤书盈箧，毁言日至，从古已然，惟圣明与廷臣始终之。"帝优旨褒答。

其冬，崇焕偕应坤、用、率教巡历锦州、大、小凌河，议大兴屯田，渐复第所弃旧土。忠贤与应坤等并因是荫锦衣，崇焕进所荫为指挥佥事。崇焕遂言："辽左之坏，虽人心不固，亦缘失有形之险，无以固人心。兵不利野战，只有凭坚城、用大炮一策。今山海四城既新，当更修松山诸城，班军四万人，缺一不可。"帝报从之。

先是，八月中，我太祖高皇帝晏驾，崇焕遣使吊，且以觇虚实。我太宗文皇帝遣使报之，崇焕欲议和，以书附使者还报。我大清兵将讨朝鲜，欲因此阻其兵，得一意南下。七年正月，再遣使答之，遂大兴兵渡鸭绿江南讨。朝议以崇焕、之臣不相能，召之臣还，罢经略不设，以关内外尽属崇焕，与镇守中官应坤、用并便宜从事。崇焕锐意恢复，乃乘大军之出，遣将缮锦州、中左、大凌三城，而再使使持书议和。会朝鲜及毛文龙同告急，朝命崇焕发兵援，崇焕以水师援文龙，又遣左辅、赵率教、朱梅等九将将精卒九千先后逼三岔河，为牵制之势，而朝鲜已为大清所服，诸将乃还。

崇焕初议和，中朝不知。及奏报，优旨许之，后以为非计，频旨戒谕。崇焕欲藉是修故疆，持愈力。而朝鲜及文龙被兵，言官因谓和议所致。四月，崇焕上言："关外四城虽延袤二百里，北负山，南阻海，广四十里尔。今屯兵六万，商民数十万，地隘人稠，安所得食？锦州、中左、大凌三城，修筑必不可已。业移商民，广开屯种。倘城不完而敌至，势必撤还，是弃垂成功也。故乘敌有事江东，姑以和之说缓之。敌知，则三城已完，战守又在关门四百里外，金汤益固矣。"帝优旨报闻。

时率教驻锦州，护版筑，朝命尤世禄来代，又以辅为前锋总兵官，驻大凌河。世禄未至，辅未入大凌，五月十一日大清兵直抵锦州，四面合围。率教偕中官用婴城守，而遣使议和，欲缓师以待救，使三返不决，围益急。崇焕以宁远兵不可动，选精骑四千，令世禄、大寿将，绕出大军后决战；别遣水师东出，相牵制；且请发蓟镇、宣、大兵，东护关门。朝廷已命山海满桂移前屯，三屯孙祖寿移山海，宣府黑云龙移一片石，蓟辽总督阎鸣泰移关城；又发昌平、天津、保定兵驰赴上关；檄山西、河南、山东守臣整兵听调。世禄等将行，大清已于二十八日分兵趋宁远。崇焕与中官应坤、副使毕自肃督将士登陴守，列营濠内，用炮距击；而桂、世禄、大寿大战城外，士多死，桂身被数矢，大军亦旋引去，益兵攻锦州。以溽暑不能克，士卒多损伤，六月五日亦引还，因毁大、小凌河二城。时称宁锦大捷，桂、率教功为多。忠贤因使其党论崇焕不救锦州为暮气，崇焕遂乞休。中外方争颂忠贤，崇焕不得已，亦请建祠，终不为所喜。七月，遂允其归，而以王之臣代为督师兼辽东巡抚，驻宁远。及叙功，文武增秩赐荫者数百人，忠贤子亦封伯，而崇焕止增一秩。尚书霍维华不平，疏乞让荫，忠贤亦不许。

未几，熹宗崩。庄烈帝即位，忠贤伏诛，削诸冒功者。廷臣争请召崇焕。其年十一月擢右都御史，视兵部添注左侍郎事。崇祯元年四月，命以兵部尚书兼右副都御史，督师蓟辽，兼督登莱、天津军务，所司敦促上道。七月，崇焕入都，先奏陈兵事，帝召见平台，慰劳甚至，咨以方略。对曰："方略已具疏中。臣受陛下特眷，愿假以便宜，计五年，全辽可复。"帝曰："复辽，朕不吝封侯赏。卿努力解天下倒悬，卿子孙亦受其福。"崇焕顿首谢。帝退少憩，给事中许誉卿叩以五年之略。崇焕言："圣心焦劳，聊以是相慰耳。"誉卿曰："上英明，安可漫对。异日按期责效，奈何？"崇焕怃然自失。顷之，帝出，即奏言："东事本不易竣。陛下既委臣，臣安敢辞难。但五年内，户部转军饷，工部给器械，吏部用人，兵部调兵选将，须中外事事相应，方克有济。"帝为饬四部臣，如其言。

崇焕又言："以臣之力，制全辽有余，调众口不足。一出国门，便成万里，忌能妒功，夫岂无人。即不以权力掣臣肘，亦能以意见乱臣谋。"帝起立倾听，谕之曰："卿无疑虑，朕自有主持。"大学士刘鸿训等请收还之臣、桂尚方剑，以赐崇焕，假之便宜。帝悉从之，赐崇焕酒馔而出。崇焕以前此熊廷弼、孙承宗皆为人排构，不得竟其志，上言："恢复之计，不外臣昔年以辽人守辽土，以辽土养辽人，守为正著，战为奇著，和为旁著之说。法在渐不在骤，在实不在虚，此臣与诸边臣所能为。至用人之人，与为人用之人，皆至尊司其钥。何以任而勿贰，信而勿疑？盖驭边臣与廷臣异，军中可惊可疑者殊多，但当论成败之大局，不必摘一言一行之微瑕。事任既重，为怨实多，诸有利于封疆者，皆不利于此身者也。况图敌之急，敌亦从而间之，是以为边臣甚难。陛下爱臣知臣，臣何必过疑惧，但中有所危，不敢不告。"帝优诏答之，赐蟒玉、银币，疏辞蟒玉不受。

是月，川、湖兵戍宁远者，以缺饷四月大噪，余十三营起应之，缚系巡抚毕自肃、总兵官朱梅、通判张世荣、推官苏涵淳于谯楼上。自肃伤重，兵备副使郭广初至，躬翼自肃，括抚赏及朋桩二万金以散，不厌，贷商民足五万，乃解。自肃疏引罪，走中左所，自经死。崇焕以八月初抵关，闻变驰与广密谋，宥首恶张正朝、张思顺，令捕十五人戮之市；斩知谋中军吴国琦，责参将彭簪古，黜都司左良玉等四人。发正朝、思顺前锋立功，世荣、涵淳以贪虐致变，亦斥之。独都司程大乐一营不从变，特为奖励。一方乃靖。

关外大将四五人，事多掣肘。后定设二人，以梅镇宁远，大寿仍驻锦州。至是，梅将解任，崇焕请合宁、锦为一镇，大寿仍驻锦州，加中军副将何可刚都督金事，代梅驻宁远，而移蓟镇率教于关门，关内外止设二大将。因极称三人之才，谓："臣自期五年，专藉此三人，当与臣相终始。届期不效，臣手戮三人，而身归死于司败。"帝可之，崇焕遂留镇宁远。自肃既死，崇焕请停巡抚，及登莱巡抚孙国桢免，崇焕又请罢不设。帝亦报可。哈剌慎三十六家向受抚赏，后为插汉所迫，且岁饥，有叛志。崇焕召至于边，亲抚慰，皆听命。二年闰四月，叙春秋两防功，加太子太保，赐蟒衣、银币，荫锦衣千户。

崇焕始受事，即欲诛毛文龙。文龙者，仁和人。以都司援朝鲜，逗留辽东，辽东失，自海道遁回，乘虚袭杀大清镇江守将，报巡抚王化贞，而不及经略熊廷弼，两人隙始开。用事者方主化贞，遂授文龙总兵，累加至左都督，挂将军印，赐尚方剑，设军镇皮岛如内地。皮岛亦谓之东江，在登、莱大海中，绵亘八十里，不生草木，远南岸，近北岸，北岸海面八十里即抵大清界，其东北海则朝鲜也。岛上兵本河东民，自天启元年河东失，民多逃岛中。文龙笼络其民为兵，分布哨船，联接登州，以为犄角计。中朝是之，岛事由此起。

四年五月，文龙遣将沿鸭绿江越长白山，侵大清国东偏，为守将击败，众尽歼。八月，遣兵从义州城西渡江，入岛中屯田，大清守将觉，潜师袭击，斩五百余级，岛中粮悉被焚。五年六月，遣兵袭耀州之官屯寨，败归。六年五月，遣兵袭鞍山驿，丧其卒千余。越数日又遣兵袭撒尔河，攻城南，为大清守将所却。七年正月，大清兵征朝鲜，并规剿文龙。三月，大清兵克义州，分兵夜捣文龙于铁山。文龙败，遁归岛中。时大清恶文龙蹑后，故致讨朝鲜，以其助文龙为兵端。

顾文龙所居东江，形势虽足牵制，其人本无大略，往辄败衄，而岁糜饷无算；且惟务广招商贾，贩易禁物，名济朝鲜，实阑出塞，无事则鬻参贩布为业，有事亦罕得其用。工科给事中潘士闻劾文龙糜饷杀降，尚宝卿董茂忠请撤文龙，治兵关、宁。兵部议不可，而崇焕心弗善也，尝疏请遣部臣理饷。文龙恶文臣监制，抗疏驳之，崇焕不悦。及文龙来谒，接以宾礼，文龙又不让，崇焕谋益决。

至是，遂以阅兵为名，泛海抵双岛，文龙来会。崇焕与相燕饮，每至夜分，文龙不觉也。崇焕议更营制，设监司，文龙怫然。崇焕以归乡动之，文龙曰："向有此意，但惟我知东事，东事毕，朝鲜衰弱，可袭而有也。"崇焕益不悦。以六月五日邀文龙观将士射，先设幄山上，令参将谢尚政等伏甲士幄外。文龙至，其部卒不得入。崇焕曰："予诘朝行，公当海外重寄，受予一拜。"交拜毕，登山。崇焕问从官姓名，多毛姓。文龙曰："此皆予孙。"崇焕笑，因曰："尔等积劳海外，月米止一斛，言之痛心，亦受予一拜，为国家尽力。"众皆顿首谢。

崇焕因诘文龙违令数事，文龙抗辩。崇焕厉色叱之，命去冠带絷缚，文龙犹倔强。崇焕曰："尔有十二斩罪，知之乎？祖制，大将在外，必命文臣监。尔专制一方，军马钱粮不受核，一当斩。人臣之罪莫大欺君，尔奏报尽欺罔，杀降人难民冒功，二当斩。人臣无将，将则必诛。尔奏有牧马登州取南京如反掌语，大逆不道，三当斩。每岁饷银数十万，不以给兵，月止散米三斗有半,侵盗军粮,四当斩。擅开马市于皮岛,私通外番,五当斩。部将数千人悉冒己姓,副将以下滥给札付千,走卒、舆夫尽金绯,六当斩。自宁远还,剽掠商船,自为盗贼,七当斩。强取民间子女,不知纪极,部下效尤,人不安室,八当斩。驱难民远窃人参,不从则饿死,岛上白骨如莽,九当斩。辇金京师,拜魏忠贤为父,塑冕旒像于岛中,十当斩。铁山之败,丧军无算,掩败为功,十一当斩。开镇八年,不能复寸土,观望养敌,十二当斩。"数毕,文龙丧魂魄不能言,但叩头乞免。崇焕召谕其部将曰:"文龙罪状当斩否?"皆惶怖唯唯。中有称文龙数年劳苦者,崇焕叱之曰:"文龙一布衣尔,官极品,满门封荫,足酬劳,何悖逆如是!"乃顿首请旨曰:"臣今诛文龙以肃军。诸将中有若文龙者,悉诛。臣不能成功,皇上亦以诛文龙者诛臣。"遂取尚方剑斩之帐前。乃出谕其将士曰:"诛止文龙,余无罪。"

当是时,文龙麾下健校悍卒数万,惮崇焕威,无一敢动者,于是命棺敛文龙。明日,具牲醴拜奠曰:"昨斩尔,朝廷大法;今祭尔,僚友私情。"为下泪。乃分其卒二万八千为四协,以文龙子承祚、副将陈继盛、参将徐敷奏、游击刘兴祚主之。收文龙敕印、尚方剑,令继盛代掌。犒军士,檄抚诸岛,尽除文龙虐政。还镇,以其状上闻,末言:"文龙大将,非臣得擅诛,谨席稿待罪。"时崇祯二年五月也。帝骤闻,意殊骇,念既死,且方倚崇焕,乃优旨褒答。俄传谕暴文龙罪,以安崇焕心,其爪牙伏京师者,令所司捕。崇焕上言:"文龙一匹夫,不法至此,以海外易为乱也。其众合老稚四万七千,妄称十万,且民多,兵不能二万,妄设将领千。今不宜更置帅,即以继盛摄之，于计便。"帝报可。

崇焕虽诛文龙，虑其部下为变，增饷银至十八万。然岛弁失主帅，心渐携，益不可用，其后致有叛去者。崇焕言："东江一镇，牵制所必资。今定两协，马军十营，步军五，岁饷银四十二万，米十三万六千。"帝颇以兵减饷增为疑，以崇焕故，特如其请。

崇焕在辽，与率教、大寿、可刚定兵制，渐及登莱、天津，及定东江兵制，合四镇兵十五万三千有奇，马八万一千有奇，岁费度支四百八十余万，减旧一百二十余万。帝嘉奖之。

文龙既死，甫逾三月，我大清兵数十万分道入龙井关、大安口。崇焕闻，即督大寿、可刚等入卫。以十一月十日抵蓟州，所历抚宁、永平、迁安、丰润、玉田诸城，皆留兵守。帝闻其至，甚喜，温旨褒勉，发帑金犒将士，令尽统诸道援军。俄闻率教战殁，遵化、三屯营皆破，巡抚王元雅、总兵朱国彦自尽，大清兵越蓟州而西。崇焕惧，急引兵入护京师，营广渠门外。帝立召见，深加慰劳，咨以战守策，赐御馔及貂裘。崇焕以士马疲敝，请入休城中，不许。出与大军鏖战，互有杀伤。

时所入隘口乃蓟辽总理刘策所辖，而崇焕甫闻变即千里赴救，自谓有功无罪。然都人骤遭兵，怨谤纷起，谓崇焕纵敌拥兵。朝士因前通和议，诬其引敌胁和，将为城下之盟。帝颇闻之，不能无惑。会我大清设间，谓崇焕密有成约，令所获宦官知之，阴纵使去。其人奔告于帝，帝信之不疑。十二月朔再召对，遂缚下诏狱。大寿在旁，战栗失措，出即拥兵叛归。大寿尝有罪，孙承宗欲杀之，爱其才，密令崇焕救解。大寿以故德崇焕，惧并诛遂叛。帝取崇焕狱中手书，往召大寿，乃归命。

方崇焕在朝，尝与大学士钱龙锡语，微及欲杀毛文龙状。及崇焕欲成和议，龙锡尝移书止之。龙锡故主定逆案，魏忠贤遗党王永光、高捷、袁弘勋、史𡎊辈谋兴大狱，为逆党报仇，见崇焕下吏，遂以擅主和议、专戮大帅二事为两人罪。捷首疏力攻，𡎊、弘勋继之，必欲并诛龙锡。法司坐崇焕谋叛，龙锡亦论死。三年八月，遂磔崇焕于市，兄弟妻子流三千里，籍其家。崇焕无子，家亦无余赀，天下冤之。

崇焕既缚，大寿溃而去。武经略满桂以趣战急，与大清兵战，竟死，去缚崇焕时甫半月。初，崇焕妄杀文龙，至是帝误杀崇焕。自崇焕死，边事益无人，明亡征决矣。

明史·利玛窦传

利玛窦（1552—1610），字西泰，意大利人，最早来华的天主教传教士之一。明万历十年（1582）被派至中国传教，在北京度过人生最后十年，逝世后葬于阜成门外。利玛窦作为首获万历皇帝允准留住京城口谕的外国传教士，积极与北京知识界人士往来，翻译引入众多西学书籍和知识，开启了晚明士大夫学习西学的风气。

本文节选自中华书局 2017 年版《明史》卷三百二十六。

万历时，大西洋人至京师，言天主耶稣生于如德亚，即古大秦国也。其国自开辟以来六千年，史书所载，世代相嬗，及万事万物原始，无不详悉。谓为天主肇生人类之邦，言颇诞谩不可信。其物产、珍宝之盛，具见前史。

意大里亚，居大西洋中，自古不通中国。万历时，其国人利玛窦至京师，为《万国全图》，言天下有五大洲。第一曰亚细亚洲，中凡百余国，而中国居其一。第二曰欧罗巴洲，中凡七十余国，而意大里亚居其一。第三曰利未亚洲，亦百余国。第四曰亚墨利加洲，地更大，以境土相连，分为南北二洲。最后得墨瓦腊泥加洲为第五。而域中大地尽矣。其说荒渺莫考，然其国人充斥中土，则其地固有之，不可诬也。

大都欧罗巴诸国，悉奉天主耶稣教，而耶稣生于如德亚，其国在亚细亚洲之中，西行教于欧罗巴。其始生在汉哀帝元寿二年庚申，阅一千五百八十一年至万历九年，利玛窦始泛海九万里，抵广州之香山澳，其教遂沾染中土。至二十九年入京师，中官马堂以其方物进献，自称大西洋人。

礼部言："《会典》止有西洋琐里国，无大西洋，其真伪不可知。又寄居二十年方行进贡，则与远方慕义特来献琛者不同。且其所贡《天主》及《天主母图》，既属不经，而所携又有神仙骨诸物。夫既称神仙，自能飞升，安得有骨？则唐韩愈所谓凶秽之余，不宜入宫禁者也。况此等方物，未经臣部译验，径行进献，则内臣混进之非，与臣等溺职之罪，俱有不容辞者。及奉旨送部，乃不赴部审译，而私寓僧舍，臣等不知其何意。但诸番朝贡，例有回赐，其使臣必有宴赏，乞给赐冠带还国，勿令潜居两京，与中人交往，别生事端。"不报。八月又言："臣等议令利玛窦还国，候命五月，未赐纶音，毋怪乎远人之郁病而思归也。察其情词恳切，真有不愿尚方锡予，惟欲山栖野宿之意。譬之禽鹿久羁，愈思长林丰草，人情固然。乞速为颁赐，遣赴江西诸处，听其深山邃谷，寄迹怡老。"亦不报。

已而帝嘉其远来，假馆授粲，给赐优厚。公卿以下重其人，咸与晋接。玛窦安之，遂留居不去，以三十八年四月卒于京。赐葬西郭外。

其年十一月朔，日食。历官推算多谬，朝议将修改。明年，五官正周子愚言："大西洋归化人庞迪我、熊三拔等深明历法。其所携历书，有中国载籍所未及者。当令译上，以资采择。"礼部侍郎翁正春等因请仿洪武初设回回历科之例，令迪我等同测验。从之。

自玛窦入中国后，其徒来益众。有王丰肃者，居南京，专以天主教惑众，士大夫暨里巷小民，间为所诱。礼部郎中徐如珂恶之。其徒又自夸风土人物远胜中华，如珂乃召两人，授以笔札，令各书所记忆。悉舛谬不相合，乃倡议驱斥。四十四年，与侍郎沈㴶、给事中晏文辉等合疏斥其邪说惑众，且疑其为佛郎机假托，乞急行驱逐。礼科给事中余懋孳亦言："自利玛窦东来，而中国复有天主之教。乃留都王丰肃、阳玛诺等，煽惑群众不下万人，朔望朝拜动以千计。夫通番、左道并有禁。今公然夜聚晓散，一如白莲、无为诸教。且往来壕镜，与澳中诸番通谋，而所司不为遣斥，国家禁令安在？"帝纳其言，至十二月令丰肃及迪我等俱遣赴广东，听还本国。命下久之，迁延不行，所司亦不为督发。

四十六年四月，迪我等奏："臣与先臣利玛窦等十余人，涉海九万里，观光上国，叨食大官十有七年。近南北参劾，议行屏斥。窃念臣等焚修学道，尊奉天主，岂有邪谋，敢堕恶业。惟圣明垂怜，候风便还国。若寄居海屿，愈滋猜疑，乞并南都诸处陪臣，一体宽假。"不报，乃怏怏而去。丰肃寻变姓名，复入南京，行教如故，朝士莫能察也。

其国善制礮，视西洋更巨。既传入内地，华人多效之，而不能用。天启、崇祯间，东北用兵，数召澳中人入都，令将士学习，其人亦为尽力。

崇祯时，历法益疏舛，礼部尚书徐光启请令其徒罗雅谷、汤若望等，以其国新法相参较，开局纂修。报可。久之书成，即以崇祯元年戊辰为历元，名之曰《崇祯历》。书虽未颁行，其法视《大统历》为密，识者有取焉。

其国人东来者，大都聪明特达之士，意专行教，不求禄利。其所著书多华人所未道，故一时好异者咸尚之。而士大夫如徐光启、李之藻辈，首好其说，且为润色其文词，故其教骤兴。

时著声中土者，更有龙华民、毕方济、艾如略、邓玉函诸人。华民、方济、如略及熊三拔，皆意大里亚国人，玉函，热而玛尼国人，庞迪我，依西把尼亚国人，阳玛诺，波而都瓦尔国人，皆欧罗巴洲之国也。其所言风俗、物产多夸，且有《职方外纪》诸书在，不具述。

纳兰成德传

张荫麟

纳兰成德（1655—1685），为避太子保成讳，而改名性德，字容若，满洲正黄旗人，清初著名词人。生于京师，自幼饱读诗书，文武兼修。与朱彝尊、陈维崧并列为清初三大家。晚清时，出现了研究纳兰性德的第一个高潮，王国维称其为"八百年来，一人而已"。民国时期，对纳兰性德的研究热潮持续不衰，张荫麟、胡适、郑振铎等都从不同角度撰写专文以示对纳兰词的高度欣赏之感。张荫麟（1905—1942）毕业于斯坦福大学，获哲学博士学位，回国任教于清华大学。

本文原载于 1929 年《学衡》第七十期。

纳兰成德，以避嫌讳，改名性德，字容若，号楞伽山人，满洲正黄旗人。纳兰本作纳喇，为金三十一姓之一。明初纳喇星恩达尔汉据有库伦叶赫之地，为部落长，内附于明。其后二百余年，中国所谓"北关"者即其地也。六传至养汲弩，为容若高祖。养汲弩有子三人，其第三子金台什，为容若曾祖。有女嫔清太祖，生太宗。叶赫故附明，清太祖崛起，陵吞邻部，与叶赫积不相能。万历四十七年遂灭之，金台什死焉。金台什二子德勒格、尼雅哈降满。太祖悯之，厚植其宗，俾延世祀。尼雅哈任佐领，屡从征有功，世祖定鼎燕京，予骑都尉世职，顺治三年卒。长子振库袭，其次子明珠，即容若父也。容若母为爱新觉罗氏，其家世不详。

容若以顺治十一年十二月生于北京。时明珠年甫二十。容若为明珠长子，有两弟，今仅知其一名揆叙，字恺功，少容若二十岁。容若十七岁以前之事迹，除下列一类笼统之考语外，别无可稽。

(一)韩菼《神道碑》：自少已杰然见头角，喜读书，有堂构志，人皆曰宫傅有子。

(二)徐乾学《墓志铭》：君自龆龀，性异恒儿。背诵经史，常若夙习。

(三)徐乾学《神道碑》：自幼聪敏，读书一再过，即不忘。善为诗，在童子已出惊人之句。(中略)数岁即善骑射。

综观之，容若盖自幼已敏慧逾恒，喜读书，有远志。讽习经史，尤嗜诗歌，斐然有作。读书之外，兼习骑射。在此十七年中，明珠方腾达宦场。明珠始官侍卫，继授銮仪卫治仪正，迁内务府郎中。任此诸职之起讫年，今不可详。康熙三年，擢内务府总管，五年授弘文院学士，六年充《世祖实录》副总裁，七年奉命察阅淮扬河工，旋迁刑部尚书，八年改都察院左都御史，十年二月充经筵讲官，十一月复迁兵部尚书。明珠性格，盖精明果敢，第乏学术，故使权招贿，无殊于寻常显吏。此七年中，其兴革之见于史书者，惟康熙十年八月奏停巡盐御史遍历州县之例一事而已。然明珠颇知亲附风雅，结交词臣，延纳名士，一时江南以才华显著之文匠、骚人、词客、学者，罕有不先后为其座上之宾。故后世《红楼梦》索隐家，致有以十二金钗为指明珠馆中所供养之名士者焉。此固半缘于容若与彼辈声气之相投，然使非明珠好客礼贤，一世倜傥，嵚奇之士曷能容身于其馆第。以明珠崇尚风雅，当容若少时，或颇注意其学业。观其后此馆查慎行于家，使课其次子若孙而可知也。

明珠邸宅，盖在内城西北。虽不知其皇丽如何，要当与其豪贵相称。又于玉泉山之麓营一别墅，名渌水亭。容若于其中读书馆客焉。渌水亭景物之胜，试读以下之诗词而可想见：

（一）朱彝尊《台城路·夏日饮容若渌水亭》（《曝书亭集》卷二十六）

一湾裂帛湖流远，沙堤恰环门径。岸划青秧，桥连皂荚，惯得游骢相并。林渊锦镜，爱压水亭虚，翠螺遥映。几日温风，藕花开遍鹭鹚顶。

不知何者是客，醉眠无不可，有底心性。䃺粉长笺，翻香小曲，比似江南风景，算来也胜。只少片天斜树头帆影。分我鱼矶，浅莎吟到暝。

（二）严绳孙《渌水亭观荷》（《秋水诗集》卷四）

久识林塘好，新亭惬所期。花底随燕掠，波动见鱼吹。凉气全侵席，轻阴尚覆池。茶瓜留客惯，行坐总相宜。远见帘纤雨，都随断续云。渍花当径合，添涨过城分。树杪惊残角，鸥边逗夕曛。渔歌疑可即，此外欲何闻。宫云湿更浮，清漏接章沟。抗馆烟中远，疏泉天上流。银鞍临水映，金弹隔林收。多谢门前客，风尘剌漫投。碧瓦压堤斜，居人半卖花。却思湖上女，并舫折残霞。蘸绿安帆幅，搴红卷袖纱。空留薜萝月，应识旧渔家。

（三）姜宸英《渌水亭送张丞》（《苇间诗集》卷三）

忆过桑乾别业时，禁城寒食柳丝丝。行看篱落参差影，开到杏花三两枝。落照村边逢猎骑，清流石上对围棋。（下略）

此林泉幽秀之地，实容若大部分生活之背景也。

康熙十年，容若年十七，补诸生，读书国子监。时昆山徐元文为祭酒，深器重之，谓其兄乾学曰"司马公子，非常人也"。次年秋八月，举顺天乡试。主考官为德清蔡立齐，副主考官为徐乾学，他日徐之自述曰："余忝主司宴，（容若）于京兆府偕诸举人拜堂下，举止闲雅。越三日，谒余邸舍，谈经史原委及文体正变，老师宿儒，有所不及。"乾学与明珠接近，此后容若遂师事之。

容若完婚之年，诸碑传俱无可征，亦不见别记。其词《浣沙溪》有一阕云：

十八年来堕世间，吹花嚼蕊弄冰弦，多情情在阿谁边？紫玉钗头灯影背，红绵粉冷枕函偏，相看好处却无言。

据此，则容若在十八岁时已有闺中之友，惟不知其成婚是否即在此年，抑在此年以前，又前若干时。容若所娶，乃两广总督卢兴祖之女，虽非翰墨之友，然相爱极笃，读上引一词已可见。盖容若生性浪漫，肫厚恳挚，善感多情。其对幼弟，对朋友，对素不相识之人，犹且"竭其肺腑"，而况于夫妇之间乎！读饮水诗词，其伉俪间之柔情蜜意、雅趣逸致，随处流露。兹摘引数则，以见其概：

红药阑边携素手，暖语浓于酒。盼到园花铺似绣，却更比春前瘦。（《回犯令》下半阕）

夕阳谁唤下楼梯，一握香荑，回头忍笑阶前立。总无语，也相宜。（《落花时》上半阕）

花径里，戏捉迷藏，曾惹下萧萧井梧叶。（《琵琶仙·中秋》）

水榭同携唤莫愁，一天凉雨晚来收。戏将莲菂抛池里，种

出花枝是并头。(《四时无题诗》之七)

露下庭柯蝉响歇。纱碧如烟，烟里玲珑月。并着香肩无可说，樱桃暗吐丁香结。笑卷轻衫鱼子缬。试扑流萤，惊起双栖蝶。瘦尽玉腰沾粉叶，人生那不相思绝。(《临江仙·夏夜》)

最忆相看，娇讹道字，手剪银镫自拨茶。(《沁园春》句)

芭蕉影断玉绳斜，风送微凉透碧纱。记得夜深人未寝，枕边狼藉一堆花。(《别意》之四)

挑灯坐，坐久忆年时。薄雾笼花娇欲泣，夜深微月下杨枝。催道太眠迟。(《忆江南》上半阕)

容若《沁园春》词有一阕自序云：

丁巳重阳前三日，梦亡妇淡妆素服，执手哽咽，语多不复能记，但临别有云："衔恨愿为天上月，年年犹得向郎圆。"妇素未工诗，不知何以得此也。(下略)

据此，则是时容若已赋悼亡。卢氏究卒于何年耶？

容若悼亡词之有时间关系可考者，其中有一首云：

谢家庭院残更立，燕宿雕梁，月度银墙，不辨花丛那辨香。此情已自成追忆，零落鸳鸯，雨歇微凉，十一年前梦一场。(《采桑子》)

就本文可知此词作于卢氏卒后十一年，而此词之作最迟不能后于容若逝世之年，故卢氏之卒，最迟不能后于容若卒前十一年，即不能后于康熙十三年甲寅，时容若年二十。又《金缕曲》(《亡妇忌日有感》)一词中有"滴空阶寒更雨歇，花天气"之句，则卢氏之卒乃在暮春。上举之《沁园春》中有"几年恩爱"之句，可见其自结婚至悼亡之间，有"几年"之久。上文言容若之结婚不知其是否即在十八岁，由今观之，若假定其为十八岁，则自十八岁至二十岁之春，至多不过两年，容若不当云几年恩爱。然结婚过早又不类，大略以十六七为近。假定如此，又就最低限度，假定"几年"为三年，则容若悼亡，当在十九与二十岁之间也。现在大略可推测者如此，须俟他日新发现材料之证实。今可确知者，容若与卢氏之同居生活，为期不过数年。绮梦之促，比似昙花；缱绻之心，忽然失寄。其伤痛之深、思念之苦，不待言矣。容若悼亡之词甚夥，皆缠绵惨恻，今不具引。但读其"回廊一寸相思地，落月成孤倚。背灯和月就花阴，已是十年踪迹十年心"及"零落鸳鸯，雨歇微凉，十一年前梦一场"诸句，怀念之心，十余年如一日，其相爱之挚可见。卢氏死后，容若续娶官氏，不知其事在何年。然"鸾胶纵续琵琶，问可及当年绿萼华"，"知否那人心，旧恨新欢相半。谁见，谁见，珊枕泪痕红泣"。然容若对后妻似亦有相当情爱，观其行役思闺之作而可知也。

容若虽出贵盛之家，生长纨绮之丛，却不慕荣华，不事享乐，若戚戚然于富贵而以贫贱为可安者。身在高门广厦，常有山泽鱼鸟之思。其所自述，则"曰余餐霞人，簪绂忽如寄"，"仆亦本狂士，富贵轻鸿毛"。其居处也，"闲庭萧寂，外之无扫门望尘之谒，内之无裙屐丝管呼卢秉烛之游。每夙夜寒暑休沐定省片晷之暇，（辄）游情艺林"。初尤致力词章，诗摹开元大历间风格。尝辑全唐诗选，尤喜长短句，自唐五代以来诸名家词，皆有选本。独好观北宋以上之作，不喜南渡诸家。尝以洪武韵改并联属，名《词韵正略》。以词为诗体正宗，刻意制作。其论词也，曰：

诗亡词乃兴，比兴此焉托。往往欢娱工，不如忧患作。……芒鞋心事杜陵知，只今惟赏杜陵诗。古人且失风人旨，何怪俗眼轻填词。词源远过诗律近，拟古乐府特加润。不见句读参差三百篇，已自换头兼转韵。（《饮水诗集》卷上填词）

近人有谓苏、辛始以词作新体诗，然盖皆未尝自觉者。自觉的以词作新体诗，当推容若为首也。容若词初印行者名《侧帽词》，不知刊于何年。其第二次刻本名《饮水词》，刊于康熙十九年闰三月。吴绮之于此集之序中云：

一编侧帽，旗亭竞拜双鬟。千里交襟，乐部惟推只手。吟哦送日，已教刻遍琅玕。把玩忘年，行且装之玳瑁矣。

则是时《侧帽词》流播极广，尝诵一时，其去初印行之日当颇久。且新制增积，至有重刻之需要，亦须经过颇久之时间。约略推之，《侧帽词》之刻，当去容若乡举后不远。据阮吾山《茶余客话》所载：

吴汉槎戍宁古塔，行笥携徐电发《菊庄词》、成容若《侧帽词》、顾梁汾《弹指词》三册。会朝鲜使臣仇元吉、徐良崎见之，以一金饼购去。……良崎题《侧帽》《弹指》二词云："使事昨渡海东边，携得新词二妙传。谁料晓风残月后，如今重见柳屯田。"以高丽纸书之，寄来中国。《渔洋续集》有"新传春雪咏。蛮徼织弓衣"，指此。

按其涉及《侧帽词》之事必有误。吴兆骞之戍宁古塔，乃在顺治十六年闰三月。时容若才五岁，兆骞安得携其《侧帽词》也？

容若于诗词外，又工书法。摹《褚河南临本褉帖》，间出入于《黄庭内景经》。亦好罗聚故籍，评鉴书画，间以意制器，多巧倕所不能及。居恒慕赵孟𫖯之生平，为诗曰：

吾怜赵松雪，身是帝王裔。神采照殿庭，至尊叹昳丽。少年疏远臣，侃侃持正议。才高兴转逸，敏妙擅一切。旁通佛老言，穷探音律细。鉴古定谁作，真伪不容谛。亦有同心人，闺中金兰契。书画掩文章，文章掩经济。得此良已足，风流渺难继。（《拟古》之三十九）

盖半自传而半自期许也。尝读赵松雪《自写照诗》有感，即绘小象，仿其衣冠。坐客或期许过当，弗应也。徐乾学谓之曰"尔何酷似王逸少"，心独喜之。

康熙十二年癸丑，容若年十九，会试中式，以患寒疾，不及廷对。于是益事经济之学，用力于《通鉴》及古文词。约自是年始，容若渐在文人社会中露头角，渐与当世才人交结。是时文人社会之状况为何如耶？明遗民中之巨子，若顾炎武、黄宗羲、王夫之、魏禧等尚健在，然皆入山惟恐不深，罕与市朝相接。贰臣则"江左三大家"之文彩犹照映诗坛。其年辈稍晚者，则首推"江南三布衣"，名满公卿，上动宸听。诗则王士禛主盟坛坫。词则徐釚、顾贞观之作海外争传。骈俪则陈维崧、吴绮以雄放纤柔相顽竞。此外卓然名家者，若汪琬、邵长蘅等之于古文，施闰章、宋琬、吴雯、梁佩兰、吴兆骞之于诗，彭孙遹、秦松龄、李雯等之于词，未易悉数。上举诸人中，顾贞观（梁汾）、严绳孙（荪友）、姜宸英（西溟）后此成为容若之密友。其次秦松龄（对岩）、朱彝尊（锡鬯）、陈维崧（其年）亦与容若有交谊。此外如王士禛（贻上）、吴绮（园次）、吴雯（天章）、梁佩兰（药亭）则皆尝为其坐上宾，与有酬唱之雅焉。其营救吴兆骞，则后世传为佳话者也。盖容若虚怀好客，肝胆照人，于单寒羁孤、侘傺困郁、守志不肯悦俗之士，咸能折己礼接之，生馆死殡，于资财无所吝惜。其或未一造门，而闻声相思，必致之乃已。故海内风雅知名之士，乐得容若为归，藉之以起者甚众。

是年(康熙十二年)始交严绳孙、朱彝尊。时严不过生员，朱则布衣也。绳孙此后之自述曰：

始余与容若定交，年未二十，才思敏异，世未有过者也。(《秋水集》卷二《〈成容若遗集〉序》)

又曰：

余始以文章交于容若。时容若方举礼部，为应世之文。(《秋水集》卷二《成容若哀辞》)

彝尊此后之自述曰：

往岁癸丑，我客潞河。君年最少，登进士科。伐木求友，心期切磋。投我素书，懿好实多。改岁月正，积雪初霁。纚履布衣，访君于第。君情欢剧，款以酒剂。命我题扇，炙砚而睇。是时多暇，暇辄填词。我按乐章，缀以歌诗。剪绡补衲，他人则嗤。君为绝倒，百诵过之。(《曝书亭集》卷八十《祭纳兰侍卫文》)

可见其初交时之情况。容若尝构一曲房，题其额曰"鸳鸯社"，属绳孙书之。

同年五月，容若所作《通志堂经解序》中有"向余属友人秦对岩(松龄)、朱竹垞购诸经籍藏书之家"之语，则是年已识秦松龄，惟不知是否自是年始耳。《通志堂经解》者，乃唐宋经注之汇刻，据徐乾学序，乃彼悉其：

兄弟家藏本，覆如校勘。更假秀永曹秋岳、无锡秦对岩、常熟钱遵王、毛斧季、温陵黄喻邵及竹垞家藏旧版书若抄本，厘择是正。……谋雕版行世。门人纳兰容若尤怂恿是举，捐金倡始，同志群相助成。

容若序亦谓：

先生乃尽出其藏本，示余小子曰："是吾三十年心力所择取而校定者。"余且喜且愕，求之先生，钞得一百四十四种。……请捐资经始，与同志雕版行世，是吾志也。

是则容若原未尝以校订之功自居，乾学亦未尝以此归之容若。而乾隆五十年二月二十九日上谕，乃指乾学校刊此书而托之容若，为之市名，以要结权贵，则于原书之首数页尚未一检，而信口加罪，其昏瞆有如是也。据上引二序，则校订之力，全出乾学。惟伍崇曜，其或然欤？全书凡一百若干种，其中有容若叙文者约六十种。据徐乾学序，此书之雕印"经始癸丑，逾二年讫工"。然容若于各序文之记年，无在丙辰及丁巳之外者。岂书先刻成，然后作序欤？抑上引二语，乃乾学经始时之预算，而非事实欤？后说殆近。

当容若辈流连文酒之欢，议论铅椠之事，正南徼风云飙起之时。此后扰攘十年始已。是年三月，镇广东之平南王尚可喜请撤藩归辽东，吴三桂、耿精忠亦以是请。下议政大臣、九卿等议，多谓吴三桂久镇云南，不可撤。独明珠与户部尚书朱司翰、刑部尚书莫洛等坚持宜撤，诏从其议，立下移藩之谕。已而吴三桂兵起，廷臣争咎首谋者。上曰："此出朕意，伊等何罪？"盖帝久有削灭诸藩之决心，明珠等之议适符其意也。十四年，明珠调吏部尚书。十五年耿精忠降，三藩已有敉平之望。以明珠主张撤藩称易，授武英殿大学士。

是年容若应殿试，名在二甲，赐进士出身，旋授三等侍卫。后由二等擢至一等侍卫。自是年后，簪缨羁身，"值上巡幸，时时在钩陈豹尾之间。无事则平旦而入、日晡未退以为常"。即在休暇，亦旦夕有"正欲趋庭被急宣"之事，不复如前之逍遥自在矣。是年始友顾贞观。时贞观已举顺天乡试。先是以龚芝麓为之延誉，名声大起。据其同时人徐釚《词苑丛谈》所言：

顾梁汾舍人风神俊朗，大似过江人物。无锡严孙友诗"曈曈晓日凤城开，才是仙郎下直回。绛蜡未销封诏罢，满身清露落宫槐"，其标格如此。

顾自述曰：

岁丙辰，容若年二十二，乃一见即恨识余之晚。阅数日，即填此曲，为余题照。(《弹指词》卷下《〈金缕曲〉自注》)

此曲即《金缕曲》，其词曰：

德也狂生耳。偶然间，缁尘京国，朱衣门第。有酒惟浇赵州土，谁会成生此意？不信道竟逢知己。痛饮狂歌俱未老，向尊前拭尽英雄泪。君不见，月如水。与君此夜须沉醉，且由他蛾眉谣诼，古今同忌。身世悠悠何足问，冷笑置之而已，寻思起从头翻悔。一日心期千劫在，后身缘恐结他生里。然诺重，君须记。

读此可见容若之性情与气概焉。据徐釚《词苑丛谈》，此词都下竞相传写。于是教坊歌曲，无不知有《侧帽词》者。贞观之和作，亦极慷慨缠绵之致，兹并录如下：

且住为佳耳。任相猜，驰笺紫阁，曳裾朱第。不是世人皆欲杀，争显怜才真意。容易得一人知己。惭愧王孙图报薄，只千金当洒平生泪。曾不值，一杯水。歌残击筑心逾醉，忆当年侯生垂老，始逢无忌。亲在许身犹未得，侠烈今生已矣，但结托来生休悔。俄顷重投胶在漆，似曾相识屠沽里。名预籍，石函记。

容若友朋中，以与贞观为情谊最深。贞观有挚友吴兆骞，亦江南才士也，以科场案被累，戍宁古塔。是年冬，贞观为《金缕曲》二阕，代书寄之，以稿示容若。其词曰：

季子平安否？便归来，生平万事，那堪回首？行路悠悠谁慰藉，母老家贫子幼。记不起从前杯酒。魑魅搏人应见惯，总输他覆雨翻云手。冰与雪，周旋久。泪痕莫滴牛衣透，数天涯依然骨肉，几家能够？比似红颜多命薄，更不如今还有，只绝塞苦寒难受。廿载包胥承一诺，盼乌头马角终相救。置此札，兄怀袖。

我亦飘零久。十年来，深恩负尽，死生师友。宿昔齐名非忝窃，只看杜陵穷瘦。曾不减夜郎僝僽。薄命长辞知己别，问人生到此凄凉否？千万恨，为兄剖。兄生辛未吾丁丑。共些时，冰霜摧折，早衰蒲柳。词赋从今须少作，留取心魂相守，但愿得河清人寿。归日急行戍橐，把空名料理传身后。言不尽，观顿首。

贞观之自述曰：

二词容若见之，为泣下数行，曰："河梁生别之诗，山阳死友之传，得此而三。此事三千六百日中，弟当以身任之，不俟兄再嘱也。"余曰："人事几何？请以五载为期。"恳之太傅，亦蒙见许。而汉槎果以辛酉入关矣。

明珠许救汉槎之事，据《随园诗话》所记如下：贞观之请救汉槎也。明珠方宴集，坐间手巨觥，引满，谓贞观曰："若饮此，为救汉槎。"贞观素不饮，至是一爵而尽。明珠壮之，笑曰："余戏耳。君即不饮，余岂即不救汉槎耶？"又传："兆骞得释归，因诣明珠谢。留府中，闲行入一室，上书一行曰'顾梁汾为吴汉槎屈膝处'。"此一事可见明珠、容若及顾贞观之性格，故备载之。

康熙二十年辛酉十二月，姜宸英始至京师。其识容若，当在是时。方苞记姜西溟遗言云：

康熙丙子（时容若殁已十一年）同西溟客天津。将别之前，抚余（方苞）背而叹曰："吾老矣，会见不可期。吾自少常恐为《文苑传》中人，而蹉跎至今。他日志吾墓，可录者三事耳：吾始至京师，明氏之子成德延至其家，甚忠敬。一日进曰：'吾父信我，不若信吾家某人。先生一与为礼，所欲无不得者。'吾怒而斥曰：'始吾以子为佳公子，今得子矣。'即日卷书装，遂与绝。"

全祖望《姜宸英墓表》所记，则视此较详而稍异。其言曰：

枋臣（明珠）有长子，多才，求学先生。枋臣以此颇欲援先生登朝。枋臣有幸仆曰安三，势倾京师，内外官僚多事之。……欲先生一假借之而不得。枋臣之子乘间言于先生曰："家君待先生厚，然而卒不得大有佽助。某以父子之间亦不能为力者，何也？盖有人焉。愿先生少施颜色，则事可立谐。某亦知斯言非可以加之先生，然念先生老，宜降意焉。"先生投杯而起曰："吾以汝为佳儿也，不料其无耻至此。"绝不与通。于是枋臣之子百计请罪于先生，始终执礼。而安三闻之恨甚。

比观方、全二氏之记载，有微异者二处：（一）全氏所记容若之进言，视方记为婉转。（二）方记所示，似宸英一怒遂与容若永绝也者。惟据全表，则此后二人尚有往来。按关于后一点，全表为信。宸英《苇间诗集》卷三有《哭亡友容若侍卫》四首，中有云"平生知己意，惟有泪悬河"。又于其死前一年，有《容若从驾还，值其三十初度，席上书赠》六首，则终容若之世，二人友谊如故也。宸英一生坎坷，读容若投赠之词，所以慰藉之者良厚，宜乎其有知己之感。虽然，宸英拒容若之劝，宜也。以此拂袖行，矫矣。为身后之名，不惜特彰挚友之失，且欲抹杀其以后之友谊焉（假设方苞所记为信）。吾有以知此自少即希为《文苑传》中人者之品格矣。

严绳孙言，容若"丙辰以后，傍览百氏"。（《成容若哀辞》）今观《通志堂经解》中五十余种之序录，皆丙辰及丁巳两年间所作。容若除草《经解》序外，又从事经学之著作。丁巳二月，辑成《合订删补大易集义粹言》八十卷。是书乃取宋陈友文《大易集义》及方闻一《大易粹言》合辑之。二书皆荟萃宋儒之《易》说。《集义》原书只有上下经，《粹言》兼具经传。惟《集义》所采摭，视《粹言》多十一家。容若因将二书合并，去其重复繁芜，又采十一家著作中论《系辞》诸传，为《集义》所未采者补之，"间以臆见，考其原委"（自序）。此书今刻《通志堂经解》中。《四库全书总目提要》谓此书"相传谓其稿本出陆元辅。性德殁后，徐乾学刻入《九经解》中，始署性德之名，莫之详也"。予按此缀辑之事，原属易易，宜为容若之智力所优为。至若移录原文、搜寻资料，或假门客之助，原非异事。若谓其纯出捉刀，吾不信也。容若又有《陈氏〈礼记集说〉补正》三十八卷，刻《通志堂经解》中，前后无序跋，度亦作于此两年前后。此书乃：

因（宋）陈澔《礼记集说》疏舛太甚，乃为条析而辨之。凡澔所遗者谓之补，澔所误者谓之正。皆先引经文，次列澔说，而援引考证以著其失。其无所补正者，则经文与游说并不载焉。颇采宋、元、明人之论，于郑注、孔疏亦时立异同。大抵考训诂、名物者十之三四，辨义理是非者十之六七。以澔注多主义理，故随文驳诘者亦多也。凡澔之说，皆一一溯其本自何人，颇为详核。……凡所指摘，中者十之七八。（《四库全书总目提要》卷二十一）

康熙十七年三月（容若二十四岁），严绳孙在吴中，与吴绮共订定容若词集刻之，名《饮水词》。十月，清帝巡视北边，容若盖在扈从之列。是年三藩已渐次戡定。清帝惩于此次大乱，知非恩络一世才智之士。无以服汉人。先是正月二十二日诏曰：

自古一代之兴，必有博学鸿儒，振起文运，阐发经史，润色词章。以备著作顾问之选。朕万几时暇，游心文翰，思得博洽之士，用资典学。……凡有学行兼优、文词卓越之人，无论已未出仕者，著在京三品以上及科道官员、在外督抚布按，各举所知，朕将亲试录用。其余内外各官，若果有真知灼见，在内开送吏部，在外开报于该督抚代为题荐。务令虚公延访，期得真才。（《鹤征录》卷首）

此即第一次博学鸿词之召举也。次年四月六日，考试既竣，诏取一等二十人、二等三十人。其中容若之友秦松龄、陈维崧、朱彝尊以一等见录，严绳孙以二等见录，皆授翰林院检讨，纂修明史，留居京师。然容若自官侍卫，日在禁中，罕友朋游宴之乐。观朱彝尊《祭文》云："迨我通籍，簪笔朵殿。君侍羽林，鲛函雉扇。或从豫游，或陪典宴。虽则同朝，无几相见。"又徐乾学《墓志铭》云："禁庭严密，其言论梗概有非外臣所得而知者。"从可想见矣。

康熙二十年（辛酉）三月，清帝幸汤泉（在遵化州西北四十里福泉山下）行宫，明珠及容若皆扈从，并有应制诗。是年冬，滇师告捷，内乱全息。次年正月上元夜，清帝举行大庆祝，欢宴群臣。据严绳孙《升平嘉宴诗记》云：

十四日，赐宴乾清宫。日小迁，诸臣候宫门之外。……少焉，宫门洞启，雁行序进升阶，闻教坊乐作。天子乃登黼座，诸臣叩首就列。时圆月始上，万炬毕陈。陛立双盘龙柱，高殆数丈，周悬五彩角灯，相续至地，流苏珠缀，天风微引，使人眩视。自墀历陛，御道中属文石栏楯，皆缀灯于柱端，上列鳌山。御屏之后，见山川人物，隐若海市。顷之，大学士明珠起进酒为寿。乐作，上饮毕，遂酌以赐明珠。……（以下遍赐与会诸臣）……于是梨园奏阳春布令之曲。重农事也。终两阕，上命臣英谕诸臣无废言笑，于是执法罢纠，上下和畅。俄闻乐作于内，鳌山机转，帆樯人马，不运而驰。遂诏大臣更上纵观，因复命酒遍赐如前。夜分月午，群臣皆醉。

"内庭之宴，前此未有。"（同上）容若父子同预其盛，一时纷张眩异之情状，可想见焉。二月，清帝以云南底定，诣盛京陵寝告祭，癸巳启行。容若随驾，徐乾学有诗赠别。五月辛亥回京。"秋奉使觇梭龙（疑即索伦）羌，道险远，君间行疾抵其界，劳苦万状，卒得其要领还报。"因作《出塞图》纪念其事，姜宸英为题诗其上。及梭龙诸羌输诚，已在容若殁后旬日。清帝念其有劳于是役，遣宫使拊其几筵，哭而告之。此是后事。是时，明珠为清帝最宠信之人，廷议大抵以明珠之意见为主。

"时诏重修太祖、太宗《实录》，乃编纂《三朝圣训》《圣治典训》《平定三逆方略》《大清会典》，皆以明珠为总裁官。两遇《实录》造成，加太子太傅，晋太子太师。"位既极乎人臣，权遂倾于中外。惜明珠未尝凭此机遇，为福民利国之谋，惟植势敛贿，以遂私欲。据康熙二十七年正月御史郭琇劾疏，所举明珠"背公营私实迹"如下：

（一）凡阁中票拟，俱由明珠指麾，轻重任意。……皇上圣明，时有诘责，乃漫无省改。

（二）明珠凡奉谕旨，或称其贤，则向彼云由我力荐；或称其不善，则云上意不喜，吾当从容挽救，且任意增添，以示恩立威，因而结党群心，挟取货贿。至于每日启奏毕，出中左门，满汉部院诸臣及其心腹，拱立以待，皆密语移时，上意无不宣露。部院衙门稍有关系之事，必请命而行。

（三）靳辅与明珠、余国柱交相固结，每年糜费河银，大半分肥。

（四）科道官有内升出差者，明珠、余国柱悉皆居功要索。至于考选科道，即与之订约，凡有本章，必先行请问，由是言官多受其制。

他日倾踬之因，已预伏矣。然明珠所为，亦不过古今寻常肉食者之惯例，初非穷凶大憝，亦未尝为残贼人道之事，未可与严嵩、魏忠贤等同日语也。

后世读《饮水集》者，莫不讶容若"貂珥朱轮，生长华胝，而其词则哀怨骚屑，类憔悴失职者之所为"。而容若自述亦曰：

余生未三十，忧愁居其半。心事如落花，春风吹已断。行当适远道，作计殊汗漫。寒食青草多，薄暮烟冥冥。山桃一夜

雨，茵蒀随飘零。愿餐红玉草，一醉不复醒。(《拟古》之十三)

又曰：

冬郎一生极憔悴，判与三闾共醒醉。美人香草可怜春，凤蜡红巾无限泪。(填词)

其他类此之悲歌尚众，岂皆无病而呻吟哉？据其挚友严绳孙所记：

(己丑)岁四月(距容若卒前一月)，余以将归，入辞容若。时座无余人，相与叙生平之聚散，究人事之终始，语有所及，怆然伤怀。久之别去，又返我于路，亦终无所复语。然观其意，若有所甚不释者。

可见其中心确有难言之悲楚矣。今读书而想见其为人，盖其心境之怆恻，厥有三故：生性之多情善感，一也；爱情之摧挫，二也；理想与实现之冲突，三也。所谓理想与实现之冲突，又有二事。其容若具浪漫性格，爱自由，爱闲逸，而其所官侍卫却为最不自由、最戕灭个性之奴隶职，苦可知矣。此观其《野鹤吟赠友》而可证：

鹤本生自野，终岁不见人。朝饮碧溪水，暮宿沧江滨。忽然被缯缴，矫首望青云。仆亦本狂士，富贵鸿毛轻。冲举道无由，幡然逐华缨。动止类循墙，戢身避高名。怜君是知己，习俗共不更。安得从君去，心同流水清。

其容若一生高洁，慕善亲贤，而目睹其父所为，龌龊苟且，黑幕重重，而又无从规谏，更无从匡救，曷能无恫于中？严绳孙云：

容若年甚少，于世无所措意。既而论文之暇，亦间语及天下事，无所隐讳。顷岁以来，究物情之变态，辄卓然有所见于其中。或经时之别，一再接其绪论，未尝不使人爽然而自失也，盖其警敏如此。……吾阁师（明珠）……方朝夕纶扉，以身系天下之望。容若起科目，擢侍殿陛，益密迩天子左右，人以为贵近臣无如容若者。夫以警敏若此，而贵近若此，其夙夜寅畏，视凡人臣之情必有百倍，而不敢即安者，人不得而知也。

绳孙为明珠门客，此文又作于明珠炙手可热之时，其言自多委婉，然其言外之意可得而知也。虽然，容若岂独忧危虑倾而已哉？抑且其内心有洁污是非之搏战焉耳。或谓容若别有难言之隐：

《红楼梦》中之宝玉，相传即纳兰成德。黛玉未嫁，何以称潇湘妃子？第一百十六回言宝玉梦入宫殿，见黛玉非人世服，惊呼林妹妹。传者谓此王者妃，非林妹妹云云。黛玉不知何许人，盖与纳兰为表兄妹，曾订婚约而选入宫，纳兰念之。曾因宫中啐经，纳兰伪为喇嘛僧，入宫相见，彼固不知纳兰之易装而入也。书中所言盖谓此。

按宝玉影射纳兰之说，根本无据，此传说之来历不明。而清代宫禁森严，此事本身之可能性极小。凡兹悬测，允宜刊落。顾好事者或将曰：《饮水词》中，言私情密会，如"情知此后来无计，强说欢期，一别如斯，落尽梨花月又西"等类无题之作甚多，岂能无事实之背景欤？曰：若然，则欧阳修直一荡子矣。顾吾独有不解者，《饮水词》有《浣沙溪》一阕，题作庚申除夜（时容若年二十六），当是纪实之作。其辞曰：

收取闲心冷处浓，舞裙犹忆柘枝红。谁家刻烛待春风。竹叶将空翻彩燕，九枝灯施颤金虫。风流端合倚天公。

此所忆者为谁？若指前妻耶？则两广总督家之闺秀，当非舞女。

殆容若悼亡之后，别有所恋而未遂耶？观其同时人之品评，谓容若"负信陵之意气，而自隐于醇酒美人。有叔原之词章，而更妙于舞裙歌扇"。窃恐其悼亡以后，所欢必有在妻室之外者也，惟不必牵入宫嫔之事耳。

二十三年壬午九月，清帝南巡，容若扈驾。辛卯启行，十月庚子，至济南，观趵突泉。壬寅至泰安。登泰山极顶。丙辰登金山，游龙禅寺，又登焦山，遂驻跸苏州，游无锡惠山。

惠山，秦松龄、严绳孙、顾贞观钓游之乡也。是时，顾贞观方居里，容访之于其家，与贞观及姜宸英偕宿惠山忍草庵。庵右有贯华阁，容若尝月夜与贞观登阁第三层，屏从去梯，作竟夕谈。容若诗有《桑榆墅同梁汾夜望》，即咏此时事。又尝与品茗于惠山之松苓、蟹眼二泉。时容若年甫三十，丰采甚都。贞观长性德十八岁，须鬓已苍。两人往来空山烟霭中，携手相羊。人望之，疑为师若弟，而不知其为忘年交也。濒行，为书贯华阁额，并留小像而去。容若卒后，贞观奉其像于阁中。其后阁毁，像与题额皆亡。

回述清帝南巡事。十一月车驾至江宁，自江宁回銮，经泗水东境，游泉林寺。又至曲阜谒孔子庙，遂还京师。容若之扈驾出行，除上述各次外，又尝至南海子、西苑、沙河、西山、五台山、医无间山等处，其年时不详。

容若自在环卫，益习骑射，发无不中。其扈跸时，雕弓书卷，错杂左右；夜则读书，书声与他人鼾声相和。出则"常佩刀随从。……每导行在上前。骑前却视，不失尺寸，遇事劳苦必以身先，不避艰险"。或据鞍占诗，应诏立就，因得帝眷，白金文绮、中衣佩刀、名马香扇、上尊御馔之赐相属云。

既还京，明年万寿节，清帝亲书唐贾至早朝七言律赐之。月余，令赋《乾清门应制诗》，译御制《松赋》，皆称旨。外廷佥言其简在帝心，将有不次之迁擢，乃遽得疾，七日不汗，以五月三十日己丑，即西历一六八五年七月一日卒，葬皂荚村。

容若既得疾，清帝使中官侍卫及御医日数辈至第诊治。时清帝将出关避暑，命以疾增减报，日再三。疾亟，亲处方药赐之，未及进而卒。清帝为之震悼。中使赐奠，恤典有加焉。容若卒前未及一旬，尚有《夜合花同梁药亭、顾梁汾、吴天章、姜西溟作》之诗，盖其绝笔矣。容若事亲以孝称，友爱弱弟，或出，遣亲近僚仆护之，反必往视，以为常云。

容若既殁，徐乾学哀刻其遗著为《通志堂全集》，凡二十卷。卷一赋，卷二至卷五诗，卷六至卷九词，卷十至卷十三《〈经解〉序》，卷十四杂文，卷十五至卷十八《渌水亭杂识》，卷十九至二十附录墓志铭、神道碑、哀词、诔、祭文、挽诗、挽词等。此书世希传本，所知惟八千卷楼藏书中有之，今未得见。

又韩菼所作《神道碑》，言顾贞观、姜宸英曾为容若作《行状》。今顾贞观文无传本，姜宸英集中复不载此状，余亦未得见。他日若发现此状及全集，其可以增补此文者当不少也。

容若遗物之流传于后世者，以余所知有二：一为容若玉印。一面镌绣佛楼，一面镌鸳鸯馆。曾藏武进费念慈（屺怀）所。一为《天香满院图》，乃容若三十岁像。朱邸峥嵘，红阑绿曲，老桂数株，柯叶作深黛色，花绽如黄雪，容若青袍络缇，伫立如有所思，貌清癯特甚，禹鸿胪之鼎绘，曾藏缪荃荪（小山)所。今二物皆不知流落何所，记此以当访问，闻图有影印本，予亦未见。

容若赠贞观词，有"后身缘恐结他生里"之句，殁后竟被附会而成一段神话。据《炙砚琐谈》所传如下：

> 侍中(容若)没后，梁汾旋亦归里。一夕梦侍中至曰："文章知己，念不去怀。泡影石光，愿寻息壤。"其夜嗣君(谓贞观子)举一子，梁汾就视之，面目一如侍中，知为侍中身后无疑也。……月后，复梦侍中别去，醒起急询之，已卒矣。

至《锡金识小录》所传，则愈歧而愈繁，谓：

> 梁汾家居，一夕，梦容若至曰："吾来践约矣。"厥明，报仲子举一孙。梁汾心异之，视其生命，决其必夭，遂名之曰益寿。资甚聪颖，十一岁而殇。时梁汾居惠山积书岩，夜梦容若曰："吾践约为子孙，今去矣。家人不予棺而欲以席裹我，何待我薄也！"梁汾凌晨归，而益寿已死。问家人，无席裹事。询其母，曰有之，始死启姑，将具木治棺，姑以儿幼，取肆中棺殓之。母以市棺薄，心恚，哭不如席裹也。

荒唐之言，录之聊备掌故，亦以见容若与梁汾之友谊最足吸引后世文人之想象也。

容若殁后一年，而查慎行来馆明珠家，课其子揆叙，时年十三。又二年(康熙二十七年二月)明珠为御史郭琇所劾，革大学士职，交与领侍卫大臣酌用，宾客星散。寻授内大臣，后屡从征，虽无陟擢，亦无大颠，四十七年卒，年七十有四。揆叙则由康熙二十三年甲戌翰林，历官翰林院掌院，位至副相。著有《益戒堂诗》前后集及《鸡肋集》，今罕传本。《熙朝雅颂》载其六十九首，亦一时作者也。

康熙二十二年辛酉四月，查慎行再馆明珠家。此时明府早已复兴，宾客云集，是时揆叙则：

结束随龙骧，腰悬八札弓。行逐楯楹郎……下笔尤老苍。……贯穿及韩苏，结撰卑齐梁。居然希作者，耻与时颉颃。（《敬业堂集》卷十七：恺功将有塞外之游，邀余重宿郊园，赋此志别。）

盖俨然一容若之仿影也。

明府另有别业，名自怡园，在海淀傍。此园经始于容若卒后一年，其胜也：

绮陌东西云作障，画桥南北草含烟。凿开丘壑藏鱼鸟，勾勒风光入管弦。毬场车垱互相通，门径宽间五百弓。但觉楼台随处涌，不知风月与人同。（《敬业堂集》卷十七《过相国明公园亭》）

又是一番豪华气象矣。惟渌水亭则已荒芜不治。是年四月，查慎行《渌水亭与唐实君话旧》诗云：

镜里清光落槛前，水风凉逼鹭鹚肩。菰蒲放鸭空滩雨，杨柳骑牛隔浦烟。双眼乍开疑入画，一尊相属话归田。江湖词客今星散，冷落池亭近十年。（《敬业堂集》卷十七）

至于今，又二百四十四年矣。余读书于清华园且七载，去玉泉山甚近，春秋暇日，恒有登临，近始知渌水亭之址在是。然访其遗迹，已渺不可得。空对西山之落照，吊此多情短命之词人。

谭嗣同传

梁启超

梁启超（1873—1929），近代著名思想家、政治家、教育家，广东新会人。谭嗣同（1865—1898），字复生，湖南浏阳人。同治四年（1865），出生于北京。光绪二十二年（1896），谭嗣同入京，结交梁启超、翁同龢等人。光绪二十四年（1898），谭嗣同参加领导戊戌变法，是维新派中的最激进者。变法失败后被杀，年仅33岁，为"戊戌六君子"之一。梁启超写《谭嗣同传》以纪念之。

本文选自中国人民大学出版社2018年版，汤志钧、汤仁泽编《梁启超全集》。

谭君，字复生，又号壮飞，湖南浏阳县人。少倜傥有大志，淹通群籍，能文章，好任侠，善剑术。父继洵，官湖北巡抚。幼丧母，为父妾所虐，备极孤孽苦，故操心危，虑患深，而德慧术智日增长焉。弱冠，从军新疆，游巡抚刘公锦棠幕府。刘大奇其才，将荐之于朝，会刘以养亲去官，不果。自是十年，来往于直隶、新疆、甘肃、陕西、河南、湖南、湖北、江苏、安徽、浙江、台湾各省，察视风土，物色豪杰。然终以巡抚君拘谨，不许远游，未能尽其四方之志也。

自甲午战事后，益发愤提倡新学，首在浏阳设一学会，集同志讲求摩厉，实为湖南全省新学之起点焉。时南海先生方倡强学会于北京及上海，天下志士走集应和之。君乃自湖南溯江下上海、游京师，将以谒先生，而先生适归广东，不获见。余方在京师强学会任记纂之役，始与君相见，语以南海讲学之宗旨，经世之条理，则感动大喜跃，自称私淑弟子，自是学识更日益进。

时和议初定，人人怀国耻，士气稍振起。君则激昂慷慨，大声疾呼，海内有志之士，睹其丰采，闻其言论，知其为非常人矣。以父命就官为候补知府，需次金陵者一年，闭户养心读书，冥探孔、佛之精奥，会通群哲之心法，衍绎南海之宗旨，成《仁学》一书。又时时至上海与同志商量学术，讨论天下事，未尝与俗吏一相接，君常自谓"作吏一年，无异入山"。

时陈公宝箴为湖南巡抚，其子三立辅之，慨然以湖南开化为己任。丁酉六月，黄君遵宪适拜湖南按察使之命。八月，徐君仁铸又来督湘学。湖南绅士□□□、□□□、□□□等蹞厉奋发，提倡桑梓，志士渐集于湘楚。陈公父子与前任学政江君标，乃谋大集豪杰于湘南，并力经营，为诸省之倡。于是聘余及□□□、□□□等为学堂教习，召□□□归练兵。而君亦为陈公所敦促，即弃官归，安置眷属于其浏阳之乡，而独留长沙，与群志士办新政。于是湖南倡办之事，若内河小轮船也，商办矿务也，湘粤铁路也，时务学堂也，武备学堂也，保卫局也，南学会也，皆君所倡论擘画者，而以南学会最为盛业。设会之意，将合南部诸省志士，联为一气，相与讲爱国之理，求救亡之法，而先从湖南一省办起，盖实兼学会与地方议会之规模焉。地方有事，公议而行，此议会之意也；每七日大集众而讲学，演说万国大势及政学原理，此学会之意也。于时君实为学长，任演说之事。每会集者千数百人，君慷慨论天下事，闻者无不感动。故湖南全省风气大开，君之功居多。

今年四月，定国是之诏既下，君以学士徐公致靖荐，被征。适大病不能行，至七月，乃扶病入觐，奏对称旨。皇上超擢四品卿衔军机章京，与杨锐、林旭、刘光第同参预新政，时号为"军机四卿"。参预新政者，犹唐、宋之参知政事，实宰相之职也。皇上欲大用康先生，而上畏西后，不敢行其志。数月以来，皇上有所询问，则令总理衙门传旨；先生有所陈奏，则著之于所进呈书之中而已。自四卿入军机，然后皇上与康先生之意始能少通，锐意欲行大改革矣。而西后及贼臣忌益甚，未及十日，而变已起。

初，君之始入京也，与言皇上无权、西后阻挠之事，君不之信。及七月二十七日，皇上欲开懋勤殿设顾问官，命君拟旨，先遣内侍持历朝圣训授君，传上言谓康熙、乾隆、咸丰三朝有开懋勤殿故事，令查出引入上谕中，盖将以二十八日亲往颐和园请命西后云。君退朝，乃告同人曰："今而知皇上之真无权矣。"至二十八日，京朝人人咸知懋勤殿之事，以为今日谕旨将下，而卒不下，于是益知西后与帝之不相容矣。二十九日，皇上召见杨锐，遂赐衣带诏，有"朕位几不保，命康与四卿及同志速设法筹救"之语，君与康先生捧诏恸哭，而皇上手无寸柄，无所为计。

时诸将之中，惟袁世凯久使朝鲜，讲中外之故，力主变法。君密奏，请皇上结以恩遇，冀缓急或可救助，词极激切。八月初一日，上召见袁世凯，特赏侍郎；初二日，复召见。初三日夕，君径造袁所寓之法华寺，直诘袁曰："君谓皇上何如人也?"袁曰:"旷代之圣主也。"君曰:"天津阅兵之阴谋,君知之乎?"袁曰:"然,固有所闻。"君乃直出密诏示之曰:"今日可以救我圣主者,惟在足下,足下欲救则救之。"又以手自抚其颈曰:"苟不欲救,请至颐和园首仆而杀仆,可以得富贵也。"袁正色厉声曰:"君以袁某为何如人哉?圣主乃吾辈所共事之主,仆与足下,同受非常之遇,救护之责,非独足下。若有所教,仆固愿闻也。"君曰:"荣禄密谋,全在天津阅兵之举,足下及董、聂三军,皆受荣所节制,将挟兵力以行大事。虽然,董、聂不足道也,天下健者,惟有足下。若变起,足下以一军敌彼二军,保护圣主,复大权,清君侧,肃宫廷,指挥若定,不世之业也。"袁曰:"若皇上于阅兵时疾驰入仆营,传号令以诛奸贼,则仆必能从诸君子之后,竭死力以补救。"君曰:"荣禄遇足下素厚,足下何以待之?"袁笑而不言,袁幕府某曰:"荣贼并非推心待慰帅者。昔某公欲增慰帅兵,荣曰:'汉人未可假大兵权。'盖向来不过笼络耳。即如前年胡景桂参劾慰帅一事,胡乃荣之私人,荣遣其劾帅,而己查办,昭雪之以市恩。既而胡即放宁夏知府,旋升宁夏道。此乃荣贼心计险极巧极之处,慰帅岂不知之?"君乃曰:"荣禄固操、莽之才,绝世之雄,待之恐不易易。"袁怒目视曰:"若皇上在仆营,则诛荣禄如杀一狗耳。"因相与言救上之条理甚详。袁曰:"今营中枪弹火药皆在荣贼之手,而营哨各官亦多属旧人,事急矣!既定策,则仆须归营,更选将官,而设法备贮弹药,则可也。"乃丁宁而去。时八月初三夜漏三下矣。至初五日,袁复召见,闻亦奉有密诏云。至初六日,变遂发。

时余方访君寓,对坐榻上,有所擘画,而抄捕南海馆(康先生所居也)之报忽至，旋闻垂帘之谕，君从容语余曰："昔欲救皇上，既无可救；今欲救先生，亦无可救，吾已无事可办，惟待死期耳！虽然，天下事知其不可而为之，足下试入日本使馆谒伊藤氏，请致电上海领事而救先生焉。"余是夕宿于日本使馆，君竟日不出门以待捕者。捕者既不至，则于其明日入日本使馆与余相见，劝东游，且携所著书及诗文辞稿本数册、家书一箧托焉，曰："不有行者，无以图将来；不有死者，无以酬圣主。今南海之生死未可卜，程婴杵臼，月照西乡，吾与足下分任之。"遂相与一抱而别。初七、八、九三日，君复与侠士谋救皇上，事卒不成。初十日，遂被逮。被逮之前一日，日本志士数辈，苦劝君东游，君不听，再四强之，君曰："各国变法，无不从流血而成，今中国未闻有因变法而流血者，此国之所以不昌也。有之，请自嗣同始。"卒不去，故及于难。君既系狱，题一诗于狱壁，曰："望门投宿思张俭，忍死须臾待杜根。我自横刀向天笑，去留肝胆两昆仑。"盖念南海也。以八月十三日斩于市，春秋三十有三。就义之日，观者万人，君慷慨神气不少变。时军机大臣刚毅监斩，君呼刚前曰："吾有一言！"刚去不听，乃从容就戮。呜呼烈矣！

君资性绝特，于学无所不窥，而以日新为宗旨，故无所沾滞；善能舍己从人，故其学日进，每十日不相见，则议论学识必有增长。少年曾为考据、笺注、金石、刻镂、诗、古文辞之学，亦好谈中国古兵法。三十岁以后，悉弃去。究心泰西天文、算术、格致、政治、历史之学，皆有心得。又究心教宗。当君之与余初相见也，极推崇耶氏兼爱之教，而不知有佛，不知有孔子，既而闻南海先生所发明《易》、《春秋》之义，穷大同太平之条理，体乾元统天之精意，则大服；又闻《华严》性海之说，而悟世界无量，现身无量，无人无我，无去无住，无垢无净，舍救人外更无他事之理；闻相宗识浪之说，而悟众生根器无量，故说法无量，种种差别，与圆性无碍之理，则益大服。自是豁然贯通，能汇万法为一，能衍一法为万，无所罣碍，而任事之勇猛亦益加。

作官金陵之一年，日夜冥搜孔、佛之书。金陵有居士杨文会者，博览教乘，熟于佛故，以流通经典为己任。君时时与之游，因得遍窥《三藏》，所得日益精深。其学术宗旨，大端见于《仁学》一书，又散见于与友人论学书中。所著书《仁学》之外，尚有《寥天一阁文》二卷，《莽苍苍斋诗》二卷，《远遗堂集外文》一卷，《札记》一卷，《兴算学议》一卷，已刻《思纬吉凶台短书》一卷，《壮飞楼治事》十篇，《秋雨年华之馆丛脞书》四卷，《剑经衍葛》一卷，《印录》一卷，并《仁学》皆藏于余处，又政论数十篇，见于《湘报》者，乃与师友论学、论事书数十篇，余将与君之石交□□□、□□□、□□□等共搜辑之，为《谭浏阳遗集》若干卷。其《仁学》一书，先择其稍平易者，附印《清议报》中，公诸世焉。君平生一无嗜好，持躬严整，面稜稜有秋肃之气。无子女。妻李闰，为中国女学会倡办董事。

论曰：复生之行谊磊落，轰天撼地，人人共知，是以不论。论其所学，自唐、宋以后，咕哔小儒，徇其一孔之论，以谤佛毁法，固不足道，而震旦末法流行，数百年来，宗门之人，耽乐小乘，堕断常见，龙象之才，罕有闻者，以为佛法者清净而已，寂灭而已。岂知大乘之法，悲智双修，与孔子必仁且智之义，如两爪之相印。惟智也故知，即世间即出世间，无所谓净土；即人即我，无所谓众生。世界之外无净土，众生之外无我，故惟有舍身以救众生。佛说："我不入地狱，谁入地狱？"孔子曰："吾非斯人之徒与而谁与？""天下有道，丘不与易。"故即智即仁焉。既思救众生矣，则必有救之之条理，故孔子治《春秋》，为大同、小康之制，千条万绪，皆为世界也，为众生也。舍此一大事，无他事也。《华严》之菩萨行也，所谓"誓不成佛"也；《春秋》三世之义，救过去之众生，与救现在之众生；救现在之众生，与救将来之众生，其法异而不异；救此土之众生，与救彼土之众生，其法异而不异；救全世界之众生，与救一国之众生，救一人之众生，其法异而不异。此相宗之唯识也。因众生根器，各各不同，故说法不同，而实法无不同也。既无净土矣，既无我矣，则无所希恋，无所罣碍，无所恐怖。夫净土与我且不爱矣，复何有利害、毁誉、称讥、苦乐之可以动其心乎？故孔子言"不忧、不惑、不惧"，佛言"大无畏"，盖即仁、即智、即勇焉。通乎此者，则游行自在，可以出生，可以入死，可以仁，可以救众生。

燕都纪游篇

游高梁桥记

[明]袁宏道

袁宏道（1568—1610），字中郎，号石公。湖北公安人。与其兄袁宗道、弟袁中道并有才名，史称"公安三袁"。万历二十六年（1598），起为顺天府（今属北京）教授，次年迁国子监助教，第三年补礼部仪制清吏司主事。代表作有《虎丘记》《满井游记》《西湖游记二则》等。

本文作于万历二十七年（1599）三月，选自上海古籍出版社2016年版《袁宏道散文注评》。高梁桥在北京西直门外，因跨高梁河，故名。

高梁桥在西直门外，京师最胜地也。两水夹堤，垂杨十余里，流急而清，鱼之沉水底者，鳞鬣皆见。精蓝棋置，丹楼珠塔，窈窕绿树中。而西山之在几席者，朝夕设色，以娱游人。当春盛时，城中士女云集，缙绅士大夫非甚不暇，未有不一至其地者也。

三月一日，偕王生章甫、僧寂子出游。时柳梢新翠，山色微岚，水与堤平，丝管夹岸。跌坐古根上，茗饮以为酒，浪纹树影以为侑，鱼鸟之飞沉，人物之往来以为戏具。堤上游人，见三人枯坐树下若痴禅者，皆相视以为笑。而余等亦窃谓彼筵中人，喧嚣怒诟，山情水意，了不相属，于乐何有也？

少顷，遇同年黄昭质拜客出，呼而下，与之语，步至极乐寺，观梅花而返。

西山十记

[明]袁中道

袁中道(1570—1626)，字小修，一字少修，湖北公安人，明代文学家、官员。少即能文，长愈豪迈。十六岁中秀才，成年后科场考试，几经落第，明万历四十四年中进士，授徽州府教授、国子监博士，官至南京吏部郎中。其在文风上反对复古拟古，认为文学是随时代的变化而变化的，提倡真率，抒写性灵。创作以散文为佳，游记、日记、尺牍各有特色。游记文描摹入微、情景交融，其《西山十记》按照游踪依次记录了作者在北京西郊一带的所见所闻。西山，指北京西郊一带的山，包括妙峰山、香山、金山（即万寿山）、潭柘山（潭柘寺在此）、翠微山、卢师山（西山八大处在此两山之中）、玉泉山等。

本文选自海南国际新闻出版中心《传世藏书》之《袁中道集》卷十二。

记 一

出西直门，过高梁桥，杨树夹道，带以清溪，流水澄澈，洞见沙石，蕴藻紫蔓，鬣走带牵。小鱼尾游，翕忽跳达。亘流背林，禅刹相接。绿叶稠郁，下覆朱户，寂静无人，鸟鸣花落。过响水闸，听水声泪泪。至龙潭堤，树益茂，水益阔，是为西湖也。每至盛夏之月，芙蓉十里如锦，香风芬馥，士女骈阗，临流泛觞，最为胜处矣。憩青龙桥，桥侧数武，有寺依山傍岩，古柏阴森，石路千峰。山腰有阁，翼以千峰，萦抱屏立，积岚沉雾。前开一镜，堤柳溪流，杂以畦畛，丛翠之中，隐见村落。降临水行，至功德寺，宽博有野致。前绕清流，有危桥可坐。寺僧多业农事，日已西，见道人执畚者、插者、带笠者野歌而归。有老僧持杖散步塍间，水田浩白，群蛙偕鸣。噫！此田家之乐也，予不见此者三年矣，夜遂宿焉。

记 二

功德寺循河而西，至玉泉山麓，临水有亭。山根中时出清泉，激喷巉石中，悄然如语。至裂帛泉，水仰射，沸冰结雪，汇于池中。见石子鳞鳞，朱碧磊砢，如金沙布地，七宝妆施，荡漾不停，闪烁晃耀。注于河，河水深碧泓渟，澄澈迅疾，潜鳞了然，荇发可数，两岸垂柳，带拂清波，石梁如雪，雁齿相次。间以独木为桥，跨之濯足，沁凉入骨。折而南，为华严寺，有洞可容千人，有石床可坐。又有大士洞，石理诘曲，突兀奋怒，较华严洞更觉险怪。后有窦，深不可测。其上为望湖亭，见西湖明如半月，又如积雪未消，柳堤一带，不知里数，嫋嫋濯濯，封天蔽日。而溪壑间民方田作，大田浩浩，小田晶晶，鸟声百啭，杂华在树，宛若江南三月时矣。循溪行，至山将穷处，有庵，高柳覆门，流水清澈，跨水有亭，修饬而无俗气。山余出巉石，肌理深碧，不数步见水源，即御河发源处也。水从此隐矣。

记 三

自玉泉山初日雾露之余，穿柳市花弄，田畴畛畦之间，见峰峦回曲萦抱，万树浓黛，点缀山腰，飞阁危楼，腾红酣绿者，香山也。此山门径幽邃，青松夹道里许，流泉淙淙下注。朱栏千级，依岩为刹，高杰整丽。憩左侧来青轩，尽得峰势，右如舒臂，左乃曲抱，林木绣错，伽蓝棋布。下见麦畦稻畦，潦壑柳路，村庄疏数，点黛设色。夫雄踞上势，撮其胜会，华榱金铺，切云耀日，肖竹林于王居，失秣都之瓦砾，兹刹庶几有博大恢弘之风。至于良辰佳节，都人士女，连珮接轸，绮罗从风，香汗飘雨，繁华巨丽，亦一名胜。独作者骋象马之雄图，无丘壑之妙思，角其人工，不合自然，未免令山泽之癯，息心望岫。然要以数十年后，金碧蚀于蛛丝，阶砌隐于苔藓，游人渐少，树木渐老，则恐兹山之胜，倍当刮目于今日也。

记　四

从香山俯石磴行柳路，不里许，碧云在焉。刹后有泉，从山根石罅中出，喷吐冰雪，幽韵涵澹。有老树，中空火出，导泉于寺，周于廊下，激聒石渠，下见文砾金沙。引入殿前为池，界以石梁，下深丈许，了若径寸。朱鱼万尾，匝池红酣，烁人目睛，日射清流，写影潭底，清慧可怜。或投饼于左，群赴于左，右亦如之，咀呷有声。然其跳达剌泼，游戏水上者，皆数寸鱼，其长尺许者，潜泳潭下，见食不赴，安闲宁寂，毋乃静躁关其老少耶？水脉隐见，至门左，奋然作铁马水车之声，迸入于溪。其刹宇宏丽不书，书泉，志胜也。或曰："此泉若听其喷溢石根中，不从龙口出，其岩际砌石，不令光滑，令披露山骨，石渠不令若槽臼，则刹之胜，恐东南未必过焉。"然哉！

记　五

香山跨石踞岩，以山胜者也。碧云以泉胜者也。折而北，为卧佛，峰转凹，不闻泉声。然门有老柏百许森立，寒威逼人。至殿前，有老树二株，大可百围，铁干镠枝，碧叶虬结，纤羲回月，屯风宿雾，霜皮突兀，千璎万螺，怒根出土，磊块诘曲，叩之丁丁作石声。殿墀周连数百丈，数百年以来不见日月。石墀整洁不容唾。寺较古，游者不至，长日静寂，若盛夏晏坐其下，凛然想衣裘矣。询其名，或云娑罗树。其叶若薪，予乃折一枝袖之，俟入城以问黄平倩，必可识也。卧佛盖以树胜者也。夫山，当以老树古怪为胜，得其一者皆可居，不在整丽。三刹之中，野人宁居卧佛焉。

记 六

背香山之额，是谓万安山。刹庵绮错其中，有寺不甚弘敞，而具山林之致者，翠岩也。门有渠，天雨则飞流自山颠来，岩吼石击，涛奔雷震，直走原麓，洞骇心目。刹后石路百级，有禅院，四周皆茂树，左右松柏千株，虬曲幽郁，无风而涛，好鸟和鸣。於疏林中隐隐见都城九衢，宫观栉比，万岁山及白塔寺了了可指。其郊坰之林烟水色，山径柳堤，及近之峰峦叠秀，楼阁流丹，则固皆几席间物。出门即为登眺，入门即就枕簟；虽夜色远来，犹可不废览瞩。有泉甚清，可煮茗，遂宿焉。风起松柏怒号，震撼冲击，枕上闻其声，如在客子舟中，驾风帆破白头浪也。予遂与王子定计，九夏居此，以避长安尘矣。

记 七

既栖止翠岩，晏坐之余，时复散步。循涧西行，攀磴数百武，得庵，曰中峰。门有石楼可眺，有亭高出半山，可穷原隙。墙围可十里，悉以白石垒砌，高薄云汉，修整中杂之纤曲。阶磴堳径，石光可鉴，不受一尘，处处可不施簟席而卧，于诸山中鲜洁第一。刹中仅见一僧，甚静寂。予少憩石楼下，清风入户，不觉成寐。既寤，复循故涧，涧涸，而怪石经于活流冲击之后，堕者，偃者，横直卧者，泐者，背相负者，欲止未止，欲转不获转者，犹有余怒。其岸根水洗石出，亦复皱瘦，嶙嶒崎嵚，陷坎轈中，松鼠出没，净滑可人。舍涧而上碧峰，得寺曰弘教，亦有亭可眺也。有松盘曲夭乔，肤皱枝拗，有远韵。间有怪石，佛像清古，亦为山中第一。降复过翠岩，循涧左行，山口中为曹家楼。有桥可憩，竹柏骈罗，石路宛转，可三里许。青苔紫驳，缀乱石中，墙畔亦多斧劈，石骨理甚劲。意山中多怪石，去其土肤，石当自出。无奈修者意在整齐，即有奇石，且将去天巧以就人工，况肯为疏通，显其突兀奋迅之势者乎？绝顶有亭，眺较远，以在山口也。此处门径弘博，不如香山，而有山家清奥之趣，亦当为山中第一也。

记　八

予欲穷万安绝顶之胜，而僧云徐之，俟向雨洒尘，乘其爽气，可以登涉，且宜眺瞩也。一宿而微雨至，予大喜曰："是可游矣。"遂逆涧而上，徘徊怪石之间，数步一息。于时宿雾既收，初日照林，松柏膏沐之余，杨柳浣瀚之后，深翠殷绿，媚红娟美，至于原隰隐畛，草色麦秀，莫不淹润柔滑，细腻莹洁，似薤簟初展，文锦乍铺矣。既至层颠，意为可望云中上谷间，而香山金山诸峰，遮樾云汉，惟东南一鉴，了了可数，平畴尽处，见南天大道一缕，卷雾喷水沙，浩白无涯，或曰此走邯郸道也。扪萝分棘，遂过山阴，憩于香山松棚庵中。松身仅五尺许，而枝干虬结，蔽于垣内。下有流泉清激，声与松风相和，松花堕地，飘粉流香，晚烟夕雾，萦薄湖山，急寻旧路以归。

记　九

依西山之麓而刹者，林相接也。而最壮丽者，为鲍家寺。两披石楼屹立，青槐百株，交蔽修衢，微类村庄。殿墀果松仅四株，而枝叶婆娑，覆阴无隙地，飘粉吹香，写影石路，堂宇整洁，与碧云等。于弘教寺之下，又得滕公寺，石垣周遭，若一大县。其中飞楼相望。五十余所，清渠激于户下，杂花灵草，芬馥檐楹，别院宛转，目眩心迷。幽邃清肃，规□婆而摹未央。噫，衒之之纪伽蓝，盛矣，中州固应尔，燕冀号为沙碛，数百年间，天都物力日盛。王侯貂贵，不惜象马七珍，遂使神工鬼斧，隐轸山谷。予游天下，若金陵之摄山牛首，钱塘之天竺净慈，诚为秽土清泰。至于瑰奇修整，无纤毫酸寒之气，西山诸刹，亦为独步。玉环飞燕，各不可轻，虽都人有担金填壑之讥，然赫赫皇居，令郊坰间皆为黄沙茂草，不亦萧条甚欤？王丞相所谓"不尔，何以为京师"者也。

记　十

居士曰："予游山，自西山始也。"或曰："居士年二十时，即泛长江，历吴会，穷览越峤之胜，北走塞上，登恒山石脂峰，望单于而还，而乃云游自西山始，何也？"居士曰："予向者雅好山泽游矣，而性爱豪奋，世机未息，冶习未除，是故目解玩山色，然又未能忘粉黛也；耳解听碧流，然又未能忘丝竹也；必如安石之载携声妓，盘餐百金；康乐之伐木开山，子瞻之鸣金会食，乃慊于心。而势复不能，则虽有山石洞壑之奇，往往以寂寞难堪，委之去矣，此与不游正等。今予幸而厌弃世膻，少年豪习，扫除将尽矣，伊蒲可以送日，晏坐可以忘年；以法喜为资粮，以禅悦为妓侍，然后澹然自适之趣，与无情有致之山水，两相得而不厌，故望烟峦之窈窈突兀，听水声之幽闲涵澹；欣欣沁心入脾，觉世间无物可以胜之。举都人士所为闻而不及游，游而不及享者，皆渐得于吾杖屦之下，于于焉，徐徐焉，朝探暮归，若将终身焉，然后用知予向者果未尝游山，游山自西山始矣。"

游丰台记

[清]方　苞

方苞（1668—1749），字灵皋，安徽桐城人，清代文学家。康熙四十五年（1706），方苞第三次应礼部试，并考取进士第四名。康熙六十一年（1722），充任武英殿修书总裁。雍正时期，累官翰林院侍讲学士、内阁学士兼礼部侍郎。乾隆时期，再入南书房，任礼部右侍郎、经史馆总裁等职。乾隆七年（1742），辞官归家。与姚鼐、刘大櫆合称"桐城三祖"。代表作有《狱中杂记》《左忠毅公逸事》等。

本文选自黄山书社1987年版《方苞文选》。

丰台去京城十里而近，居民以莳花为业，芍药尤盛。花时都人士群往游焉。余六至京师，未得一造观。戊戌夏四月，将赴塞门，而寓安之上党，过其寓为别。曰："盍为丰台之游？"遂告嘉定张朴村、金坛王箬林、余宗弟文㭧、门生刘师向，共载以行。

其地最盛者，称王氏园，扃闭不得入。周览旁舍，于篱落间见蓓蕾数畦，从者曰："止此矣！"问之土人，始知初植时，平原如掌，千亩相连，五色间厕，所以为异观也。其后居人渐多，各为垣墙篱落以限隔之。树木丛生，花虽繁，隐而不见。游者特艳其昔之所闻而纷然来集耳。因就道旁老树席地坐，久之始得圃者宅后小亭而憩休焉。少长不序，卧起坐立惟所便，人畅所欲言，举酒相属，向夕犹不能归。盖余数年中未有宴游若此之适者。

余平生钝直寡谐，相知深者，二十年来凋零过半，其存者，诸君子居其半矣。诸君子仕隐游学各异趋，而次第来会于此，多者数年，少亦历岁移时，岂非事之难期而可幸者乎？然寓安之行也，以旬日为期矣。其官罢而将归者，则文翰也。事毕而欲归者，朴村也。守选而将出者，刘生也。惟箬林当官，而行且告归。计明年花时滞留于此者，惟余独耳。岂惟余之衰疾羁孤，此乐难再。即诸君子踪迹乖分，栖托异向，虽山川景物之胜什百于斯，而耆艾故人，天涯群聚、欢然握手如兹游者，傥亦未可多遘也。因各述以诗，而余为之记云。

游万柳堂记

[清]刘大櫆

刘大櫆(1689—1779)，字才甫，又字耕南，号海峰，安徽桐城人。清代中期古文家、诗人，桐城派代表人物。雍正三年(1725)，刘大櫆初至京师，年富才盛，文动都下。但科场不利，屡试不中，久困场屋。代表作有《海峰先生文集》《论文偶记》《西山》等。

本文选自上海古籍出版社 2010 年版《清代诗文集汇编》。万柳堂是康熙年间刑部尚书冯溥的园林别墅，到雍正年间已逐渐废败，刘大櫆追忆古今，感慨万千，写下此篇游记。

昔之人贵极富溢，则往往为别馆以自娱，穷极土木之工，而无爱惜。既成，则不得久居其中，偶一至焉而已；有终身不得至者焉。而人之得久居其中者，力又不足以为之。夫贤公卿勤劳王事，固将不暇于此，而卑庸者类欲以此震耀其乡里之愚。

临朐相国冯公，其在廷时无可訾，亦无可称。而有园在都城之东南隅。其广三十亩，无杂树，随地势之高下，尽植以柳，而榜其堂曰"万柳之堂"。短墙之外，骑行者可望而见其中。径曲而深，因其洼以为池，而累其土以成山，池旁皆蒹葭，云水萧疏可爱。

雍正之初，予始至京师，则好游者咸为余言此地之胜。一至犹稍有亭榭，再至则向之飞梁架于水上者，今欹卧于水中矣。三至则凡其所植柳斩焉无一株之存。

　　人世富贵之光荣，其与时升降，盖略与此园等。然则士苟有以自得，宜其不外慕乎富贵。彼身在富贵之中者，方殷忧之不暇，又何必朘民之膏以为苑囿也哉！

说京师翠微山

龚自珍(1792—1841)，字璱人，号定庵，浙江临安人。童年时期，随父进京，居住在法源寺南。经过六次会试，终成举人，殿试获三甲第十九名。道光十九年(1839)春，由于龚自珍屡屡揭露时弊，触动时忌，因而不断遭到权贵的排挤和打击，他又忤其长官，决计辞官离京。代表作有《己亥杂诗》《国语注补》等。

本文选自中华书局1959年版《龚自珍全集》。翠微山位于石景山区与海淀区交界处，北与香山遥相对应。

翠微山者，有籍于朝，有闻于朝。忽然慕小，感慨慕高，隐者之所居也。山高可六七里，近京之山，此为高矣。不绝高，不敢绝高，以俯临京师也。不居正北，居西北，为伞盖，不为枕障也。出阜城门三十五里，不敢远京师也。僧寺八九架其上，构其半，庐其趾，不使人无攀跻之阶，无喘息之憩，不孤巉，近人情也。与香山静宜园，相络相互，不触不背，不以不列于三山为怼也。与西山亦离亦合，不欲为主峰，又耻附西山也。

草木有江东之玉兰，有苹婆，有巨松柏，杂华靡靡芳腴。石皆黝润，亦有文采也。名之曰翠微，亦典雅，亦谐于俗，不以僻俭名其平生也。最高处曰宝珠洞，山趾曰三山庵。三山何有？有三巨石离立也。山之螯有泉，曰龙泉，澄澄然淳其间，其甃之也中矩。泉之上有四松焉，松之皮白，皆百尺。

　　松之下、泉之上为僧庐焉，名之曰龙泉寺。名与京师宣武城南之寺同，不避同也。寺有藏经一分，礼经以礼文佛，不则野矣。寺外有刻石者，其言清和，康熙朝文士之言也。寺八九，何以特言龙泉？龙泉迟焉，余皆显露，无龙泉，则不得为隐矣。余极不忘龙泉也。不忘龙泉，尤不忘松。昔者余游苏州之邓尉山，有四松焉，形偃神飞，白昼若雷雨，四松之蔽可十亩。平生至是，见八松矣。邓尉之松放，翠微之松肃；邓尉之松古之逸，翠微之松古之直；邓尉之松，殆不知天地为何物。翠微之松，天地间不可无是松者也。

芦沟晓月

王统照

王统照（1897—1957），字剑三，山东诸城人。1918年考入北京中国大学。1946年秋，担任山东大学文史系教授。1947年山大"反饥饿、反内战"的"六二"进步学生遭到镇压，王统照义愤填膺，坚决辞去教职。作者在《芦沟晓月》一文中抒发了对抗日战争胜利的期盼。著有小说集《山雨》《春雨之夜》《黄昏》《春花》等。散文集《欧游散记》《片云集》《繁辞集》等。

本文选自山东人民出版社1982年版《王统照文集》第5卷。

"苍凉自是长安日，呜咽原非陇头水。"

这是清代诗人咏芦沟桥①的佳句，也许，长安日与陇头水六字有过分的古典气息，读去有点碍口？但，如果你们明瞭这六个字的来源，用联想与想象的力量凑合起、提示起这地方的环境、风物，以及历代的变化，你自然感到像这样"古典"的应用确能增加芦沟桥的伟大与美丽。

打开一本详明的地图，从现在的河北省、清代的京兆区域里你可找得那条历史上著名的桑干河。在往古的战史上，在多少吊古伤今的诗人的笔下，桑干河三字并不生疏。但，说到治水、㶟水、灅水这三个专名似乎就不是一般人所知了。还有，

---

① 芦沟桥：今作卢沟桥。

凡到过北平的人，谁不记得北平城外的永定河；——即不记得永定河，而外城的正南门，永定门，大概可说是"无人不晓"罢。我虽不来与大家谈考证，讲水经，因为要叙叙芦沟桥，却不能不谈到桥下的水流。

治水、㶟水、灅水，以及俗名的永定河，其实都是那一道河流——桑干。

还有，河名不甚生疏，而在普通地理书上不大注意的是另外一道大流——浑河。浑河源出浑源，距离著名的恒山不远，水色浑浊，所以又有小黄河之称。在山西境内已经混入桑干河，经怀仁、大同，委弯曲折，至河北的怀来县。向东南流入长城，在昌平县境的大山中如黄龙似地转入宛平县境，二百多里，才到这条巨大雄壮的古桥下。

原非陇头水，是不错的，这桥下的汤汤流水，原是桑干与浑河的合流；也就是所谓治水、㶟水、灅水，永定河与浑河、小黄河、黑水河（浑河的俗名）的合流。

桥工的建造既不在北宋的时代，也不开始于蒙古人的占据北平。金人与南宋南北相争时，于大定二十九年六月方将这河上的木桥换了，用石料造成。这是见之于金代的诏书，据说："明昌二年三月桥成，敕命名广利，并建东西廊以便旅客。"

马哥孛罗来游中国，服官于元代的初年时，他已看见这雄伟的工程，曾在他的游记里赞美过。

经过元、明两代都有重修，但以正统九年的加工比较伟大，桥上的石栏、石狮，大约都是这一次重修的成绩。清代对此桥的大工役也有数次，乾隆十七年与五十年两次的动工，确为此桥增色不少。

　　"东西长六十六丈，南北宽二丈四尺，两栏宽二尺四寸，石栏一百四十，桥孔十有一，第六孔适当河之中流。"

　　按清乾隆五十年重修的统计，对此桥的长短大小有此说明，使人（没有到过的）可以想象它的雄壮。

　　从前以北平左近的县分属顺天府，也就是所谓京兆区。经过名人题咏的，京兆区内有八种胜景：例如西山霁雪、居庸叠翠、玉泉垂虹等，都是很幽美的山川风物。芦沟不过有一道大桥，却居然也与西山居庸关一样刊入八景之一，便是极富诗意的"芦沟晓月"。

　　本来，"杨柳岸晓风残月"是最易引动从前旅人的感喟与欣赏的凌晨早发的光景；何况在远来的巨流上有这一道雄伟壮丽的石桥；又是出入京都的孔道，多少官吏、士人、商贾、农、工，为了事业，为了生活，为了游览，他们不能不到这名利所萃的京城，也不能不在夕阳返照，或东方未明时打从这古代的桥上经过。你想：在交通工具还没有如今迅速便利的时候，车马、担签，来往奔驰，再加上每个行人谁没有忧、喜、欣、戚的真感横在心头，谁不为"生之活动"在精神上负一份重担？盛景当前，把一片壮美的感觉移入渗化于自己的忧喜欣戚之中，无论他是有怎样的观照，由于时间与空间的变化错综，面对着这个具有崇高美的压迫力的建筑物，行人如非白痴，自然以其鉴赏力的差别，与环境的相异，生发出种种的触感。于是留在他们的心中，或留在借文字绘画表达出的作品中，对于芦沟桥三字真有很多的酬报。

　　不过，单以"晓月"形容芦沟桥之美，据传说是另有原因：每当旧历的月尽头，（晦日）天快晓时，下弦的钩月在别处还看不分明，如有人到此桥上，他偏先得清光。这俗传的道理是否可靠，不能不令人疑惑。其实，芦沟桥也不过高起一些，难道同一时间在西山山顶，或北平城内的白塔（北海山上）上，看那晦晓的月亮，会比芦沟桥上不如？不过，话还是不这么拘板说为妙，用"晓月"陪衬芦沟桥的实是一位善于想象而又身经的艺术家的妙语，本来不预备后人去作科学的测验。你想"一日之计在于晨"，何况是行人的早发。朝气清濛，烘托出那勾人思感的月亮——上浮青天，下嵌白石的巨桥。京城的雉堞若隐若现，西山的云翳似近似远，大野无边，黄流激奔，……这样光，这样色彩，这样地点与建筑，不管是料峭的春晨，凄冷的秋晓，景物虽然随时有变，但若无雨雪的降临，每月末五更头的月亮、白石桥、大野、黄流，总可凑成一幅佳画，渲染飘浮于行旅者的心灵深处，发生出多少样反射的美感。

你说：偏以"晓月"陪衬这"碧草芦沟"，（清刘履芬的《鸥梦词》中有长亭怨一阕，起语是：叹销春间关轮铁，碧草芦沟，短长程接。）不是最相称的"妙境"么？

无论你是否身经其地，现在，你对于这名标历史的胜迹，大约不止于"发思古之幽情"罢？其实，即以思古而论也尽够你深思，咏叹，有无穷的兴感！何况血痕染过那些石狮的鬓鬣，白骨在桥上的轮迹里腐化，漠漠风沙，呜咽河流，自然会造成一篇悲壮的史诗。就是万古长存的"晓月"也必定对你惨笑，对你冷觑，不是昔日的温柔，幽丽，只引动你的"清念"。

桥下的黄流，日夜呜咽，泛挹着青空的灏气；伴守着沉默的郊原。……

他们都等待着有明光大来与洪涛冲荡的一日，——那一日的清晓。

上景山

许地山

许地山(1893—1941)，名赞堃，字地山，笔名落华生，广东揭阳人。1917年，考入燕京大学文学院，毕业后留校任教。1921年1月，他和沈雁冰、叶圣陶、郑振铎等12人，在北京发起成立文学研究会，创办《小说月报》。七七事变后，他发表文章、演讲，宣传抗日，反对投降，为抗日救国事业奔走呼号，展开各项组织和教育工作。代表作有《空山灵雨》《缀网劳蛛》《危巢坠简》《道学史》等。

本文原载于《太白》1934年第1卷第6期。

无论那一季，登景山最合宜的时间是在清早或下午三点以后。晴天，眼界可以望朦胧处；雨天可以赏雨脚底长度和电光底迅射；雪天，可以令人咀嚼着无色界底滋味。

在万春亭上坐着，定神看北上门后底马路（从前路在门前，如今路在门后）尽是行人和车马，路边底梓树都已掉了叶子。不错，已经立冬了，今年天气可有点怪，到现在还没冻冰。多谢菱荷底业主把残茎部去掉，教我们能看见紫禁城外护城河底水光还在闪烁着。

神武门上是关闭得严严地。最讨厌的是楼前那枝很长的旗竿，侮辱了全个建筑底庄严。门楼两旁竖它一对，不成吗？禁城上时时有人在走着，恐怕都是外国的旅人。

　　皇宫一所一所排列着非常整齐。怎么一个那不讲纪律底民族，会建筑这么严整的宫廷？我对着一片黄瓦这样想着。不，说不讲纪律未免有点过火，我们可以说这民族是把旧的纪律忘掉，正在找一个新的咧。新的找不着，终究还要回来的。北京房子，皇宫也算在里头，主要的建筑都是向南的，谁也没有这样强迫过建筑者，说非这样修不可。但纪律因为利益所在，在不言中被遵守了。夏天受着解愠的熏风，冬天接着可爱的暖日，只要守着盖房子底法则，这利益是不用争而自来的。所以我们要问在我们的政治社会里有这样的熏风和暖日吗？

　　最初在崖壁上写大字铭功底是强盗底老师，我眼睛看着神武门上底几个大字，心里想着李斯。皇帝也是强盗底一种，是个白痴强盗。他抢了天下把自己监禁在宫中，把一切宝物聚在身边，以为他是富有天下。这样一代过一代，到头来还是被他底糊涂奴仆，或贪婪臣宰，讨、瞒、偷、换，到连性命也不定保得住。这岂不是个白痴强盗？在白痴强盗底下才会产出大盗和小偷来。一个小偷，多少总要有一点跳女墙钻狗洞底本领，有他的禁忌，有他的信仰和道德。大盗只会利用他的奴性去请托攀缘，自赞赞他，禁忌固然没有，道德更不必提。谁也不能不承认盗贼是寄生人类底一种，但最可杀的是那班为大盗之一的斯文贼。他们不像小偷为延命去营鼠雀底生活；也不像一般的大盗，凭着自己的勇敢去抢天下。所以明火打劫底强盗最恨底是斯文贼。这里我又联想到张献忠。有一次他开科取士，檄诸州举贡生员后至者妻女充院，本犯剥皮，有司教官斩，连坐十家。诸生到时，他要他们在一丈见方底大黄旗上写个帅字，字画要像斗底粗大，还要一笔写成。一个生员王志道缚草为笔，用大缸贮墨汁将草笔泡在缸里，三天，再取出来写。果然一笔写成了。他以为可以讨献忠底喜欢，谁知献忠说，"他日图我必定是你，"立即把他杀来祭旗。献忠对待念书人是多么痛快。他知道他们是寄生底寄生。他底使命是来杀他们。

东城西城底天空中，时见一群一群旋飞的鸽子。除去打麻雀、逛窑子、上酒楼以外，这也是一种古典的娱乐。这种娱乐也来得群众化一点。它能在空中发出和悦的响声，翩翩地飞绕着，教人觉得在一个灰白色的冷天，满天乱飞乱叫底老鸹底讨厌。然而在刮大风底时候，若是你有勇气上景山底最高处，看看天安门楼屋脊上底鸦群，噪叫底声音是听不见，它们随风飞扬，直像从什么大树飘下来底败叶，凌乱得有意思。

万春亭周围被挖得东一沟、西一窟，据说是管宫底当局挖来试看煤山是不是个大煤堆，像历来的传说所传底，我心里暗笑信这说底人们。是不是因为北宋亡国底时候，都人在城被围时，拆毁艮岳底建筑木材去充柴火，所以计划建筑北京底人预先堆起一大堆煤，万一都城被围底时，人民可以不拆宫殿。这是笨想头。若是我来计划，最好来一个米山。米在万急的时候，也可以生吃，煤可无论如何吃不得。又有人说景山是太行的最终一峰。这也是瞎说。从西山往东几十里平原，可怎么不偏不颇在北京城当中出了一座景山：若说北京底建设就是对着景山底子午，为什么不对北海底琼岛？我想景山明是开紫禁城外底护河所积底土，琼岛也是垒积从北海挖出来底土而成的。

从亭后底树缝里远远看见鼓楼。地安门前后底大街，人马默默地走，城市底喧器声，一点也听不见。鼓楼是不让正阳门那样雄壮地挺着。它底名字，改了又改，一会是明耻楼，一会又是齐政楼，现在大概又是明耻楼吧。明耻不难，雪耻得努力。只怕市民能明白那耻底还不多，想来是多么可怜。记得前几年"三民主义""帝国主义"这套名词随着北伐军到北平底时候，市民看些篆字标语，好像都明白各人蒙着无上的耻辱，而这耻辱是由于帝国主义底压迫。所以大家也随声附和唱着打倒和推翻。

从山上下来，崇祯殉国底地方依然是那么半死的槐树。据说树上原有一条链子锁着，庚子联军入京以后就不见了，现在那枯槁的部分，还有一个大洞，当时的链痕还隐约可以看见。义和团运动的结果，从解放这棵树，发展到解放这民族。这是一件多么可以发人深思底对象呢？山后的柏树发出幽恬底香气，好像是对于这地方底永远供物。

寿皇殿锁闭得严严地，因为谁也不愿意努尔哈赤底种类再做白痴的梦。每年底祭祀不举行了，庄严的神乐再也不能听见，只有从乡间进城来唱秧歌的孩子们，在墙外打的锣鼓，有时还可以送到殿前。

到景山门，回头仰望顶上方才所坐底地方，人都下来了。树上几只很面熟却不认得底鸟在叫着。亭里残破的古佛还坐在结那没人能懂底手印。

朝山记琐

孙伏园

孙伏园（1894—1966），字养泉，浙江绍兴人。现代散文作家、著名副刊编辑，在新闻学上有民国"副刊大王"之称。1918年经周作人介绍，进入北京大学旁听，第二年转为正式生。毕业后，先后主编《晨报副刊》《京报副刊》等。代表作有《伏园游记》《鲁迅先生二三事》等。

本文选自顾颉刚编于1928年9月的《妙峰山》。文中所载妙峰山庙会起源于明朝，在明清两代及民国年间，成为老北京及北方省市影响最大的一项民间信仰、民俗风情活动。

一　朝山

人毕竟是由动物进化来的，所以各种动物的脾气还有时要发作，例如斯丹利霍尔说小孩子要戏水是因为鱼的脾气发作了。朝山这件事，在各派宗教里虽然都视为重要；但无论他们怎样用形而上的讲法说到天花乱坠，在我却不妨太杀风景的说一句：除了若干宗教信仰等等的分子以外，朝山不过是人的猴子脾气之发作。我们到妙峰山去的五个人当中，至少我自信是有些如此的。

我国西南一带的山水我没有见过，常听朋友们讲述是怎样的秀丽伟大而又多变化，在国内大抵要算最好的了。东南我是大略知道的，比不上西南自不消说，但每谓比北方一定是比得上而且有余的。泰山算得什么呢，在北方居然出了几千年的风头，我以为其余可想而知了。所以人在北方是不大会作游山之想的。自去年看见清瘦而又崇高的华山以后，虽然没有去游，但"北方之山近于土堆"的意见渐渐打破了。而妙峰山又是我生平所见第二次北方的好山。在这样的山中行走，我们才知道我们的祖宗从前是怎样的为我们开辟世界，我们现在住着的世界是曾有人不靠物质的帮助而肉搏出来的。我们虽然是步行，在好像用几个"之"字拼合起来的山道上步行，自以为刻苦了，差胜于大腹便便的或是莺声呖呖的坐轿的老爷太太们了；但是我们有开好了的路，有点好了的路灯，沿路有茶棚可以休息喝茶，手上又有削好了随处买到的桃树杖，前途又一点也没有什么猛兽或敌人的仇视，而有的只是一见面便互嚷"虔诚！虔诚！"的同一目的的香客。我们是何等的幸福啊！但是我们还觉得苦，这可以证明我们过惯了城市的生活，把我们祖先的强健的性习全丢掉了。

讲究的国家有公共体育场，有公共娱乐所，有种种完美的设备，可以使身体壮健精神愉快的。我们虽然知道这些，然而得不到这些，我们还是一年一回跟着往妙峰山进香的人们去凑热闹罢。

二 "星霜，星霜！"

在北京城里，街上常见有四担或五担笼盒，每担上有八面小旗，各系小铃，挑着"星霜，星霜！"的响着招摇过市。多少人不明白个中底细，每当他们是另外一个世界里的人物，从不去过问他们，尤其是我们江浙一带的人为然。但是到了妙峰山，我们才自惭形秽，觉悟自己是另外一个世界里的人物，那个世界却完全属于他们的。

如果你在庙里面等候着，听人说"到会了！"的时候，你要记住这是指庙外面有"会到了"。照例的，先是四担或五担乃至六担八担的笼盒，"星霜，星霜"地响着过来，这叫作"铁粮把"，里面放的是敬神的香烛以及纸糊的元宝等等。"钱粮把"的前面是一个壮健的少年捧着供物；这看各种香会性质的不同，例如"献花老会"则捧鲜花，"茶会"则捧茶叶，"馒首圣会"则捧馒首。后面跟着会众，数人数十人乃至数百人不等。"钱粮把"进门后就放在院子里，各人都拿出香——讲究的再加以烛——来燃着，跪在神前磕头祈祷。少年跪捧表章，居主祭者的前列，由庙祝用火徐徐燃着。表章是刻版现买的，空格上填进供物，会众人数，及会首姓名，放在一个五尺来高的方柱形的黄纸袋中，置于适能插下方柱形的铁架子上，少年的手就捧着那铁架子。这叫作"烧表"。说到"烧表"，我们即刻会联想到光绪二十六年的某事，其实往妙峰山进香的人们的种种举止都可以表示出和他们光绪二十六年"最先觉得帝国主义之压迫"的英雄们是一路的。烧表时庙祝用两枝竹箸，夹着表章，使灰烬落入空中，不往外倾，口中尽念"虔诚！虔诚！"不止。到了将要烧完的时候，"虔诚！"的声浪忽然提高，下面跪着的会众们，一听得这提高的声浪，便大家把脑袋儿齐往下磕。磕犹未了，必有年较长者，忽转身向会众起立，口中很念着几句嘹亮的言语，例如：

"诸位！在这里的，除了我的老师，便是我的弟子，我特地磕一个头，替你们祈福！"说着就跪下大磕其头。这种句语大抵是各各不同的，得由德高望重而又善于辞令的人自己去想。

例如我另外听得一个是与上述的大同小异，末后却加上一个问题，问会众们"当此灾祸连年的时候，我们这种人不见炮火，是谁的力量？"会众们于是大嚷这是由于神的佑护。这种情境活像是在初行"启发式教育"的国民学校的教室里。答出这个问题以后，会众进香的手续算是完了。——但须看来的是什么会。倘是个少林会，那么，进香完毕正是他们工作的开始，因为还要在神前各献他们的身手哩。倘是个音乐会，要演奏音乐；大鼓会，要演唱大鼓；梨园中人的什么会，还要在神前演戏，不过角色是完全扮好了来的，演完便各自卸妆回去。"星霜，星霜"的"钱粮把"也依然带着。

圆明园之黄昏

杨振声

杨振声(1890—1956)，字今甫，笔名希声，山东蓬莱人。现代著名教育家、作家。1915 年考入北京大学国文系。1918 年与进步同学组织新潮社，创办《新潮》杂志，任编辑部书记。1924 年留学回国后，投身于教育事业，历任武昌大学、北京大学、燕京大学、中山大学中文系教授，清华大学教务长、文学院院长兼中文系教授。代表作有《渔家》《一个兵的家》等。

本文原载于《现代评论》1926 年 10 月 30 日第 4 卷第 99 期。

害病也得有害病的资格。假如有人关心你，那你偶然害点小病，倒可以真个享受点清福。院子静悄悄的，屋子也静悄悄的。只有一线阳光从窗隙里穿进，一直射在你床前的花瓶子上。假若你吃中国药的话，时时还有药香从帘缝攒进，扑到你鼻子里，把满屋子的寂静，添上一笔甜蜜的风味。你心里把什么事都放下；只懒洋洋地斜倚在枕上，默默地看那纸窗上筛着的几枝疏疏的竹影，随着轻风微微的动摇。忽地她轻轻的跑到你床前，问你想吃什么饭。你在这个时候，大可以利用机会要求平常你想吃她不肯做的菜吃吃。你有这样害病的福气，就使你没病，也可以装出几分病来，既可以骗她的几顿好饭吃，又可以骗到她平常不肯轻易给你的一种温柔。可是，假如没人关心你，只有厨子是你的一家之主，那你顶好是不害病。你病了不吃饭，他乐得少做几顿饭菜；你病了不出门，他乐得少擦几次皮鞋。你如其躺在床上，听他在廊檐下与隔壁的老妈子说笑，反不如硬着心肠一个人跑出去，也许在河边上找到株老柳，可以倚倚，看那水里的树影和游鱼；也许在山脚上碰到块石头，可以坐坐，望那天边的孤云与断雁。总之，没人关心你，你还躺在床上害病，是要不得的。

我心里这样的想着，我的脚已经走出大门来了。西风吹着成阵的黄叶，在脚下旋绕，眼前已是满郊秋色了。惘惘的过了石桥沿着河边走去，偶一抬头看见十几株岸然挺起的老柏，才知道已走到圆明园的门前。心想，以前总怕荒凉，对于这个历史的所在，老没好好地玩过。现在的心境，正难得个凄凉的处所给他解放解放。于是我就向着那漆雕全落，屋瓦半存的大门走去，门前坐了几个讨饭的花子，在夕阳里解衣捕虱。见人经过，他们也并不抬头睬一眼。我走进大门，只见一片荒草，漫漫的浸在西风残照里。而间或草田里站立个荷锄的农夫，土坡上，下来个看牛的牧子，这里见匹白马，在那儿闲闲的吃草，那里见头黄牛，在那儿舒舒的高卧。不但昔日的宫殿楼台，全变成无边萋萋衰草，就是当年的曲水清塘，也全都变成一片的萧萧芦苇了。你总想凭吊，也没有一点印痕可寻，一个人只凄凄的在古墟断桥间徘徊着，忽然想起意大利宫来，荒草蔓路之中，不知从那里走去，恰巧土坡前有个提篮挖菜的小孩子，我走过去问他一声。他领我走上土坡去，向北指着一带颓墙给我看，依稀中犹望见片段的故宫墙壁，屹立在夕阳里面。离开了挖菜小孩子，我沿着生满芦苇的池塘边一条小路走去。四围只听到西风吹的草叶与芦苇瑟瑟作响。又转过几个土山，经过几处曲塘，一路上都望不到那故宫的影子。过一个石镇的小桥，那水真晶莹得可爱。踏过小桥，前面。又是土山。还不知那故宫究在何处。忽然一转土山，那数座白玉故宫的遗址便突然现于面前了。只觉得恍惚中另到一个世界似的。欣赏，赞叹，凄怆，一时都攒上心来！这一连几座宫殿，当日都是白玉为台，白玉为阶，白玉为柱，白玉为墙的。于今呢？几乎全没于蓬蒿荆棘中了！屋顶不用说，是全脱盖了，墙壁也全坍塌了，白玉呢？有的卧在草中，有的半埋土下，有的压于石土之底，有的欹在石柱之上。雕刻呢？有的碎成片段了，有的泥土污渍了，有的人丢了头，有的龙断了尾，有的没在河沟里面，有的被人偷去了！只剩下一列列的玉柱，屹立在夕照里面，像一队压阵角的武士。在柱前徘徊徘徊，看看那柱上的雕刻，披开荒草，摸摸那石上的图案，使你不能不想见当时的艺术，再看看那石壁颓为土邱，玉阶蔓生荆棘，当日庭院，于今只有茂草；当日清池，于今变成污泽；这白玉栏杆，当年有多少宫人，曾经倚了笑语，于今只围绕着寒蛩的切切哀吟了；这莹澈的池水，当年有几番画舫的笙歌，于今只充满着芦苇的萧萧悲语了；这玉殿洞房，当年藏过多少的金粉佳丽，于今只成个狐狸出没的荒丘了；这皇宫御院，当年是个多么威严的所在，如今只有看羊的牧子，露宿的乞儿偶来栖息了。虽说是你看了罗马的故宫，不必感到罗马的兴亡；可是如法国的费尔赛，芳吞波罗等废宫，都在民国里保存着，为国家建筑艺术的珍品，我们为什么把这样的古迹都听他去与荆棘争命呢！且听说有人把石柱与雕刻偷偷卖与外人，这是何等羞耻的事！这种罗马式的建筑，在中国是惟一的古迹，你毁他一块小石，都觉得是犯了罪，竟有大批偷着卖的事；为什么政府与社会都不肯保重点古迹呢！

我正在这样的幻想，低头看见我的影子，已淡淡地印在古台上了。抬起头来只见怆凄的半月，已从西半天上放出素光，侵入这一片荒凉之中，这成堆的白玉，再镀上这一层银色的月光，越现其洁白，苍凉，素净，寒气逼人。我心想走上高台，领略领略这全境的清切罢。刚到台级，只见在两个石柱中间现出一双灯亮的眼睛正对望着我，我不觉打了个寒噤。那边草一响，向上一跳，在月光迷离中照出一道弓形的曲线，蓬蓬大尾，窜入荒草，接着是一阵草叶响，我才知道是只野狐。心跳的定一定，耳边上风动草叶声，芦叶相擦声，风过石壁声，卷黄叶声，唧唧的蟋蟀声，潺潺的水流声，都来增加这地方的寂静。再看那四面蝇岩的白石，森森如鬼立，地上颓卧的石条，凝冷如僵尸，我自己的牙根，也禁不住的震动了。通身如浸在冰窟一般。自己才想起若再添了病，回家没人关心怎么好！只得转身往回头走来。刚出了故宫的旧址，来到土坡上，不觉回头望一望，只见一片玉海，在迷离的银雾笼罩中，若有无限哀怨似的。我悄然下了土坡，一个人伴着影子走，心里总是不解，为什么英法要烧掉这座园子，假若他们能把清家的帝王烧死在宫里，也还有个道理可说，却只单单的烧掉这件历史上的艺术品！难道我们烧了他们的鸦片，他们就有权利来烧我们的艺术品吗？

北平情思篇

北京乎

孙福熙

本文选自开明书店 1926 年版《北京乎》。

北京乎！别来五年了。

经过丰台以后，火车着慌，如追随火光的蛇的急急游行。我，停了呼吸，不能自主的被这北京的无形的力量所吸引。

一片绿色中远见砖砌的城墙隐现，而黄瓦红墙的城楼并耸在绿叶的波涛中，我能辨别这是正阳门，这是紫禁城与别的一切。

回忆离京时，行至东华门边，我对二哥说，我舍不掉北京的伟大。我很不能抑制的想念了五年，现在，侥幸的又得瞻仰他而濡染其中了。

在绍兴县馆中，大清早醒来，老鸹的呼声中，槐花的细瓣飘坠如雪，两株大槐树遮盖全院，初晴的日光从茂密的枝叶缺处漏下来，画出轻烟颜色的斜线，落在微湿而满铺槐花的地上，留下蛋形与别的形状的斑纹。新秋的凉爽就在这淡薄的日光中映照出来，我投怀于我所爱的北京。

离别以后，我曾屡登阿尔卑斯高山，我曾荡漾在浩瀚的印度洋中，固然，我不能懂得他们的好处，但阿尔卑斯山的崇高与印度洋之广大远过于北京城，这是无疑的。然而我不因他们而减少对于北京城的崇高与广大的爱慕。

回忆初到北京时，出东车站门，仰见正阳门楼昂立在灯火万盏的广场中，深蓝而满缀星光的天，高远的衬托在他的后面，惯住小城的我对之能不深深的动感呢！

在北京大学中我望见学问的门墙，而扩大我的道德者是这庄严宽大的北京城。

我以前没有见过如北京所多的长街。小城市中所称为大街大路的都可从这一头望见那一头，而所谓大者，就是说有一来一往的人相遇可以不擦肩不踏破脚趾而已。北京的长街望之如没有尽头的，只见远远的消失在隐约中，徒令人恨自己目力之不足。左右又很宽敞，使因为闷在井底一般的小城中而呼吸急促的我扩大了胸腹。北京的天永远是这样高的，为长而宽的北京的街道凑趣。

我之所以爱北京的原因还不只此哩，北河沿的槐树与柳树丛中我常于晚间去散步，枝条拂我的头顶，而红色的夕阳照在东安门一带的墙上，使我感觉自己的渺小，于是卑劣社会中所养成的傲慢完全消融了，然而精神上增加十分的倔强，我从此仍旧觉得自己的高大了。

那时的每礼拜早晨，我与二哥必往教育部会场听杜威先生的教育哲学讲演。冬季的寒风侵面，且带灰沙，我们步行经北上门，穿三海，望见北海中结着雪白的冰，而街上的水车所流出的水滴结成琳琅。这种一切都给我警惕。

以前的城南公园中我曾读过书。暑假时节，我与二哥夹书同往，早晨的太阳已颇猛烈了，我们就钻入紫藤棚中。北京的特色，一到荫中就生凉风。这花荫卫护读书的我们，直至晚上。

　　我现在来重温旧梦，而且将以我的微力表现他改善他，增加我及一切市民对于北京的好感。

　　北京乎！我投怀于我所爱的北京。

一九二五年八月十三日

雪　夜

石评梅

石评梅（1902—1928），原名汝璧，山西平定人。1919 年
在北京女子高等师范学校就读时即热心于文学创作，1923 年 9
月在《晨报副刊》连载长篇游记《模糊的余影》，1924 年编辑京
报副刊《妇女周刊》，有"北京著名女诗人"之誉。与吕碧城、萧
红、张爱玲并称为"民国四大才女"。代表作有《偶然草》《涛语》
等。本文原载于《语丝》1927 年 1 月 29 日第 116 期。

　　北京城落了这样大这样厚的雪，我也没有兴趣和机缘出去
鉴赏，我只在绿屋给受伤倒卧的朋友煮药煎茶。寂静的黄昏，
窗外飞舞着雪花，一阵紧似一阵，低垂的帐帷中传出的苦痛呻
吟，一声惨似一声！我黑暗中坐在火炉畔，望着药壶的蒸汽而
沉思。

　　如抽乱丝般的脑海里，令我想到关乎许多雪的事，和关乎
许多病友的事，绞思着陷入了一种不堪说的情状；推开门我看
着雪，又回来揭起帐门看看病友，我真不知心境为什么这样不
安定而彷徨？我该诅咒谁呢？是世界还是人类？我望着美丽的
雪花，我赞美这世界，然而回头听见病友的呻吟时，我又诅咒
这世界。我们都是负着创痛倒了又扎挣，倒了又扎挣，失败中
还希冀胜利的战士，这世界虽冷酷无情，然而我们还奢望用我
们的热情去温暖，这世界虽残毒狠辣，而我们总祷告用我们的

善良心灵去改换。如今，我们在战线上又受了重创，我们微小的力量，只赚来这无限的忧伤！何时是我们重新扎挣的时候，何时是我们战胜凯旋的时候？我只向熊熊的火炉祷祝他给予我们以力量，使这一剂药能医治我病友霍然使她能驰驱赴敌再扫阴霾！

黄昏去了，夜又来临，这时候瑛弟踏雪来看病友，为了人间的烦恼，令他天真烂漫的面靥上，也重重地罩了愁容，这真是不幸的事，不过我相信一个人的生存，只是和苦痛搏战，这同时也是一件极平淡而庸常无奇的事吧！我又何必替众生来忏悔？

给她吃了药后，我才离开绿屋，离开时我曾想到她这一夜辗转哀泣的呻吟，明天朝霞照临时她惨白的面靥一定又瘦削了不少！爱怜，同情，我真不愿再提到了，罪恶和创痛何尝不是基于这些好听的名词，我不敢诅咒人类，然而我又何能轻信人类……所以我在这种情境中，绝不敢以这些好听的名词来市恩于我的病友；我只求赐她以愚钝，因为愚钝的人，或者是幸福的人，然而天又赋她以伶俐聪慧以自戕残。

出了绿屋我徘徊在静白的十字街头了，这粉装玉琢的街市，是多么幽美清冷值得人鉴赏和赞美！这时候我想到荒凉冷静的陶然亭，伟大庄严的天安门，萧疏辽阔的什刹海，富丽娇小的公园，幽雅闲散的北海，就是这热闹多忙的十字街头，也另有一种雪后的幽韵，镇天被灰尘泥土蔽蒙了的北京，我落魄在这里许多年，四周只有层层黑暗的网罗束缚着，重重罪恶的铁闸紧压着，空气里那样干燥，生活里那样枯涩，心境里那样苦闷，更何必再提到金迷沉醉的大厦外，啼饥号寒的呻吟。然而我终于在这般梦中惊醒，睁眼看见了这样幽美神妙的世界，我只为了一层转瞬即消逝的雪幕而感到欣慰，由欣慰中我又发现了许多年未有的惊叹，纵然是只如磷火在黑暗中细微的闪烁，然而我也认识了宇宙尚有这一刹那的改换和遮蔽，我希望，我愿一切的人情世事都有这样刹那的发现，改正我这对世界浮薄的评判。

过顺治门桥梁时，一片白雪，隐约中望见如云如雾两行挂着雪花的枯树枝，和平坦洁白的河面。这时已夜深了，路上行人稀少，远远只听见犬吠的声音，和悠远清灵的钟声。沙沙地我足下践踏着在电灯下闪闪银光的白雪直觉到恍非人间世界。城墙上参差的砖缘，披罩着一层一层的白雪，抬头望：又看见城楼上粉饰的雪顶，和挂悬下垂的流苏。底下现出一个深黑的洞，远望见似乎是个不堪设想的一个恐怖之洞门。我立在这寂静的空洞中往返回顾而踟蹰，我真想不到扰攘拥挤的街市上，也有这样沉寂冷静时候。

过了宣武门洞，一片白地上，远远望见万盏灯火，人影蠕动的单牌楼，真美，雪遮掩了一切污浊和丑恶。在这里是十字街头了，朋友们，不少和我一样爱好雪的朋友们，你们在这清白皎洁的雪光下，映出来的影子，践踏下的足踪，是怎么光明和伟大！今夜我投身到这白茫茫的雪镜中，我只照见了自己的渺小和阴暗，身心的四周何尝能如雪的透明纯洁；因为雪才反映出我自己的黑暗和污浊，我认识自己只是一个和罪恶的人类一样的影子，我又那能以轻薄的心理去责备人类，和这本来不清明的世界呢！朋友！我知所忏悔了！

爱恋着雪夜，爱恋着这刹那的雪景，我虽然因夜深不能去陶然亭、什刹海、北海公园，然而我禁不住自己的意志，我的足踪忽然走向天安门，过西安门饭店的门前时，看见停着的几辆汽车，上边都是白雪，四轮深陷在雪里，黑暗的车厢中有蜷伏着的人影，高耸的洋楼在夜的云霄中扑迎着雪花，一盏盏的半暗的电灯下照出门前零乱的足痕，我忽然想起赖婚中的一幕来，这门前有几分像呢！

走向前，走向前，丁丁当当的电车过去了，我只望着它车轮底的火花微笑！我骄傲，我是冒着雪花走向前去的，我未曾借助于什么而达到我的目的，我只是走向前，走向前。

进了西长安街的大森林，我远远看见天边四周都现着浅红，疏疏的枝桠上堆着雪花，风过处纷纷地飞落下来，和我的眼泪滴在这地上一样。过这森林时我抱着沉重的怆痛，我虽然能忆起往日和君宇走过时的足踪在那里，但我又怎敢想到城南一角黄土下已埋葬了两年的君宇，如今连梦都无。

过了三门洞，呵！这伟大庄严的天安门，只有白，只有白，只有白，漫天漫地一片皆白，我一步一步像拜佛的虔诚般走到了白石桥梁下，石狮龙柱之前，我抬头望着红墙碧瓦巍然高耸的天安门，我怪想着往日帝皇的尊严，和这故宫中遗留下的荒凉。踏上了无人践踏的石桥，立在桥上远望灯光明灭的正阳门，我傲然的立了多时，我觉着心境逐渐的冷静沉默，至于无所兴感这又是我的世界，这如梦似真的艺术化的世界。下了桥我又一直向前去，那新栽的小松上，满缀了如流苏似的雪花，一列一列远望去好像撑着白裙的舞女。前面有一盏光明的灯照着，我向前去了几步，似乎到了中山先生铜像基础旁便折回来。灯光雪光照映在我面上，这时我觉心地很洁白纯真，毫无阴翳遮蔽，因为我已不是在这世界上，我脱了一切人间的衣裳，至少我也是初来到这世界上。

我自己不免受人间一切翳蒙，我才爱白雪，而雪真能洗涤我心灵至于如雪冷洁；我还奢望着，奢望人间一切的事物和主持世界的人类，也能给雪以洗涤的机会，那么，我相信比用血来扑灭反叛的火焰还要有效！

一九二七年一月十四日雪夜

北平实在是意想中中国唯一的好地方

朱自清

本文原载于《骆驼草》1930 年第 12 期。

在北平整整待了三年半，除去年冬天丢了一个亲人是一件不可弥补的损失外，别的一切，感谢——照例应该说感谢上苍或上帝，但现在都不知应该说谁好了，只好姑且从阙吧——总算平平安安过去了。这三年半是中国多事的时候，但是我始终没离开北平一步，也总算是幸福了，虽然我只想到了个人。

在我，也许可以说在我们这一些人吧，北平实在是意想中中国唯一的好地方。几年前周启明先生就写过，北平是中国最好的居住的地方，孙春台先生也有《北平乎》一文，称颂北平的好处：这几年时代是大变了，但是我的意见还是和他们一样。一个地方的好处，也和一个人一件东西的相同，平时不大觉得，到离开或丢失时，便一桩桩一件件分明起来了。我现在来说几句北平的好话，在你们北平住着的，或者觉得可笑，说我多此一举吧。

北平第一好在大。从宫殿到住宅的院子，到槐树柳树下的道路。一个北方朋友到南方去了回来，说他的感想："那样天井我受不了！"其实南方许多地方的逼得人喘不出气儿的街道，也是北平生人受不的。至于树木，不但大得好，而且也多得好；有人从飞机上看，说北平只是一绿。一个人到北平来住，不知不觉中眼光会宽起来，心胸就会广起来；我常想小孩子最宜在北平养大，便是为此。北平之所以大，因为它做了几百年的首都；它的怀抱里拥有各地各国的人，各色各样的人，更因为这些人合力创造或输入的文化。上海也是五方杂处的都会，但它仅有工商业，我们便只觉得繁嚣、恶浊了。上海人有的是聪明、狡猾；但宽大是他们不懂得的。

北平第二好在深。我们都知道北平书多。但是书以外，好东西还多着。如书画、铜器、石刻、拓片，乃至瓷器、玉器等，公家收藏固已很丰富，私人搜集，也各有专长；而内阁大库档案，是极珍贵的近代史料，也是尽人皆知的。中国历史、语言、文学、美术的文物荟萃于北平；这几项的人才也大部分集中在这里。北平的深，在最近的将来，是还不可测的。胡适之先生说过，北平的图书馆有这么多，上海却只有一个，还不是公立的。这也是北平上海重要的不同。

北平第三好在闲。假如上海可说是代表近代的，北平便是代表中古的。北平的一切总有一种悠然不迫的味儿。即如电车吧，在上海是何等地风驰电掣，有许多人上下车都是跳的。北平的车子在宽阔的路上走着，似乎一点也不忙。晚九点以后，确是走得快起来了；但车上已只剩疏朗朗的几个人，像是乘汽车兜风一般，也还是一点不觉忙的——有时从东长安街槐林旁驰过，茂树疏灯相掩映着，还有些飘飘然之感呢。北平真正的闲人其实也很少，但大家骨子里总有些闲味儿。我也喜欢近代的忙，对于中古的闲却似乎更亲近些。但这也许就因为待在北平太久的缘故吧。

写到这里看看，觉得自己似乎将时代忘记了。我所称赞的似乎只是封建的遗存，是"布尔"或"小布尔"的玩意儿；而现在据说非"普罗"起来不可，这可有点儿为难。我实在爱北平，我所爱的北平是如上面说的。我没有或不能"获得""普罗"的"意识形态"，我也不能"克服"我自己；结果怕只该不说话或不说真话。不说话本来没有什么不可以，不过说话大约在现在也还不能就算罪过吧；至于撒谎，则我可以宛转地说，"我还没有那种艺术"，或干脆地说，"我还没有那种勇气！"好在我这通信是写给一些朋友的，让他们看我的真话，大约是还不要紧的。

我现在是一个人在北平，这回是回到老家去。但我一点不觉着是回家，一切都像出门做客似的。北平已成了我精神上的家，没有走就想着回来；预定去五个礼拜，但想着南方的天井，潮湿，和蚊子，也许一个月就回来了。说到潮湿，我在动身这一天，却有些恨北平。每年夏季，北平照例是要有几回大雨的，往往连下几天不止。前些日子在一个宴会里，有人问我到什么地方避暑去；我回答说要到上海去；他知道上海不是避暑的地方。我却知道他是需要避暑的，就问，是北戴河么？他答应了之后，说：北平太热了，而且照例的雨快要来了，没有意思！我当时大约说了"是"，但实在并不知道北平夏天的雨究竟怎样没有意思！我去年曾坐在一间大屋中看玻璃帘外的夏雨，又走到廊下看院中的流水，觉得也还有些意思的。但这回却苦坏了我。不先不后，今夏的雨期恰在我动身这天早晨起头！那种滂沱不止的雨，对于坐在大屋中的我也许不坏，但对于正要开始已生疏了的旅行生活的我，却未免是一种虐政了。

我这样从西郊淋进了北平城，在恨恨中睡了一觉。醒来时雨到住了，我便带着这些阴郁的心情搭早车上天津来了。

七月十日，天津九中

某君南去时，我请他写点通信来，现在以付此"草"，希望"源源"而来。他赶大暑中往江南去，将以受了热而怪张怪李，却难说。此文对于北平，虽怀恋的成分多，颇有相当的平允的。惟末段引需要避暑的某君的话，咒诅北平的雨，却未必尽然。我以为不如咒诅香炉灰式的道路。

七月十九日平记

北　平

郑振铎

郑振铎(1898—1958)，字西谛，出生于浙江温州。1917年入北京铁路管理传习所(今北京交通大学)学习。1919年参加五四运动并开始发表作品。1927年旅居英、法，回国后历任北京燕京大学、清华大学、上海暨南大学教授，《世界文库》主编。1931年秋，任燕京大学和清华大学两校中文系教授。著有《桂公塘》《欧行日记》《海燕》等。另外著有《文学大纲》《中国文学史(插图本)》《中国俗文学史》等。

本文原载于《中学生》1934年12月第50号。

你若是在春天到北平，第一个印象也许便会给你以十分的不愉快。你从前门东车站或西车站下了火车，出了站门，踏上了北平的灰黑的土地上时，一阵大风刮来，刮得你不能不向后倒退几步；那风卷起了一团的泥沙；你一不小心便会迷了双眼，怪难受的；而嘴里吹进了几粒细沙在牙齿间萨拉萨拉地作响。耳朵壳里，眼缝边，黑马褂或西服外套上，立刻便都积了一层黄灰色的沙垢。你到了家，或到了旅店，得仔细的洗涤了一顿，才会觉得清爽些。

"这鬼地方！那末大的风，那末多的灰尘！"你也许会很不高兴的诅咒的说。

风整天整夜的呼呼地在刮，火炉的铅皮烟筒，纸的窗户，都在乒乒乓乓地相碰着，也许会闹得你半夜睡不着。第二天清早，一睁开眼，呵，满窗的黄金色，你满心高兴，以为这是太阳光，你今天将可以得一个畅快的游览了。然而风声还在虎虎的怒吼着。擦擦眼，拥被坐在床上，你便要立刻懊丧起来。那黄澄澄的，错疑作太阳光的，却正是漫天漫地的吹刮着的黄沙！风声吼吼的还不曾歇气。你也许会懊悔来这一趟。

但到了下午，或到了第三天，风渐渐地平静起来。太阳光真实的黄亮亮地晒在墙头，晒进窗里。那份温暖和平的气息儿，立刻便会鼓动了你向外面跑跑的心思。鸟声细碎的在鸣叫着，大约是小麻雀儿的唧唧声居多。——碰巧，院子里有一株杏花或桃花，正涵着苞，浓红色的一朵朵，将放未放。枣树的叶子正在努力地向外崛起。——北平的枣树是那末多，几乎家家天井里都有个一株两株的。柳树的柔枝儿已经是透露出嫩嫩的黄色来。只有硕大的榆树上，却还是乌黑的秃枝，一点什么春的消息都没有。

你开了房门，到院子里，深深地吸了一口气。啊，好新鲜的空气，仿佛在那里面便挟带着生命力似的。不由得不使你神清气爽。太阳光好不可爱。天上干干净净的没半朵浮云，俨然是"南方秋天"的样子。你得知道，北平当晴天的时候，永远的那一份儿"天高气爽"的晴明的劲儿，四季皆然，不独春日如此。

太阳光晒得你有点暖得发慌。"关不住了！"你准会在心底偷偷的叫着。

你便准得应了这自然之招呼而走到街上。

但你得留意，即使你是阔人，衣袋里有充足的金洋银洋，你也不应摆阔，坐汽车。被关在汽车的玻璃窗里，你便成了如同被蓄养在玻璃缸的金鱼似的无生气的生物了。你将一点也享受不到什么。汽车那末飞快的冲跑过去，仿佛是去赶什么重要的会议。可是你是来游玩，不是来赶会。汽车会把一切自然的美景都推到你的后面去。你不能吟味，你不能停留，你不能称心称意的欣赏。这正是猪八戒吃人参果的勾当。你不会蠢到如此的。

北平不接受那末摆阔的阔客。汽车客是永远不会见到北平的真面目的。北平是个"游览区"。天然的不欢迎"走车看花"——比走马看花还煞风景的勾当——的人物。

那末，你得坐"洋车"——但得注意：如果你是南人，叫一声黄包车，准保个个车夫都不理会你，那是一种侮辱，他们以为。（黄包，北音近于王八。）或酸溜溜的招呼道："人力车"，他们也不会明白的。如果叫道："胶皮"，他们便知道你是从天津来的，准得多抬些价。或索性洋气十足的，叫道："力克夏"，他们便也懂，但却只能以"毛"为单位的给车价了。

"洋车"是北平最主要的交通物。价廉而稳妥，不快不慢，恰到好处。但走到大街上，如果遇见一位漂亮的姑娘或一位洋人在前面车上，碰巧，你的车夫也是一位年轻力健的小伙子，他们赛起车来，那可有点危险。

干脆，走路，倒也不坏。近来北平的路政很好，除了冷街小巷，没有要人、洋人住的地方，还是"无风三尺土，有雨一街泥"之外，其余冲要之区，确可散步。

出了巷口，向皇城方面走，你便将渐入佳景的。黄金色的琉璃瓦在太阳光里发亮光，土红色的墙，怪有意思的围着那

"特别区"。入了天安门内，你便立刻有应接不暇之感。如果你是聪明的，在这里，你必得跳下车来，散步的走着。那两支白石盘龙的华表，屹立在中间，恰好烘托着那一长排的白石栏杆和三座白石拱桥，表现出很调和的华贵而苍老的气象来，活像一位年老有德、饱历世故、火气全消的学士大夫，没有丝毫的火辣辣的暴发户的讨厌样儿。春冰方解，一池不浅不溢的春水，碧油油的可当一面镜子照。正中的一座拱桥的三个桥洞，映在水面，恰好是一个完全的圆形。

你过了桥，向北走。那厚厚的门洞也是怪可爱的（夏天是乘风凉最好的地方）。午门之前，杂草丛生，正如一位不加粉黛的村姑，自有一种风趣。那左右两排小屋，仿佛将要开出口来，告诉你以明清的若干次的政变，和若干大臣、大将雍雍锵锵地随驾而出入。这里也有两支白色的华表，颜色显得黄些，更觉得苍老而古雅。无论你向东走，或向西走，——你可以暂时不必向北进端门，那是历史博物馆的入门处，要购票的。——你可以见到很可愉悦的景色。出了一道门，沿了灰色的宫墙根，向西北走，或向东北走，你便可以见到护城河里的水是那末绿得可爱。太庙或中山公园后面的柏树林是那末苍苍郁郁的，有如见到深山古墓。和你同道走着的，有许多走得比你还慢，还没有目的的人物；他们穿了大袖的过时的衣服，足上登着古式的鞋，手上托着一只鸟笼，或臂上栖着一只被长链锁住的鸟，懒懒散散地在那里走着。有时也可遇到带着一群小哈叭狗的人，有气势的在赶着路。但你如果到了东华门或西华门而折回去时，你将见他们也并不曾往前走，他们也和你一样的折了回去。他们是在这特殊幽静的水边遛跶着的！遛跶，是北平人生活的主要的一部分；他们可以在这同一的水边、城墙下，遛跶个半天，天天如此，年年如此，除了刮大风，下大雪，天气过于寒冷的时候。你将永远猜想不出，他们是怎样过活的。你也许在幻想着，他们必定是没落的公子王孙，也许你便因此凄怆的怀念着他们的过去的豪华和今日的沦落。

"拍"的一声响，惊得你一大跳，那是一个牧人，赶了一群羊走过，长长的牧鞭打在地上的声音。接着，一辆一九三四年式的汽车呜呜地飞驰而过。你的胡思乱想为之得粉碎。——但你得知道，你的凄怆的情感是落了空，那些臂鸟驱狗的人物，不一定是没落的王孙，他们多半是以驯养鸟狗为生活的商人们。

你再进了那座门，向南走。仍走到天安门内。这一次，你得继续的向南走。大石板地，没有车马的经过，前面的高大的城楼，作为你的目标。左右全都是高及人头的灌木林子。在这时候，黄色的迎春花正在盛开，一片的喧闹的春意。红刺梅也在含苞。晚开的花树，枝头也都有了绿色。在这灌木林子里，你也许可以徘徊个几个小时。在红刺梅盛开的时候，连你的脸色和衣衫也都会映上红色的笑影。散步在那白色的阔而长的大石道，便是一种愉快。心胸阔大而无思虑。昨天的积闷，早已忘得一干二净。你将不再对北平有什么诅咒，你将开始发生留恋。

你向南走，直走到前门大街的边沿上，可望见东西交民巷口的木牌坊，可望见你下车来的东车站或西车站，还可望见屹立在前面的很宏伟的一座大牌楼。乱纷纷的人和车，马和货物；有最新式的汽车，也有最古老的大车，简直是最大的一个运输物的展览会。

你站了一会儿，觉得看腻了，两腿也有点发酸了，你便可以向前走了几步，极廉价的雇到一辆洋车，在中山公园口放下。

这公园是北平很特殊的一个中心。有过一个时期，当北海还不曾开放的时候，她是北平惟一的社交的集中点。在那里，你可以见到社会上各种各样的人物。——当然无产者是不在内，他们是被几分大洋的门票摈在园外的。你在那里坐了一会儿，立刻便可以招致了许多熟人。你不必家家拜访或邀致，他们自然会来。当海棠盛开时，牡丹、芍药盛开时，菊花盛开时的黄昏，那里是最热闹的上市的当儿。茶座全塞满了人，几乎没有一点空地。一桌人刚站了起来，立刻便会有候补的挤了上去。老板在笑，伙计们也在笑。他们的收入是如春花似的繁多。直到菊花谢后，方才渐渐的冷落了下来。

你坐在茶座上，舒适的把身体堆放在藤椅里，太阳光满晒在身上，棉衣的背上，有些热起来。前后左右，都有人在走动，在高谈，在低语。坛上的牡丹花，一朵朵总有大碗粗细。说是赏花，其实，眼光也是东溜西溜的。有时，目无所瞩，心无所思的，可以懒懒地呆在那里，整整的呆个大半天。

一阵和风吹来，遍地白色的柳絮在团团地乱转，渐转成一个球形，被推到墙角。而漫天飞舞着的棉状的小块，常常扑到你面上，强塞进你的鼻孔。

如果你在清晨来这里，你将见到有几堆的人，老少肥瘦俱齐，在大树下空地上练习打太极拳。这运动常常邀引了患肺痨者去参加，而因此更促短了他们的寿命。而这时，这公园里也便是肺痨病者们最活动的时候。瘦得骨立的中年人们，倚着枝，蹒跚地在走着，——说是呼吸新鲜空气——走了几步，往往咳得伸不起腰来，有时"喀"的一声，吐了一大块浓痰在地上。为了这，你也许再不敢到这园来。然而，一到了下午，这园里却仍是拥挤着人。谁也不曾想到天天清晨所演的那悲剧。

园后的大柏树林子，也够受糟蹋的。茶烟和瓜子壳，熏得碧绿的柏树叶子都有点显出枯黄色来，那林子的寿命，大约也不会很长久。和中山公园的热闹相陪衬的是隔不几十步的太庙的冷落。不知为了什么，去太庙的人到底少。只有年轻的情人们，偶尔一对两对的避人到此密谈。也间有不喜追逐在热闹之后的人，在这清静点的地方散步。这里的柏树林，因为被关闭了数百年之后，而新被开放之故，还很顽健似的，巢在树上的"灰鹤"也还不曾搬家他去。

太庙所陈列的清代各帝的祭殿和寝宫，未见者将以为是如何的辉煌显赫，如何的富丽堂皇，其实，却不值一看。一色黄缎绣花的被褥衣垫，并没有什么足令人羡慕。每张供桌上所列的木雕的杯碗及烛盘等等，还不如豪富人家的祖先堂的讲究。从前读一明人笔记，说，到明孝陵参观上供，见所供者不过冬瓜汤等等极淡薄贱价的菜。这里在皇帝还在宫中时，祭供时，想也不过如此。是帝王和平民，不仅在坟墓里同为枯骨，即所馨享的也不过如此如此而已。

你在第二天可以到北城去游览一趟，那一边值得看的东西很不少。后门左近有国子监，钟楼及鼓楼。钟鼓每县都有之，但这里，却显得异常的宏伟。国子监，为从前最高的学府，那里边，藏有石鼓——但现在这著名的石鼓却已南迁了。由后门向西走，有什刹海；相传《红楼梦》所描写的大观园就在什刹海附近。这海是平民的夏天的娱乐场。海北，有规模极大的冰窖一区。海的面积，全都是稻田和荷花荡。（北平人的养荷花是一业，和种水稻一样。）夏天，荷花盛开时，确很可观。倚在会贤堂的楼栏上，望着骤雨打在荷盖上，那喷人的荷香和刹刹的细碎的响声，在别处是闻不到、听不到的。如果在芦席棚搭的茶座上听着，虽显得更亲切些，却往往棚顶漏水，而水点落在芦席上，那声音也怪难听的，有喧宾夺主之感。最佳的是夏已过去，枯荷满海，什刹海的闹市已经收场，那时，如果再到会贤堂楼上，倚栏听雨，便的确不含糊的有"留得残荷听雨声"之妙，不过，北平秋天少雨，这境界颇不易逢。

什刹海的对面，便是北海的后门。由这里进北海，向南走，经过澄心斋、松坡图书馆、仿膳、五龙亭，一直到极乐世界，没有一个地方不好。惟惜五龙亭等处，夏天人太闹。极乐世界已破坏得不堪，没有一尊佛像能保得不断胫折臂的。而北海之饶有古趣者，也只有这个地方。那个地方，游人是最少进去的。如果由后面向南走，你便可以走到北海董事会等处，那里也是开放的，有茶座，却极冷落。在五龙亭坐船，渡过海——冬天是坐了冰船滑过去——便是一个圆岛，四面皆水，以一桥和大门相通。岛的中央，高耸着白塔。依山势的高下，随意布置着假山、庙宇、游廊、小室，那曲折的工程很足供我们作半日游。

如果，在晴天，倚在漪澜堂前的白石栏杆上，静观着一泓平静不波的湖水，受着太阳光，闪闪地反射着金光出来，湖面上偶然泛着几只游艇，飞过几只鹭鸶，惊起一串的呷呷的野鸭，都足够使你留恋个若干时候。但冬天，那是最坏的时候了，这场面上将辟为冰场，红男绿女们在那里奔走驰驶，叫闹不堪。你如果已失去了少年的心，你如果爱清静，爱独游，爱默想，这场面上你最好是不必出现。

出了北海的前门，向西走，便是金鳌玉蛛桥。这座白石的大桥，隔断了中南海和北海。北海的白日，如画的映在水面上，而中海的万善殿的全景，也很清晰地可看到。中南海本亦为公园，今则又成了"禁地"。只有东部的一个小地方，所谓万善殿的，是开放着。这殿很小，游人也极冷落，房室却布置得很好。龙王堂的一长排，都是新塑的泥像，很庸俗可厌。但你要是一位细心的人，你便可在一个殿旁的小室里，发现了倚在墙角无人顾问的两尊木雕的菩萨像。那形态面貌，无一处不美，确是辽金时代的遗物；然一尊则双臂俱折，一尊则胫部只剩了半边。谁还注意到他们呢？报纸上却在鼓吹着龙王堂的神像的塑得有精神，为明代的遗物。却不知那是民国三四年间的新物！仍由中南海的后门走出，那斜对过便是北平图书馆，这绿琉璃瓦的新屋，建筑费在一百四十万以上，每年的购书费则不及此数之十二。旧书是并合了方家胡同京师图书馆及他处所藏的，新书则多以庚款购入。在中国可称是最大的图书馆。馆外的花园，邻于北海者，亦以白色栏杆围隔之；惟为廉价之水门汀所制成，非真正的白石也。

由北平图书馆再过金鳌玉蛛桥，向东走，则为故宫博物院。由神武门入院，处处觉得寥寂如古庙，一点生气都没有。想来，在还是"帝王家"的时代，虽聚居了几千宫女、太监们在内，而男旷女怨，也必是"戾气"冲天的。所藏古物，重要者都已南迁，游人们因之也寥落得多。

神武门的对门是景山。山上有五座亭，除当中最高的一亭外，多被破坏。东边的山脚，是崇祯自杀处。春天草绿时，远望景山，如铺了一层绿色的绣毡，异常的清嫩可爱。你如果站在最高处，向南望去，宫城全部，俱可收在眼底。而东交民巷使馆区的无线电台，东长安街的北京饭店，三条胡同的协和医院都因怪不调和而被你所注意。而其余的千家万户则全都隐藏在万绿丛中，看不见一瓦片，一屋顶，仿佛全城便是一片绿色的海。不到这里，你无论如何不会想象得到北平城内的树木是如何的繁密；大家小户，那一家天井不有些绿色呢。你如站在北面望下时，则钟鼓楼及后门也全都耸然可见。

三大殿和古物陈列所总得耗费你一天的工夫。从西华门或从东华门入，均可。古物陈列所因为古物运走的太多，现在只开放武英殿，然仍有不少好东西。仅李公麟的《击壤图》便足够消磨你半天。那人物，几乎没有一个没精神的，姿态各不相同，却不曾有一懈笔。

三大殿虽空无所有，却宏伟异常。在殿廊上，下望白石的"丹墀"，不能不令你想到那过去的充满了神秘气象的"朝廷"和叔孙通定下的"朝仪"的如何能够维持着常在的神秘的尊严性。你如果富于幻想，闭了眼，也许还可以如见那静穆而紧张的随班朝见的文武百官们的精灵的往来。这里有很舒适的茶座。坐在这里，望着一列一列的雕镂着云头的白石栏杆和雕刻得极细致的陛道，是那么样的富于富丽而明朗的美。

你还得费一二天的工夫去游南城。出了前门，便是商业区和会馆区。从前汉人是不许住在内城的，故这南城或外城，便成了很重要的繁盛区域。但现在是一天天的冷落了。却还有几个著名的名胜所在，足供你的留连、徘徊。西边有陶然亭，东边有夕照寺、拈花寺和万柳堂。从前都是文士们雅集之地，如今也都败坏不堪，成为工人们编麻索、织丝线之地。所谓万柳也都不存一株。只有陶然亭还齐整些。不过，你游过了内城的北海、太庙、中山公园，到了这些地方，除了感到"野趣"之外，他便全无所得的了。你或将为汉人们抱屈；在二十几年前，他们还都只能局促于此一隅。而内城的一切名胜之地，他们是全被摈斥在外的。别看清人诗集里所歌咏的是那么美好，他们是不得已而思其次的呢！

而现在，被摈斥于内城诸名胜之外的，还不依然是几十百万人么？

南城的娱乐场所，以天桥为中心。这个地方倒是平民的聚集之所；一切民间的玩意儿，一切廉价的旧货物，这里都有。

先农坛和天坛也是极宏伟的建筑。天坛的工程尤为浩大而艰巨。全是圆形的；一层层的白石栏杆，白石阶级，无数的参天的大柏树，包围着一座圆形的祭天的圣坛。坛殿的建筑，是圆的，四围的阶级和栏杆也都是圆的。这和三大殿的方整，恰好成一最有趣的对照。在这里，在大树林下徘徊着，你也便将勾引起难堪的怀古的情绪的。

这些，都只是游览的经历。你如果要在北平多住些时候，你便要更深刻的领略到北平的生活了。那生活是舒适、缓慢、吟味、享受，却绝对的不紧张。你见过一串的骆驼走过么？安稳、和平，一步步的随着一声声丁当丁当的大颈铃向前走；不匆忙，不停顿；那些大动物的眼里，表现的是那么和平而宽容，负重而忍辱的性情。这便是北平生活的象征。

　　和这些宏伟的建筑，舒适的生活相对照的，你不要忘记掉，还有地下的黑暗的生活呢。你如果有一个机会，走进一所"杂合院"里，你便可见到十几家老少男女紧挤在一小院落里住着的情形：孩子们在泥地上爬，妇女们是脸多菜色，终日含怒抱怨着，不时的，有咳嗽的声音从屋里透出。空气是恶劣极了；你如不是此中人，你便将不能作半日留。这些"杂合院"便是劳工、车夫们的居宅。有人说，北平生活舒服，第一件是房屋宽敞，院落深沉，多得阳光和空气。但那是中产以上的人物的话。百分之八九十以上的人口，是住着龌龊的"杂合院"里的，你得明白。

　　更有甚的，在北城和南城的僻巷里，听说，有好些人家，其生活的艰苦较住"杂合院"者为尤甚，常有一家数口合穿一条裤或一衣的。他们在地下挖了一个洞。有一人穿了衣裤出外了，家中裸体的几人便站在其中。洞里铺着稻草或破报纸，藉以取暖。这是什么生活呢！

　　年年冬天，必定有许多无衣无食的人，冻死在道上。年年冬天，必定有好几个施粥厂开办起来。来就食的，都是些可怕的窘苦的人们。然也竟有因为无衣而不能到粥厂来就吃的！

　　"九渊之下，更有九渊。"北平的表面，虽是冷落破败下去，尚未减都市之繁华。而其里面，却想不到是那样的破烂、痛苦、黑暗。

　　终日徘徊于三海公园乃至天桥的，不是罪人是什么！而你，游览的过客，你见了这，将有动于中，而快快地逃脱出这古城呢，还是想到"我不入地狱谁入地狱"一类的话呢？

一九三四年十一月三日写

故都的秋

郁达夫

郁达夫（1896—1945），原名郁文，字达夫，浙江富阳人。1919 年，从日本归国赴京参加北洋政府外交官、高等文官的考试，但因考场腐败，均名落孙山。1923 年出任北京大学讲师，教授统计学。1924 年将妻儿接至北京，居住在什刹海北岸。次年离京赴武汉任教。代表作有《沉沦》《春风沉醉的晚上》《过去》《迟桂花》《怀鲁迅》等。

本文原载于《当代文学》1934 年 9 月 1 日第 1 卷第 3 期。

秋天，无论在什么地方的秋天，总是好的；可是啊，北国的秋，却特别地来得清，来得静，来得悲凉。我的不远千里，要从杭州赶上青岛，更要从青岛赶上北平来的理由，也不过想饱尝一尝这"秋"，这故都的秋味。

江南，秋当然也是有的；但草木凋得慢，空气来得润，天的颜色显得淡，并且又时常多雨而少风；一个人夹在苏州上海杭州，或厦门香港广州的市民中间，浑浑沌沌地过去，只能感到一点点清凉，秋的味，秋的色，秋的意境与姿态，总看不饱，尝不透，赏玩不到十足。秋并不是名花，也并不是美酒，那一种半开半醉的状态，在领略秋的过程上，是不合适的。

不逢北国之秋，已将近十余年了。在南方每年到了秋天，总要想起陶然亭的芦花，钓鱼台的柳影，西山的虫唱，玉泉的夜月，潭柘寺的钟声。在北平即使不出门去罢，就是在皇城人海之中，租人家一椽破屋来住着，早晨起来，泡一碗浓茶，向院子一坐，你也能看得到很高很高的碧绿的天色，听得到青天下驯鸽的飞声。从槐树叶底，朝东细数着一丝一丝漏下来的日光，或在破壁腰中，静对着像喇叭似的牵牛花（朝荣）的蓝朵，自然而然地也能够感觉到十分的秋意。说到了牵牛花，我以为以蓝色或白色者为佳，紫黑色次之，淡红色最下。最好，还要在牵牛花底，教长着几根疏疏落落的尖细且长的秋草，使作陪衬。

北国的槐树，也是一种能使人联想起秋来的点缀。像花而又不是花的那一种落蕊，早晨起来，会铺得满地。脚踏上去，声音也没有，气味也没有，只能感出一点点极微细极柔软的触觉。扫街的在树影下一阵扫后，灰土上留下来的一条条扫帚的丝纹，看起来既觉得细腻，又觉得清闲，潜意识下并且还觉得有点儿落寞，古人所说的梧桐一叶而天下知秋的遥想，大约也就在这些深沉的地方。

秋蝉的衰弱的残声，更是北国的特产；因为北平处处全长着树，屋子又低，所以无论在什么地方，都听得见它们的啼唱。在南方是非要上郊外或山上去才听得到的。这秋蝉的嘶叫，在北平可和蟋蟀耗子一样，简直像是家家户户都养在家里的家虫。

还有秋雨哩，北方的秋雨，也似乎比南方的下得奇，下得有味，下得更像样。

在灰沉沉的天底下，忽而来一阵凉风，便息列索落地下起雨来了。一层雨过，云渐渐地卷向了西去，天又青了，太阳又露出脸来了；著着很厚的青布单衣或夹袄的都市闲人，咬着烟管，在雨后的斜桥影里，上桥头树底下去一立，遇见熟人，便会用了缓慢悠闲的声调，微叹着互答着的说：

"唉，天可真凉了——"（这了字念得很高，拖得很长。）

"可不是么？一层秋雨一层凉了！"

北方人念阵字，总老象是层字，平平仄仄起来，这念错的歧韵，倒来得正好。

北方的果树，到秋来，也是一种奇景。第一是枣子树；屋角、墙头、茅房边上、灶房门口，它都会一株株地长大起来。像橄榄又像鸽蛋似的这枣子颗儿，在小椭圆形的细叶中间，显出淡绿微黄的颜色的时候，正是秋的全盛时期；等枣树叶落，枣子红完，西北风就要起来了，北方便是尘沙灰土的世界，只有这枣子、柿子、葡萄，成熟到八九分的七八月之交，是北国的清秋的佳日，是一年之中最好也没有的 Golden Days。

有些批评家说，中国的文人学士，尤其是诗人，都带着很浓厚的颓废色彩，所以中国的诗文里，颂赞秋的文字特别的多。但外国的诗人，又何尝不然？我虽则外国诗文念得不多，也不想开出账来，做一篇秋的诗歌散文钞，但你若去一翻英德法意等诗人的集子，或各国的诗文的 Anthology 来，总能够看到许多关于秋的歌颂与悲啼。各著名的大诗人的长篇田园诗或四季诗里，也总以关于秋的部分，写得最出色而最有味。足见有感觉的动物，有情趣的人类，对于秋，总是一样的能特别引起深沉、幽远、严厉、萧索的感触来的。不单是诗人，就是被关闭在牢狱里的囚犯，到了秋天，我想也一定会感到一种不能自己的深情；秋之于人，何尝有国别，更何尝有人种阶级的区别呢？不过在中国，文字里有一个"秋士"的成语，读本里又有着很普遍的欧阳子的《秋声》与苏东坡的《赤壁赋》等，就觉得中国的文人，与秋的关系特别深了。可是这秋的深味，尤其是中国的秋的深味，非要在北方，才感受得到底。

南国之秋，当然是也有它的特异的地方的，比如廿四桥的明月，钱塘江的秋潮，普陀山的凉雾，荔枝湾的残荷等等，可是色彩不浓，回味不永。比起北国的秋来，正像是黄酒之与白干，稀饭之与馍馍，鲈鱼之与大蟹，黄犬之与骆驼。

秋天，这北国的秋天，若留得住的话，我愿把寿命的三分之二折去，换得一个三分之一的零头。

一九三四年八月，在北平

北平通信

废　名

废名（1901—1967），原名冯文炳，湖北黄梅人。中国现代文坛著名作家、诗人，在文学史上被视为"京派文学"的鼻祖。1922年考入北京大学预科英文班，开始发表诗和小说。在北大读书期间，广泛接触新文学人物，参加"浅草社"，投稿《语丝》。毕业后留校任教。著有小说集《桃园》《枣》《桥》等。

本文选自宇宙风社1936年版《北平一顾》。

亢德先生：

《宇宙风》要在六月里出一个北平专号，我觉得这很有意义，我们住在北平爱北平的人还不借这机会好好的来鼓吹北平的空气么？所惜我自己是有心而无力，关于北平实在想多写点文章，没有办法只好向海上的朋友作北平通信了。我并不能说我知道北平知道怎么多，连北平话都不会说，怎么能说知道北平呢？我大约是一个北平的情人，这情人却是不结婚的，因此对于北平可说一点也不知道，也因此知道北平的可爱，北平人自己反不知。这样说来，同北平始终还是隔膜的。就我说，我是长江边生长大的，因此我爱北方，因此我爱江南。北平之于北方，大约如美人之有眸子，没有她，我们大家都招集不过来了。我们在北平总看不见湿意的云，"朝为行云暮为行雨"此地人读之恐无动于衷，高唐一赋是白赋的了。此刻暮春已过初夏

447

来了，这里还是刮冬天的风，我从前住在北平西郊的时候，有时要进城，本地人总是很关心地向我说，"今天不去，明天怕刮风"，我听了犹如不听，若东风吹马耳，到了第二天真个的每每就刮起风来了，于是我进城的兴会扫尽了，我才受了"今天不去，明天怕刮风"这句话的打击，想到南边出门怕下雨。现在我倒觉得出门不怕下雨，而且有点喜欢，行云行雨大有行其所无事之意，这正是在这里终年不见湿云之故。夏天北平的大雨对于我也没有过坏的记忆，雨中郊外走路真个别有风味，一下就下得那么大，城里马路岸上倒成了"河"，雨过天晴小孩们都在那里"淌河"，也有虾蟆来叫一声两声了，——这样的偶叫几声，论情理应该使路旁我们江南之子起点寂寞，事实上却不然，不但虾蟆我们觉得它实在是喜欢，小孩们实在是喜欢，我也实在是喜欢了。记得小时我在家里每每喜欢偷偷的把和尚或道士法坛上的锣或鼓轻轻的敲打一下，声音一发作，我自己不亦乐乎又偷偷的跑了，和尚或道士，他们正在休息，似乎也乐得这个淘气的空气，并不以为怎么"犯法"。这个淘气的空气很有点像我在北平看小孩们淌河，听蛙鼓一声两声。我想未必关于个人的性情，倒很可以表现北平的空气。北平在无论什么场合，总不见得怎样伤人的心。我只记得在东城隆福寺或西城护国寺白塔寺庙会看见两样人物有点难为情，其一是耍叉的，一位老汉，冬天里光着脊棱，一个人在高台上自己的买卖范围里大显其武艺，抛叉入云，却不能招拢一个顾客来，我很替他寂寞，但他也实在只引起幽默的空气，没有江湖气，不知何故。再有一男子一女子仿佛是两口子伸着脖子清唱的，男的每唱旦，女的每唱生，两人都不大有气力，男的瘦长，面色苍白，唱完之后每每骂人没有良心，说"我这也不容易嘞！"因为听唱的人走了不给钱。这两人留给我的印象算最最凄凉的，但我也实在没有理由去批评他们，虽然我心里有点责备而且同情于那位男子，总之北平总是近乎素朴这一方面。我还是来说我对于雨的空想。我如果不来北平住下十几年，一定不是现在这个雨之赞美者，自己也觉得很可笑。宋人词有句曰，"隔江人在雨声中"。这个诗境我很喜欢，但七个字要割去上面的两个字，"江"于我是没有一点感情的。"黄鹤楼上看帆船"，虽然在那里住了六七个年头，扬子江我也不觉得它陈旧，也不觉得它新鲜，不能想到它。上面我说我是长江边生长大的，其实真是我的家乡仿佛与长江了无关系，十五岁从家里出来同长江初见面尚在江西省九江县，距家九十里，更小的时候除了小学地理课程外不知有大江东去也。我说"隔江人在雨声中"七个字我只取其五个，那两个字大概是以一把伞代替之，至于这个雨天在什么地方，大约就在北平西直门外三贝子花园随便一个桥上都可以罢。从前作诗的时候，曾有意捏造了一首诗，是从古人的心事里脱胎出来的，诗题曰"画"，其词如下：

> 嫦娥说，
>
> 我未带粉黛上天，
>
> 我不能看见虹，
>
> 下雨我也不敢出去玩，
>
> 我倒喜欢雨天看世界，
>
> 当初我倒没有打把伞做月亮，
>
> 自在声音颜色中，
>
> 我催诗人画一幅画罢。

这总不外乎住在大平原的地方不云不雾天高月明因而害的相思病，没有雨乃雨催诗，所谓"点点不离杨柳外，声声只在芭蕉里"是也。天下岂有这样一尘不染的东西吗？因为雨相思，接着便有草相思，这真是一言难尽的，我还是引一首诗来潦草塞责，这首诗是最近在梦里头作的，我生平简直没有这个经验，这一回却有诗为证，因此也格外的佩服古槐居士的"梦遇"，那天清早我一起来就把铅笔记录下来，曾念给槐居士听：

> 芳草无情底事愁，
>
> 朝阳梦里泣牵牛。
>
> 旧游不是长江水，
>
> 独自藤花鹦鹉洲。

事情是这样的，我梦见我到了鹦鹉洲。从前在武昌中学里念书的时候并没有去鹦鹉洲玩过，这回却到了鹦鹉洲，所谓鹦鹉洲者，便如诗里所记，别的什么东西都没有。后来我把这诗一看，便发现了破绽，看草色应该是春天的光景，然有花有牵牛，岂非秋朝么？我在南边似乎没有见过牵牛花，此花我看得最多又莫过北平香山一带，总而言之还是在沙漠上梦见江南草而已。我在北平郊外旷野上走路，总不觉得它单调，它只是令我想起江南草长。最近有一件不幸的事件发生，即是在知堂先生处得见《燕京岁时记》这一册书，书真是很可取，只是我读了一则起了另外一点心事，其记五月的石榴夹竹桃云：

"京师五月榴花正开，鲜明照眼，凡居人等往往与夹竹桃罗列中庭，以为清玩。榴竹之间，必以鱼缸配之，朱鱼数头，游泳其中，几于家家如此。故京师谚曰，天篷鱼缸石榴树。盖讥其同也。"

　　凡在"京师"住得久的人，我想都得欣赏"天篷鱼缸石榴树"这七个字，把北平人家描写得恰好。此七个字一映入我的眼帘，我对于北平起了一个单调的感觉，但这七个字实在不能移易，大有爱莫能助之慨。原来我爱北平的街上（除了街上洋车拼命的跑），爱北平的乡下，爱北平人物，对于北平的人家，"几于家家如此"，则颇有难言之感。我还想把北平街上我所心爱的人物说一点，这样人物平常不知道干什么，我也总没有遇见一个相识的，他们好像是理想中的人物，一旦谁家有喜事或丧事的时候他们便梦也似的出现，都穿上了彩衣，各人手上都有一份执事，有时细看其中有一名就是我们世界一位要饭的老太太，难得她老人家乔妆而其实是本面也在这队伍里滥竽。我总不觉得他们也会同我们说话的，他们好像懒于言语，他们确是各人有各人的灵魂，其不识不知的样子之不同，各如其囚首垢面。他们若无其事的张目走路，正如若无其事的走路打瞌睡，他们大约只贪赌博，贪睡觉，在没有走上十字街头以前，还在红白喜事人家的门墙之外的时候，他们便一群一群的作牧猪奴戏，或者好容易得到一块地盘露天之下一躺躺一个黑天，不知从哪里得了一道命令忽然大家都翻起身来干正经的去了，各人有各人一份执事，作棺材之先行，替新姑娘拿彩仗。我的话一定有人不相信的，其实情形确是如此，我知道这些市民都是无产阶级，我由这些人又幻想"梁上君子"，——这是说我有点思慕他们，他们决不会到我家里来，而我又明白他们的身份，故我思慕此辈为君子，一定态度很好。十年以前我同一位北大同学谈到北平杠房的人物，他对于我的话颇有同感，他另外还告诉我一件有趣的事情，我曾记录下来作了一点小说材料。他说他有一回在北大一院门口看见人家出殡，十六人抬一棺材，其中有一人一样的负重举步，而肩摩踵接之不暇他却在那里打瞌睡。敢情北京人是真个有闲。匆匆不多写。

废名，五月四日于北平北河沿

难认识的北平

老向（1898—1968），原名王向辰，河北石家庄人。私塾毕业后考入北京师范学校。1923年就读北京大学中文系，1926年投身国民大革命，1929年重返北大学习。与老舍、老谈并称"三老"，以"幽默、通俗、有乡土味儿"的文章表达坚定的抗日爱国之心。代表作有《庶务日记》《黄土泥》《巴山夜雨》等。

本文选自宇宙风社1936年版《北平一顾》。

我喜欢北平，我在北平住了三十年了，但是我不能说已经认识北平。

北平好像一棵千年的老树，百多万市民比作一个个的蚀木虫儿；树即使被钻透了，成了空壳，但是每个小虫儿所尝到的只是机会所赋予他的某一枝干上的某一小点儿。至于根干的形态，脉络的关联，以及栽植的岁月，营养的来源，那就不是一个小虫儿所能了解的了。所以，我住在北平虽然不能说不久，而对于北平的认识，也还不过是一些不很可靠的一知半解。

北平有海一般的伟大，似乎没有空间与时间的划分。他能古今并容，新旧兼收，极冲突，极矛盾的现象，在他是受之泰然，半点不调和也没有。例如说交通工具吧。在同一个城门洞里，可以出入着极时兴的汽车，电车，极轻便的脚踏车；但是落伍的四轮马车，载重的粗笨骡车，或推或挽的人力车，也同时出入着。最奇怪的是，在这新旧车辆之中，还夹杂着红绿轿，驴驮子，甚而至于裹着三五辆臭气洋溢的粪车。于是车夫们大声喊着："借光！靠里！怀儿来！"喇叭声，脚铃声，争路相骂声，和警察的短棒左指右挥，在同一时同一地存在着。妙在骂只管骂，嚷只管嚷，终于是风平浪静的各奔前程，谁也不会忌恨谁，谁也不想消灭谁。

提到车辆，立刻想起洋车夫来。在社会表面上活动的，洋车夫应当首屈一指。大半的旅客，一到北平，首先接触的也是洋车夫。他们的品类之繁，难以数计；他们的生活之苦，也难以形容。但是无论他怎样的汗流浃背，无论他怎样的筋疲力竭，他绝对不会以失和的态度向你强索一个铜板；你若情愿多给他一两枚，他会由丹田里发出声音来，向你致诚挚的谢忱。最教人难以索解的是，有时他向你报告沦为车夫的惨史，或是声明八口待哺，车费无着的当儿，还是用一种坐在茶馆品茶的闲适与幽默的口调！难得他们怎么锻炼的！

在北平说吃，是再艺术不过了。富贵之家，且搁过不谈。普通的人家，只要在北平有上半年的历史，再走到任何地方，也要觉得不舒服。油盐店，猪肉铺，米煤行总是聚在一块儿，分布得那么均匀，仿佛是经官府统制着开设的，无论住在哪一个角落里，置买"开门七件事"，都不会使人感到有什么不便。一饭千金的主儿，自然是陆地神仙，从心所欲；就是一个苦力用了十枚或二十枚，也能将就着生活，两枚的作料，油盐酱醋都有了，还可以饶上一棵香菜。然而同是一个玉米面窝窝，像茶碗那么大的，只要两个铜板；像酒杯那么小的要卖一角银洋，物以人贵，那就难以概论了。至于各地的特殊烹饪，各季的应节物品，再加街上的零吃小卖，使人眼花缭乱，不易分明。单就食物的各种幌子，各种唤头，足够一个人终身讲究的了。

北平的街道，那么正直；院落，那么宽绰；家家有树有花，天天见得着太阳，世界上还有哪个都市比得上？欧式的楼房，不见得怎样耀眼；旧式的门面，也不见得怎样简陋。光滑的地板，通明的玻璃，住起来也不见就比着纸糊窗和砖墁地好。他似乎什么也能融化，什么也能调和，所以，在皇宫巍然矗立的旁边，可以存在着外国的租界，也可以存在着比乡下还不如的小胡同。一墙之隔，可以分别城乡，表示今古，而配合起来却又十分自然。论到人物也是如此。赤着大腿的姑娘，和缠着小脚的女人并排的立着走着，各行其是，谁也不妨碍谁。圣人一般的学者，和目不识丁的村氓可以在一块儿喝茶，而各不以为耻。如同电灯和菜油灯同在一个房间一样，各自放着各自的光。最令人惊奇的，凡是法令上所制止的事，这种事一定公然的存在着；凡是法令所禁止的人，这种人也一定公开的活动着。所以警察尽可以说北平的不错，而各色宵小之徒，也可以说北平一样儿也不缺欠。不过，你要想分品别级，那就难了。

有工作不能无娱乐。北平的娱乐场，能够供人自由选择。拉车的坐在车前板上，唱两句京调，他就可以得到满足。逛一逛什刹海，走一走天坛，也用不着花钱。主人在屋里成千成万的输赢，下人们在窗外偷偷儿的掷一掷骰子，也都不失为各得其所的娱乐。娱乐之道，千头万绪，谁也不必勉强谁。所奇怪的是，到末了谁也能够得到他所要求的娱乐，终于是，谁也不愿离开北平。

　　抛开这些琐屑问题，且谈一谈形而上的问题吧。假如有人想出家，不必远赴名山，城里有的是古刹，有的是高僧。假如有人要求学，那就更方便了，各级学校，各种的学者和名流，总可以有他合适的师友。假如有人想着研究古董，无论古玩铺店一家挨着一家，足够消磨时日；而随处的一砖一石，一草一木，都可能的蕴藏着丰富的历史，耐人寻味。假如有人在城市里住腻烦了，一出城门便是乡村，便有田园。要登临有西山，要玩水有玉泉。假如不爱做平民了，不妨到故宫去，冒充半日的无冕皇帝。这些事情，你如果都没有兴致，你还可以多听几回人的笑声，妙的语言，多涵养一点人的情趣。因为人类真挚的笑语，我所知道的以北平为最浓厚。

　　凡是在北平住过的，多半都通称北平"好"。至于"怎么样好"，或是"哪一点好"，那就言人人殊了。称赞北平实在不易，北平太伟大了。

　　　　　　　　　　一九三六年五月十二日于上海逆旅

想北平

老 舍

本文选自宇宙风社 1936 年版《北平一顾》。

　　设若让我写一本小说，以北平作背景，我不至于害怕，因为我可以拣着我知道的写，而躲开我所不知道的。让我单摆浮搁的讲一套北平，我没办法。北平的地方那么大。事情那么多，我知道的真觉太少了，虽然我生在那里，一直到廿七岁才离开。以名胜说，我没到过陶然亭，这多可笑！以此类推，我所知道的那点只是"我的北平"，而我的北平大概等于牛的一毛。

　　可是，我真爱北平。这个爱几乎要说而说不出的。我爱我的母亲。怎样爱？我说不出。在我想做一件事讨她老人家喜欢的时候，我独自微微地笑着；在我想到她的健康而不放心的时候，我欲落泪。言语是不够表现我的心情的，只有独自微笑或落泪才足以把内心揭露在外面一些来。我之爱北平也近乎这个。夸奖这个古城的某一点是容易的，可是这就把北平看得太小了。我所爱的北平不是枝枝节节的一些什么，而是整个儿与我的心灵相粘合的一段历史，一大块地方，多少风景名胜，从雨后什刹海的蜻蜓一直到我梦里的玉泉山的塔影，都积凑到一块儿，每一小的事件中有个我，我的每一思念中有个北平，这只有说不出而已。

　　真愿成为诗人，把一切好听好看的字都浸在自己的心血里，像杜鹃似的啼出北平的俊伟。啊！我不是诗人！我将永远道不出我的爱，一种像由音乐与图画所引起的爱。这不但是辜负了北平，也对不住我自己，因为我的最初的知识与印象都得自北平，它是在我的血里，我的性格与脾气里有许多地方是这古城所赐给的。我不能爱上海与天津，因为我心中有个北平。可是我说不出来！

　　伦敦，巴黎，罗马，与堪司坦丁堡，曾被称为欧洲的四大"历史的都城"。我知道一些伦敦的情形；巴黎与罗马只是到过而已；堪司坦丁堡根本没有去过。就伦敦，巴黎，罗马来说，巴黎更近似北平——虽然"近似"两字要拉扯得很远——不过，假使让我"家住巴黎"，我一定会和没有家一样的感到寂苦。巴黎，据我看，还太热闹。自然，那里也有空旷静寂的地方，可是又未免太旷；不像北平那样既复杂而又有个边际，使我能摸着——那长着红酸枣的老城墙！面向着积水滩，背后是城墙，坐在石上看水中的小蝌蚪或苇叶上的嫩蜻蜓，我可以快乐的坐一天，心中完全安适，无所求也无可怕，像小儿安睡在摇篮里。是的，北平也有热闹的地方，但是它和太极拳相似，动中有静。巴黎有许多地方使人疲乏，所以咖啡与酒是必要的，以便刺激；在北平，是温和的香片茶就够了。

　　论说巴黎的布置已比伦敦罗马匀调的多了，可是比上北平还差点事儿。北平在人为之中显出自然，几乎是什么地方既不挤得慌，又不太僻静：最小的胡同里的房子也有院子与树；最空旷的地方也离买卖街与住宅区不远。这种分配法可以算——在我的经验中——天下第一了。北平的好处不在处处设备得完全，而在它处处有空儿，可以使人自由的喘气；不在有好些美丽的建筑，而在建筑的四围都有空闲的地方，使它们成为美景。每一个城楼，每一个牌楼，都可以从老远就看见。况且在街上还可以看见北山与西山呢！

好学的，爱古物的，人们自然喜欢北平，因为这里书多古物多。我不好学，也没钱买古物。对于物质上，我却喜爱北平的花多菜多果子多。花草是费钱的玩艺儿，可是此地的"草花儿"很便宜，而且家家有院子，可以花不多的钱而种一院子花，即使算不了什么，可是到底可爱呀。墙上的牵牛，墙根的靠山竹与草茉莉，是多么省钱省事而也足以招来蝴蝶呵！至于青菜、白菜、扁豆、毛豆角、黄瓜、菠菜等等，大多数是直接由城外担来而送到家门口的。雨后，韭菜叶上还往往带着雨时溅起的泥点。青菜摊子上的红红绿绿几乎有诗似的美丽。果子有不少是由西山与北山来的，西山的沙果、海棠，北山的黑枣、柿子，进了城还带着一层白霜儿呀！哼，美国的橘子包着纸；遇到北平的带霜儿的玉李，还不愧杀！

是的，北平是个都城，而能有好多自己产生的花、菜、水果，这就使人更接近了自然。从它里面说，它没有像伦敦的那些成天冒烟的工厂；从外面说，它紧连着园林、菜圃，与农村。采菊东篱下，在这里，确是可以悠然见南山的；大概把"南"字变个"西"或"北"，也没有多少了不得的吧。像我这样的一个贫寒的人，或者只有在北平能享受一点清福了。

好，不再说了吧；要落泪了，真想念北平呀！

北平呵，我的母亲！

杨　刚

杨刚(1905—1957)，原名季徽，又名杨缤，湖北沔阳人。中国女新闻记者。1928年入燕京大学英文系学习，期间积极参加爱国学生运动。著有散文集《东南行》《美国札记》；小说集《公孙鞅》《桓秀外传》；诗集《我站在地球中央》；译文集《傲慢与偏见》等。

本文选自上海好华图书公司1939年版《沸腾的梦》。

我遗失了，遗失了心的颤跳、眼的光明，遗失了一个存在，全世界从我空落落的感觉中消逝干净。星月都茫然而飞逝了，日光惘惘，有如哭泣慈母的孤婴。我的心像秋雨一样湿淋凄晦，我的手，我的脚震颤失次，血流在脉管中嘶鸣！

呵，北平！呵，我的母亲，我用十指尖在砂石里面挖掘，用舌尖在黄土泥下搜寻。我记得我母亲那温柔甜美的感性，我知道我一触着，就能认准她是我的母亲。可是，怎样了呢？我的企图是失败了！即令我的十指和舌尖全因摸索而滴下鲜血了，我仍然不能触到我的北平！北平呵，知道么？我寻觅你，如觅取我自己的身心！

嘶号着的西北风呵，你的风脚是由哪儿走来的呀？你可曾在那古老的褐色城垣上滑走过？你曾否敞开你伟大的衣襟，抱来北平的土尘？西北风，西北风，你听我说，你的步子可不要

460

太仓猝了，恐怕你会把北平的气息遗漏了呢。那气息和土尘，它们为我带来了北平的音信。我听见了北平尘粒的太息，那悠长、深厚而无言的太息，那是北平的召唤，是她要她女儿回家的命令！

母亲，呵，母亲！我要回家，我却不忍心眼看你受那凶暴的欺凌。七月里的罡风过来时，我见北平的绿槐滴下了冷涩的泪珠，粉红绒球状的红绒花，黄着脸儿，变得寡妇一样的颓丧了。那时天安门赤身露体躺在强人面前，中华门下玉白的大街，毫无遮饰的躺在贼人脚下。她们昔日的尊严华贵完全为裸露的侮辱所代替了。中国的皇后被强盗摘去了她尊贵的冕旒，而抛弃在泥尘里，像一个随营公娼一样蒙受着万骑蹂躏！那是无抵拒的摧残，那是绝望的强奸！死亡，严重耻辱的死亡，坐在北平头上。北平，我们庄严华贵的伟大母亲！

十一月间的初冬开始降临了。北平那多恋情的树枝们呵，北平那海上绿色雾阵样的绿叶呵，有玉纷纷的雪片儿，天真烂漫的又走了来打扮你们么？你们不要怪她们呀，请不要怪她们。她们别了我们又一年了，不会知道北平的女儿们已经失掉了娘亲。她们原来是爱着北平。（谁能禁得住不爱她呢？）好朋友们，请你们赶她们还未到来时迎前去通一个信，将嘴巴靠紧她们的耳轮，低低嘱咐一声："回去吧，好姊姊，强人已经霸占了北平。北平应该用枯麻盖上颜面，她要用灶灰代替脂粉，度过这耻辱的日辰。珠和玉都不是我们所要的了。像去年那样将我们装成处子身肢那样的丰圆腻润，不是你应该做的事呢。我们不要如象牙白桃那样的肥莹。我们要哭泣，要愤懑，使眼中滴下碱汁一样的泪珠，使我们的肢条枯瘦灰败，如积仇老妇的胳臂，由各处伸出去妨碍敌人的安宁！"

北海波上的大白鹅，不要再伸出鲜红的嘴巴对人唱歌了吧，听歌的人儿已经不在了。倭贼会用骄狂的靴头踢着你们，他们会用淫亵凶毒的讽嘲叱骂掩没你们的歌声。认清楚，鹅儿们，认清楚这些矮个子、盘腿、宽肩膊的倭贼，他们用强奸的血污涂毁了你们高贵如霜的白色羽毛！有利口可用的张开来吧，咬住每一只盘旋的蟹状的短腿，拉他们同下水滨。

中国的孩子们，北平的儿女们！还记得古城里灿烂如流星的琉璃瓦脊么？为何容它以同样的辉煌迎接仇人？那高昂尊贵的白玉桥，岂能由屠人犯溅满淤血的狼蹄留下蹄印？让秽污的踪迹刻在端严崇伟的白塔上，让纯洁的玉泉为感染了敌人的淫秽而呜咽，这岂是我们做人的本分么？难道我们生是为了替仇人制献华贵，我们死是为了装潢寇仇的尊荣？中华民族的心血，祖先几千百年的创造都为了敌人的毒口而尽忠？中华的儿郎们呵，谁说我们的祖先在几千年前，在无闻无知里，已经注下了奴隶的悲运？

让我们走出神武门外，抬头看吧，我们壮烈的殉国皇帝第二次又复挂上天空！他伸出那条横枝（在那上面，他已经有一次为了国家献上他尊贵的生命了！）似乎在挥泪向我们告别，他似乎在指挥我们，与我们有所约会。想不到的，他已经做了二百余年的亡国鬼魂，才得苏生，又已经被抛在敌人脚下，做了第二回殉祭！走过景山脚下的中国人们呀，请让你们的脚步轻一点儿，因为每一步都是践踏在那尊贵殉国者痛楚的颈上呵！北平不回来时，那颈上的惨痛是一刻也不能解除的了！

起来！起来！中国的孩子们，上北平去吧，北平是我们自己的家乡。北平的太阳不会有云翳遮盖，她总是满脸亲切的笑容和蔼。北平的空气是永恒的葡萄酒，浸润着你们的鼻角和嘴唇。你放心走进北平怀里去，不需担心也不消惧怕，那里没有无端的欺骗，没有偏窄的陷害，每一张陌生面孔上，都觉有同娘的血液流灌着，那是伟大温仁直白的母亲的胸怀。你由西长安街走到东长安街，由正阳门穿出神武门外（这些都是如何庄严亲切的名字呵），在那夕阳撒开了彩色透明的翅翼时，你会觉身子是在浩荡的金波中浮泳，在无限精丽的、北平的伟大自由里徘徊。你要在太液池面的荷叶丛里打着桨儿歌唱，你又好去文津街上那巍峨的三座红门下曲意徘徊。所过之处，每一匹细叶会在你脚边婴然嬉跳。那絮云似的素白丁香，有香味如爱人的唇吻，会偷偷触上你敏感的面庞。你会留连在太和殿的白玉阶前，凝视每一级莹白坦率的长阶，你情不自禁地要坐在它旁边，用食指尖恋好的在石上轻轻摸捻。贴近那云龙交逐的云石，你会俯下你的脸儿去俯听云头里怒龙的沉吟。四月里，春风踮起脚尖，悄悄爬上了树梢，轻云在北平净蓝的天空波动了绿色的细涛，你纵开驴儿的缰绳，在西山道上泼驰，和春风赛夺锦标。你攀援香山的针松，不怕针儿扎得你满手流血；你一口气奔上了鬼见愁，令山神为你的长啸惊跳。于是你想，八大处的杏丛已经开醉了饱满的红白花球，三家店的桃林对着永定河的绿波，已经把口红抹透。你不惜你少年人的腿脚，你正年青，正有力气，你不妨立刻开步，再翻过几个山头！

现在，年青的人们呵，这一切都不是我们的了！在那里我们所有的，只有决死的战争！一场争夺母亲的血战已经包围着北平，腾起了它的火焰！弟兄们，动身吧！今天晚上！动身背上我们的枪支，勒上我们的子弹，撒下马儿朝那北平道上驰去罢，和我们北方的弟兄们手拉手儿，跟北风再争一次生命锦标！打回北平去！趁着我们还正年青，还正有力量。我们必需要收回我们的家乡，在那里，母亲是苦楚地倚着门儿在凝望！不是今天，就是明天，不是明天，就是后天，在我们有生命的日子里，我们一定能杀尽敌人，回到家乡。在母亲的怀里，在那长安街的雪白大道上，放下枕头，一觉睡到天亮！

北平的"味儿"

纪果庵

纪果庵(1909—1965)，原名纪庸，字国宣，号果庵，河北蓟县人。1928年毕业于察哈尔宣化省立师范学校，在北京孔德小学当了半年教师后，考入北京师范大学国文系。四十年代南下任职于南京中央大学。代表作有《两都赋》《尔都集》等。

本文原载于《人间味》1943年第1期。

若想以一个单词形容北平的话，那只有"味儿"一字。朋友们一提到北平，总是说"北平有味儿，"或是说"够味儿"，什么是"味儿"？我倒要先问你，我们吃砂锅鱼翅或者是烤涮羊肉，大家抢着说："有点味儿，不错!"这里味儿当什么讲？你明白了吃饭的所谓味儿，则生活所谓的"味儿"，亦复如是，——不，北平的味儿，并非像砂锅鱼翅，或是烤涮羊肉，倒有些像嚼橄榄，颇有回甘，又有些像吃惯了的香烟，无论何时都离不了了。要把菜来比附，还是北平自己出产而天下人人爱吃的"黄芽菜"有些近似吧!因为它是真正人人可以享受的妙品。

闲园鞠农《一岁货声》把北平一年到头卖东西的叫卖声都记出来了，冬晚灯下阅读，好像又回到"胡同儿"里，围着火炉谈笑一般。我想"货声"也要算北平的"味儿"代表之一。其特点是悠然而不忙，隽永而顿挫，绝不让人想到他家里有七八口人等他卖了钱吃饭等等，这就给人一种舒适感。有时还要排成韵律，于幽默之中，寓广告之用，有时加上许多有声无义的字，大有一唱三叹的风致。例如早晨刚起床，就有卖杏仁茶的，其声曰："杏仁！哎！茶哟。"那是很好的早点，在别处很少吃得到。卖粥的铺子都带卖油条，北平叫"油炸脍"。

《一岁货声》记其叫卖声云："喝粥咧，喝粥咧，十里香粥热的咧；炸了一个焦咧，烹了一个脆，……好大的个儿来，油炸的果（果，即脍之谐音）咧。"又云："油又香咧，面又白咧，扔在锅里漂起来咧，白又胖咧，胖又白咧，赛过烧鹅的咧，一个大的油炸的果咧。"一个大，即一文钱，亦即后来之一个铜板，而可抵今日之法币五角者也。北平之油条，要炸得脆松，故云云。但亦别有一种，是较软的，内城多不卖，而前门及宣武门一带有之，常与豆腐浆杏仁茶合组一摊，应早市者也。区区一粥一油条，而有如许花样，这就是北平的"味儿"，照此例极多，再说两个，以为参考。卖冰激凌云："你要喝，我就盛，解暑代凉冰激凌。"卖桃云："玛瑙红的蜜桃来噎哎，……块儿大，瓤儿就多，错认的蜜蜂儿去搭窝。"卖枣云："枣儿来，糖的咯哒喽，尝一个再来哎，一个光板来。"又衬字多的如卖酪："咿嘤嗷……酪……喂。"卖砂锅："咿喽咦喽呕喔喔吼沙锅哟吼。"后者真是喷薄以出之，有点儿像言菊朋的戏词了。

观察北平的特点，总是在细微地方着眼才有发现。如吃饭，北平人是不愁没米没面的，有小米面、棒子面（即包芦）、黄米面等等，小米面可以蒸"丝糕"，名字满好听，吃起来也不难，道地的北平人，可以在里面放了枣、赤糖，格外甜美；还有一种街头摊子，专用小米面做成厚约半寸的饼，放在锅边烘熟，上面是软的，下面有一层焦黄皮，很好吃；棒子面可以煮成粥，蒸为"窝头"，又可以切成小块，煮熟如一点青菜，好像我们吃汤面似的，北京叫"嘎嘎儿"，老实说，在北方，只有这些才是"人间味"，大米白面只有付之"天上"了。不过是像这些琐屑的食品，北平人也要弄出一个"谱儿"，使它格外适口些，好看些。从先我常看见贫苦的老太太到油盐店买调料及青菜（北平每胡同口皆有油盐店肉店，而油盐店都带卖青菜，或带米面，不像南方之买小菜动辄奔走数里以外也），一个铜板，要香菜（即芫荽），要虾米皮，要油，要醋，要酱油，都全了，回家用开水一冲，就是一碗极好的清汤，普通常叫这种汤为"神仙汤"，一个铜板而包罗万象，真是"神仙"！吃韭菜饺子必须佐以芥末，吃烤羊肉必有糖蒜，吃打卤面必须有羊肉卤，吃炸酱面之酱，必须是"天源"或"六必居"，抽烟要"豫丰"，买布则"八大祥"，烧酒须东路或涞水，老酒要绍陈，甚至死了人，杠房要哪一家，饭庄要哪一家，执事要全份半份，都要细细考虑，不然总会给人讪笑。这就是所谓"谱儿"，而我们在旁边的人看了，便觉得有味儿。

请放弃功利的观点，有闲的人在茶馆以一局围棋或象棋消磨五十岁以后的光阴，大约不算十分罪过吧。我觉得至少比年青有为而姘了七八个歌女什么的对人类有益处。若然，则北平是老年人好的颐养所在了。好唱的，可以入票房，或是带玩票的茶馆，从前像什刹一溜河沿的戏茶馆，坐半日才六至十个铜板，远处有水有山，有古刹，近处有垂杨有荷香有市声，饿了吃一套烧饼油条不过四大枚，老旗人给你说谭鑫培的佚史，说刘赶三的滑稽，说什刹海摆冰山的掌故。伙计有礼貌，不酸不大，说话可以叫人回味，"三爷，你早，沏壶香片吧？你再来段，我真爱听你那几口反调！"亲切，而不包含虚伪。养鸟或养虫鱼北平也有不少行家，大清早一起先带鸟笼子到城根去溜溜，有未成名的伶人在喊嗓子，有空阔的野地，有高朗的晴空，鸽子成群的飞来，脆而悠长的哨子声划破了空气的沉寂，然后到茶馆吃杯茶，用热手巾揩把脸。假定世界不是非有航空母舰和轰炸机活不下去的话，像这样的生活还不是顶理想的境界吗？

在北平有一句话非记熟不可，是什么，就是"劳驾"，这在日文，可说是"敬语"，一定要加"果杂依妈死"的，北平的劳驾一语，应用很广，并不一定是托人做了什么事，就要表示谢意的说句"劳驾"，大街上脚踏车和包车互撞了，打得头破血流，旁人或警察来劝架，一造必说："不是，您不知道，这小子撞了人连劳驾都不道，简直不是东西！"那一造就说："他妈的，谁先撞谁，我凭什么给你道劳驾，你还应该给我道劳驾呢。"外乡人听了，会疑心到劳驾是什么宝贝东西，要不为什么争得这样厉害？其实劳驾不过一句空话，可是北平人就非常在乎这句代表礼貌的空话，所以，欠了债还不出固然可以道劳驾，就是和人借钱，也未尝不说劳驾，于是劳驾之声，"洋洋乎盈耳哉"。这种表现，十足证明了北平人之讲礼貌，好体面。七百年帝都，贵族，巨宦，达官，学者，哪一条胡同里没有几个？把这块位置在沙漠地带的北狄之国，涵茹成文教之邦，也是势有必至，理有固然的了，在《探亲相骂》一剧中，乡下亲家大受城内亲家之揶揄，这里所说城内，当即暗指北平，北平骂人常以"乡下人"三字代表之，意即谓其无礼貌与鲁莽也。有时我看见担了担子卖酪的旗人，在通衢遇见长亲，立即放下担子请一个"蹲安"："您好，大叔?"又响亮又柔和，冲口而出，从容而不勉强，雍容而不小气，此亦他处看不到之"王化遗风"也。比邻而住，昨天晚上还见面来的，今天一清早，第一次相会，一定要问"您好，您吃茶啦?"这也是旗人的规矩，而侵淫至于一般住户者。但此风在商店里更明显，无论多大的门面，只要你进去，一定很客气的招待，即如瑞蚨祥，是北平第一等绸缎店，顾客进去敬烟敬茶，虽然翻阅许久，一点东西不买，也绝不会被骂为"猪猡"，况且，在这样殷勤招待之下，随你什么人，也不好意思不买他一点，这也未尝不是最好的广告术呢。最近十年，海派作风，才渐有流入北方者，如××实业社、××公司、××商店之类，都是带理不理，眼高于顶，道地北平人，很少有人愿意看这副嘴脸，除非大减价，一块钱可以买一条全幅被单的时候。

除去上述特殊的味道以外，北平可以咀嚼的东西太多了，最老的大学，最老的书店，仅存的皇宫苑囿，这是代表文物的；最讲究的戏剧，最漂亮的言语，最温厚的人情，这可以代表生活的艺术，……《越缦堂日记》云，"都中风物有三恶：臭虫，老鸦，土妓；三苦：天苦多疾风，地苦多浮埃，人苦多贵官；三绝无：好茶绝无，好烟绝无，好诗绝无；三尚可：书尚可买，花尚可看，戏尚可听；三便：火炉，裱房，邸钞；三可吃：牛奶蒲桃，炒栗子，大白菜；三可爱：歌郎，冰桶，芦席棚。凡所区品悬之门国，当无能易一字者矣。……"李氏说话是以刻薄著称的，又特别回护其家乡(绍兴)的好处，然此处亦不能不标举可爱尚可数点。且李氏后半生几乎三十年的光阴，都住在这古老的城内。光绪以后的日记，很少谈到京师之可厌。现在去李氏之死，又五十年，他所认为多的，恶的，如今亦大都变作供人回想的对象了。所以，不要就别的说，只就历史一项说，北平已经是比任何城市"够味儿"了。

北平的味儿，不知何日再享受一番。

十二月十七日红纸廊

五月的北平

张恨水

张恨水(1895—1967)，原名张心远，安徽安庆人。现代文学史上的"章回小说大家"。1919 年秋来到北京，承担《时事新报》驻京记者的工作。1924 年，将家人接至北京。1948 年，因故辞去北平《新民报》的所有职务，结束了四十年的新闻生涯。著有小说《春明外史》《金粉世家》《啼笑因缘》《弯弓集》，散文集《山窗小品》《水浒人物论赞》等。

本文选自大东图书公司 1949 年版《四十年来之北平》。

能够代表东方建筑美的城市，在世界上，除了北平，恐怕难找第二处了。描写北平的文字，由国文到外国文，由元代到今日，那是太多了，要把这些文字抄写下来，随便也可以出百万言的专书，现在要说北平，那真是一部二十四史，无从说起。若写北平的人物，就以目前而论，由文艺到科学，由最崇高的学者到雕虫小技的绝世能手，这个城圈子里，也俯拾即是，要一一介绍，也是不可能。北平这个城，特别能吸收有学问有技巧的人才。这类人才，宁可在北平为仅止得到生活无告的程度，他们也不肯离开。不要名，也不要钱，就是这样穷困着下去。这实在是件怪事。你又叫我写哪一位才让圈子外的人过瘾呢？

静的不好写，动的也不好写，现在是五月（旧历的清和四月），我们还是写点五月的眼前景物吧。北平的五月，那是一年里的黄金时代。任何树木，都发生了嫩绿的叶子，处处是绿荫满地。卖芍药花的担子，天天摆在十字街头。洋槐树开着其白如雪的花，在绿叶上一球球的顶着。街上，人家院落里，随处可见。柳絮飘着雪花，在冷静的胡同里飞。枣树也开花了，在人家的白粉墙头，送出兰花的香味。北平春季多风，但到五月，风季就过去了(今年春季无风)。市民开始穿起夹衣，在不暖的阳光里走。北平的公园，既多又大，只要你有工夫，花不成其为数目的票价，你可以在锦天绣地、雕栏玉砌的地方消磨一半天。

照着上面所谈，这范围还是太广，像看《四库全书》一样。虽然只说个提要，也觉得应接不暇。让我来缩小范围，只谈一个中人之家罢。北平的房子，大概都是四合院。这个院子，就可以雄视全国建筑。洋楼带花园，这是令人最羡慕的新式住房。可是在北平人看来，那太不算一回事了。北平所谓大宅门，哪家不是七八上十个院子，哪个院子里不是花果扶疏。这且不谈。就是中产之家，除了大院一个，总还有一两个小院相配合。这些院子里，除了石榴树金鱼缸，到了春深，家家由屋里度过寒冬而搬出来。而院子里的树木，如丁香、西府海棠、藤萝架、葡萄架、垂柳、洋槐、刺槐、枣树、榆树、山桃、珍珠梅、榆叶梅，也都成了人家极普通的栽植物。这时，都次第的开过花了。尤其槐树，不分大街小巷，不分何种人家，到处都栽着有。在五月里，你如登景山之巅，对北平城作个鸟瞰，你就看到北平市房，全参差在绿海里。这绿海就大部分是槐树造成的。

洋槐传到北平，似乎不出五十年，所以这类树木，虽也有高到五六丈，都是树干还不十分粗。刺槐却是北平的土产，树兜可以合抱，而树身高到十丈的，那也很是平常。洋槐是树叶子一绿就开花，正在五月，花是成球的开着，串子不长，远望有些像南方的白绣球。刺槐是七月开花，都是一串串的有些像藤萝（南方叫紫藤），不过是白色的而已。洋槐香浓，刺槐不大香。所以五月里草绿油油的季节，洋槐开花，最是凑趣。

在一个中等人家，正院子里，可能就有一两株槐树。或者是一两株枣树。尤其是城北，枣树是逐家都有，这是早子的谐音，取一个吉利。在五月里，下过一回雨，槐叶已在院子里着上一片绿荫。白色的洋槐花，在绿枝上堆着雪球，太阳照着，非常的好看。枣子花是看不见的，淡绿色，和小叶的颜色同样，而且它又极小，只比芝麻大些，所以随便看不见。可是它那种兰蕙之香，在风停日午的时候，在月明如昼的时候，把满院子都浸润在幽静淡雅的境界。假使这人家有些盆景（必然有），石榴花开着火星样的红点，夹竹桃开着粉红的桃花瓣，在上下皆绿的环境中，这几点红色，娇艳绝伦。北平人又爱随地种草本的花籽，这时大小花秧，全都在院子里拔地而出，一寸到几寸长的不等，全表示了欣欣向荣的样子。北平的屋子，对院子的一方面，照例下层是土墙，高二三尺，中层是大玻璃窗，玻璃大得像百货店的货窗相等，上层才是花格活窗。桌子靠墙，总是在大玻璃窗下。主人翁若是伏案读书写字，一望玻璃窗外的绿色，映入眉宇，那实在含有诗情画意的。而且这样的点缀，并不花费主人什么钱的。

北平这个地方，实在适宜于绿树的点缀，而绿树能亭亭如盖的，又莫过于槐树，在东长安街，故宫的黄瓦红墙，配上那一碧千株的槐林，简直就是一幅彩画。在古老的胡同里，四五株高槐，映带着平正的土路，低矮的粉墙，行人很少，在白天就让人觉得其意幽深，更勿论月下了。在宽平的马路上，如南北池子，如南北长街，两边槐树，整齐划一，连续不断，有三四里之长，远远望去，简直是一条绿街。在古庙门口，红色的墙，半圆的门，几棵大槐树，在庙外拥立，把低矮的庙，整个罩在绿荫下，那情调是肃穆典雅的。在伟大的公署门口，槐树分立在广场两边，好像排列着伟大的仪仗，又加重了几分雄壮之气。太多了，我不能一一把它介绍出来。有人说五月的北平，是碧槐城市，那却是一点没有夸张。

当承平之时，北平人所谓的"好年头儿"，在这个日子，也正是故都人士最悠闲舒适的日子。在绿荫满街的当儿，卖芍药花的平头车子，整车的花菇蕾推了过去。卖冷食的担子，在幽静的胡同里，叮当作响，敲着冰盏儿，这很表示这里一切的安定与闲静。渤海来的海味，如黄花鱼对虾，放在冰块上卖，已是别有风趣。又如乳油杨梅、蜜饯樱桃、藤萝饼、玫瑰糕，吃起来还带些诗意。公园里绿叶如盖，三海中水碧如油，随处都是令人享受的地方。但是这一些，我不能也不愿向下写。现在，这里是邻近炮火边沿，南方来人说这里是第一线了。北方人吃的面粉，三百多万元一袋，南方人吃的米，卖八万多元一斤。穷人固然是朝不保夕，中产之家，虽改吃糙粮度日，也不知道这糙粮允许吃多久。街上的槐树，虽然还是碧净如前，但已失去了一切悠闲的点缀。人家院子里，虽是不花钱的庭树，还依然送了绿荫来，这绿荫在人家不是幽丽，乃是凄凄惨惨的象征。谁实为之，孰令致之？我们也就无从问人。阿房宫赋，前段写得那样富丽，后面接着是一叹，"秦人不自哀"。现在的北京人，倒不是不自哀，其如他们哀也无益何？

好一座富于东方美的大城市呀！他整个儿在战栗！好一座千年文化的结晶品呀！他不断的在枯萎！呼吁于上天，上天无言。呼吁于人类，人类摇头。其奈之何！

一九四八年